증보

지역사회복지론

조성희 · 김제선 · 이은영 · 장동호

창지사

머리말

지역사회복지론은 지역사회를 사회복지실천의 개입의 단위로 삼는 다양한 모델과 방법론을 다루는 교과목이다. 특히 지역사회의 변화라는 거시적 사회복지실천에 대한 이론과 기술의 학습에 역점을 두는 교과목이다. 따라서 지역사회 및 지역주민들의 문제와 욕구를 해결하는 전문가로서 사회복지사가 갖추어야 할 자질과 역량, 필요 지식, 실천기술 등을 단계별로 학습하는 것이 필요할 것이다.

지역사회복지론의 학습 방향성은 지역사회를 둘러싼 환경 변화를 반영하여 변화하는 것이 바람직할 것이다. 이에 지역사회와 관련된 환경 변화를 가져온 영향 요인들로 다음의 몇 가지를 들 수 있다.

첫째, 지방자치제도의 시행 이후 지방정부의 책임이 강조되고 있다는 점이다. 오랫동안 유지되어 온 중앙 중심의 수직적이고 획일적인 복지 전달체계에서 벗어나 지역사회의 특성과 욕구를 반영한 복지프로그램을 개발하고 전달체계를 개선하려는 노력이 지방분권화와 맥을 같이 하고 있다.

둘째, 사회안전망 확충에 대한 욕구가 확대되면서 공공영역과 민간영역이 함께하는 민관협력체계가 강화되고 있다는 점이다. 이에 따라 거버넌스에 대한 관심 또한 확대되고 있으며, 서비스 전달 과정에서 공공부문과 민간부문이 협력적 네트워크를 구축하여 활용하고 있다.

셋째, 사회복지공동모금의 실시, 자원봉사활동기본법의 제정 등으로 지역주민들의 자발적인 참여가 중요해지고 있으며, 지역사회의 이익을 극대화하려는 사회행동이 활발해지면서 NGO가 대거 출현하고 있다는 점이다.

사회문제의 해결과 예방이라는 응용학문으로서의 사회복지학 특성에 기초하여 이론과 실천의 교량적 역할을 지역복지론이 담보할 수 있기를 기대한다. 이에 지역복지를 바르게 이해하고, 사회 변화에 맞는 지역복지전달체계 및 실천접근의 방향성을 찾고자 하는 필요성에 대한 공감대가 형성된 저자들과 뜻을 같이하여 『지역사회복지론』을 집필하였다. 본서는 다년간의 지역복지 강의 경험을 포함하여 변화하는 지역사회 환경을 담보하는 최근의 지역복지 동향을 반영하고, 최신의 자료와 데이터를 활용하여 저술하였다.

본서는 3부 15장으로 구성되어 있다.

Ⅰ부는 지역사회 및 지역복지에 대한 이해에 관련된 기초지식을 제공하고자 1장에서는 지역사회의 개념, 기능, 유형 등 기본적 이해를, 2장에서는 지역사회복지의 개념과 범주 및 이념을, 3장에서는 지역사회복지의 발달과정을 정리하고 있다.

Ⅱ부는 지역복지 접근방법에 대한 이해를 돕고자 지역사회복지 이론과 실천모델로 구분하여 정리하였다. 4장에서는 지역사회복지 관련 이론을 소개하였고, 5장에서는 지역사회복지의 다양한 실천모델을 비교하였으며, 6장에서는 지역사회복지실천 단계에서 고려해야 할 원칙과 과정을 정리하였고, 7장에서는 지역사회복지실천 과정에 필요한 다양한 실천기술들을 살펴보았다.

Ⅲ부는 다양한 지역복지 추진체계를 다루고자 8장에서는 지역사회복지관을, 9장에서는 지역사회복지협의회와 지역사회보장협의체를, 10장에서는 지역사회자원의 중요한 한 축을 이루는 물적 자원인 공동모금을, 11장에서는 인적 자원인 자원봉사를 정리하였다. 그리고 12장에서는 지역복지의 특수 실천분야로 자리매김하고 있는 사회적 기업, 사회적 협동조합 등을 살펴보았고, 13장에서는 지역사회의 중요성을 부각시키는 지방자치제와 지역복지의 관련성을 정리하였으며, 14장에서는 지역사회 중심의 계획을 수립하는 지역사회보장계획을 다루었고, 15장에서는 지역주민의 자발적인 참여를 유도하는 지역사회복지운동을 정리하였다.

각 장의 내용은 김제선 교수가 1장, 2장, 3장을, 이은영 교수가 4장, 5장, 6장, 7장을, 조성희 교수가 8장, 9장, 10장, 11장을, 장동호 교수가 12장, 13장, 14장, 15장을 집필하였다.

저자들은 본서가 지역복지를 전공하거나 지역복지에 관심 있는 학생뿐만 아니라 일반인에게 사회 변화에 따른 지역복지의 환경 변화와 최근 이슈, 그리고 다양한 정책 및 서비스 등을 새롭게 접하고 체계적으로 정리하는 데 조금이나마 도움이 되기를 희망한다. 이를 통해 지역별 차별적 특성을 반영할 수 있는 환경을 구축하고 지역별 맞춤형 복지체계가 실현될 수 있는 기회가 되기를 희망한다.

끝으로 이 책이 나오기까지 도움을 주신 창지사 관계자분들께 깊은 감사를 드린다.

2024년 8월

저자 일동

7장 지역사회복지의 실천기술

Ⅲ부 지역복지 추진체계

8장 지역사회복지관

14장 지역사회보장계획

15장 지역사회복지운동

제 I 부

지역복지에 대한 이해

1장 지역사회와 지역사회문제 및 사회복지
2장 지역사회복지의 개념과 범주 및 이념
3장 지역사회복지의 발달과정

CHAPTER

01

지역사회와 지역사회 문제 및 사회복지

학습논점

1. 지역사회의 개념적 정의와 새롭게 변화되는 지역사회의 의미는 무엇인지에 대해 살펴본다.
2. 지역사회의 기능들은 무엇이 있으며, 지역사회가 왜 중요한지를 살펴본다.
3. 현대사회에서 지역사회의 문제들이 어떻게 발생되고 있으며, 그러한 문제들과 사회복지는 어떠한 관련성이 있는지를 살펴본다.

1절 지역사회의 개념과 새로운 지역사회

1. 지역사회의 개념

1) 지역사회와 지역의 차이

일상적으로 지역사회는 '지역'과 혼용되고 있다. 자연적인 지역의 특성과 인간관계적인 생활의 특성이 반영된 지역주의라는 사전적 의미와 일상적에서의 의미가 서로 달리 적용되고 있기 때문이다. 우선, 사전적인 측면에서 지역주의는 지역의 특수성을 살리고 지역 내 자치성의 추진을 도모하는 입장으로 자연환경과 인간 간 관계를 중시하면서 자연환경과 인간 사이에 위화감이 없는 상태를 지향하고, 지방제일주의의 폐해를 제거하는 것을 목적으로 한다, 이때 지역주의는 regionalism으로 영역되며, regionalism은 지방주의, 지방분권주의, 지방색, 국지적 폐쇄주의나 고립주의의 반대로 번역·정의된다. 즉, 사전적으로 지역주의는 지역의 특수성을 살리고 지역 안의 자주성을 꾀하려는 주의라고 정의할 수 있다. 한편, 일상에서 지역주의는 우리나라의 가장 큰 균열 가운데 하나이며 지역감정, 지역갈등, 한국의 사회발전의 '악'으로 이해되고 있다. 지역주의에 관한 이 같은 이해는 '지역주의 타개를 위한 총괄 모임'의 "한국의 정치발전을 저해하는 지역주의를 타파한다"는 슬로건과 일치한다. 이렇게 지역주의의 의미는 받아들이는 사람들에 따라 다르게 적용되고 있다.

하지만, 사회복지실천적 관점에서 본다면 이 두 용어를 구분해 사용할 필요가 있다(최옥채 외, 2003: 7-9).

첫째, 지역과 지역사회는 사전적으로 정의되는 내용이 다르기 때문이다. 지역(地域)이라는 단어의 경우 "일정하게 구획된 어느 범위의 토지" 또는 "전체 사회를 어떤 특징으로 나눈 일정한 공간 영역"으로 정의되고 있다. 반면, 지역사회는 "한 지역의 일정한 범위 안에서 지연(地緣)에 따라 자연스럽게 이루어진 생활 공동체"로 정의되며, 이 용어는 '지역 공동체'와 유사한 것으로 설명되고 있다(표준국어대사전, 2022).

둘째, 지역과 지역사회는 사회복지실천 측면에서 두 용어가 지칭하는 지리적 규모에서 크게 차이가 나기 때문이다. 지역사회가 주민간 상호작용이 긴밀하게 이루어지는 정도의 '작은 규모'라고 한다면, 지역은 지역사회보다 더 '넓은 규모'로 이해될 수 있다. 즉, 지역사회는 '이웃', '동네', '마을' 정도로 간주한다면, 지역은 지역사회 규모 이상에서부터 우리가 행정적, 법적으로 정해진 지방자치단체까지 넓혀보아야 한다.

결국, 지역사회는 사전적 또는 사회복지실천적으로 지역과는 다른 의미를 갖기 때문에, 지역사회는 동질성이나 자체 변화를 위한 역동성 등이 강한 주민들로 구성된 소규모 수준으로 한정해 사용하고, 사회복지실천을 행정적, 정책적 또는 법적인 측면에서 수행할 때는 지역이라는 비교적 큰 규모의 수준으로 사용할 수 있다.

2) 지역사회와 공동사회 및 이익사회의 차이

지역사회와 또 다른 유사한 개념으로는 공동사회 및 이익사회가 있다.

첫째, 공동사회(共同社會)란 사전적으로 "인간에게 본래 갖추어져 있는 본질의사에 의하여 결합된 유기적 통일체로서의 사회"(표준국어대사전, 2022)로 정의된다. 이 용어는 독일의 사회학자 퇴니에스가 제창한 사회 유형의 하나로 가족, 촌락 따위가 있다. 이러한 측면에서 공동사회는 독일어인 '게마인샤프트(Gemeinschaft)'인데, 번역하자면 '공동체'와 같은 의미로서 지역사회와 비슷한 뜻을 가지고 있다.

둘째, 이익사회(利益社會)는 "개인의 이해타산에 의하여 결합된 사회"(표준국어대사전, 2022)라는 사전적 의미를 갖고 있다. 이 용어 역시 독일의 사회학자 퇴니에스가 제창한 사회 유형의 하나로서 합리적·기계적인 성격을 지니며 근대의 주식회사나 노동조합이 대표적인 사례이다. 독일어로는 '게젤샤프트(Gesellschaft)'라고 하는 것으로, 번역하면 '목적 사회'에 해당한다. 이처럼 이익사회는 지역사회와 비슷하면서도 다른 의미를 담고 있다.

3) 영어적 표현으로서 지역사회

지역사회를 영어로 번역하여 사용할 때 community, locality, neighborhood 등으로 혼용되고 있다.

① community

'커뮤니티(community)'의 어원은 라틴어의 함께라는 의미의 'cum'과 선물이라는 뜻의 'munus'가 합해진 것으로, "선물을 서로 주다"는 의미이다. 종교단체에서 이 단어를 '공동체'라는 뜻으로 사용하고 있는 것은 이러한 측면을 강조한 것이다. 이 용어에는 지리적·공간적 차원의 의미만 있는 것이 아니라 같은 이해관계에 있는 사람들의 집합체라는 개념이 포함되어 있다.

커뮤니티의 의미는 다시 지역성과 정신성이라는 개념으로 구분된다(고수현, 2020). 지역성(local construct)은 도시, 농촌, 경상도, 충청도 등 일정한 구획을 포함하는 개념으로 구성된다. 반면, 정신성(mental construct)은 동호인 집단, 동성애자 집단, 소수 그룹, 다수 그룹등의 정신적으로 유사한 맥락을 유지하는 구성개념이다.

그런데 21세기에 접어들면서 새로운 커뮤니티의 개념인 가상공동체(virtual community)혹은 소셜 네트워크 서비스(social network service : SNS) 등의 컴퓨터 네트워크 공동체(computer networkcommunity)가 사이버 공간(cyber space)에서 구성됨으로써 지역성이나 정신성의 개념구분이 모호해지고 경향을 보인다. 즉

구글(Google), 네이버(Naver), 다음(Daum) 등의 포털사이트, 또는 카카오톡, 페이스북, 트위터, 인스타그램, 밴드, 카카오스토리 등의 개방형 혹은 폐쇄형 SNS에서 다양한 커뮤니티가 만들어지고 있는 것이다.

② locality

'로컬리티(locality)'는 중앙과 지방이라는 구분에서 주로 사용되지만, 때로는 커뮤니티와 혼용되는 용어이기도 한다. 실제로 로스만(Jack Rothman)도 지역사회개발을 'Community Development' 이외에 'Locality Development'로 표현하기도 하였다. 그러나 우리나라에서는 지방정부나 지방자치단체를 'Local Government'로 표기하는 사례가 많으므로 사회복지 분야에서는 구분하여 사용하는 것이 좋을 것이다(고수현, 2020).

③ neighborhood

'네이버후드(neighborhood)'는 인근지역이나 근린생활 지역사회를 나타내는 의미가 있으므로 커뮤니티보다는 의미가 좁다고 볼 수 있다. 아울러 '도시지역(urban areas)'보다는 좀 더 거리가 먼 '교외지역(suburban areas)'에서 주로 사용되는 용어라는 점에서 본다면 커뮤니티에 비하여 제한적인 의미로 보아야 할 것이다(고수현, 2020).

4) 지역사회의 개념

Collins Dictionary of Sociology에 따르면, '지역사회(community)'의 개념은 "현대 사회에서 가장 어렵고…논란의 여지가 있는 것 중 하나이다"(Hohaia, 2018 재인용). 당연하게도, 연구자들에게는 이 용어에 대해 개념을 정의하는 것은 수년 동안 흥미를 끌었던 것도 있지만, 동시에 회피하고 싶은 것이기도 하였다. 즉, 연구자들이 연구를 진행하면서 지역사회에 대한 개념적 정의는 "본질적으로 완전한 합의가 없이"(Hillery, 1955) 진행한 것이었다.

지역사회에 대한 개념적 정의는 미국의 사회학자였던 로버트 파크(Park, 1952)가 내렸던 지역사회에 대한 이해를 바탕으로 발전하였다. 그는 지역사회의 주요 특징을 '영토'를 기초로 구분되는 인구집단과 그 구성원들의 상호 의존적 관계로 보았다.

또한, 1950년대 이전까지의 지역사회에 대한 관련 연구에서 지역사회는 94가지로 정의가 되었다고 한 조지 힐러리(Hillery, 1955, 1982)는 이러한 다양한 지역사회에 대한 개념적 정의에도 네 가지의 공통적 구성 요소들이 있다고 주장하였다. 사람(people), 공통적 관심사 또는 서로 공유하는 끈 혹은 연(common ties or connections), 사회적 상호작용(social interaction or interactions), 영토 또는 장소(area or place)가 그것들이다.

일부 연구자에 따라 약간의 차이가 있기는 하지만, 일반적으로 학술적인 지역사회의 개념은 첫 번째로 영토성의 의미가 있고, 두 번째로 비영토성 및 기능성의 의미가 있다고 하였다(강철희 · 정무성, 2006: 23–27).

(1) 영토성의 의미로서 지역사회

지역사회에 대해 다양한 정의가 사용되고 있지만, 사회복지실천 분야에서는 전통적으로 영토-지리적인 것에 초점을 두고 지역사회의 의미를 사용해 왔다고 볼 수 있다. 즉, 전통적으로 사회복지실천 측면에서 볼 때 지역사회가 기본적으로는 지리적 공간을 기초로 문화적 요소들을 공유하는 인구집단을 의미하는 것이다. 기본적으로 지역사회는 일정한 지리적 공간, 그리고 그 공간에 거주하는 구성원들 및 그 공간과 사회심리적 연을 갖는 사람들로 구성된다. 삶의 질 향상을 위한 개입 측면에서 지역사회의 의미를 파악해 보고자 하는 이들은 지역사회의 의미를 지리적 공간을 중심으로 하여 그곳에 거주하는 자들로 파악할 때, 이웃 · 동네 · 마을 · 도시 등 더 큰 지리적 공간을 포괄할 수 있고 지역사회의 삶의 질 향상을 위한 개입대상으로서 지역사회에 대한 초점을 보다 명확하게 할 수 있다.

이러한 측면에서 지역사회로 명명되기 위해서는 다른 지역과 구별되면서 다음과 같은 두 가지의 특별한 의미가 있는 특성을 갖고 있어야 한다.

① 지리적 공간 크기를 기준으로 한 지역사회

지역사회가 지리적 공간의 크기를 기준으로 세대거주지역, 근린지역, 지방거주지, 자치지역(municipality)으로 구분될 수 있다.

첫째, 세대(household)는 생물학, 사회학 등에 따라 그 의미가 다양하게 쓰이고 있다. 생물학적 세대란 한 생물이 생겨나서 생명을 마칠 때까지의 기간을 의미하는 것이다(국립국어원, 표준국어대사전). 사회학적 세대는 다시 가족 세대와 문화 세대로 구분될 수 있는데, 가족 세대는 여성이 성장하여 첫 아이를 출산할 때까지의 기간을, 문화 세대는 같은 시대를 살면서 동일한 문화를 경험하는 모든 사람들을 의미한다(Wohl, 1979). 가족 또는 가정을 기준으로 세대가 거주하는 일정한 지역이 지역사회의 기준이 된다.

둘째, 근린지역(neighborhood)이란 전체 사회를 어떤 특징으로 나눈 일정한 공간 영역이라는 뜻을 가진 지역의 개념에 가까운 이웃이라는 뜻을 가진 근린이 결합된 용어이다. 즉, 비슷한 사회적 특징을 가진 사람들이 함께 사는 일정한 공간을 근린지역이라고 할 수 있다. 이에 따라 우리나라 법률에서도 근린상업지역(neighbourhood commercial district), 근린생활시설(neighborhood living facility) 등과 같은 인프라를 갖추도록 하고 있다. 이처럼 가족 또는 가정의 세대 구성원들이 직업 등의 경제적, 학업 등의 교육적, 여가 등의 문화적 생활들을 하는 세대지역에서 가까운 지역에 위치한 일정한 공간으로, 이 역시 지역사회의 기준이 된다.

셋째, 지방거주지(local area of residence)란 개인 또는 세대 구성원 중에서 주로 직업 등의 여러 이유로 세대에 거주하거나 생활하는 지역보다 먼 지역으로서 특정의 목적에 의해 일정한 기간 동안 사는 지역으로서 의미를 갖는다. 이러한 거주지도 지역사회의 기준이 된다.

넷째, 자치지역(municipality)이란 국가의 행정 구역 안에서 개인 또는 세대의 구성원들이 어느 정도의 자치권을 가지고 사는 일정한 공간을 말한다. 이러한 지역에 대한 자치권여부에 따른 기준도 지역사회에 포함될 수 있다.

② 인구사회학·경제·행정적 기준 등에 의한 지역사회

지역사회는 인구사회학적, 경제적, 행정적 기준 등에 따라 네 가지로 구분될 수 있다(Dunham, 1970).

첫째, 인구의 분포에 따른 지역사회 : 인구 수에 따라 분류되는 대도시, 중소도시, 읍 지역과 같은 작은 부락 등의 지역사회.

둘째, 인구구성의 사회적 특수성에 따른 지역사회 : 지역사회 구성원 대다수의 사회적 특성을 중심으로 구분하는 도시 저소득층지역(과거 봉천동, 인천 괭이부리마을 등), 외국인촌(이태원동 이슬람인마을, 가리봉동 연변거리, 서울 중구 몽골타운, 인천 차이나타운 등), 미국의 할렘가나 차이나타운 등과 같은 지역사회

셋째, 경제적 기반에 따른 지역사회 : 주민들의 경제생활뿐만 아니라 사회·문화적 특성을 파악하고자 하는 인류학적 조사·연구에서 흔히 사용되는 광산촌, 산촌, 어촌 등의 지역사회.

넷째, 정부의 행정구역에 따른 지역사회 : 정부가 국가를 효율적으로 운영하기 위해 법정 또는 행정적으로 구분한 특별시, 광역시·도, 시·군·구, 읍·면·동 등으로 구분한 지역사회. 일반적으로는 행정 구획을 나눌 때 그 지역에 사는 주민 수 즉, 인구 크기를 중요시 하기는 하지만, 반드시 인구의 크기에 따라 비율적으로 구분되지는 않음.

(2) 비영토성 및 기능성의 의미로서 지역사회

전통적 사회복지실천 측면에서 볼 때 지역사회를 지리적 공간성으로 이해하는 것은 변화하는 현실을 충분히 반영하지 못해 제한적 이해일 수 있다. 전통적으로는 지리적 공간성을 기초로 하여 지역사회를 이해하고 이러한 지역사회를 대상으로 사회복지 개입활동이 전개되었으나, 현대사회에서 개입의 대상이 되는 지역사회는 지리적 공간성에 기초한 지역사회와는 다른 의미를 갖는 지역사회까지도 포괄할 수 있음을 인지해야만 한다. 즉, 현대사회에서 지역사회는 사회복지 개입의 대상으로서 영토적 지역사회 이외에 비영토적 측면에서 이해될 수 있는 지역사회까지 포괄할 필요가 있다. 다양한 종류의 비영토적 지역사회 중에서 인종

적 배경, 성에 대한 지향, 직업, 장애, 질병, 종교, 사회계층 등과 같이 특정한 정체성이나 이해관계에 기초하여 구성되는 지역사회(identificational and interest community)는 사회복지의 개입활동과 관련해 중요한 의미를 갖는다. 특히 영토적 의미의 지역사회에 대한 사회 구성원들의 소속의식이 약화되는 경향이 상대적으로 두드러지는 시점에서, 다양한 형태의 비영토적 지역사회는 인터넷과 같은 정보기술의 발전 및 유비쿼터스 기술의 발전과 함께 사회 구성원들의 삶에서 상당히 중요한 위치를 차지한다. 바로 이러한 형태의 지역사회는 사회복지실천에서도 매우 중요한 대상이 될 수 있다.

또한, 비영토적 지역사회와 관련해서 지역사회가 어떤 그룹에 대해 그리고 그룹의 구성원들에 대해 각각의 구성원들이 갖는 소속감, 공유된 신념 및 헌신 등으로 구성된다. 즉, 소속감, 공유의식 및 헌신으로 구성된 일단의 인구집단 역시 하나의 지역사회로 칭할 수 있다. 비영토적 지역사회에 대해 지역복지실천 분야에서는 '기능적 지역사회'라는 용어를 사용해 보다 포괄적으로 정리하는 경향이 있다. 사람들이 공유할 수 있는 특정한 속성 및 이해관계에 기초하여 형성되는 지역사회가 바로 기능적 지역사회이다. 즉, 기능적 지역사회는 영토적 지역사회 내에서도 형성될 수 있고 동시에 영토적 지역사회를 초월하여서도 형성될 수 있는 것으로, 현대사회에서 매우 중요한 의미를 갖는 사회복지실천대상이라고 볼 수 있다.

이러한 측면에서 린드만(Lindeman, 1921)은 지역사회란 지역주민들이 공동의 생활공간에서 서로 의존하고 정치적으로 자율성을 가지며, 복잡하고 변화하는 사회구조 속에서 기본적인 욕구를 추구하는 곳이기 때문에 지역사회복지의 목적에 따라 지역사회를 구분할 수 있다고 하였다.

① 대도시지역 : 인구 50만 명 이상인 지역으로 산업, 상업, 문화 등의 중심도시
② 산업지역 : 광업, 제철, 수출산업, 자동차공장 등의 산업이 집중된 도시
③ 상업지역 : 상가, 백화점, 주유소 등이 밀집된 지역
④ 행정중심지역 : 정부, 지방자치단체 등의 행정기관이 집중된 지역
⑤ 교육 중심지역 : 대학교, 연수원, 학원가, 기타 학교 시설이 집중되어 있는 지역

⑥ 시설중심지역 : 지역주민의 편의를 위해 병원, 센터, 보건소 등이 형성된 지역

⑦ 교외지역 : 도시 근교로서 주로 직장인들이 출퇴근을 하는 거주지역

⑧ 유락지역 : 해변가, 관광지, 국립공원 등의 경관이 좋은 자연 명소에 인접해 있는 지역

⑨ 농업중심지역 : 농.축.수산품 등이 재배되어 거래되고 농촌주민의 활동이 이루어지는 지역

⑩ 이념중심지역 : 종교, 이데올로기, 예술 등이 형성된 지역

〈지역사회주의〉

지역사회주의(地域社會主義)란 용어는 국어사전에 실려 있지 않다. 지역사회주의를 굳이 영역하면 communitism이라고 할 수 있을 터인데 이 용어 역시 영어사전에서 찾아볼 수 없다. 대신 사전에 지역주의(地域主義)와 regionalism이라는 용어가 소개되고 있다. (중략)

지역사회주의는 주민이 거주하고 있는 지역사회의 발전을 위해 지역사회를 사랑하는 마음과 행동의 토대가 되는 신념을 일컫는다. 개인의 발전 측면에서 개인의 행동이나 삶의 양식이 무분별하게 즉흥적으로 꾸려지는 것이 아니고 개인이 형성한 합리적인 사고틀이나 믿음을 바탕으로 형성되는 것처럼 지역사회 발전 역시 지역사회를 구성하는 주민의 합리적인 신념이 토대가 되어야 한다. (중략) 한 지역사회의 변화 · 발전은 그 지역사회의 주민이 함양하고 있는 지역사회주의에 달렸다고 해도 과언이 아닐 것이다.

이 같은 지역사회주의는 지역사회에 관한 주민 각자의 관심을 바탕으로 다양한 노력에 의해 형성된다. 즉, 일상에서 지역사회가 중요하다는 사고와 지역사회를 위한 구체적인 활동을 통해 주민 각자의 지역사회주의는 강화된다. 예컨대, 지역사회를 사랑하는 마음, 지역사회 주민과 함께하려는 태도, 지역사회를 위한 봉사활동 등과 같은 마음과 행동으로 지역사회주의는 주민들에게 뿌리내릴 수 있다.

출처: 최옥채 외(2003: 7-10).

2. 새로운 지역사회의 이해

1) 인구구조와 지역사회의 변화

우리나라 노인의 약 2/3는 도시에 거주하며 특히 서울, 부산 등 대도시의 노인인구 증가율이 매우 높다. 고령화 정도는 농어촌이 심각하지만, 노인인구의 규모는 도시가 훨씬 크다. 또한 도시에 거주하는 노인의 50% 이상이 외출 시 불편함을 경험하며, 40% 이상이 불편함이 있는 공간에 거주한다. 이것은 농어촌 지역 노인뿐 아니라 도시 노인의 지역사회 환경문제에도 주목할 필요가 있음을 의미한다.

한편, 도시의 환경이 노후화하고 도심 공동화 현상이 증가함에 따라 중앙정부와 지자체 차원에서 도시재생이나 재개발 사업이 활발히 진행되고 있다. 도시재생이나 재개발은 땅값 상승과 지역개발, 편리화를 의미할 수 있지만, 노인들은 주변에 친밀하게 존재하던 건물들이 해체되고 주변이 황폐해지며, 이웃들이 떠나가거나 바뀌는 과정을 통해 자신의 환경이 부정적으로 변화한다고 느끼며, 지역사회로부터 유리될 위험이 크다. 동일한 지역에서 안정적으로 살아가고자 하는 노인들에게 급변하는 도시환경과 불안정한 이웃은 노인들의 생애 전체의 경험이나 가치와의 부조화를 초래하여 자기정체성에 부정적인 영향을 미치며, 결과적으로 노인들의 소외와 배제를 촉진한다.

그러나 노인과 아동들처럼 지역사회에서 지내는 시간이 길고 지역사회를 가장 빈번히 이용하는 집단은 정작 지역사회의 변화와 의사결정에서 가장 소외되기 쉽다. 노인들은 노후지역에 오랫동안 거주하였고, 주민의 다수를 차지함에도 불구하고, 발언 기회와 정보의 부족, 이동 능력 제한 등으로 지역의 변화와 관련된 정책이나 의사결정에 참여하거나 목소리를 내기 어렵다. 그러나 지역사회를 잘 알고, 주민들과의 경험이 다양하게 축적된 노인들의 인식은 지역사회에 큰 의미를 갖는다. 따라서 도시재생사업을 포함한 지역사회 환경의 변화에서 해당지역에 오래 거주한 노인들의 의사와 의견을 경청하고 반영하는 노력이 필요하며, 나아가 노인들의 지역과 동네에 대한 애착과 경험을 직접적으로 표현할 수 있는 방식을 고민할 필요가 있다(최희경, 2019).

2) 새로운 지역사회 만들기의 사례

서울시는 인구 고령화에 대응하여 고령친화도시 조성을 목표로, 고령친화도시를 표방하는 여러 해외 도시에서 최근 진행되고 있는 고령친화 비즈니스(Age-friendly Business)를 추구하고 있다. 고령친화 비즈니스란 지역 상점에 고령친화적 환경을 조성해 지역 주민이 연령에 상관없이 다양한 상품과 서비스에 더 많이 접근할 수 있도록 하고, 지역 상점은 더 많은 고객층을 확보할 수 있도록 하는 지향을 가진 사업이다.[1] 서울시는 인구 고령화 추세에 대비해 노인복지 수준을 높이려고 다양한 노력을 기울이고 있는데, 이러한 노력이 지금까지는 정책적 차원에서 시민에게 간접적으로 전달됐다고 할 수 있다. 이러한 정책적 노력이 가지는 의의가 있기는 하지만, 그동안 시민 차원에서는 이 노력과 그에 따른 변화를 직접 체감하기에 어려움이 있었다. 고령친화 비즈니스 사업은 이러한 한계를 극복하고 지역사회 단위의 시민 생활에서 직접 체감할 수 있는 직접적이고 실천적인 수준으로 접근하고자 시도된 것이었다. 일차적 목적은 지역사회 소규모 상점에 대한 교육과 훈련, 지원 등의 개입을 통한 상점의 인식과 태도, 물리적 환경 등의 고령친화적 변화이다. 그리고 이차적으로는 상점에 형성된 노인 존중 분위기를 바탕으로 지역사회 전체의 인식 변화가 일어나도록 하는 것을 목적으로 한다. 즉, 이것은 노인을 배려하는 고령친화적 지역사회 환경 구축에 초점을 두는 것으로서, 노인이 주요 대상이다. 하지만 노인 세대만을 위한 것은 아니며, 노인을 포함

1) 고령친화 비즈니스(Age-friendly Business)는 '고령친화산업(Senior-friendly Industry)'과 비슷한 개념으로 받아들여질 수 있다. 하지만 고령친화산업은 고령친화제품 등을 연구·개발·제조·건축·제공·유통 또는 판매하는 업(고령친화산업진흥법 제2조 2항)을 말하는 것으로, 노인 육체적· 정신적 건강과 편의 및 안전을 도모하는 상품·서비스와 관련된 산업 전반을 말한다. 반면, 고령친화비즈니스의 사전적·학술적 정의는 부재하지만, 노인 고객을 유인할 수 있는 저비용·무비용 실천 방안들을 상점에 제공하는 교육 캠페인이라고 말할 수 있다. 이렇듯 고령친화 비즈니스란 실천 프로그램을 지칭하는 용어이기 때문에, 우리 사회의 '경로우대제도(Senior citizen discount programs)'와 유사점이 높다고 볼 수 있다(정은하, 2020).

한 다양한 사회적 약자가 모두 함께 살아가기 편리한 환경을 지향한다. 궁극적으로는 주민 사이에 지역사회에 대한 긍정적 인식과 공동체 의식이 구축되기를 기대하는 것이다. 이를 위해 고령친화도시가 지향하는 활기찬 노년, 거주지 계속 거주, 세대통합 등의 주요 가치를 실현하는 것이며, 〈표 1-1〉과 같이 민간과 공공의 장점들을 살린 다양한 민관 협력체계가 구성되어 활용 및 활동하는 것이다(정은하, 2020).

〈표 1-1〉 서울시의 고령친화 비즈니스 협력체계

협력체계		구성 및 역할
실행 주체	서울시	• 사업 총괄(복지본부 어르신복지과)
	서울시 복지재단	• 사업 기획 및 운영 전반 관리 • 시범사업 성과 연구
	민간기관	• 운영 담당 기관(사업 기반 구축 및 운영, 사업 홍보, 교육 및 컨설팅 진행) • 디자인 담당 기관(브랜드 개발, 디자인 매뉴얼 발간, 고령친화 물품 개발 및 제작, 상점 환경 개선) • 거점 기관(추진위원회 및 지역활동가 구성, 회의 및 교육 장소 협조)
지역별 협력 주체	추진위원회	• 구성: 상권 관련 네트워크를 보유한 지역사회 인사 • 역할: 지역 상점의 사업 참여 독려, 지역 사업 진행 자문, 성과 도출을 위한 상호 협력과 결과물의 공유 및 확산
	지역 활동가	• 구성: 해당 지역 거주민 • 역할: 홍보 지원, 상점 운영 모니터링
	전문 활동가	• 구성: 노인 고객 관련 전문교육과정(시니어마케터 등)을 이수한 인력 • 역할: 상점 조사, 홍보 협조, 컨설팅 지표 작성 등 모니터활동
	핵심(Key) 상점	• 구성: 지역별 3~4개 상점 선정 • 역할: 사업 참여 상점의 롤 모델 형성

출처: 정은하(2020: 45).

3) 지역사회 변화에 따른 영향들

(1) 지역사회 이미지

주민이 그가 속한 지역의 환경적 조건에 대한 주관적 평가로서 지역사회 이미지가 좋아질 수 있다. 어떤 지역에 형성되는 이미지란 어떠한 경험이나 인상을 바탕으로 형성되는 매우 추상적인 내용으로, 이에 대한 평가는 상당히 주관적일 수밖에 없기 때문에 계량 지표로 접근하기에 어려움이 있다. 하지만 기존 도시계획, 건축, 환경 분야 등에서 활용하고 있는 환경의 질 지표(PEQI: Perceived Environmental Quality Indices)가 이러한 내용을 알아보는 데 적절한 도구가 되리라 본다. 인간은 환경 자체를 객관적으로 평가하는 것이 아니라, 환경적 자극을 받아들인 다음 인지한 내용을 바탕으로 평가하고 행동하는데, 이러한 환경적 인지의 측면을 측정할 수 있는 수단이 환경의 질 지표이기 때문이다(정은하, 2020).

(2) 공동체 의식

주민이 지역사회에 대해서 느끼는 감정으로서 공동체 의식(sense of community)이 향상된다. 공동체 의식이란 구성원이 느끼는 소속감, 다른 구성원이나 집단에 관련되어 있다는 느낌, 구성원의 문제를 자신의 문제로 여기고 협력으로 해결하려는 의식, 구성원의 욕구가 자신의 노력으로 충족될 수 있다는 공유된 믿음이다(McMillan and Chavis, 1986). 최근 다양한 사회문제의 증가와 관련하여 공동체의 가치가 해결 대안으로 새롭게 조명되고 있다. 실제로 여러 지역사회의 변화와 그 움직임에 대한 실험과 실행을 한 결과, 지역사회 공동체에 대해 더 중요성이 부각되고 있다. 예를 들어, 우리나라의 여러 지방자치단체들에서 추진하고 있는 고령친화도시 또는 여성친화도시의 사업에서 노인 또는 여성에 대한 이해와 배려를 중심으로 한 주민 간 상호 신뢰와 연대 분위기가 확산되고 있다는 것이다.

(3) 주민의 삶의 질

지역사회 이미지와 공동체 의식 등이 변화하면서 지역사회 파급력과 시민 체감도, 그리고 주민 삶의 질 등에도 영향을 미칠 수 있다. 예를 들면, 고령화 사회에서 노인가구, 특히 1인 고령가구가 느는 지역사회에서 공동체 의식과 함께 그 지역주민의 삶의 질에도 상당한 영향을 받을 수밖에 없다. 한 지역에 오랫동안 거주하면서 동네를 중심으로 생활하는 노인들의 특성상, 지역의 특성과 변화는 노인들의 삶에 막대한 영향을 미친다. 익숙한 동네라 하더라도 거주환경이 열악하고 안정적이지 않다면, 노인의 삶의 질은 낮아지고 건강과 기능이 악화되기 쉽다. 특히 취약한 지역에 거주하거나 급격한 환경 변화를 겪고 있는 지역의 노인들은 관계망의 단절, 심리적 불안 등 다양한 문제를 겪게 된다. 노후화된 도심 지역을 중심으로 급격히 증가한 노인의 고독사는 쇠락해가는 도심 지역에서 지역사회를 중심으로 형성되었던 관계망이 해체된 결과의 비극성을 보여주는 대표적인 사회현상이라고 할 수 있다. 따라서 노인들의 지역사회 거주 기간이 길어질수록 지역 환경의 변화가 노인들의 삶에 미치는 영향을 면밀하게 탐색할 필요가 있다(최희경, 2019).

2절 지역사회의 기능 및 중요성

1. 지역사회의 기능

지역사회의 기능을 설명하기 위해서는 지역사회 내에서 누가, 무엇을, 어떻게 기능하는가를 언급할 필요가 있다. 즉, 지역사회의 주변 상황은 지리적으로 인접한 지역에 거주하는 사람들의 사회조직이라고 볼 때, 이는 지역사회 내 구성원들 간의 사회적 유대뿐만 아니라, 집단 구성원이 이웃이 아닌 여타 사람들과도 유대를 가져야 한다는 것을 포함한다.

길버트와 스펙트(Gilbert & specht, 1974)에 따르면, 지역사회는 생산·분배·소비의 기능, 사회화의 기능, 사회통제의 기능, 사회통합의 기능, 상부상조의 기능과 같은 다섯 가지의 기능을 갖는다. 그리고 이러한 기능들은 각각 사회의 다양한 제도로 나타난다고 하였다.

1) 생산 · 분배 · 소비의 기능

일상생활을 영위하는 데 필요한 상품과 서비스를 생산, 분배하고 소비하는 과정과 관련된 기능이다. 생산, 분배하는 기능은 주로 기업체가 담당하고 있지만, 정부기관, 전문기관, 종교단체, 교육기관 등도 경제적 기능을 담당한다. 즉, 생산·분배·소비의 기능은 경제 제도로서 나타나게 되는데, 개인과 가족의 욕구충족 방법에 많은 영향을 줄 뿐만 아니라 지역주민들이 바람직한 삶을 영위하는데도 상당한 영향을 주게 된다.

2) 사회화의 기능

사회화(socialization)의 기능이란 지역사회가 공유하고 있는 일반적인 지식, 사회적 가치, 행동양식을 지역주민에게 전달하는 과정을 의미한다. 이러한 사회화의 기능은 가족제도로서 형성된다.

3) 사회통제의 기능

사회통제(social control)의 기능이란 지역사회가 지역주민들에게 사회의 규범(법, 도덕, 규칙 등)에 순응하게 하는 것을 의미한다. 사회통제를 담당하는 일차적인 기관은 정부로서 사법권과 경찰력을 통해 보편적으로 적용될 수 있는 법을 집행한다. 그리고 여타의 사회조직인 가정, 학교, 교회, 사회기관 등도 이러한 기능을 부분적으로 담당하고 있다. 때문에 사회통제의 기능은 곧 정치제도로서 나타난다.

4) 사회통합의 기능

사회통합(social integration)의 기능이란 사회체계를 구성하는 사회조직들 간의 연대적 관계가 형성되는 것을 의미한다. 특정 제도의 구성원이나 전 사회체계의 구성원들은 상호 간에 충성하여야 하며 사회체계는 정상적인 기능을 하기 위해서 어느 정도의 결속력과 사기를 가져야 한다. 사회참여의 기능이라고도 할 수 있는데, 사회통합의 기능을 수행하는 가장 대표적인 제도로 종교제도가 있다. 즉, 사회통합에 필요한 사회적 가치와 규범을 만드는 사회조직으로는 가정, 학교, 사회단체가 있다.

5) 상부상조의 기능

상부상조(mutual support)의 기능이란 지역주민들이 기존의 사회제도에 의해서 기본 욕구를 충족할 수 없는 경우에 필요하게 되는 경우의 서비스 원조를 의미한다. 즉, 질병, 사망, 실업, 사고 등의 개인적인 이유에서 또는 경제적 제도의 부적절한 운영에 의해서 자립할 수 없는 상황에 놓이게 될 경우 외부의 도움을 필요로 한다. 전통사회에서 상부상조의 기능은 가족, 친척, 이웃, 자선단체 등과 같은 일차적인 집단에 의해 이루어졌으나, 현대 사회에서는 이러한 기능이 정부, 민간사회단체, 종교단체 등에서 이루어지고 있다.

〈표 1-2〉 길버트와 스펙트(Gilbert & specht, 1974)의 지역사회 기능과 제도

지역사회의 기능		사회적 제도
생산 · 분배 · 소비의 기능	⇒	경제제도
사회화의 기능	⇒	가족제도
사회통제의 기능	⇒	정치제도
사회통합의 기능	⇒	종교제도
상부상조의 기능	⇒	사회복지제도

2. 지역사회의 중요성

위의 5가지 기능은 전통적으로 지리적 의미에서 지역사회를 강조한 것이다. 전통적으로 지역사회는 이러한 기능을 수행하는 하나의 사회시스템으로써 지역사회는 각각의 기능수행을 통해 지역사회 구성원의 삶의 질을 구성하고 윤택하게 하는 데 크게 기여하는 것으로 평가되었다. 그리고 동시에 지역사회 환경과의 상호작용을 통해 지역사회 밖의 환경적 변화에 적응해 나가는 하나의 사회시스템으로서 지역사회는 각각의 기능을 유지·통합해 가면서 지역사회 구성원의 전반적 삶의 질 제고에 크게 기여할 수 있는 것으로 평가되었다. 다양한 의미를 지닌 지역사회는 자원과 기회 및 학습의 장으로서 우리 사회가 기대하는 순기능적 모습을 지니면서 우리 삶의 질을 높이고 삶을 윤택하게 하는 데 기여하는 측면을 갖는다. 동시에 지역사회는 많은 경우에 기회와 자원의 분배를 제한하고, 가치와 규범의 붕괴를 촉진하며 구성원들의 문제를 악화시키는 부정적 모습을 지니면서 우리 삶의 질을 떨어뜨리는 데 기여하는 측면을 갖기도 한다(강철희 외, 2006).

지역사회복지는 지역사회에서 사회복지적 실천의 개념에 중심을 이룬다고 할 수 있다. 첫째, 지역사회복지는 공유된 사회적 의제(예: 개선된 학교, 안전한 이웃, 정치 문제에서 대표성 증가 등)를 추구하기 위해 함께 일하는 효과적인 조직, 모임 및 연합을 추구함으로, 이전까지 조직되지 않은 사람들을 통합하려고 하기 때문이다. 둘째, 지역사회복지는 지역사회에서 전통적인 가족, 친족, 이웃 관계를 강화하고 지역사회의 효과적인 기능에 필수적인 새로운 사회 제도를 개발하기 위해 노력하기 때문이다. 셋째, 지역사회 기반 사회복지서비스는 가난한 사람들에게 봉사하기 위한 가장 효과적이고 비용 효율적인 접근 방식 중 하나이기 때문이다(Estes, 1997).

3절 지역사회문제와 사회복지

1. 지역사회문제의 발생

앞에서 설명된 지역사회의 기능은 다소 이상적인 것으로 볼 수 있다. 즉, 이러한 기능은 이상적 지역사회를 상정해 보았을 때 기대할 수 있는 기능이지 실제로 현대사회의 모든 지역사회에서 발생하는 것은 아닐 수도 있다고 볼 수 있다. 실제로 현대사회의 많은 지역사회는 이러한 기능이 약화되는 문제를 갖고 있으며, 이러한 기능을 전혀 수행하지 못하는 경우도 상당히 많을 수 있다.

또한 지역사회 내에서 발생하는 여러 가지 문제로 인해 지역사회가 제 기능을 수행하지 못하는 경우도 상당히 많다. 이러한 문제들과 함께 많은 지역사회는 역할 상실, 자율성 상실, 또는 지역주민의 지역사회에 대한 무관심 등의 문제를 갖게 된다. 그 결과 지역사회는 빈곤 문제를 야기하고, 비행을 창출하며, 실직 문제를 악화시키고, 가정 붕괴, 가치와 규범의 붕괴 등의 문제를 가질 수 있으며, 이러한 문제로 인해서 많은 역기능을 수행할 수도 있다(강철희 외, 2006).

지역의 외형적 변화, 주민의 의식변화와 공동체 의식의 약화 등으로 인해 지역사회에서 다양한 여러 사회문제들이 발생하고 있다. 이를 테면, 이웃 간 다툼, 사회 복지시설 설립반, 고독사, 아동학대, 가정폭력 등이 지역사회에서 자주 발생하고 있다.

또한, 2012년 송파세모녀 자살이라는 사회적 이슈를 비롯하여 최근 수원시에서 비슷한 일들이 일어나고 있다. 이렇듯 우리사회에는 사회적 약자의 자살, 고독사와 같은 안타까운 일들이 끊이지 않고 있다. 이러한 현상이 이어지고 있는 것은 정부 차원의 사회복지정책 확충뿐만 아니라, 지역사회 차원의 연대감 강화와 신뢰성 구축 등을 소홀히 한 결과라는 의견들이 있다(박태영, 2014). 즉, 복지사각지대의 출현은 지역사회의 재구축, 공동체 재건이란 시대적 과제이다.

2. 지역사회문제와 사회복지의 관계

지역사회 문제를 예방하고 해결하는데 있어서 지역사회의 환경과 지역주민의 특성을 잘 이해하고 있으며 다양한 인적 네트워크 활동으로 사회복지 및 비사회복지 관계기관 간의 연계가 충분히 이루어져 있으며 다양한 인적·물적 자원을 활용하여 지역사회복지실천을 행하고 있는 주체이기 때문이다. 사회복지실천의 영역이 '생리적인 욕구'에만 집중되었던 과거와는 달리 재난재해에 대한 다양한 접근과 사회복지기관에서 이용자를 대상으로 한 지역사회의 문제들에 대해 사회복지 프로그램으로 개발 및 운영되고 있다. 지역주민들의 관심이 높아지고 있는 것으로 매우 고무적인 경향이다. 이것은 사회복지가 지역주민의 삶과 밀접하기 때문인데(양승돈 외, 2016) 이러한 의미에서 일반적으로 지역사회에서의 사회복지는 지역주민의 삶을 질에 영향을 미칠 수 있는 지역 문제를 지역주민이 주체가 되어 발굴하고, 지역 내 다양한 자원을 활용하여 예방 및 해결하고 있다.

이미 지역사회복지실천으로 지역주민이 주체가 되어 '범죄예방협의회의 외국인 밀집지역 순찰활동', '지역사회 방범순찰 활동', '우범지역 방범활동 및 자연적 감시활동', '마을 벽화그리기 활동', '지역사회 환경정화활동' 등의 다양한 자원봉사 활동이 전개되고 있다. 사회적 상호작용과 사회적 유대가 지역주민의 심리적인 부분에 중요한 영향을 미치는 것으로 나타나면서 지역사회문제에 대한 지역주민의 참여가 정적인 영향을 미치고 있다.

지역사회의 사회복지관을 중심으로 지역사회 조직화사업, 지역사회보호사업 등을 전개하여 지역 공동체 운동, 마을만들기 사업 등에 다양한 노력을 기울이고 있다. 또한, 지역사회 문제에 대한 지역주민의 관심을 높여주고, 문제를 해결하는 주체로서 지역주민을 리더로 양성하여 지역주민의 협력자로서 참여하는 사회복지사의 역할이 다양화되었고, 지역주민이 지역에 대한 자부심과 사회적 참여와 신뢰 등으로 지역 공동체의 역량은 강화되었다. 이것은 사회통합에 중요한 역할을 한다는 점에서 더욱 지역 공동체적 활동에 관심이 증대되었다(변미리, 2011;

오봉욱 외, 2017).

지역사회 내에서 이루어지는 대부분의 사회복지실천은 지역사회 공동체 운동, 마을 만들기 사업 등을 통해 주민 간의 유대관계를 높이고, 사회통합을 실현하고자 한다. 이것이 곧 지역주민의 삶의 질을 높이는 접근 방법이기 때문이다. 사람들이 즐겁게 살기 위해 가장 중요한 것이 '동네 사람들과의 친밀감'으로 나타났다(변미리, 2011). 즉, 지역주민 간의 신뢰를 기반으로 친밀감 증진을 위해 지역주민이 하나가 될 수 있는 지역모임이 활성화되고 사회구성원으로서 지역에 대한 자부심으로 지역사회에 참여할 수 있는 기회제공이 중요하다.

정리하면, 지역사회복지는 지역사회를 접근단위로 하여 그 구성원들의 복지를 실현하려는 사회적 노력(감정기 외, 2015; 류만희, 2022)이며, 지역주민과 지역사회의 문제와 욕구를 해결함으로써 지역주민들의 삶의 질을 증진시키는 지역사회 차원의 복지체계(지은구 외, 2019)라고 할 수 있다. 즉, 지역사회의 복지향상을 위한 포괄적인 제도적 개념으로서 지역사회복지는 전문 또는 비전문 인력이 지역사회 수준에 개입하여 지역사회에 존재하는 각종 제도에 영향을 주고 지역사회의 문제를 예방하고 해결하고자 하는 일체의 사회적 노력(오정수 외, 2020)인 것이다.

생각해 보기
1. 지역사회의 개념을 정의하는데 있어 지리적 기준과 기능적 기준 중 어느 사항이 중요한지에 대해 논의해 보자. 2. 현대 사회의 지역사회는 순기능과 역기능이 어떠한 변화가 있는지를 논의해 보자. 3. 우리 일상생활에서 찾을 수 있는 지역사회문제들은 무엇이며, 그에 대한 사회복지의 방법을 어떻게 실천할 수 있을지에 대해 논의해 보자.

CHAPTER

02

지역사회복지의 개념과 범주 및 이념

학습논점
1. 지역사회복지의 개념을 학술적으로 정의하고, 지역사회복지실천의 개념과 비교하여 그 특징을 살펴본다. 2. 지역사회복지의 유관용어는 무엇이 있으며, 지역사회복지의 범주와 구성요소에는 무엇이 있는지 살펴본다. 3. 지역사회복지의 이념과 원칙들에 대해 살펴본다.

1절 지역사회복지의 이해

1. 지역사회복지의 개념

지역사회와 더불어 주체에 따라 다양하게 사용되는 용어의 하나가 바로 지역사회복지(community welfare)이다. 그러나 지역사회복지는 사회복지만큼이나 다양하게 정의되고 있다.

지역사회복지는 정치가나 행정관료에 의해 사용되기도 하고, 사회복지영역 내, 또는 기타 다른 학문 영역에서 사용되기도 한다. 때문에 지역사회복지라는 개념 역시 일반적으로 실천적·기술적인 접근과 이해도가 높은 반면, 제도적·정책적 개념으로 활용과 이해는 상대적으로 익숙하지 않다는 지적이 있다(히라노 타카유키, 2012). 이렇게 지역사회복지라는 개념이 다양한 분야에서 포괄적 의미로 사용되면서 사회복지실천 시각에서 보는 지역복지의 의미가 분명하게 부각되지 못하고, 동시에 지역사회를 대상으로 하는 사회복지실천, 즉 지역사회를 대상으로 하는 사회복지영역의 전문적 활동이 부각되지 못한다는 한계가 있을 수 있다(강철희 외, 2006).

그럼에도 불구하고, 국가와 지방자치단체 그리고 민간에서 행해지는 대부분 사회복지의 활동과 급여 수급의 작동이 지역사회에서 이루어지는 점을 고려한다면 지역사회복지는 모든 사회복지정책·제도가 실행되는 장(場)이라 할 수 있다(류만희, 2022).

지역사회복지에 대한 개념은 크게 광의와 협의의 개념적 정의로 나누어 설명되고 있다.

1) 광의의 개념

광의적인 측면에서 지역사회복지의 개념은 지역주민과 전문가의 참여에 근거하여 지역사회의 문제와 욕구를 해결함으로써 주민의 삶의 질을 증진시키는 모든 노력을 의미한다(최일섭 외, 1996; 류기형, 2004: 오정수 외, 2009; 지은구 외, 2010; 박정미 외, 2012; 이현주 외, 2012). 광의의 지역사회복지란 지역사회자체를 대상으로 하여 개입하는 것을 말한다. 즉, 개인에 대한 직접적인 서비스 제공보다는 지역사회의 체계와 환경변화, 제도 개선 등 거시적 측면의 개입을 말한다(홍현미라, 2013). 호만(Homan, 1994; 2012)은 이러한 실천영역을 지역사회변화(community change)라 개념화하였다. 즉, 광의적인 지역사회복지는 "지역사회 단위에서 지역사회문제를 해결하고 주민들의 복지 욕구를 충족시키며 복지를 증진시키기 위한 전문적 또는 비전문적인 그리고 공적 또는 사적인 다양한 사회복지활동"이라고 정의할 수 있으며, 이에 지역사회복지는 사회복지의 한 분야임과 동시에 주민들의 복지증진을 위한 하나의 실천방법이고 목적적 개념인 것이다(류기형, 2004).

2) 협의의 개념

협의적인 측면에서 지역사회복지의 개념은 주민들의 삶을 향상시키기 위한 사회복지적 지식과 기술을 활용하는 전문 실천방법을 의미하며, 전문가의 조직적이고 체계적인 개입을 강조하였다(정무성, 1997; 2000). 이처럼 협의의 지역사회복지는 지역사회보호나 사례관리와 같이 지역사회를 활용하기는 하지만, 그 초점이 지역사회 구성원의 욕구나 문제해결에 초점을 두고 이루어지는 '휴먼서비스'를 말한다. 영국을 비롯한 많은 나라에서 이러한 접근 방식을 지역사회보호(community care)라고 명명하고 있다는 것이다(홍현미라, 2013).

우리나라의 경우에는 지역사회복지를 광의적인 측면에서 개념화하거나 협의적인 측면에서 개념을 사용하기도 한다. 즉, 사회복지실천 과정에서 지역사회복지를 하나의 실천방법으로 정의하기도 하면서, 또한 하나의 분야로 정의하기도 한다.

결국, 지역사회복지는 지역사회에서 사회복지활동이 이루어지는 하나의 단위이기 때문에 지역사회와 사회복지의 합성어로 볼 수 있다. 그러므로 지역사회복지는 지역사회를 바탕으로 이루어지는 모든 사회복지활동을 의미한다고 할 수 있으며 이렇게 본다면 협의의 사회복지개념은 물론 광의의 사회복지개념을 지역사회라는 단위에 적용한 의미로 해석할 수 있다(류기형, 2004).

3) 법률적 정의

2011년 8월 4일 개정된 사회복지사업법 제2조 제2호에서는 지역사회복지를 "주민의 복지증진과 삶의 질 향상을 위하여 지역사회 차원에서 전개하는 사회복지"라고 정의하고 있다. 더불어, 같은 조 제5호에서는 이러한 "지역사회를 기반으로 일정한 시설과 전문인력을 갖추고 지역주민의 참여와 협력을 통하여 지역사회의 복지문제를 예방하고 해결하기 위하여 종합적인 복지서비스를 제공하는 시설"로서 '사회복지관'을 정의하였다.

2. 지역사회복지실천의 개념과 특징

1) 지역사회복지실천의 개념

지역사회복지실천의 개념은 전문적인 문제해결 과정을 거쳐 지역사회의 역량을 강화하고 이를 통해 지역사회가 직면한 다양한 사회문제와 욕구를 해결함으로써 클라이언트 지역사회를 살기 좋은 지역사회로 변화시키는 계획된 노력으로 정의된다(Netting et al., 2017).

이러한 정의에서 내포된 의미를 좀 더 살펴보면, 다음과 같다(김욱진 외, 2021).

첫째, '전문적인 문제해결 과정'이란 문제를 찾아내서 변화를 계획하고, 계획된 변화를 일으킨 후 그러한 변화 노력을 평가하는 일련의 사회복지실천을 뜻한다. 지역사회복지실천의 문제해결 과정은 크게 '지역사회 사정(문제, 욕구, 자원 사정)'→ '개입 계획 수립' → '실행' → '평가'의 4단계로 구분된다. 이 과정은 개인, 가족, 집단 등을 클라이언트로 삼는 미시적사회복지실천과 얼핏 유사해 보인다. 그렇지만 구체적으로 들어가면 자원개발(시민교육, 기금 모금 등), 주민조직화 및 네트워킹 등과는 그 내용에 있어 차이가 있다.

둘째, '지역사회의 역량'이란 지역사회를 구성하는 다양한 영역들(주민, 주민단체, 민간전문가, 정부당국 등)이 지역사회의 문제와 욕구를 파악하는 데 협력하고 목표와 우선순위에 대하여 합의에 이르며 합의된 목표를 수행하기 위한 수단과 방법에 동의 및 협력하여 필요한 행동을 취할 수 있는 능력을 의미한다.

셋째, '살기 좋은 지역사회'란 지역사회복지의 지향가치, 가령 개인의 행복,사회정의, 따뜻한 공동체, 참여의 미덕 등이 최대한도로 실현된 이상적 상태의 지역사회를 가리킨다. 이에 반해 '클라이언트 지역사회'란 각종 사회 문제들이 복합적으로 발생하여 전문가의 개입이 시급하게 요구되는 현실적인 지역사회를 가리킨다.

넷째, '계획된 변화 노력'이란 임의적이거나 우연한 변화를 기대하는 것이 아닌, 전문적으로 훈련받은 사회복지사 및 유관 전문직 종사자들 간호사, 생활지원사, 주거복지사 등)이 주민을 위하여 혹은 주민과 함께 거시적 사회복지실천의 다양한 이론과 기술을 적용하여 주도면밀하게 지역사회를 긍정적인 방향으로 유도하는 것을 의미한다.

2) 지역사회복지실천의 의의와 한계

지역사회복지실천의 개념은 정책이나 제도적인 실천을 포괄하는 차원에서 몇 가지의 의의를 갖는다(오정수 외, 2004; 고수현, 2020).

첫째, 지역사회를 대상으로 하는 사회복지 실천으로서 의의가 있다.

둘째, 지역사회수준의 지역사회집단, 조직과 제도, 지역주민 간의 관계 및 상호작용의 행동 패턴을 변화시키는 실천기술이라는 의의가 있다.

셋째, 지역사회복지달성의 목적을 위해 보다 구체적으로 지역사회구성원들이 공유하는 문제와 관련된 지역사회의 변화를 위해 요구되는 개입을 위한 기술을 응용하고 활용한다. 즉 지역사회복지를 위해 수행되는 활동과 동시에 변화를 위한 기술을 활용하는 것을 말하는 것으로, 조직화, 계획활동, 개발활동, 변화과정에서 실천기술을 응용한다는 의의가 있다.

반면, 지역사회복지실천의 개념은 지역사회조직사업의 개념과 혼용된다는 한계가 있고, 또한 지역사회조직이 사회사업의 한 방법론으로 간주된다는 한계 역시 있다.

3) 지역사회복지실천의 특징

지역사회복지실천의 개념은 사회복지 실천의 또 다른 방법들과는 구별될 수 있는 특징이 있다(고수현, 2020).

첫째, 지역성과 기능성을 포함하는 일정한 지역 내에서 실천된다.

둘째, 지역사회주민이라는 다수의 삶의 질 향상에 목표가 있다.

셋째, 지역사회문제를 해결하고 주민의 복지욕구를 충족시키는 기능을 한다.

넷째, 정부와 민간 부문의 협력이 강화되는 추세에 있다.

다섯째, 전문적인 서비스와 방법을 사용한다.

여섯째, 지역사회 내의 자원뿐만 아니라 타 지역과의 연계활동도 한다.

일곱째, 지역사회조직과 지역사회개발이론이 주된 이론이다.

여덟째, 자원봉사, 사회행동, 사회계획이론도 포괄한다.

2절 지역사회복지의 유관용어

지역사회복지실천은 지역 공동체 활성화와 더불어 사회통합(Social Integration)을 이루는 초석이 되고, 사회통합에 의한 지역사회는 지역주민에게 살기 좋은 안식처이자 생활공간이 된다. 역사적으로 지역사회를 개입단위로 한 사회복지실천은 지역사회복지 외에도 지역사회조직, 지역사회개발, 커뮤니티케어, 마을만들기, 지역사회변화 등의 용어들과 혼용되고 있다.

1. 지역사회조직

지역사회복지의 대표적이고 고전적인 활동은 지역사회조직을 의미한다. 지역사회조직(Community Organization)은 지역사회를 단위로 해서 발생하는 사회적 문제인 지역사회에서 주민들의 공통적인 생활요소, 생활고난을 지역사회 스스로가 조직적으로 해결하게끔 전문가인 지역사회복지사가 측면적으로 원조하는 기술과정이며, 중심적인 기술적 요소는 조직적인 문제해결을 위해 그들의 요구와 자원의 효과적인 조정이나, 주민과 집단 간의 자주적인 협력 협동의 태세를 확립하는 것을 말한다.

미국의 경우 지역사회복지는 '지역사회가 당면한 문제는 지역사회의 힘으로 해결한다'는 전통적 관점에서 지역사회조직과 같이 발전하였다. 그 예가 1960년대에 펼쳐진 '빈곤과의 전쟁'이다. 이 시기의 미국 사회는 새롭게 정점으로 떠오른 빈곤문제, 특히 흑인 슬럼 지역의 빈곤문제를 해결하기 위해 미국 정부가 막대한 인력과 자원을 투입하였는데 이때 실제로 담당한 주체가 바로 각종 지역사회조직들이었다. 이후 지역사회조직은 양적으로나 질적으로 폭발적인 성장을 보였다. 그 이후로 지역사회복지실천을 지역사회조직이라고 부르는 관행이 생겼다. 이처럼 1970년대까지 미국의 사회복지학계는 모든 지역사회복지의 실천활동을 지역사회조직으로 부르는 경향이 있었다. 그러나 1980년대부터 지역사회복지에 관한 다양한 실천모델이 나오면서 지역사회조직이라는 용어의 한계가 드러나기 시작하였다.

지역사회조직은 공공 혹은 민간 사회복지기관의 전문사회사업가에 의해서 보다 조직적이고, 추구하는 변화에 대해 의도적이고 계획적이며, 과학적인 지식과 기술을 사용한다는 측면을 강조하였다(우수명 외, 2021).

2. 지역사회개발

1948년 영국의 아프리카 식민지 행정관 회의에서 최초로 사용된 지역사회개발(Community Development)은 "지역사회 주민의 적극적인 참여와 최대한의 주도적 노력을 통해서 전체 지역사회의 생활 향상을 도모하도록 계획된 운동"으로 정의하였다. 또한, 그 이후에 UN과 UN특별분과위원회에서도 지역사회개발을 "어느 지역사회의 경제적·사회적·문화적 제조건을 개선하기 위해, 이 지역사회를 국가생활에 통합시키기 위해, 또 이 지역사회로 하여금 국가적 계획에 충분히 공헌할 수 있도록 하기 위해 주민의 노력과 정부의 노력이 뭉쳐지는 과정"으로 정의하였다(우수명 외, 2021).

이러한 지역사회개발은 지역사회의 도로, 공원, 주택 등의 인프라 구축과 같은 물리적 개발뿐만 아니라 경제개발, 더 나아가 지역사회 구성원 사이의 연대감, 상호 신뢰 등을 구축하여 주민참여까지 포괄하는 것이다. 즉, 지역사회복지를 통해 세계적으로 낙후된 지역의 지역주민을 중심으로 각종 개발활동 간의 협동과 자조를 강조하는 의미의 지역사회개발이 강조되고 있다.

3. 커뮤니티케어

커뮤니티케어(Community Care)는 지역사회복지의 가치인 정상화와 관련이 있으며, 특히 영국에서 전문기능이 있는 병원과 환자가 발생해 복귀하는 지역사회와의 관계, 그리고 환자상호 간의 관계와, 그 보호의 자세에 대한 문제 제기로부터 시작되어, 1950년대부터 정신질환자와 정신지체자에 대한 시설수용보호에서 지역사회 내의 보호로 정신위생서비스의 정책 전환이 시도되었다. 이것은 또 '지역에 뿌리를 둔 가족 본위의 서비스'를 강조한 1968년의 시봄보고서에 의해 넓게 복지정책의 개념으로 퍼져나갔다(우수명 외, 2021).

커뮤니티케어는 노인, 장애인, 12세 이하의 아이 등을 대상으로 한다. 이들은 모두 보호가 필요한 사람들로서 이들을 가정이나 지역사회 환경에서 서비스가 제동되도록 하는 사회적 보호를 커뮤니티케어라 한다. 커뮤니티케어는 탈시설화, 장기보호, 비공식적 보호, 공공보호에 대한 의존을 감소하고자 하는 사회적 맥락에서 나온 실천전략이라 할 수 있다. 커뮤니티케어에서는 클라이언트 참여와 선택을 확대하고자 하며 욕구중심의 서비스와 비용절감이라는 강점을 지닌다. 무엇보다 자원봉사자를 보호제공자로 활용함으로써 지역사회 구성원의 자발적 참여를 제도적으로 촉진하는 접근전략이라 할 수 있다. 그렇기 때문에 커뮤니티케어에서는 자조(self-help) 정신을 강조하는 측면이 있다.

커뮤니티케어는 지역사회 내 통합사례관리를 강조하는 경향이 있으며, 지역사회기반의 돌봄을 추구한다. 이는 복합적 욕구를 지닌 클라이언트임에도 불구하고, 시설보호를 받던 사람들에게 통합적인 사회서비스를 제공한다는 것이다. 궁극적으로 커뮤니티케어는 지역사회중심의 서비스 수혜여부나 재원 정도에 밀접히 관련되어, 시설에서의 장기적 요양서비스를 대체할 수 있을 것이라는 기대가 전제하고 있다.

제공되는 내용은 욕구중심의 사회서비스라 할 수 있다. 이 과정에서 사례관리자는 사정, 연락업무, 사례토의, 생활기술훈련에 높은 성과를 보이고, 또한 위험행동을 줄임으로써 통합사례관리를 통한 지역사회서비스의 경제적 이익을 강조하기도 한다. 또한, 사후적인 지역사회 사례관리가 필요하며, 재발예방 및 관리, 서비스 재진입 기획, 다양한 서비스의 잦은 이용, 자원의 이용가능성 또한 중요하다. 이러한 측면에서 전통적 사례관리보다 지역사회기반서비스(CBS)가 비용효과적일 수밖에 없다.

이외에도 커뮤니티케어는 클라이언트 참여를 보장하며 클라이언트의 선택을 확대시키기도 한다. 무엇보다 비공식적 보호와 자원봉사자 활용은 지역사회복지 발전에 기여하는 바가 크다.

〈지역사회 통합 돌봄 (또는 커뮤니티케어)〉

지역사회 통합 돌봄(커뮤니티케어)은 돌봄이 필요한 주민(어르신, 장애인 등)이 살던 곳(자택 또는 그룹홈 등)에서 개개인의 욕구에 맞는 서비스를 누리고 지역사회에서 이웃과 어울려 살아갈 수 있도록 주거, 보건의료, 요양, 돌봄, 독립생활 등을 통합적으로 지원하는 보건복지부 주관(행안부, 국토부 등 협력)의 지역주도형 사회서비스 정책이다.
지역사회 통합 돌봄은 중앙정부의 정책과 제도 변화를 통해 지역사회복지 구현을 꾀한다는 측면에서 지역사회복지에 대한 국가적 접근의 예시가 된다(김욱진 외, 2021).
문재인 정부에서 영국, 일본, 스웨덴 등 해외 사례를 참고하여 2018년 11월 '지역사회 통합 돌봄 기본계획(1단계: 노인 커뮤니티케어)'을 발표하였고, 2019년 2차 선도사업이 수행되었다. 그러나 윤석열 정부에 이르러 사업이 종료되었다.

4. 마을만들기

마을만들기(Community Building)는 지역사회 내의 공동체성을 매우 강조하는 활동으로 지역사회의 문제를 해결할 수 있는 지역 공동체의 사회적 자본(social capital)을 효과적으로 동원할 수 있도록 건전한 공동체를 구축하는 것이다. 이를테면, 고령 · 저소득층의 이웃들을 생산적인 경제의 자립적인 일원으로 만들기 위한 조직화된 노력이 해당한다.

마을만들기는 전통적인 사회사업과 지역사회에 바탕을 두고 지역주민을 위한 개입전략에 초점을 두고 있다. 따라서 지역주민들이 민간자원, 경제자원, 제도자원을 습득하여 활용할 수 있도록 하는 것이다.

최근에 우리나라의 마을만들기 역시 지역사회 만들기의 노력으로 볼 수 있으며, 수원의 르네상스 마을만들기, 성미산 마을만들기 등을 그 예로 들 수 있다. 이러한 마을만들기는 협동과 연대를 핵심가치로 여기기 때문에 지역사회의 기반이 되는 사회연대는 지역사회복지 관련 조직 간의 체계적인 연계를 구축함으로써 이루어진다(우수명 외, 2021).

5. 지역사회 변화

1) 지역사회변화의 영역

지역사회변화(community change)는 조직화 및 옹호, 사회서비스 전달체계의 변화, 자원동원 및 관리라는 영역으로 구분하고 있다(Homan, 1994; Homan, 2012; 홍현미라, 2012).

첫 번째 영역인 조직화 및 옹호 영역은 문제해결을 위한 구성원 조직화, 상황변화에 대한 필요성 및 절실함 옹호, 토착 리더십 개발과 사회행동, 자조집단의 형성 등을 내용으로 구성된다.

두 번째 영역인 사회서비스 전달체계의 변화 영역은 서비스 프로그램 전달의 방식을 개선하는 활동, 기관 간 협력관계를 만들어 내는 활동, 새로운 서비스 프로그램을 만들어 내는 활동, 서비스 프로그램의 규정을 변화시키는 활동 등으로 구성된다.

세 번째 영역인 자원동원 및 관리 영역은 지역사회 교육활동, 자원봉사자 육성 및 인적자원개발, 물적자원 개발 및 관리 실천으로 구성된다.

2) 지역사회변화의 실천활동

지역사회변화를 위한 실천활동에는 지역사회개발과 조직화, 서비스 전달체계 개선, 기관 내에서의 개선, 정책변화와 정치적 관여, 법률 시스템 이용 등으로 설명된다(Homan, 2012; 홍현미라, 2012).

① 지역사회개발과 조직화 활동

지역사회개발과 조직화를 위한 활동으로는 지역사회개발, 이웃강화, 지역사회 문제해결, 지역사회 지지체계 구축, 지역사회교육, 광범위한 지역조직의 개발 등이다. 주지하다시피 지역사회개발(community development)이란 삶의 질 개선을 위한 지역사회조건 변화를 만들어 내는 데 있어서 다양한 종류의 자원을 연결하는 것을 말한다. 이에 반해 이웃강화(neighborhood empowerment)는 특정 지역

내 구성원들 자원을 개발하고 권리청구를 할 수 있도록 돕는 것을 말한다. 사회적 소수자에게 이웃은 가족 다음으로 자신의 보호해줄 울타리인 셈이다. 그리고 지역사회문제해결(community problem solving)이란 범죄나 교통, 교육, 또는 환경문제 등과 같은 지역사회 이슈에 대한 이해와 발견 등의 활동을 통해 지역사회문제 해결을 위한 자극과 촉진 활동을 말한다. 지역사회 지지체계 구축(developing community support systems) 접근은 지역사회 내 사회적 약자(이방인, 주변인 등)가 처한 생활실태(the painful aspect of living in a community of strangers)를 우선 파악한다. 이들은 보통 둔감해진 고립감 속에 있고 문제에 대한 고군분투하는 지역사회 생활세계 속에 놓여 있다. 이들의 생계를 위한 풍부한 자원일 수 있는 지역사회를 통해 실질적 부조를 제공할 수 있다. 지역사회교육(community education)은 지역사회를 돕기(assisting) 위한 시민의 이익에 대한 무시에서 비롯되기 때문에 지역사회의 관심을 촉발시킬 수 있고 지식기반의 활동을 준비하는 것을 말한다. 광범위한 지역조직의 개발(developing a broad-based community organization)은 지역사회 자원을 재분배하고 실질적 권력에 큰 영향을 행사하고 지역사회 의사결정에 접근할 수 있는 것을 말한다. 이는 장기적 변화를 생산해내는 의미 있는 접근방법이라 할 수 있다.

② 서비스 전달체계 개선 활동

서비스 전달체계 개선에 대한 활동은 프로그램 규정을 변화시키는 것, 프로그램 방향과 전달에 관한 것을 개선하는 것, 기관 간의 협력을 격려하는 것, 새로운 프로그램을 개발하는 것, 클라이언트의 역량을 강화 시키는 것 등으로 구성된다.

첫째, 프로그램 규정을 변화시키고자 하는 실천은 공적 프로그램이 프로그램 참여자의 이익을 항상 효과적으로 가져오지 않는다는 사실을 전제한다. 해서 원조하고자 하는 클라이언트를 좌절시키는 과정에 직면하고 이때 프로그램이 잘 진행될 수 있도록 프로그램이나 사회서비스에 관한 규정을 조정하고 변화시킴으로써 서비스 개선의 목적을 달성하고자 하는 것이다.

둘째, 프로그램 방향과 전달에 관한 것을 개선하는 실천은 프로그램의 방향을 잘 재검토하는 것을 포함한다. 이는 서비스가 다른 사람들로부터 고립시키는 참여자는 없는지, 그들에게 영향을 미치는 지역사회조건으로부터 분리된 사람은 없는지, 참여자들이 빈곤한 사람들의 욕구와 처리라는 개념에서 정의 되었는지, 지역사회 책임감과 지역사회 강화를 위한 잠재력의 형태로 서비스가 배치되고 있는지 등을 말한다. 이러한 활동은 생산적인 관여를 위한 것이라 할 수 있다.

셋째, 기관 간의 협력을 격려하는 실천은 개별적인 방식과 그들의 경계심과 경쟁 등은 함께 일하는 것에 대한 두려움을 극복하고 제한된 자원을 사용하여 창조적이고 효율적인 제공을 할 수 있도록 하는 것이다. 그리고 미래의 협력적 노력을 위한 새로운 장을 열 수 있도록 하는 것이다.

넷째, 새로운 프로그램을 개발하는 실천은 사람들의 창조적 이해를 고무시키는 활동이다. 새로운 휴먼서비스 프로그램을 개발하거나 지역사회의 자원창고에 기관을 추가하는 것은 활기차고 생산적인 노력이다.

다섯째, 클라이언트를 역량 강화시키는 실천은 클라이언트를 조직하는 것으로, 지역사회서비스를 업그레이드하는 접근이고 이를 활용하는 것이다. 클라이언트 집단을 강하게 행동하도록 하고 서비스 전달체계에 머물게 하도록 적극적으로 원조하는 것은 일반적인 서비스 제공의 활동은 아니다. 휴먼서비스 워커들이 서비스 기획과 개발 및 상세히 논술할 때 참여자들을 일상적이고 체계적으로 참여시키지는 않는다. 클라이언트의 자기결정권과 자신의 삶의 여러 조건에 대한 책임성을 인식하는 것에 대해서 전문적으로 합의하지만, 여전히 서비스 전달 영역에서 보자면 클라이언트에게 무엇이 최선인가에 대한 문제가 여전히 비도전적 과제로 남는다. 그렇지만 이러한 상황이 오히려 서비스 제공방식에 있어서 가장 기본적인 변화를 위한 기회일 수 있다. 가령 위원에 대한 인식을 포함해야 한다. 클라이언트를 무력화되고 종속적인 관점으로 인지하는 것은 하나의 도전이다. 하지만 이러한 의사결정에 있어서 클라이언트 참여가 증가할 때는 다양한 개인들의 이해가 도전받을 수 있다는 점도 예측할 수 있어야 한다.

③ 기관 내 개선 활동

자신의 기관 내에서 개선을 만들어내는 실천은 기관의 규정, 정책, 절차 등에서의 필요한 변화에 주목하는 것이다. 새로운 프로그램을 만들 기회를 가져야 하거나 지역조건에 맞는 현존하는 프로그램을 개선할 기회를 또한 가져야 한다. 자신의 기관을 공유된 기업에 관여된 사람들의 하나의 공동체로 본다면 당신에게 기회를 줄 것이고 워커의 능력 사용을 위한 방향을 제시해 줄 것이다. 또한 기관 안에 있는 조건을 개선하기 위한 다른 자산도 줄 것이다. 실무자와 자원봉사자 간의 협력적인 작업관계를 개발하는 것은 필수적일 수 있다. 돕고자 하는 참여자들은 서비스 방식을 넘어서는 합법적인 발언을 가질 수 있도록 도전과 기회를 가져야 할 것이다.

④ 정책변화와 정치적 관여의 실천

정책변화와 정치적 관여의 실천은 기본적으로 공직에의 선출과 당선인의 의무에 대한 영향력을 행사하기 위한 로비활동이 포함되며, 선거제도를 활용하여 공직에 나아가는 행위뿐 아니라 정치적 캠페인도 포함된다. 로비활동은 공공정책개발의 사용에 유리한 기술이며 좋은 정책을 정제하고 촉진함하는데 매우 유효하다. 지방관료(국회 포함) 선출이나 영향력 관련한 일을 하는 것은 정책에 영향을 미칠 수 있는 강력한 수단이다. 정책은 현존하는 자원의 분포 및 형태, 정책접근에 대한 재분배 등을 결정하는 주요한 영역임을 잊어서는 안될 것이다.

⑤ 법정 활용의 실천

법정 또는 재판을 이용하는 실천은 법정이 문제해결을 해주지는 않지만 우리 자신이 달성하고자 하는 또는 해결하고자 하는 어떤 문제에 대한 해석을 매개해 줄 수 있는 유효한 방법이다. 재판을 하는 것을 통해서 해결하고자 하는 문제해결 실천을 명확하게 해주며 선명한 또는 주목되는 권리에 보호의 목적을 달성하고자 한다면 매우 유용할 것이다. 강력한 소송은 문제당사자를 설 수 있도록 도우며 집단적인 요구행동을 보증할 수 있는 장점이 있다.

3절 지역사회복지의 범주와 구성요소

1. 지역사회복지의 범주

기본적인 지역사회복지의 실천 범주는 지역사회개발(development), 지역사회조직화(organizing), 지역사회계획(planning), 지역사회의 진보적 변화활동(progressive change) 등으로 제시되어 오는 경향이 있다(Weil, 2005). 즉, 지역사회의 사회경제적 상황을 제고하기 위해 지역사회 내외의 구성원들과 함께 지역사회 삶의 질을 개선하는 활동(development), 지역사회 구성원들의 역량을 제고시키기 위해 구성원들의 참여와 결속 및 자발적이고 자체적인 노력을 이끌어 내는 활동(organizing), 지역사회 문제를 보다 효율적으로 해결하기 위한 문제해결의 방향 및 전략과 전술을 기획하는 활동(planning), 그리고 지역사회의 불평등 및 분배적 정의 등의 문제를 해결하기 위해서 지역사회구성원들과 관련 시민단체 및 기관들과 함께 사회운동을 전개시키는 활동(progressive change)이 지역복지실천의 핵심적 활동범주(practicescope)라고 설명한다.

이러한 내용들을 기반으로 지역사회복지의 범주를 세 가지로 설명할 수 있다(강철희 외, 2006).

1) 사회복지서비스 전달체계를 변화시키는 활동

지역사회 문제해결을 위해 사회복지서비스 전달체계를 변화시키는 활동(developing andchanging community service delivery system)이 지역사회복지 실천의 주요한 범주일 수 있다. 이러한 범주의 활동에는 서비스 프로그램 전달방식을 개선하는 활동, 기관들 사이의 협력관계를 만들어내는 활동, 새로운 서비스 프로그램을 만들어내는 활동, 일부 지역사회 구성원들의 배제를 가져오는 서비스 프로그램의 규정을 변화시키는 활동, 클라이언트의 역량강화를 위해 지역사회 서비스들을 통합하는 활동 등이 포함될 수 있다.

2) 구성원의 지지와 지원의 유도 및 지역사회 내외로부터 자원을 동원해 내는 활동

지역사회 문제해결을 위해 구성원들의 지지와 지원을 이끌어내고 지역사회 내외로부터 자원을 동원해 내는 활동(mobilizing and developing community resources)이 지역사회복지실천의 주요 활동범주가 된다. 이러한 범주의 활동에는 지역사회 문제에 대해 지역사회가 주목하게 하고 관심을 갖게 하는 지역사회에 대한 교육활동, 지역사회문제해결 과정에 참여할 수 있는 자원봉사자들을 개발하고 관리하는 활동, 지역사회 문제해결을 위해 지역사회 내외로부터 물적 자원을 개발하고 관리하는 활동 등이 포함될 수 있다.

3) 지역사회 구성원들의 변화 필요성을 대변하고 적절한 대응을 이끌어 내는 활동

지역사회 구성원들이 처한 상황으로부터의 변화가 절실함을 알리고, 그 변화 필요성을 대변하면서 지역사회의 적절한 대응을 이끌어 내는 활동(communication on community issues and advocacy)이 지역사회복지실천의 또 하나의 주요 활동범주일 수 있다. 이러한 범주의 활동에는 문제해결을 위해서 관련된 지역사회의 공공 기관들과 언론기관들 및 주민들에게 문제의 심각성과 상황 및 대응방안에 대해 의사소통하는 활동, 문제해결에 영향력이나 권한을 가진 사람들을 대상으로 문제를 가진 구성원들의 상황변화 필요성에 대해 대변하는 활동, 문제해결을 위해 관련법에 기초하여 대변하는 활동 등이 포함될 수 있다.

2. 지역사회복지의 구성요소

지역사회복지의 구성요소로서 대상, 주체, 그리고 접근 방식은 다음과 같이 설명할 수 있다(김욱진 외, 2021).

1) 대상

지역사회복지는 기본적으로 지역사회 구성원 전부를 실천 대상으로 삼거나 지역 자체를 클라이언트로 간주한다.

그러나 경우에 따라서는 특별한 욕구를 갖고 있거나 사회경제적으로 불안정한 위치에 놓인 취약계층을 특정하기도 한다. 이를 테면, 장애인이나 노인과 같이 특수한 형태의 돌봄서비스를 필요로 하는 경우로 대상을 한정하거나, 기초생활수급자 및 차상위계층과 같은 사회적 취약계층을 우선 대상으로 선정하여 시행하는 경우가 있을 수 있다.

2) 추진 주체

우리나라와 같이 지방자치제 하에서 지역사회복지의 일차적인 추진 주체는 시·군·구 단위의 기초지방자치단체에 속한 공공의 지방정부와 그 산하 지방공기업과 민간영리, 민간비영리, 비공식 영역에서 활동하는 다양한 지역 행위자들이다. 예를 들면, 구청복지과, 동주민센터, 사회복지관, 지역자활센터, 지역아동센터, 건강가족지원센터, 치매지원센터, 다문화가족지원센터, 자원봉사센터, 지역사회보장협의체, 주민자치조직 등으로 다양하다.

이러한 다양한 지역 행위자들은 체계이론적 관점에서 수평적 연결고리(horizontal linkage of systems)로 긴밀하게 엮여 있다. 그리고 이들은 자기 자신, 나아가 자신이 소속된 지역사회의 존속 및 발전을 위해 활발하게 자원을 교환하고 상호 소통하는 역할을 한다.

다음으로, 시·도 단위의 광역지방자치단체에 속한 여러 지역 외부 행위자들이 중요한 외체계(exosystem)를 구성한다. 예를 들어, 시청 또는 도청의 복지과, 시·도복지재단, 시·도지역사회보장협의체, 시·도사회복지협의회, 시·도사회복지공동모금회 등이 있다. 체계이론적 관점에서 이들은 수직적 연결고리(vertical linkage of systems)로 느슨히 엮여있으며 수평적 연결고리로 엮인 행위자들과 마찬가지로 자기 자신 그리고 자신이 품은 하위체계들의 존속 및 발전을 위해 끊임없이 자원을 교환하고 외부와 교류한다.

마지막으로, 중앙정부 및 국제사회가 중요한 거시체계(macrosystem)를 구성한다. 예를 들어, 중앙정부의 보건복지부, 광역시의 복지본부, 한국사회복지협의회,

사회복지공동모금회, 중앙자활센터, 중앙치매지원센터 등 거시추진체계와 국제 NGO, NPO 등 국제시민단체가 여기에 속하는 대표적인 행위자들이다.

3) 접근 방식

지역사회 구성원의 안녕과 행복에 긍정적 변화를 일으키는 방법은 거시적 제도 변화에서부터 미시적 행동 변화까지 다양하고 다층적이다. 이러한 지역사회복지의 다양한 접근 방법들을 국가적 접근, 사회운동적 접근, 전문적 접근 등으로 구분하여 살펴볼 수 있다.

첫째, 국가적 접근이다. 이는 중앙정부의 정책과 제도 변화를 통하여 지역사회복지를 구현하는 방법으로서 위로부터의 변화를 추구하는 것이 특징이다. 예를 들면, 2010년대 후반의 지역사회 통합 돌봄(커뮤니티케어) 사업이 해당한다.

둘째, 사회운동적 접근이다. 이는 자발적 시민이 주체가 되어 자신의 지역사회 문제를 스스로 발굴, 사정, 해결함을 통해 지역사회복지를 구현하는 방법이다. 아래로부터의 변화를 추구하는 것으로 1990년대 도시빈민운동, 2000년대 성미산마을 공동육아 및 대안학교 운동 등이 예시가 될 수 있다. 또한, 시간이 흐르면서 지역사회복지운동이 국가 영역으로 흡수되고 제도화되는 양상이 해당한다. 예를 들면, 2000년대의 지역자활사업, 2010년대 서울시의 마을만들기 운동 등이 있다.

셋째, 전문적 접근이다. 이것은 전문적으로 훈련받은 사회복지사 및 유관 전문직 종사자들이 주민을 '위하여', 또는 주민과 '함께' 거시적 사회복지실천의 다양한 이론과 기술을 적용하여 지역사회 문제를 해결하고 이를 통해 지역 고유의 욕구를 충족시켜 나가는 지역사회복지 구현의 한 방법이다. 전문적 접근은 임의적이거나 우연한 변화가 아닌 사전에 면밀하게 계획된 변화를 추구한다는 점에서 국가적 접근과 유사하다. 또한 위로부터의 변화를 빠르게 밀어붙이기보다 지역 주민 당사자의 관점에서 이들의 점진적인 권능화(empowerment)에 보다 많은 관심을 보인다는 점에서 사회운동적 접근과도 유사성을 보인다. 그렇지만 이러한 유사성에도 불구하고 전문적 접근은 전문적으로 훈련받은 사회복지사 집단, 즉 변화매개체계에 의해 표적체계에 대한 개입이 체계적으로 이루어진다는 점에서 사회운동적 접근과 구별되고, 클라이언트체계에 대한 밀도 높은 공감과 일상적 관여를 바탕으로 개입이 계획되며 비교적 융통성 있게 계획이 실행으로 옮겨진다는 측면에서 국가적 접근과도 구별된다. 이렇게 지역 자체를 클라이언트 삼아 사회복지를 실천하는 전문가의 계획적이고 주도면밀한 변화 노력을 지역사회복지실천(macro social work practice)이라고 부른다.

4절 지역사회복지의 이념과 원칙

1. 지역사회복지의 이념

1) 통합화

통합화(integration)란 장애인이나 노인 등의 보호대상자가 자신들이 성장한 지역사회에서 일반주민들과 함께 생활해야 한다는 것이다. 역사적으로 볼 때 보호대상자들을 지역사회에서 격리된 수용시설에서 특별히 보호하는 것이 일반적이었으나, 최근에는 인간의 기본적인 인권 중시의 입장에서 복지적 처우는 격리보호에서 통합적 처우를 중시하는 방향 또는 시설보호에서 재가복지와 지역사회복지를 중시하는 방향으로 전환되었다.

2) 정상화

정상화(normalization)란 원래 정신지체장애인이 다른 사람과 동등한 생활을 지역사회에서 함께 하는 것을 지향하는 사고방식이었다. 즉, 장애인의 인권, 가치, 존엄성이 일반 시민과 같은 것이며, 장애를 가진 자가 장애를 가지지 않은 자와 함께 생활할 수 있는 사회야말로 정상적인 사회라는 관점을 가진 가치관이다(고수현, 2020).

지역사회복지에서 추구하는 탈시설화, 주민참가 등에 의한 재가복지의 구체적인 목적이 정상화와 밀접한 관계를 갖고 있다. 다시 말해, 정상화는 보호대상자가 생애를 통하여 될 수 있는 한 가족생활을 기반으로 하여 각 생활주기에 대응하는 정상의 발달과제로서 인간으로서 욕구를 충족시키며, 이웃관계, 교육, 고용, 문화 등을 포함한 그 이외의 사회적 교류의 기회가 정상적으로 확보될 수 있는 지역사회의 체제를 만들어 내는 것을 목적으로 한다(고수현, 2020).

3) 탈시설화

탈시설(de-institution)은 시설(institution)과 결별한다는 의미이다. 시설은 집단수용, 고립, 억압, 개성 박탈 등이 복합적으로 포함된 개념으로 공간적으로 집단수용 된 상태이면서 관계적인 측면에서는 일방적으로 통제받는 상태를 의미하는 반면, 탈시설은 대형시설에 의존적인 지위로 살아가던 상태에서 지역사회에서 자립적이고 의미 있는 삶으로의 변화를 의미한다.

탈시설화(deinstitutionalization)는 서구에서 1970년대 후반부터 1990년대에 걸쳐서 시설 보호의 반인권적인 측면과 함께 높은 보호비용의 문제를 해소하기 위하여 정책적으로 시행되었다.[1] 우리나라의 경우에는 2000년대 초반까지만 하더라도 사회적으로 주목받지 못하다가, 2000년대 후반부터 탈시설이 조금씩 사회적 의제로 확장·심화되더니 2020년에는 탈시설이 전국적 의제가 되었다. 그리고 2020년 12월 '장애인 탈시설 지원 등에 관한 법률안'이 발의되었고, 2021년 8월에 중앙정부 차원에서 처음으로 탈시설을 목표로 한 로드맵이 발표되었다. 그리고 이 로드맵에 따라 2022년부터 '탈시설 장애인 지역사회 자립지원 시범사업'이 시행되었다.

탈시설을 시행하는 방법은 두 가지가 가능하다.

첫 번째의 방법은 거주시설에 입소해 있는 사람들이 시설이라는 공간을 떠나

1) 서구사회에서 1970년대 후반 이후 진행된 탈시설 정책은 전 세계적으로 확산되어 공유된 정책으로 1990년대를 거치면서 거의 마무리된 정책으로 볼 수 있으며, 2000년대 이후에는 탈시설 정책은 사회복지서비스의 중요 의제로 설정되지는 않고 있는 것으로 보인다(김용득, 2018).

서 자신의 공간으로 이주하는 탈시설이다. 이를 위해서는 이사할 집이 지원되어야 하고, 생활을 유지할 수 있는 지원서비스가 있어야 한다. 구체적으로는 자립정착금 지원, 임대주택 공급, 탈시설지원센터 운영 등이 필요하다. 이 방법은 서울시 전환지원센터를 비롯하여 몇 개 지방자치단체가 수행 중에 있고, 개념적 측면에서도 어렵지 않게 정리될 수 있을 것으로 보인다.

두 번째의 방법은 시설의 규모, 환경, 서비스 내용과 방법 등을 변경하는 기존 시설을 개혁하는 탈시설이다. 시설을 개혁하는 탈시설은 또 다시 세 가지 요소가 중요하다. 먼저 공간적 요소로서, 거주하는 공간을 분리된 집단적 거주에서 지역사회에 통합된 자립적 거주로 전환하는 것이다. 다음은 재정의 수령과 지출에 관한 권리의 요소로서, 생계비 등의 집합적 수급과 집합적 지출을 개별적 수급과 개별적 지출로 전환하는 것이다. 마지막은 직원과 지원서비스의 역할 요소인데, 24시간 보호라는 획일적 지원구조를 사람의 필요에 맞는 지원 구조로 변경하는 것이다.

탈시설의 요구와 지역사회 접근을 결합한 지역사회중심의 실천 접근은 세 가지로서 가능하다(김용득, 2018).

첫째, 생활의 장소로서 지역사회를 천명하고 지역사회 중심의 서비스를 강화하는 방향이다. 지역사회복지의 목표를 '시설에서 지역사회'로 설정되하는 것이다.

둘째, 지방정부 주도의 지역사회서비스를 실현하는 방향이다. 사회복지서비스 영역의 구체적인 정책결정과 실행은 지역화 되는 것이 타당하다. 대인서비스(human service)에서 욕구기반과 이용자참여를 실현하기 위해서는 근거리 단위의 정책결정이 필요하다. 이런 면에서 이론적 또는 세계적 추세를 보면 지방이양(de-centralization)이 적절하다.

셋째, 지역사회가 주체가 되도록 지원하는 서비스 방향이다. 지역사회의 친구가, 이웃이 적극적인 지원자 또는 옹호자가 되는 역할을 하는 것이 중요하다. 지역사회에 사는 발달장애인, 치매노인 등의 사람들에게는 이런 지역사회의 우호적인 지원을 개발하는 것이 매우 중요하며, 이는 '지역사회 연대와 협력(services of the community)'의 개발을 의미한다. 이런 방향이 활성화되기 위해서는 지역사회의 다양한 주체들이 자발적으로 사회복지서비스에 참여하도록 지원해야 한다. 이런 지역사회의 참여가 이루어질 때 사회복지서비스의 모습은 획일성과 전형성에서 벗어나 다양성과 개별성을 추구할 수 있게 된다. 또한 지역사회라는 공간속에 있는 비공식 주체들의 협력을 강조하는 면에서 보면 공식적인 지원(public support)에서 자연스러운 지원(natural support)으로의 전환이라는 의미로 볼 수도 있다.

4) 주민참여

지역사회복지에서 주민참여(citizen participation)는 사회복지의 정책·계획, 운영 및 실시에 주민이 참가하여 사회복지의 민주화를 통하여 지역사회의 복지 분야뿐만 아니라 정치·경제·문화 등의 모든 분야가 발전한다는 데에서 의미가 있다. 우리나라의 경우 1970년부터 시작된 고도 경제성장에 의하여 발생된 각종 지역사회문제의 해결을 주민이 참여함으로서 해결할 수 있다고 인식되었다. 그리고 1991년 이후 지방자치의 실시로 인하여 다양한 주민참여가 이루어졌다. 실제로, 지역사회복지에서의 주민참여는 주민들의 자원봉사활동과도 밀접한 관계를 맺고 있으며, 1990년대 이후 실시된 지방자치제와 맞물린 지방분권화 이념과 함께 현대 복지국가에서 공통적으로 추구하는 과제가 되었다(고수현, 2020).

5) 네트워크

네트워크(network)는 개인이나 조직과 같은 개별 행위주체들이 주어진 환경에서 공동의 목표를 달성하는 데 필요한 수단, 즉 자원을 주고받으며 상호작용하는 가운데 만들어지는 관계의 구조로 정의된다. 여기서 개별 행위주체들은 네트워크 이론에서 독립성과 자율성을 유지하는 이른바, '점(node)'이다. 각 점들 사이에는 이들을 연결해 주는 선(link)들이 놓여있고, 이 선들에 의하여 수많은 개별 점들이 접지하여 각 점 간에 상호의존적이고 상호호혜적 관계가 형성된다. 이러한 측면에서 네트워크는 때로 간단하게 점과 선으로 연결된 집합으로 정의되기도 한다.

여기서 주안점은, 점들이 선으로 연결되고 네트워크가 만들어짐에 따라 개별 행위주체는 혼자였을 때에는 하지 않았을 행동을 공동으로 수행하고 혼자였을 때에는 주고받지 않았을 자원을 교환하며 혼자였을 때에는 좇지 않았을 목표를 추구하여 공동으로 달성한다는 점이다.

그러나 네트워크는 단순한 구조가 아닌 '관계'의 구조이다. 그렇기 때문에 관계를 맺는 당사자, 즉 개별 행위주체가 가진 고유의 목표, 관심사, 이해의 내용 및 변화에 따라 네트워크의 구조 역시 유연하게 변화하기 마련이다. 이는 주체의 행위가 관계의 구조에 일방적으로 구속만 받지 않으며 주체는 구조의 내용과 과정에 독립적으로 영향을 미칠 수 있다는 점을 시사한다(김욱진 외, 2021).

이러한 네트워크의 개념이 지역사회복지와 접목하면, 다양한 욕구를 가진 이용자에게 개별 조직이 다차원적서비스를 제공하는 것이 거의 불가능하므로 조직 간 네트워크를 통한 협력이 필요하다는 것을 의미한다. 또한, 지역사회복지실천에 있어서 네트워킹이 중요한 이유를 규범적 실천적 측면에서 살펴보면 다음과 같다(우수명 외, 2021).

첫째, 클라이언트는 비공식적 원조망을 통해 혜택을 받는다. 네트워크를 통해 개인들은 문제해결에 대한 스스로의 능력에 대해 보다 많은 자신감을 갖게 되며, 문제로 인한 스트레스를 감소시킬 수 있다. 그뿐만 아니라 네트워크는 공식적인 기관보다 훨씬 민감하게 반응할 수 있다.

둘째, 네트워크는 클라이언트까지 연결된다. 클라이언트는 때때로 낙인 등의 이유로 서비스를 구하지 않는 경우가 있다. 네트워크는 이러한 클라이언트에게 영향을 미친다. 즉, 네트워크는 공식적 기관의 원조를 받지 않으려고 하는 클라이언트에게 접근할 수 있는 것이다.

셋째, 네트워크는 공식적 자원의 증가를 가져온다. 공식적 서비스는 비공식적 서비스를 통해 보완되는데, 비공식적 서비스에는 조언, 정보제공, 지지 등을 포함하여 돈이나 의류 등의 물품도 포함된다.

넷째, 네트워크를 통해 공식적 체계에서 서비스를 받도록 할 수 있다. 네트워크

는사회체계를 통한 행동을 촉진하여 클라이언트로 하여금 서비스를 제공받을수 있도록 한다. 관료주의적 행정으로 인해 클라이언트는 필요한 시기에 적절한 서비스를 받을 수 없는 경우가 많다. 또한 네트워크에 참여하는 사회복지사는 다른 사회복지사 및 다양한 학문적·기관적 배경을 가진 전문가들과 관계를 발전시킬 수 있는 기회를 갖고 있으며, 이러한 사회복지사의 능력을 통해 클라이언트는 필요한 서비스를 제공받을 수 있다.

다섯째, 네트워크는 사회복지사의 기능 수행 능력을 높여준다. 사회복지사의 경우 다른 전문가 동료들과 네트워크 관계를 구축함으로써 여러 가지 어려운 문제에 대한 논의를 통해 업무능력의 향상을 가져올 수 있다.

2. 지역사회복지의 원칙

지역사회복지는 인간성 회복을 위한 인도주의 정신 아래 사회정의를 실현하고자 하는 진보적 사회개혁을 근본이념으로 삼고 있다. 이와 같은 지역사회복지의 근본이념을 실현시키기 위한 전문적 사회복지활동은 다음과 같은 기본원칙 아래 전개될 수 있다(김성이 외, 1997: 394–395).

첫째, 지역사회는 다양한 사회경제적 계층의 주민과 각종 주민집단이 혼재하는 장이다. 사회정의의 지역사회복지이념을 실현시키기 위해서는 주민화합과 사회통합을 위한 노력이 전개되어야 한다.

둘째, 지역사회의 다양한 문제를 야기하는 요인들을 분석하고 문제해결에 필요한 일련의 행동을 모색하는 데 주안점을 두어야 한다.

셋째, 각종 사회복지서비스와 프로그램을 통해서 지역주민의 욕구충족에 전념해야 한다.

넷째, 변화하는 지역사회의 특성을 반영하는 새로운 서비스 및 프로그램의 개발과 제공이 가능해져야 한다.

다섯째, 체계적인 지역사회의 문제해결은 항상 전문조직과 인력을 기반으로 이루어진다. 사회의 희소한 자원적 여건을 고려했을 때 사회복지관은 지역사회의 여러 기관과 협조관계를 유지하면서 효과적인 지역사회복지실천을 전개해야 할 것이다.

생각해 보기

1. 지역사회복지의 협의적 개념과 광의적 개념의 유용성에 대해 토론해 보자.
2. 지역사회복지의 목적이 실현되는 사례들을 찾아 어떠한 특징들이 있는지에 대해 논의해 보자.
3. 지역사회복지를 실천할 때 사회복지사가 가져야 할 가치와 원칙들을 논의해 보자.

CHAPTER

03

지역사회복지의 발달과정

학습논점

1. 미국의 지역사회복지의 발달단계와 시기에 따른 주요 특징들을 살펴본다.
2. 한국의 지역사회복지의 발달단계와 시기에 따른 주요 특징들을 살펴본다.
3. 외국과 우리나라의 지역사회복지가 발달한 과정에서의 공통점과 차이점을 살펴본다.

1절 미국의 지역사회복지 발달과정

미국 지역사회복지의 발달과정을 다루고 있는 문헌들(Cox & Garvin, 1974; Kramer & Specht, 1975)의 공통적인 사항은 미국에서 지역사회복지 조직사업의 출현시기는 남북전쟁(Civil War)이 종식된 이후로 보고 있다는 점이며, 또한 자선조직협회운동과 인보관운동이 지역사회조직사업의 전문화에 원동력이 되었다는 점이다.

최일섭 외(1977)는 이 문헌들을 종합하여 남북전쟁이 끝난 1865년부터 1990년대 후반까지를 네 단계로 구분하여 미국의 지역사회복지 발달과정을 설명하였다. ① 자선조직화 운동시기(1865년~1914년), ② 지역공동모금과 협의회 발전시기(1914년~1929년), ③ 공공복지사업의 발전시기(1929년~1954년), ④ 지역사회조직의 정착시기(1954년~1997년) 등이다.

강철희 외(2006)도 미국의 지역사회복지 발달과정을 이와 비슷한 측면도 있지만, 1960년대 이후를 보다 세분화하여 여섯 단계로 설명하였다. ① 자선조직화 운동시기(1865년~1914년), ② 지역공동모금과 협의회 발전시기(1914년~1929년), ③ 공공복지사업의 발전과 지역복지의 전문화(1929년~1954년), ④ 지역사회조직의 정착시기(1955년~1968년), ⑤ 신보수주의 등장(1969년~1980년대), ⑥ 사회복지개혁기(1990년대~2000년대 중반) 등이다.

김욱진 외(2021)은 1890년대 후반부터 미국에서 지역사회복지가 태동한 것으로 보고, 세 단계로 구분하고 있다. ① 지역사회복지의 태동기(1890년대 후반~1910

년대), ② 지역사회복지의 형성기(1920년대~1950년대), ③ 지역사회복지의 발전기(1960년대~현재) 등이다.

이를 토대로 본 서에서는 미국의 지역사회복지가 발달된 단계를 ① 지역사회복지의 태동기(1865년~1914년), ② 지역사회복지의 형성기(1914년~1929년), ③ 지역사회복지의 발전기(1929년~1954년), ④ 지역사회복지의 정착기(1954년~1968년), ⑤ 지역사회복지의 개혁기(1969년~현재) 등으로 구분하여 제시하였다.

〈표 3-1〉 미국의 지역사회복지 발달단계

발달단계	시기	주요 특징
지역사회복지의 태동기	1865년~1914년	• 자선조직협회 • 인보관
지역사회복지의 형성기	1914년~1929년	• 지역공동모금제 도입 • 지역복지협의회 조직화
지역사회복지의 발전기	1929년~1954년	• 공공복지의 확대 • 지역사회조직의 전문화
지역사회복지의 정착기	1954년~1968년	• 인권운동과 지역사회조직에 대한 학문적 발달 • 사회문제에 대한 국가의 역할 증가
지역사회복지의 개혁기	1969년~현재	• 지역사회복지실천 모형의 개발 • 자조를 기반으로 하는 모형의 강조 • 지역사회 중심의 복지개혁

1. 지역사회복지의 태동기

미국에서 지역사회복지가 태동한 시기는 미국 내 사회복지가 시작된 시기와도 같은 1865년부터 1914년 까지이다. 이 시기는 자선조직협회가 조직되기 수년 전인 1865년부터 남북전쟁이 끝나고 제1차 세계대전이 시작되는 시점까지이다. 이 시기 미국 내에서는 산업화, 도시화, 이민, 그리고 흑인을 비롯한 소수민족의 문제들의 영향으로 사회복지가 발전되었다. 그럼에도 불구하고, 당시의 사회복지는 사회사업의 한 축으로서 독자적인 실체를 갖추지 못하였고, 전문가로서의 정체성 또한 확립되지 못한 상황이었다. 이러한 상황 속에서 지역사회 안에서 나름의 활동을 전개하고자 하였는데, 자선조직협회와 인보관 등이 대표적이라 할 수 있다.

1) 자선조직협회

1869년 영국에서 자선조직협회(Charity Organization Society: COS)가 최초로 설립된 이후, 1877년 미국 버팔로에서 이를 본받아 미국 자선조직협회도 설립되었다. 자선조직협회의 기본목표는 현존하는 자선 및 구제단체를 조정해 서비스 중복과 사회단체 간 경쟁을 제거하고, 요구호자가 이용할 수 있는 최대한의 사회자원을 확보하는 것이었다(Dunham, 1970).

초창기의 자선조직협회는 주로 당시 존재하던 다양한 민간단체들의 업무를 조정하는 역할을 담당하였고, 점차 직접적 구호와 서비스를 제공하였다. 협회에서 제공되던 프로그램으로는 참여기관들로부터 구호 받는 것으로 알려진 개인이나 케이스의 명단을 열거한, 이른바 '사회서비스 목록'(social service indexes/exchanges) 제작이나, 동일한 사례 또는 가정에 관심을 가진 수많은 사회복지기관들의 직원들이 함께 사례에 대해 원조방안을 모색하는 '사례회의'(case conference) 등이 있었다(Murphy, 1954).

자선조직협회는 지역사회복지에 많은 영향을 미쳤다. 그 중에서 가장 의미 있는 공헌은 ① 지역사회계획 전문기관을 탄생하게 했고, ② 사회조사기술 발전에 기여했다는 것이다. 특히 1907년에서 1908년 사이에 있었던 피츠버그 사회조사(Pittsburgh Survey)는 미국 사회조사의 선구자적 역할을 한 것으로 평가받는다(강철희 외, 2006).

2) 인보관운동

인보관(social settlements)은 자선조직협회보다 15년 후인 1886년 뉴욕의 동남부지역(Lower East Side)에 '대학인보관'(University settlement)이라는 이름으로 설립되었다. 1889년 시카고에서는 제인 애덤스(Jane Addams)가 1884년에 세워진 영국 최초의 인보관인 토인비 홀을 방문하여 운영상황을 살펴본 후, 헐 하우스

(Hull House)를 설립하였다. 미국의 지역사회복지는 이 헐 하우스의 실천에서 그 역사를 찾을 수 있다. 헐 하우스의 특징은 이곳에서 일하는 모든 사람들이 이 기관에서 함께 숙식 생활한다는 것이다. 헐 하우스는 외국 이민자와 미국 내 남부지방에서 이주한 사람들의 주택문제, 공공위생문제, 고용착취문제 등에 관심을 가지고 사회개혁을 시도한 대학생들로 구성되었는데, 이들이 현대 사회복지사들의 전신이라고 할 수 있다(강철희 외, 2006).

인보관의 사회개혁활동은 ① 탁아사업, 급식, 장애인 대상의 특수교육, 직업교육과 같은 교육활동, ② 주거환경 개선사업, ③ 이민자 대상 프로그램, 이민보호연맹조직, ④ 여성노동자 권익 운동, 아동노동 폐지 운동, ⑤ 지역 단위의 개혁활동, 진보당 창당(1912) 등의 내용으로 이루어졌다.

3) 자선조직협회와 인보관운동의 비교

이러한 자선조직협회와 인보관운동을 그 성격과 활동 측면에서 비교하면 다음과 같다(표갑수, 2003).

① 사회문제의 발생 원인 : 자선조직협회는 개인적 속성으로 파악하는 반면, 인보관운동은 환경적 요소로 보았음.

② 이데올로기의 측면 : 자선조직협회는 사회진화론적 사상에 동조한 반면, 인보관운동은 급진주의 사상에 동조하였음.

③ 주요 참여자 : 자선조직협회는 상류층이었던 반면, 인보관운동은 교육받은 대학생 또는 중류층 등 이었음.

④ 사회문제의 접근 측면 : 자선조직협회의 지도자는 빈민을 개조하거나 역기능적인 면을 수정하려고 하였던 반면, 인보관운동가들은 빈민과 함께 거주하면서 그들의 생활을 동정하고 기존 사회질서를 비판하였음.

⑤ 사업의 지향점 : 자선조직협회는 기관 간 서비스 조정에 중점을 둔 반면, 인보관운동은 서비스 자체에 중점을 두었음.

⑥ 문제해결의 방식 : 자선조직협회는 개인의 문제를 해결하는 것에 집중한 반면, 인보관운동은 사회개혁적인 면을 강조하였음.

2. 지역사회복지의 형성기

미국에서 지역사회복지가 형성된 시기는 1914년부터 1929년까지이다. 제1차 세계대전 종전과 대공황으로 이어졌던 이 시기의 사회적 상황은 산업화와 도시화, 인종간 대립과 갈등이 심화되는 양상을 보였다. 1920년 무렵에는 전 국민의 반 이상이 도시에 거주하였고, 세계대전으로 촉발된 수요증가는 산업의 획기적 신장을 가져왔다. 또한, 이념적 측면에서는 정신분석과 반지성주의(anti-intellectualism)가 유행하였다. 당시는 경제적으로 풍요한 시대였기 때문에 사회환경이 개인에게 충분한 기회를 제공하고 있다는 인식이 지배적이었으며, 따라서 모든 문제는 개인의 실패로 인해 발생한다고 보았다. 이러한 인식은 정신분석 이론과 연결되는 것으로, 바로 이 때문에 당시 사회사업은 사회적 개혁보다는 개인의 치료에 역점을 두었다.

도시화가 가속됨에 따라 도시빈민의 문제를 다루는 사회복지기관들이 계속 증가되었고, 이들 기관들은 재정난에 허덕이게 되었다. 그리고 이어서 재정난에 처한 기관들이 재정적 지원을 요구하기 시작하면서, 자선가들과 전문가들은 구호방법을 개선할 필요성을 절감하게 되었다. 그러나 이 두 집단의 이익은 일치되는 것은 아니어서 별개의, 그러나 상호 밀접한 관계를 갖는 기관이 설립되게 되었다. 즉 자선금을 희사하는 사람들의 이익을 위해서 지역공동모금제가 생겨나고, 사회복지기관 간의 효과적인 업무조정의 필요에 따라 지역복지협의회가 생겨난 것이다. 즉, 이 시기에 지역사회복지 측면에서 지역공동모금제가 도입되었고, 지역복지협의회 조직화 등이 있었다(최일섭 외, 1997).

1) 지역공동모금제의 도입

자선가들은 그들의 지원금이 효율적으로 사용되기를 원했고, 또 끊임없는 지원요청으로부터 벗어나기를 원했다. 이러한 목적을 달성하기 위해 재정적 지원을 위한 공동호소제(united appeals)를 설립하였다. 대표적인 것이 1895년 보스턴에 설립된 United Jewish Appeal이다.

그리고 이어서 지역공동모금제가 몇 가지의 형태로서 창설되기 시작하였다. 첫 번째의 형태는 사회복지기관들이 단독으로 하는 것보다 공동으로 하는 것이 더 많은 모금을 할 수 있다는 생각에서 공동모금제를 실시하였다. 두 번째의 형태는 공동모금제가 사회복지기관협의회에 의해 조직되었다. 세 번째의 형태는 거액의 기부자들에 의해 지역공동모금제가 실시되었다. 이들은 첫 단계로서 '자선보증기구'(charity endorsement bureau)를 세우고 후에 지역공동모금으로 이를 재조직하였다.

그러나 이러한 자선보증기구의 활동에 대한 비판이 없지 않았다. 먼저 자선보증기구는 주로 대기업이나 재벌 기부자를 대표했기 때문에 독선적이고, 사회복지기관의 자치성을 위협한다고 생각되었다. 더구나 사회복지기관들은 이 자선보증기구가 기부자들의 자선 의욕을 저하시킬 수 있다고 생각하였다. 여하간에 소수의 기부자들에 대한 지원요청은 여전히 막대하였다.

이러한 사태를 타개하기 위한 최초의 주요 노력이 클리블랜드의 상공회의소에 의해서 취해졌다. 상공회의소는 1907년에 이러한 문제들에 대한 연구를 하여 1913년에 '자선연합회'(Federation for Charity and Philanthropy)를 세웠는데, 이는 미국의 지역공동모금 역사상 가장 획기적인 것으로 생각되고 있다.

지역공동모금회는 세 가지 종류의 회원들로 구성되었다. 즉 기부자(특히 거액을 희사한 사람들), 모금활동을 돕는 사람(소기업자, 기업의 중견간부, 서비스 클럽 회원 등), 그리고 기금의 지원을 받는 보건·복지·오락단체를 대표하는 '벌런티어'로 구성되었다. 이들 회원들은 정책결정을 이사회에 위임하고, 이사회는 사무국장(executive)을 임명하였다. 초기에 지역공동모금회의 업무는 대부분 자원봉사자들에 의해 수행되었고, 오늘날에도 이들의 역할은 매우 중요하다.

한편, 제1차 세계대전이 진행되는 동안 약 300개에 달하는 지역사회가 사회복지기관들의 지원요구를 충족키 위해 전시모금기구(War Chests)를 설립하였다 (Lubove, 1965). 제1차 세계대전은 공동모금제의 발전에 촉진제가 되었다. 해외에서 구호와 전쟁으로 인해 야기된 복지수요는 거의 400개의 '전시모금회'(War

Chests)를 탄생시킨 것이다(최일섭 외, 1997).

2) 지역사회복지협의회 등의 조직화

수많은 복지전문가들이 자선단체 이사로 활약하고 있는 '벌런티어' 들의 협력을 얻어 지역사회의 복지 욕구에 합리적이고 체계적인 접근을 하려 했고, 지역사회 서비스 간의 부족을 보완하려 했으며, 지역사회가 당면한 문제와 앞으로의 욕구를 미리 찾아내려고 하였다. 전문가들의 이러한 관심으로부터 사회복지기관협의회가 생겨났다.

복지서비스의 조정과 계획에 관심을 가졌던 자선조직협회가 사회복지기관협의회의 제도적 선구자였다. 수많은 지역에서 자선조직협회의 지도자들이 다른 복지 전문가들과 함께 협의회를 조직하는 데 직접적으로 관여하였다. 사회사업지도자들이 협의회를 조직하고자 한 이유는 사회복지사업을 합리적으로 조직화하고 지역공동모금회의 모금 능력을 강화하여, 자신들과 사회사업기관의 자치성을 보호하기 위해서였다.

사회복지기관협의회의 일차적인 목적은 지역사회의 문제와 욕구를 충족하기 위해서 복지사업을 계획하고 조정하는 것이다. 이러한 목적을 달성하기 위한 협의회의 주요 활동은 다음과 같았다.

① 일반시민과 전문가로 구성된 사회복지서비스에 관한 각종 위원회를 만들어 지역사회문제에 관해 연구하고 해결방안을 계획하고 실천하는 것
② 시범사업(demonstrations)을 전개하고, 새로운 서비스를 제공하며, 기존의 사업을 개선하는 것
③ 이러한 목적을 달성하기 위해서 시민의 지지를 구하고 정부의 조직을 촉구하는 것
④ 복지기관에서 일할 전문가와 자원봉사자를 선발하고 훈련하는 것
⑤ 사회복지기관과 단체의 명부를 발간하는 것
⑥ 기타 여러 가지 관련 활동을 추진하는 것

그러나 사회복지기관협의회는 활동 초기부터 두 가지의 문제에 직면하였다.

하나는 협의회의 역할이 지역공동모금과 명확하게 구분되지 않았다는 것이다. 협의회는 흔히 공동모금회의 계획기능을 담당하는 조직으로 생각되어 공적으로 지원하는 보건 및 복지기관들과의 관계를 난처하게 하였다. 공동모금회로부터 어느 정도의 독립을 유지한 경우에는 그들이 마련한 계획이 채택되는 데 필요한 지지를 얻기가 힘들었고, 공동모금회에 의해 심한 영향을 받은 협의회는 공동모금을 통해 모금된 돈을 분배하는 책임을 맡았다.

다른 하나는 협의회는 회원기관들(constituents)과의 관계에서도 명확하지 않았다는 것이다. 협의회는 회원기관들과의 관계에 있어서 처음부터 공동모금에 의해 지원을 받는 복지기관들의 연합체의 성격을 가졌다. 이러한 연합체적인 구조 속에서는 복지계획을 마련하는 데 주도권을 갖고 있는 회원기관들에게 불리한 강력한 조치를 취하는 것은 매우 곤란한 일이었다. 협의회가 점차 전문화되어 감에 따라 협의회는 복지문제와 서비스에 관심을 갖는 시민들의 협의회로 재구성되기도 하였다. 이러한 변화 때문에 사회복지기관협의회의 명칭이 '지역복지협의회'(community welfare councils)로 바뀌게 된 것이다. 협의회는 영향력 있는 인사를 회원으로 영입하고, 정책결정에 있어서도 사회복지기관의 의견보다 전문계획가나 비전문회원들의 의견을 점차 반영해 나갔다. 그럼에도 불구하고 지역복지협의회는 효과적인 계획수립기능에 있어서 인정을 받지는 못하였다(최일섭 외, 1997).

3. 지역사회복지의 발전기

미국의 지역사회복지가 발전된 시기는 1929년부터 1954년까지이다. 이 시기의 주요 특징으로는 공공복지의 확대, 지역사회조직의 전문화 등이 있다.

1) 공공복지의 확대

지역사회조직사업은 물론 전반적인 사회사업 분야는 대공황으로 인해 파생된 대량의 복지수요를 충족하기에는 불충분하였다. 이러한 상황 속에서 과거에 민간복지단체를 중심으로 행해졌던 구빈과 이에 관련된 활동이 정부기관으로 이양되었으며, 작은 지역을 중심으로 실시되었던 구빈활동이 광역 혹은 국가적 차원으로 확대되었다.

물론 지역사회의 민간복지단체들은 그들의 사업을 확장해서 확대된 복지수요에 대처하고 긴급구호활동을 전개하기도 하였다. 또 그들은 사회문제의 진상을 파악하고, 문제의 심각성에 대해 일반의 관심을 환기시키며, 사업 용도에 필요한 지침서를 만들어 내고, 서비스를 조정하는 등의 활동을 전개하였다.

그러나 연방정부는 정부기관을 통해 사회계획의 역할을 수행하게 되었다. 처음에는 '연방긴급구호청'(Federal Emergency Relief Administration, 1933~1936)을 통해서, 후에는 '연방보장기관'(Federal Security Agency)을 통해서 복지업무의 기준을 설정하고 서비스의 조정, 사회문제의 실태파악, 공교육에 대한 계획 등의 활동을 전개하였다.

제2차 세계대전으로 군 관계 노동자와 군인의 수가 급격히 증가하게 되자 이들을 위한 복지서비스의 수요가 늘어나게 되었다. 이로 인해 과거에 지방 중심으로 행해졌던 공·사 기관의 지역사회계획업무가 국가적인 차원에서 이루어지는 경향을 보이기 시작했다. 그 하나의 예로서 연방보장기관에 '지역사회전쟁구호사무소'(Office of Community War Service)가 설치되어 전쟁으로 인해 영향을 받은 지역을 위한 오락과 공중보건사업에 관한 계획업무를 취급하였다.

이 시기의 주목할 만한 사건으로는 1935년의 사회보장법, 1942년부터 1947년까지의 '전시복지기금'(National War Fund), 연방보장기관(1939~1953)을 계승해서 1953년에 보건·교육·후생성(U.S. Department of Health, Education and Welfare; HEW)이 설립되는 것 등이다(최일섭 외, 1997).

2) 지역사회조직의 전문화

이 시기에는 지역사회조직사업의 성격을 개념화하려는 노력으로써 여러 논쟁 또는 논의들이 전개되었다. 첫째, 지역사회조직과 사회사업의 관계 유무에 관한 논쟁, 둘째, 지역사회조직 목표는 지역사회 결속력을 강화하는 것으로, 사회문제 예방과 개선에 관한 논의, 셋째, 지역사회복지사의 바람직한 역할에 관한 논의 등이 그것이다.

그 결과, 이 시기 나타난 경향들은 지역사회복지 조직의 전문화에 영향을 미쳤다. ① 〈레인 보고서〉가 1939년에 발표되었고, ② 1945년 지역사회조직기관에 관한 최초의 교과서인 맥밀런 (Mcmillen)의 〈사회복지 내의 지역사회조직〉(Community Organization for Social Welfare)이 출간되었으며, ③ 지역사회조직에 관한 연구협회가 조직된 것 등이 대표적 예라고 할 수 있다(강철희 외, 2006).

4. 지역사회복지의 정착기

미국에서 지역사회복지가 정착된 시기는 1954년부터 1968년까지이다. 이 시기의 주요 특징으로는 인권운동과 지역사회조직에 대한 학문적 발달, 사회문제에 대한 국가의 역할 증가 등이 있다.

1) 인권운동과 지역사회조직에 대한 학문적 발달

이 시기에는 흑인을 중심으로 한 민권운동이 활발히 전개되면서 미국내 소수민족의 인권을 옹호하고, 동성애자들과 여성들도 자신의 권리를 적극적으로 주장할 수 있게 되었다. 또한 민권운동의 부흥과 베트남 참전반대 등으로 학생운동이 활발하게 일어났고, 학생운동에 참여했던 사람들 중 지역문제에 관여하고자 사회복지대학원에 진학하는 사례가 증가하였다. 사회사업대학원에서는 지역사회조직을 전공하는 전공자가 급속히 증가하여 관련전공이 개설된 학교가 48개(1969년)에 이르렀고, 전공학생의 비율은 9%를 차지하였다. 이러한 관심 증가로 지역사회조직에 대한 학문적 연구가 활발해진 결과, 1950년대 말에 미국 사회사업교육협의회가 실시한 사회사업대학원 교과과정 연구에서 지역사회조직과목이 전문영역으로 인정받을 수 있었다. 그 후 1962년 지역사회조직(community organization)은 개별사회사업(casework), 집단사회사업(group work)과 함께 사회사업 방법의 하나로 공식적 인정을 받았다.

2) 사회문제에 대한 국가의 역할 증가

이 기간 동안에는 사회문제를 해결하기 위한 연방정부 역할이 증대하였다. 주로 주정부와 지방정부에 대한 보조금(grants-in-aid) 지급형식으로 이루어졌으며, 이는 지역사회복지에 매우 큰 영향을 미쳤다. 특히 1950년대 말, 정신건강분야에 대한 국가투자가 확대되었고 1970년대에 이르러 지역조직사업 기술이 필요한 지역사회정신건강(CMH) 프로그램이 활발히 전개되었다.

또한 연방정부 보조로 슬럼지역 철거, 도시재개발, 지역개발, 주택보조, 지역계획(regional planning) 등의 프로그램이 신설되거나 확장되었다. 이러한 일련의 프로그램은 지역사회조직의 지식과 기술에 대한 수요를 더욱 자극하는 계기가 되었다.

1960년대 케네디와 존슨 행정부에 의해 이루어진 '빈곤과의 전쟁'(War on Poverty)으로 사회복지를 위한 연방정부 역할은 더욱 증대되었다. 특히 빈곤문제 해결을 위한 각종 프로그램(Head Start, Volunteers in Service to America: Vista, Community Action Program: CAP 등)은 많은 지역사회조직가들의 관심을 불러일으켰다.

이러한 정부 프로그램에서 논란을 일으켰던 것은 프로그램 결정 과정 중 서비스 수혜자를 '최대한으로 참여시킨다'는 원칙이었다. 이 원칙은 참여 방법, 장소, 이유 등 모든 것이 전문가와 시민들에게 혼동을 주었기 때문이다. 지역문제 해결을 위한 또 다른 시도로는 시범도시 프로그램(Model Cities Program)이 있었다. 이 프로그램은 도시를 대표하는 집단에게 재정적으로 지원하여 문제를 해결하는데 필요한 사업을 추진하거나 새로운 기관을 만들 수 있도록 한 것이었다(강철희 외, 2006).

5. 지역사회복지의 개혁기

미국의 지역사회복지가 개혁되었던 시기는 1969년부터로, 이 때 나타난 주요 특징으로는 지역사회복지실천 모형의 개발, 자조를 기반으로 하는 모형의 강조, 지역사회 중심의 복지개혁 등이 있다.

1) 지역사회복지실천 모형의 개발

1960년대 후반 오늘날 지역사회복지실천의 전형으로 회자되는 지역사회복지실천 모형이 Rothman(1968)에 의해 최초로 제안되었다. 로스만은 지역사회복지실천의 복잡하고 다양한 양상 및 과정들을 면밀하게 관찰한 후 이를 지역사회개발, 사회계획, 사회운동의 모형들이 유형화되었다(Rothman, 1968; 1996). 이러한 학술적 접근은 그동안 활동의 이론적 근거에 목말라하던 당시 실천 현장에 커다란 반향을 일으켰다.

2) 자조를 기반으로 하는 모형의 강조

1970년대와 1980년대 신보수주의 이념의 확대는 지역사회복지실천 모형의 변화에도 많은 영향을 미쳤다. 신보수주의자들은 정부의 과도한 시장개입과 비효율적 행정 요소에 대한 과잉보호가 생산성을 감소시키고 자본주의에 위기를 가져왔다고 주장하면서 정부의 역할을 관리자 혹은 감시자에 국한할 것을 강조하였다. 동시에 민간 기업에 대한 규제를 완화하고 경쟁을 유도하는 한편 정부에 재정부담을 가져오는 사회복지비를 감축해야 한다고 주장하였다. 이는 신보수주의자들이 사회보장과 사회복지 역시 공공이 아닌 민간부문에서의 적자생존 원리에 따라 이루어져야 함을 주장한 것이라고 볼 수 있다.

이러한 논리에 따라 1981년 레이건 행정부는 복지의 주된 책임 주체를 개인, 가족, 지역사회로 보는 신자유주의 노선을 취하게 되었다. 또한 연방정부는 주정부와 시정부로 각종 사회복지 정책과 프로그램들을 대거 이관하였고 포괄적 보조금 제도(Block Grant)를 통해 사실상 지역사회복지 예산을 삭감하기 시작하였다.

이러한 사회적, 정치적 상황 변화는 지역사회복지실천 현장에도 커다란 영향을 끼쳤다. 이전에 성행한 알랜스키식의 급진적 사회행동 모형이나 재정이 많이 소요되는 사회계획 모형이 쇠퇴하고, 반대로 자립과 자조를 기반으로 하는 지역사회개발 모형이 정책적으로 강조되기 시작한 것이 그 대표적인 결과이다(김욱진 외, 2021).

3) 지역사회 중심의 복지개혁

1990년대는 대대적인 복지개혁 (welfare reform)이 이루어진 시기였다. 1993년 집권한 클린턴 행정부는 기존 복지체제의 종식을 주요 대선공약으로 내세웠는데, 그 핵심은 복지 수급기간의 제한 그리고 근로연계복지의 강제에 있었다. 이는 기존의 퍼주기식 복지(welfare)를 지양하고 근로를 통한 생산적 복지(workfare)에 방점을 찍으면서 빈민의 근로활동 참여여부를 통해 복지급여의 수준 및 수급 기간을 연계시키자는 것이었다.

이와 더불어 클린턴 행정부는 복지개혁의 실행주체 목록에서 연방정부를 최대한 제외하는 복지다원주의를 적극적으로 실천하였다. 이에 따라 복지의 생산, 공급, 전달의 주된 주체가 주정부와 시정부를 비롯한 민간의 다양한 영리·비영리 조직 및 단체, 그리고 시민 당사자로 바뀌는 결과가 초래되었고, 연방정부는 새롭게 등장한 복지 주체들을 관리, 감독하는 축소된 업무에 치중하게 되었다. 즉, 기존에는 연방정부가 복지와 관련된 정책과 프로그램을 직접적으로 담당하고 집행하는 주인공 역할을 수행하였다면, 이제는 한발 물러나 몸집과 역할이 커진 지방자치단체와 지역사회 내 민간 사회복지기관들의 서비스 전달 및 프로그램 이행의 효과성, 재정집행의 효율성, 투명성 등을 평가하고 관리·감독하는 조연 역할에 치중하게 되었다는 것이다. 2000년대 이후 현재에 이르기까지 지방자치단체나 민간 사회복지 관련 조직들의 행정, 계획, 조직, 평가 및 책무성 등의 이슈가 큰 관심을 끌게 된 것은 이러한 사회정치적 배경을 뒤로 한다(김욱진 외, 2021).

2절 한국의 지역사회복지 발달과정

최일섭 외(1997), 표갑수(2003)에 따르면, 현대적 의미의 지역사회복지 또는 지역사회개발과 조직 등의 용어가 사용된 것은 서양의 경우 20세기 이후이고, 우리나라의 경우 1940년대부터라고 하였다. 이러한 영향에 따라 최일섭 외(1997)은 일제 강점기 이전, 일제 강점기, 그리고 해방 이후라는 세 시기로 발단단계를 구분하여 설명하였다. 강철희 외(2006)에서도 최일섭 외(1997)가 구분하였던 일제강점기 이전(삼국시대, 고려시대, 조선시대), 일제 강점기, 광복 이후라는 단계를 따랐고, 추가로 1990년대 이후를 보완하여 발달단계를 구분하였다.

그러나 2000년대 이후의 지역사회복지 관련 교재들에서는 각 연구자마다 명칭은 약간씩 다르게 표현은 하고 있으나, 일반적으로 한국전쟁 직후부터 한국의 지역사회복지가 형성되었으며 현재까지 발전한 것으로 보고 있다. 김범수 외(2006)는 지역사회개발사업(1958년~1970년대), 지역중심의 서비스 제공 확대(1980년대), 지역사회복지의 새로운 변화(1990년대~2010년대)로, 김용득(2018)은 생활시설 중심의 확대(1970년대~1980년대), 지역사회 기반 서비스의 확대(1980년대 후반기와 1990년대), 이용자 선택 방식의 서비스 확대(2000년대 이후)로 발달단계로 구분해 설명하였다. 이러한 내용을 토대로 오정수(2004)와 우수명 외(2021)에서는 한국의 지역사회복지 발달을 형성기(1950년대~1970년대), 정착기(1980년대~1990년대 초반), 발전기(1990년대 초반 이후~)라고 하였다.

〈표 3-2〉 국내 선행연구들의 한국 지역사회복지 발달단계

연구자	단계(시기)	주요 발달 사항
최일섭 외(1997)	1) 일제 강점기 이전	(1) 민속적인 부락협동관행 : 두레(농사), 계, 품앗이, 향약, 사창, 기타의 민속적인 협동관행 (2) 정부에 의한 인보제도 : 오가통, 국가단위의 상설복지기구(의창, 상평창, 진휼청)
	2) 일제 강점기	(1) 협동조합 (2) 사회복지지도기관 (3) 구호법의 실시 (4) 사회복지시설
	3) 해방 이후	(1) 사회복지공동모금 (2) 외원기관(외국민간원조단체 한국연합회, KAVA) (3) 지역사회개발사업 (4) 새마을운동 (5) 지역사회개발모델에서 지역사회행동모델로 확대 (6) 지역사회복지에 대한 교육
강철희 외(2006)	1) 일제 강점기 이전	(1) 삼국시대 : 민속적 부락협동관행(계, 두레, 품앗이), 구제사업(관곡의 진급, 사궁구휼, 조조감면, 대곡자모구면, 경영방수, 종자 및 식량의 급여 등) (2) 고려시대 : 구제사업(창제, 은면지제, 재면지제, 환과고독진대지제, 수한질여진대지제, 납속보관지제), 구제기관(제위보, 구제도감, 동서대비원, 혜민국, 진제색) (3) 조선시대 : 민속적 부락협동관행(향약, 사창), 정부에 의한 인보제도(비황제도, 구황제도, 오가통 등)
	2) 일제 강점기	(1) 협동조합운동과 인보관운동 및 사회복지협의체
	3) 해방 이후	(1) 사회복지공동모금 (2) 외원기관(외국민간원조단체 한국연합회, KAVA) (3) 지역사회개발사업
	4) 1990년대 이후	(1) 지역사회복지관 (2) 자활지원사업 (3) 사회복지사무소 (4) 지역사회복지협의체 (5) 재가복지봉사센터

연구자	단계(시기)	주요 발달 사항
김범수 외(2006, 2020)	1) 근대 이전(1900년대 이전)	두레, 계, 품앗이, 향약, 오가통
	2) 근대화 시기(1900년대 초반~한국전쟁 직후)	인보관(반열방)
	3) 지역사회개발사업(1958년~1970년대)	새마을운동
	4) 지역중심의 서비스 제공 확대(1980년대)	지역사회복지관의 설립, 재가복지서비스의 도입 등
	5) 지역사회복지의 새로운 변화(1990년대~2010년대)	사회복지협의회의 독립법인화, 지역사회복지협의체의 구성, 지역사회 통합 돌봄 등
오정수 외(2004)	1) 형성기(1950년대~1970년대)	수용시설, 외국민간원조기관, 민간사회복지관, 새마을운동 등
	2) 정착기(1980년대~1990년대 초반)	지역사회복지관의 설립, 재가복지서비스의 도입, 지역사회행동모델의 확대, 사회복지전담요원제도의 실시 등
	3) 발전기(1990년대 초반 이후~)	재가복지서비스의 확대, 지역사회복지실천 주체의 전문화 및 다양화, 지역사회중심의 자활사업 전개, 지방자치제의 실시, 지역분권운동의 전개 등
조미영(2010)	1) 지역사회복지의 이전	(1) 삼국시대 : 민속적 부락협동 관행, 구제사업 (2) 고려시대 : 구제사업, 구제기관 (3) 조선시대 : 민속적 협동관행, 정부에 의한 인보제도
	2) 일제강점기	식민정책의 일환
	3) 태동(1950년대~1970년대)	외국원조 의존시대, 경제개발
	4) 형성기(1980년대~1990년대 초반)	88올림픽, 민주화
	5) 발전기(1990년대 초반 이후~)	외환위기와 국기초, 바우처 제도의 추진
고수현(2012)	1) 지역사회개발(한국전쟁 이후~새마을운동)	(1) 한국전쟁 이후 : 외국민간원조단체 한국연합회, 지역사회개발위원회 (2) 군사혁명 이후 : 지역사회개발국 (3) 새마을운동 전개 이후 : 중앙새마을협의회와 지역개발담당관 설치, 지역사회개발학과 개설 등

연구자	단계(시기)	주요 발달 사항
고수현 (2012)	2) 지역사회자원봉사	(1) 전통사회 : 삼한시대, 조선시대
		(2) 일제강점기 : 태화기독교사회관, 방면위원
		(3) 1950~1970년대 : 새마을운동, 사회복지협의회
		(4) 1980년대 : 지역사회자원봉사활동 성장
		(5) 1990년대 : 지역사회주민의 자원봉사참여기회 확대
		(6) 2000년대 : 자원봉사활동 진흥 관련 법률제정
김용득 (2018)	1) 1970년대~1980년대	수용시설 또는 생활시설 중심의 확대
	2) 1980년대 후반기와 1990년대	이용시설 또는 지역사회 기반 서비스의 확대
	3) 2000년대 이후	이용자 선택 방식의 서비스 확대
우수명 외(2021)	1) 일제강점기 이전	(1) 국가 단위의 지역복지사업 : 의창, 상평창, 진휼청 등 (2) 촌락 단위의 복지사업 : 두레, 계, 품앗이, 사창, 향약, 오가통 등
	2) 일제강점기	식민정책의 일환, 인보관(반열방)
	3) 형성기(1950년대~1970년대)	외국민간원조한국연합회, 인보관(민간사회복지관), 새마을운동, 크리스천 사회행동 협의회
	4) 정착기(1980년대~1990년대 초반)	이용시설 급증, 재가복지 도입, 지역사회 중심 재활사업 실시, 사회복지전담요원제도 도입, 사회복지공동모금제도 실시, 지역사회행동
	5) 발전기(1990년대 초반 이후~)	지역사회복지관과 재가복지서비스의 확대, 지역사회 중심의 자활사업 전개, 지방자치제의 실시, 지역분권운동의 전개, 시민운동의 전개

이에 본 서에서는 1948년 한국정부가 수립된 시점을 전후하여 현대적 지역사회복지 시대 이전과 이후로 구분한 다음에, 다시 현대적 지역사회복지 시대 이전은 전통사회 시기 및 일제강점기와 미군정기로 분류하였으며, 현대적 지역사회복지 시대는 형성기(1950년대~1970년대), 정착기(1980년대), 발전기(1990년대~2010년대)로 분류하여 제시하였다.

〈표 3-3〉 한국의 지역사회복지 발달단계

발달단계		시기	주요 특징
현대적 지역사회 복지 시대 이전	전통사회 시기	삼국시대	• 구제사업 • 민속적 협동활동
		고려시대	• 구제사업
		조선시대	• 구제사업 또는 인보제도 • 민속적 협동활동
	일제강점기와 미군정기	1910년~1945년 1945년~1948년	• 식민통치와 질서유지
현대적 지역사회 복지 시대	지역사회복지의 형성기	1950년대~1970년대	• 외국원조 의존시대 • 민간사회복지관 • 경제개발 • 새마을운동
	지역사회복지의 정착기	1980년대	• 사회복지관 • 지역사회 중심 사회복지서비스 • 사회복지 법률 및 제도 • 사회복지전담요원제도
	지역사회복지의 발전기	1990년대~2010년대	• 재가복지센터 • 사회복지공동모금 • 지방자치제 및 지방분권운동 • 시민사회운동과 NGO • 국민기초생활보장제도와 자활사업 • 지역사회보장계획과 지역사회보장협의체 • 복지사각지대 • 바우처 사업

1. 현대적 지역사회복지 시대 이전

1) 전통사회 시기

우리나라의 삼국시대, 고려시대 그리고 조선시대 등 전통사회에서 지역사회복지와 유사한 형태를 고찰한다면 세 가지 형태로 분류될 수 있다.

첫째, 각종 재해로 빈곤해진 백성들에게 배급하여 구제하거나 노인, 장애인, 고아, 한부모가족, 환자 등 가난하고 약하며 혼자 또는 가족이 독립적인 생활을 하기 어려운 사람들을 대상으로 국가 단위에서 실시한 구제사업, 또는 인보제도가 있다.

둘째, 대부분 마을 등의 주민들이 빈곤을 극복하기 위해서 전통적이면서도 자연적으로 만들어 서로 돕는 민속적 협동활동이 있다.

(1) 삼국시대

① 구제사업

삼국시대의 구제사업으로는 관곡의 진급, 대곡자모구면, 경형방수, 환과고독(사궁구휼, 조조감면) 등이 있었다.

- 관곡의 진급 : 정부에서 비축한 관곡을 각종 재해로 빈곤해진 백성들에게 배급하여 구제하는 것
- 대곡자모구면(貸穀子母俱免) : 춘궁기 등에 백성에 대여한 관곡을 거두어들임에서 재해로 인한 흉작으로 상환이 곤란할 때에는 그 원곡 및 이자를 감면해 주는 것
- 경형방수(輕刑放囚) : 천재지변과 같은 자연재난은 위정자인 군주의 잘못에 대한 신의 분노 또는 죄라고 하여 군주는 형벌의 경감 또는 방수 등으로 선정을 베풀어 신의 노여움을 풀고자 한 것
- 환과고독(鰥寡孤獨) : 무의무탁한 빈민을 구제하는 것으로, 사궁구휼(군주들이 빈민들을 반문, 위로하고 의류, 곡물 및 관재 등을 급여하는 것), 조조감

면(재해로 심한 피해를 입은 지역 주민들에게 재해피해 정도에 따라 조세를 감면해 주는 것)이 있었음

② 민속적 협동활동

삼국시대의 민속적인 협동활동으로서는 계, 두레, 품앗이 등이 있었다.

- 계(契) : 대부분 부락주민들이 전통적 빈곤(貧困)을 극복하기 위해서 자연적으로 만든 조직으로, 공익을 목적으로 하는 계, 공제를 목적으로 하는 계, 생산 또는 생산소소를 목직으로 하는 계, 영리를 목적으로 하는 계, 사교를 목적으로 하는 계 등으로 그 목에 따라 다양하게 조직되었음. 이 중 복지와 관련된 계의 종류는 혼상계(婚喪契), 군포계(軍布契), 종계(宗契), 거계(据契), 양로계(養老契), 동방계(同榜契) 등이 있었음
- 두레 : 농촌의 부락 단위에서 집단적 공동노동 공동체로서, 주로 농경작업을 '부락 공동'으로 추진하기 위한 민속적이며 자율적인 지역사회 공동체
- 품앗이 : 일을 서로 거들어 주어 품을 지고 갚는 교환노동으로, '개인적 교분'으로 맺어진 촌락 내의 소집단 성원 간에 이루어지는 공동노동

(2) 고려시대

① 구제사업

고려시대의 구제사업으로는 은면지제, 재면지제, 진대지제, 보관지제 등이 있었다.

- 은면지제(恩免之制) : 개국, 즉위, 제제, 순행, 불사, 경사, 난후 등의 시기에 왕이 베푼 것으로, 백성의 세금과 부역을 3년간 면하게 하여 타지에 떠돌아다니는 자들을 전리에 돌아오게 하여 농사에 종사하도록 한 제도
- 재면지제(災免之制) : 천재재변으로 농사에 실패했을 때 이재민에게 피해 정도에 따라 세금을 감면해 주는 제도
- 환과고독진대지제 : 보호를 받아야 할 대상자를 지정한 제도
- 수한역려진대지제(水旱疾礪賑貸之制) : 홍수, 가뭄, 전염병 등 갑작스런 재해를 당한 백성에게 각종 물품과 의료, 주택 등을 급여하는 제도

- 납속보관지제(納贖補官之制) : 재민구휼(災民救恤)을 위하여 거액의 기부금을 낸 민간인에게 벼슬을 줌으로써 자선을 장려한 제도

그리고 고려시대는 삼국시대와 통일신라시대에 비해 이러한 구제사업을 담당하기 위한 상설빈민구제기관을 발전시켜 운영하였다.

- 흑창(黑倉)과 의창(義倉) : 궁민(窮民)에게 곡식을 빌려주었다가 추수기에 상환하도록 하는 진대기관으로, 고구려의 진대법(賑貸法)과 유사한 제도. 흑창은 고려 태조 때에 설치되었다가, 성종 5년(986)에 의창(義倉)으로 변경됨
- 상평창(常平倉) : 물가가 내릴 때 생활 필수품을 사들였다가 값이 오를 때 내어 물가를 조절하던 기관. 조선 선조 41년(1608)에 선혜창으로 변경됨
- 제위보(濟危舖) : 국민들의 위급을 구료하는 재단으로 고려시대의 구료정책을 실행하는 상설기관
- 구제도감(救濟都監) : 질병환자의 치료 및 전염병자 등을 구제하기 위한 의료기구, 그리고 병사자의 매장을 관장하던 임시관서. 1348년(충목왕 4)에 진제도감(賑濟都監)과 1381년(우왕 7)에 진제색으로 명칭이 바뀌었음
- 동서대비원(東西大悲院) : 불교의 복전사상(福田思想)과 자비사상(慈悲思想)에 의하여 현약(賢藥)과 식량을 갖추어놓고 병자를 치료하던, 기아로 고통받는 이들에게 의복과 식량을 나누어주던 구호기관
- 혜민국(惠民局) : 백성의 질병을 고치기 위하여 설치되었던 의료기구

(3) 조선시대

① 구제사업 또는 인보제도

조선시대에 구빈 또는 인보제도로서 발달한 것은 구황제도, 오가작통 등이 있다.

- 구황제도(救荒制度) : 사궁에 대한 보호, 노인보호사업, 시식사업, 진휼(賑恤) 또는 진대사업, 조직 또는 방곡사업, 고조, 견감, 원납, 인보상조, 구황방이 있음. 조선시대 흉년이 들었을 때 기민(飢民)을 구제하기 위하여 임시

로 설치하였던 관서로 구황청이 있음

- 오가작통(五家作統) : 다섯 집을 한 통(統)으로 묶은 행정자치조직으로, 다섯 집을 한 통으로 하여 통수의 관장을 받고, 5~10통을 소리(小里), 11~20통을 중리(中里), 21~30통을 대리(大里)로 하여 이에는 이정과 이유사(里有司) 각 1명을 두도록 하였고, 이의 행정을 면에 귀속시켰음. 오가작통법은 향약의 실시 또는 호패법의 실시 등과 밀접한 관련을 가지면서 실시되었는데, 기능은 강도 · 절도방지, 풍속의 교화와 유민방지, 호적작성에 있어서의 탈루자(脫漏者) 방지 등이었음. 그러나 이것은 향촌 통제 등을 위한 것이라는 한계도 있음

② 민속적 협동활동

조선시대에 민속적 협동활동 및 상부상조로 발달한 것은 향약과 사창 등이 있었다.

- 향약(鄕約) : 원래는 향촌규약(鄕村規約)으로 줄여서 '향약'이라고 함. 원래 중국의 '여씨향약'을 조선시대에 우리의 전통적인 공동체적 상규상조의 정신에 유교적 가치를 더하여 재편한 것으로, 유교적 예절과 풍속을 향촌사회에 보급하여 도덕질서 확립과 미풍양속 진작을 도모하고 재난시의 상부상조를 위한 지방 향인들의 약속. 하지만 향약은 조선시대 양반들의 향촌자치이자 하층민 통제수단이라는 한계점을 가짐
- 사창(社倉) : 각 지방 군현의 촌락에 설치된 곡물 대여기관으로, 향촌 자체의 민간 빈민 구호기관의 성격을 지님. 중국의 사창에서 유래하였는데, 고구려의 진대법(賑貸法), 고려시대의 의창 · 상평창 제도가 실시되고, 조선시대에 발전되어 사창제도로 운영됨

2) 일제강점기와 미군정기

일제시대 구호 사업은 근대적 복지이념보다는 식민정책의 일부로 시혜, 자선으로 우리 민족이 일제에 충성하도록 하는 정치적 의미가 컸다. 대표적인 것으로

1944년 '조선구호령'이다. 이것은 근대적인 공적부조제도로서 의미가 있다는 지적이 있기는 하지만, 일제가 이미 10년 전에 사용한 구호법을 토대로 한 것으로, 당시 조선의 사회문제를 근본적으로 해결하고자 한게 아니라, 이것을 통해 식민통치와 질서유지를 하기 위한 다른 목적과 기능이 있었다는 사실을 인식하는 것이 필요하다.

해방 직후 이루어졌던 미군정기는 비록 식민통치는 아니었지만, 해방된 국가에 대한 질서유지로서 거의 모든 사회복지를 유지하였다고 보는 것이 합리적이라 생각할 수 있다.

2. 현대적 지역사회복지 시대

1) 지역사회복지의 형성기

한국에서 지역사회복지가 형성된 시기는 1950년대부터 1970년대까지로 볼 수 있다. 이 시기의 주요 특징으로는 외국원조 의존시대, 민간사회복지관, 경제개발, 새마을운동 등이 있다.

① 외국원조 의존시대

해방 직후 구호행정의 법, 제도의 형식적 근거는 일제강점기의 것을 계승하면서, 한국전쟁 이후에도 주로 난민정착사업, 주택사업, 조선구호령에 의한 공적 부조사업, 응급구호사업 등에 주력하는 등 전반적으로 임시방편적인 성격이 강하였다. 1950년대 후반 지역사회개발사업이 농촌지도사업과 함께 농촌개발을 위한 미국원조사업의 하나로 착수하였다. 1953년 근로기준법이 유일한 사회복지 관련 제도였으며, 1960년 사회보장보험의 효시라 할 수 있는 공무원 연금법이 제정되었다(조미영, 2010).

지역사회복지사업은 외국민간원조기관(약칭 : 외원기관)에 의한 사회복지사업이 1970년대 초반까지 주종을 이루었다. 외원기관이란 그 본부가 외국에 있고 그 본부의 지원으로 국내에 보건사업, 교육사업, 생활보호, 재해구호 또는 지역사회개발 등의 사회복지사업을 행하는 비영리적 사회사업기관으로서, 그 사업자원이 외국에서 마련되고 실질적으로 외국인에 의해 운영되는 기관을 말한다. 이러한 외원기관의 활동은 1952년 7개 기관을 중심으로 외국민간원조한국연합회(KAVA)가 조직되면서 본격적으로 시작되었고, 1964년 70여 기관으로 늘어났다. 이 연합회는 회원 간 상호협의에 의한 보건, 교육, 사회복지, 구호 및 지역사회개발 등의 분야에서 효과적으로 협조하는 다리 역할을 수행하였다(오정수 외, 2010). 그러나 1960년대 초 국가의 책임에 의한 자주적인 사회복지사업이 나타나기 시작하면서 외원기관들은 1970년대 이후부터 점차 감소 또는 철수하기 시작하였다.

② 민간사회복지관

한국전쟁을 거치면서 1950년대부터 전쟁고아, 노인, 장애인 등을 위한 수용시설이 주로 설립 및 운영되었고, 그 시설의 아동들은 20년이 지나고 성인이 되면서 1970년대에 많은 시설들이 장애인시설 등으로 전환되었다. 많은 대형 거주시설들이 이 시기에 만들어졌다.

더불어, 이 시기에 대학에서 부설로 사회복지관을 설립하거나 민간 주도의 사회복지관이 설립되었다. 사회복지관은 영국 또는 미국의 인보관운동에서 기원을 찾을 수 있듯이, 지역사회를 근거로 하는 복지실천주체로서 의미를 띠고 있다. 우리나라에서 대학이 인보관운동에 최초로 참여하게 된 것은 1956년 이화여자대학교가 복지관을 부설로 설립하면서부터이며, 개인 및 민간단체 등에서도 1956년 아현인보관, 1962년 목포사회복지관 등을 설립하였다(오정수 외, 2010).

③ 경제개발

경제개발이 본격적으로 시작되면서 도시에 유입된 도시근로자의 주거, 의료 등 빈곤문제가 사회문제로 대두되어 빈곤구제 차원의 문제해결을 위한 법률들이 제정되는 데 영향을 받았다. 1963년 산업재해보장법, 1963년 의료보험법, 1973년 국민복지연금법, 1961년 생활보호법 등이 대표적이다.

④ 새마을운동

새마을운동은 1970년부터 시작된 범국민적 지역사회개발운동(또는 사업)이다. 근면 · 자조 · 협동의 기본 정신과 실천을 범국민적 · 범국가적으로 추진함으로써 국가발전을 가속적으로 촉진시키려는 목적으로 진행되었는데, 특히 상대적으로 낙후되어 있던 농촌지역의 생활환경개선과 소득증대사업을 획기적으로 개발하면서 발의되었기 때문에, 이른바 농촌새마을운동이라고 불리워졌다. 그리고 새마을운동은 의식개선운동으로 전개되었다. 이처럼 새마을운동은 지역사회복지의 실천을 위한 기반을 마련하였다는 점에서 의의가 있고, 또한 경제개발이라는 측면에서 볼 때 긍정적이다. 그러나 관 주도의 운동이라는 점에서 지역사회복지의 자발성 원칙에서 벗어나는 한계가 있다(우수명 외, 2021).

2) 지역사회복지의 정착기

한국에서 지역사회복지가 정착된 시기는 1980년대이다. 이 시기의 주요 특징으로는 사회복지관, 지역사회 중심 사회복지서비스, 사회복지 법률 및 제도, 사회복지전담요원제도 등이다.

① 사회복지관

1989년 대통령선거공약으로 제시된 200만 호 주택건설계획과 함께 주택건설에 관한 규정이 제도화됨에 따라 주택개발공사와 토지개발공사에서 저소득층 영구임대주택을 건설할 경우 사회복지관이 의무적으로 설치되었다.

② 지역사회 중심 사회복지서비스

1980년대까지도 우리나라의 사회복지사업은 주로 수용시설 또는 생활시설 중심이었는데, 1988년 서울올림픽을 개최하면서 장애인 시설을 도심 외곽으로 이주시키면서 대형시설을 확장하였다. 이 시기는 국제적으로 장애인 등 사회적 약자에 대한 인권이 강조된 시기고, 우리 사회 전반에서 정치적 민주화가 사회의 저변에 확산되는 분위기였다. 이런 흐름에 합류하기 위하여 수용시설이 아닌 지역사회 서비스 기관을 설립하기 시작하였고, 그 운영은 비영리 민간주체를 활용하였다. 1980년대 후반기부터 사회복지관, 노인복지관, 장애인복지관 등 대규모 이용시설 중심으로 본격적인 신규 설치가 이루어졌다(김용득, 2018).

저소득층 밀집지역을 중심으로 사회복지관을 설치하고 전문사회복지사 및 자원봉사자의 활동을 통한 포괄적 지역사회복지서비스를 제공함으로써 노인, 장애인 아동, 저소득층 등 취약계층의 지역사회복지문제를 예방 또는 해결하기 위해 노력하였으며, 재가복지서비스 확대, 지역사회복지실천 주체의 전문화 및 다양화, 지역사회 중심의 자활사업이 전개되었다.

③ 사회복지 법률 및 제도

1980년대 초반 아동복지법, 심신장애자복지법, 노인복지법 등의 법안이 통과되면서 사회복지서비스의 범위가 넓어지게 되었다.

국민의 사회복지에 대한 수요가 급증하면서 1988년 국민연금제도, 1987년 의료보험제도가 전국민으로 확대되었고, 1986년 최저임금제도가 도입되었다.

④ 사회복지전담요원제도

1987년 사회복지전담요원제도의 신설을 통해 사회복지전문요원[1)2)]이 기초 지방자치단체, 주로 읍·면·동사무소 등의 공적복지전달체계에 공무원으로 임용·배치되어 사회복지시설 등 민간복지 전달체계의 사회복지사(시설종사자)와 더불어, 저소득층에 대한 생활보호업무, 아동복지업무, 노인복지업무, 장애인복지업무, 모자복지업무 등의 직무와 사회복지 및 사회보장에 관한 급여 제공, 취약계층에 대한 상담과 지원, 생활실태의 조사, 사회복지에 관한 종합적인 정보제공, 안

1) 이 당시에는 사회복지전문요원에 관한 법적 근거가 없다가, 1991년 사회복지전문요원의 직무에 관한 사항과 이들의 배치 및 지도·관리에 관한 사항을 정한 「사회복지전문요원의 직무 및 관리 운영에 관한 규정」(보사부훈령 제622호)이 제정되면서 마련되었다. 이 규정 제2조에서는 "사회복지전문요원이라 함은 생활보호사업 등 사회복지업무의 효율적 추진을 기하기 위하여 지방자치단체의 장이 사회복지사업법 제8조의 규정에 의한 사회복지사 자격을 가진 자 중에서 선발하여 읍·면·동 행정기관에 배치한 지방공무원"이라고 명시하였다.

2) 「사회복지사업법」이 1993년 6월 9일 일부개정될 당시, '사회복지전담공무원'에 대한 조항이 신설되었고, 이 때부터 사회복지전담공무원제도로 그 명칭이 변경되었다.

내, 상담 업무 등의 전문적 업무를 담당하게 되었다. 사회복지전담요원들은 차츰 복지민원 초기상담 및 시·군·구 시행 복지급여(서비스) 접수, 이관, 종합상담(복지, 고용, 보건, 교육, 주거 관련 정보제공 및 신청안내), 복지대상자 지원(통합사례관리대상 발굴, 모니터, 사후관리), 지역복지사업(후원 및 결연관리, 복지관련 행사), 노인, 아동, 장애인, 한부모가족, 영유아 등 대상별 복지사업, 기타 지방자치단체가 자체 추진하는 복지사업 협조 등으로 그 역할이 되면서 지역사회복지가 발전하는 데 기여를 하게 되었다.

3) 지역사회복지의 발전기

한국에서 지역사회복지가 발전된 시기는 1990년대부터 2010년대까지이다. 이 시기의 주요 특징으로는 재가복지센터, 사회복지공동모금제도, 지방자치제 및 지방분권운동, 시민사회운동과 NGO, 국민기초생활보장제도와 자활사업, 지역사회보장계획과 지역사회보장협의체, 복지사각지대, 바우처 사업 등이다.

① 재가복지센터와 자립생활센터

1991년 한국사회복지협의회의 전국 15개 시·도지부에 지역사회복지봉사센터가 설치되고 1992년에는 사회복지관부설로 재가복지봉사센터가 설치됨으로써 지역사회복지가 본격적으로 실시되었다(류기형, 2004).

1990년대에는 대규모 이용시설의 양적 확대와 함께 주간보호시설이나 단기보호시설 등과 같은 소규모 지역사회시설들이 도입되었다고, 2000년대 이후 이용자 선택 방식의 서비스가 확대되었다. 장애인 분야를 중심으로 사회적 모델과 자립생활운동이 국내에 소개되고, 장애당사자들의 서비스 요구운동의 목소리가 높아지면서 한편으로는 장애인당사자들이 운영하는 자립생활센터가 설치되고, 다른 한편으로는 장애인자립생활을 지원하는 활동보조제도가 도입되었다(김용득, 2018).

② 사회복지공동모금

공동모금제도의 시작은 1970년대부터 대부분의 외원기관들의 철수 및 사업 축소에 따른 국내 자선단체들의 운영 책임이 정부에게로 이양되는 경향을 보이는 시점부터라고 할 수 있다. 이 시기부터 정부의 사회복지에 대한 책임이 더욱 확대되기 시작하자 정부에서는 공동모금제도를 도입하게 되었다. 이러한 배경으로 우리나라의 공동모금제도 도입은 1970년 「사회사업법」에 공동모금 조항이 삽입되었고, 1972년 연말 최초로 한국사회복지협의회 주도로 공동모금 캠페인이 시도되었다. 그러나 경제적인 어려움과 국민의 인식 부족과 사회복지계의 조직력 부족으로 성과를 내지 못하고 사장되었다.

이후 1975년 정부주도로 불우이웃돕기를 위한 이웃돕기운동으로 변형되어 다시 시작되었으며, 1980년 이후 보건사회부가 직접 관리하는 형태의 사회복지사업기금으로 1998년까지 시행되었다. 1994년 감사원 감사결과로 인한 사회복지사업기금의 관리 허술함이 드러나자, 보건사회부는 「사회복지 공동모금법」을 통해 민간사회복지조직에 모금권을 이양하겠다고 공언하였고, 입법화를 추진하기에 이른다. 이후 1997년 3월 국회에서 「사회복지 공동모금법」이 통과되어, 1998년 7월부터 공동모금제도가 시행되고 있다(행정안전부 국가기록원 홈페이지).

③ 지방자치제 및 지방분권

1991년 지방자치단체 의회의 개원과 1995년 민선 지방자치단체장 선출 등으로 지방자치제가 실시되었으며, 지방분권이 전개되었다. 지방자치란 일정한 지역의 주민들이 그들의 복리증진을 위하여 지방자치단체를 구성해서 국가의 일정한 감독 아래 그 지역 안의 공동문제를 스스로 또는 대표자를 통하여 자기 부담으로 처리하는 과정을 말하며, 일정한 지역 내 주민들이 자치권을 국가로부터 부여받아 주민의 복리증진에 필요한 지방자치단체의 사무에 대하여 스스로 의사를 결정하고 스스로 경제적 부담하에 집행함으로써 결과에 대하여 자기가 책임을 지는 정치체제를 지방자치제라고 할 수 있다. 또한, 지방분권이란 중앙정부에 집중되어 있는 권한을 지방정부와 나누고, 그 권한을 지방 스스로 결정하는 것을 의미한다.

이러한 지방자치제와 지방분권의 시행으로 지역주민의 다양한 복지욕구에 대한 대처방식이 지방자치단체별로 상이하게 되고, 경제적 여건의 변화로 말미암아 빈부의 격차가 심화되면서 결손가정, 저소득 가정, 실업, 교통 산업재해 등의 사회문제가 증가하면서 한편으로는 지역사회복지에 대한 내실화가 요구되면서도, 다른 한편으로는 한층 더 지역사회복지가 질적으로 발전되는 결과를 가져왔다.

④ 시민사회운동과 NGO

지방자치제가 실시되면서 지역주민의 다양한 복지욕구에 대한 대처방식이 지방자치단체별로 상이하게 되고, 경제적 사회적 여건의 변화로 말미암아 다양한 사회문제가 발생하였다. 이에 대처할 전문화된 복지서비스의 욕구가 크게 늘어나고 있고, 이러한 문제들에 대응하기 위해 각 지역별로 사회복지 관련기관 및 지역시민단체들이 크게 증가하였다. 이들 시민단체들의 궁극적 목적은 지역주민들의 참여를 통한 그들의 삶의 질 향상에 있었다. 이에 시민의식 전반과 지역주민의 생활현장에 기초한 시민단체들의 역할이 부각되었다.

1980년대 후반 이데올로기적 지향성이 약화되면서 다양한 정체성을 가진 시민사회운동단체들이 분화되었다. 1990년대 이후 지방화 진전으로 시민사회에서 집중주의적 구조가 약화되고 지방 NGO 및 풀뿌리 조직들이 확대되었다. 즉, 지역주민의 생활에 '과거와는 다른 변화'를 가져오게 함으로써 그들의 삶의 질을 개선하고자 하는 것이다. 이러한 변화는 1995년 이른바 풀뿌리 민주주의라고 하는 지방자치시대의 전면 실시 이후부터 생겨난 것인데, 국민들의 요구가 민주·정의라는 거시담론의 합의와 도출에서, 구체적 삶과 관련된 주변 환경의 변화를 요구하는 실제적 생활영역으로 옮겨 간 결과라 볼 수 있다(김경희, 2005).

⑤ 국민기초생활보장제도와 자활사업

1997년 외환위기의 경제위기로 대량실업과 이혼이나 자살 등 가족해체의 확산에 직면하여 사회안전망을 구축하기 위한 대대적인 사회복지개혁을 시도하였는데, 1999년 "생산적 복지"라는 이념을 제시하였고, 2000년 국민기초생활보장제도로 모든 국민이 빈곤선 이하에서 생활하지 않도록 하며, 자활사업으로 근로능력이 있는 저소득층에 대해 근로유인장치를 두어 장기실업자를 위한 지자체 공공근로사업, 구인업체개척사업, 실업자직업훈련, 장기실업자 자영업 창업지원 사업 등을 시행하였다(조미영, 2010).

⑥ 지역사회보장계획과 지역사회보장협의체

지방자치단체는 2006년부터 4년마다 지역사회복지계획을 수립하고 있는데, 이를 위하여 지역욕구조사를 실시하여 지역주민의 복지욕구 및 지역 내 복지자원 등에 대한 자료를 수집하고, 지역주민이 지역사회를 구성하는 일원으로서 일상생활을 영위하고 모든 생활 영역에 참여할 기회를 제공받거나 기본적 욕구 등을 충족하는 데 필요한 사회보장 급여 등을 제공받을 수 있도록 지역사회복지 및 지역사회보장의 추진에 관한 종합적 계획으로 지역사회복지활동에서 중요한 의미를 갖는다. 2015년에 기존의 지역사회복지계획에서 현재의 지역사회보장계획으로 용어가 변경되어 계속 추진되고 있다.

지역사회보장협의체는 사회복지와 관련하여 민간과 공공이 협의 구조를 통해 지역 내 지역 사회복지의 발전기반 구축과 복지서비스 전달의 체계화와 복지서비스의 효과성과 효율성 제고를 위해 2003년 사회복지사업법의 개정으로 시군구에 구성 운영하게 되었다. 기존의 사회복지 서비스의 분질적 제공과 민관협력의 연계부족으로 인한 서비스의 중복과 탈락의 문제로 인해 지역사회보장협의체가 출발하게 된 것이다. 지역사회보장협의체를 통해 지역사회보장계획 수립이 의무화되어 각 시군구에서 추진되고 있으며, 지역사회복지의 정책방향 정립과 자원의 개발 및 서비스의 제공 등을 지역사회 주체들 간의 연계·협력을 통해 추진하도록 하고 있다(조민호, 2019).

⑦ 복지사각지대

복지사각지대는 특정 욕구가 있으나 해당 욕구와 관련된 사회보장제도의혜택을 받지 못하는 집단으로 정의될 수 있다. 2014년 '송파 세 모녀' 사건을 계기로 복지사각지대 대상자를 선제적으로 찾기 위한 지원 체계가 마련되었다. 복지사각지대 발굴 업무 진행과정은 일반적으로 지역방자치단체를 중심으로 한 지역사회안에서 이루어지는데, 발굴대상자 명단을 전달받은 이후 전화와 방문, 우편물 등을 통해 연락을 취하고 실거주 여부, 대략적인 기초 정보 파악을 위해 이·통장 등 인적자원을 활용하거나 직접 방문하는 것이었다. 복지 사각지대를 발굴한 후, 지원사업은 농어촌 지역의 경우 자체적인 긴급지원, 주거환경 개선사업, 육아수당, 지역특화 사업 등의 지원사업을 진행하였고 중·소도시 지역의 경우 정부지원의 긴급지원사업과 유사한 형태로 지역형 긴급지원사업과 기업의 후원을 통한 푸드마켓, 급식지원서비스 등이 이루어졌으며, 대도시 지역의 경우 사회복지공동모금회에서 진행하는 따뜻한 겨울나기를 포함하여 종교·비영리 단체를 통한 저소득층 청소년 장학금 지원, 디딤돌 안정 소득지원 등 공적 영역과 민간 영역에서 비교적 큰 규모로 자체적인 지원사업이 진행되었다(최정은 외, 2022).

⑧ 바우처 사업

사회서비스 바우처 사업은 사회서비스 관리센터가 2007년 3월 설립 및 4월 노인돌보미와 중증장애인활동보조서비스 바우처 사업을 신청받으면서 시작되었다. 2007년 7월 지역사회서비스혁신사업이 신청되기 시작되었으며, 2008년 2월과 8월 산모·신생아도우미사업과 가사간병방문도우미지원사업이 실시되었다(조미영, 2010).

생각해 보기
1. 우리나라와 다른 나라들의 지역사회복지 발달과정의 공통점과 차이점을 토론해 보자. 2. 우리나라 (지역)사회복지관의 성과는 무엇인지를 조사하고, 미국 또는 영국의 인보관 운동과 비교하여 그 의의를 논의해 보자. 3. 코로나19의 팬데믹 현상에 따른 2020년 이후 우리나라 지역사회복지에는 어떠한 변화가 있는지를 논의해 보자.

제 Ⅱ 부

지역복지 접근방법

CHAPTER

04

지역사회복지의 기초이론

학습논점

1. 사회체계이론과 생태체계이론의 내용과 지역사회복지에 대한 시사점에 대해 살펴본다.
2. 사회교환이론과 사회구성론의 내용과 지역사회복지에 대한 시사점에 대해 살펴본다.
3. 구조기능론과 권력관련이론의 내용과 지역사회복지에 대한 시사점에 대해 살펴본다.
4. 엘리트이론과 다원주의이론의 내용과 지역사회복지에 대한 시사점에 대해 살펴본다.
5. 사회자본이론과 사회연결망이론의 내용과 지역사회복지에 대한 시사점에 대해 살펴본다.

현대 산업사회에서 사회복지사의 전문적인 역할과 활동은 더욱 증가하고 있다. 지역사회에서 클라이언트의 욕구를 충족시키고 효과적으로 실천하기 위해서는 그 해당 지역사회의 특성을 설명하는 다양한 이론, 관점, 모델이나 접근방법을 정확하게 이해하고 공감할 필요가 있다. 이러한 다양하고 통합적인 사회복지사의 거시적인 접근방법을 통해 우리 사회복지사는 클라이언트와 지역사회문제를 이해하고, 문제해결을 위한 행동이나 변화를 위한 지침 및 개입의 결과를 정확하게 예측할 수 있게 된다.

지역사회를 어떻게 바라보는가에 따른 각 이론의 특성에 따라서 지역사회복지 실천의 목표와 개입방법이나 대상은 양상이 매우 다양하게 달라질 수 있다(이은영 외, 2011). 왜냐하면 지역사회는 다양한 사람들과 집단이 뒤섞여 있으며, 그 욕구와 저마다 중요하게 여기는 가치들이 다를 수 있기 때문이다. 지역사회의 특성을 설명하는 다양한 이론들을 학습하는 과정은 사회복지사로서 지역사회 문제에 효과적으로 개입하여 활동할 수 있는 실천의 분석틀과 개입 방법의 틀로 활용할 수 있다.

효과적인 지역사회복지실천과 연관된 이론들은 지역사회 문제해결을 위한 목표설정과 개입활동에 대한 기본방향을 정확하게 제시하며, 구체적인 실천모델의 선택에 영향을 미칠 수 있으므로 정확하고 체계적으로 정리할 필요가 있다. 지역사회복지실천 관련 이론들을 중요하게 다루는 이유는 다양한 하위체계들이 어떻게 상호 기능하는지, 지역사회가 외부체계들과 어떠한 상호작용을 해야 하는지 또는 하고 있는지, 정부의 정책결정과 지역사회는 어떤 관련을 맺는지, 힘의 구조와 분산은 지역사회 내에 어떻게 이루어지는지, 사회적 약자가 어떠한 모습으로 지역사회 내에 존재하는지 등 지역사회 내에 사회복지 관련 현상들을 이해하는 데 도움을 준다.

본 장에서 살펴볼 지역사회실천의 기초를 이루는 이론은 사회체계이론, 생태체계이론, 사회교환이론, 사회구성론, 구조기능론, 권력관련 이론, 엘리트이론, 다원주의이론, 사회자본이론, 사회연결망이론이다.

1절 사회체계이론과 생태체계이론

1. 사회체계이론과 생태체계이론

1) 사회체계이론

사회학자 니클라스 루만(1927~1998)이 정립한 체계이론은 사회를 부분들의 합으로 이루어진 전체로 보며, 전체로서의 지역사회와 다양한 하위체계 간의 상호작용에 의한 변화를 총체적으로 이해하는 데 중요한 역할을 한다. 체계란 서로 관련을 맺고 있는 부분적인 요소들이 상호작용하고, 역동적인 관계를 맺고 있는 단위, 구성체, 집합체라고 정의할 수 있으며(오정수·류진석, 2021), 사회체계는 구성 부분들을 초월하여 하나의 특수한 단위를 이루고 있는 집합체로서 가족, 조직, 지역사회, 문화 등이 포함된다(함철호, 2020).

사회체계이론이 강조하는 지역사회복지실천의 내용은 다음과 같다.

첫째, 사회체계이론에서는 사회체계가 강조하는 경계에서 외부환경과 구별되는데, 그 경계 내의 하위단위들은 비교적 안정된 상태로 상호 관련되고, 단일 실체를 함께 구성하고 있는 경계 지어진 일련의 상호관련 활동들에 초점을 두어 지역사회복지실천에서 더욱 중요성이 대두되고 있다.

둘째, 사회체계이론에서는 경계란 일종의 테두리로, 체계와 체계 사이에 이루어지는 상호교류의 특징을 구분해 주기 때문에 체계의 독특성 혹은 정체성을 유지하는 기능을 한다. 바로 이 개념이 지역사회 내 또는 지역사회 간 '경계'분석에

도움을 제공한다. 지역을 구분하는 경계는 경계의 개방 정도에 따라 보다 큰 상위 체계와의 의사소통과 환류에 영향을 받는 통합적인 시각을 제공하기 때문이다.

셋째, 사회체계이론에서는 파슨즈(Parsons)가 강조한 네 가지 지역사회 기능 증진을 목적으로 하는데 그것은 사회체제 유지와 사회통합, 환경의 요구에 대한 순응, 목적 달성 등이다(홍현미라 외, 2017). 이 네 가지 기능에 대해 구체적으로 살펴보면 다음과 같다.

① 사회체제의 형식과 내용을 유지하기 위한 기능으로 지역사회 내의 공통된 가치나 행동의 전승과 같은 사회화를 예로 들 수 있다.

② 통합기능은 지역사회의 가치와 특정 행동유형을 지역사회 주민들이 받아들이는 과정이며, 하위체계 간의 알력과 갈등을 조절하는 것으로 사회통제의 기능과도 관련이 있다.

③ 순응기능은 지역사회의 기능에 필요한 자원획득과 연관된 지역경제체계의 능력을 의미한다.

④ 목적달성 기능은 장기적인 목표를 설정하고 이를 달성하기 위해 여러 가지 과업을 수행하는 기능으로 목적성취를 위해 필요한 다양한 자원을 사용할 수 있는 능력을 말한다.

넷째, 사회체계이론에서는 지역사회를 이해할 때, 지역사회는 하나의 사회체계(함철호, 2020)이기에 지역사회는 지방자치단체, 각종 학교, 종교, 가족, 사회복지시설이나 기관, 시민단체, 문화나 경제단체 등 수많은 하위체계로 이루어져 있다. 특히 하위체계들은 서로 적절한 경계를 유지하면서 자신들의 목적을 이루기 위해 노력하면서 서로 경쟁하거나 갈등하기도 한다. 이 과정에서 지역사회는 지위와 역할이 서로 다른 사람들이 결합하여 집단을 형성하며, 지역사회 하위체계들은 서로 상호작용을 하게 된다.

다섯째, 사회체계이론에서는 워렌(Warren, 1978)이 제시한 지역사회 내 각각의 하위체계들의 기능을 ① 지역경제 관련체계의 기능은 '생산과 분배, 소비 기능'을 담당하고 ② 가족, 학교 및 교육체계와 종교체계는 '사회화 기능' ③ 지역행정조직과 사법체계, 종교단체 등은 '사회통제 기능' ④ 지역 내 공식, 비공식 모임들은

'사회참여 기능' ⑤ 공적 사회복지조직과 비영리조직, 비공식 지지망 등은 '상부상조 기능'을 담당한다.

요약하면, 사회체계이론은 지역사회를 하나의 큰 상위체계로 이해하며, 체계의 각 하위 구성요소들은 밀접하게 상호작용하기 때문에 지역사회체계 내의 한 부분의 변화는 상위체계인 지역사회에 영향을 미치게 된다. 결국 이 같은 변화에 대해 상위체계인 지역사회는 일정한 조정과 적응과정을 거치면서 새로운 균형상태를 유지하게 된다.

2) 생태체계이론

생태체계이론은 다윈의 적자생존(適者生存) 법칙에 뿌리를 두고 발달한 생물과 환경의 관계를 중요시한 이론으로 생물과 환경이란 서로 분리할 수 없고, 양자는 동시에 일체적이라고 보며, 인간과 환경은 끊임없이 상호교류하면서 영향을 주고받는 교환작용의 결과로 파악한다(오정수·류진석, 2021).

생태체계이론이 강조하는 지역사회복지실천의 내용은 다음과 같다.

첫째, 생태체계이론은 인간은 환경의 상호작용을 적응적이고, 긍정적인 방향을 지향할 때, 비로소 인간은 성장하고 발달할 수 있는 점에 초점을 둔다.

둘째, 생태체계이론은 인간이 환경과 상호작용을 하면서 살아가는 동적인 존재라는 가정에서 출발하여, 인간은 환경에 적응하면서도 환경을 변화시키려고 끊임없이 노력하는 존재로 설명한다.

셋째, 생태체계이론은 지역사회의 최적 균형성을 유지하기 위해 지역사회 안팎의 역동적 변화에 대한 현상을 설명하고 있다.

넷째, 생태체계이론은 환경변화가 지역사회의 인구밀도나 하위 인구층의 이동에 영향을 미친다고 보며, 이러한 환경에 대한 적응은 제한된 지역사회자원 획득을 위한 집단 간 경쟁을 유발하여 지역주민들을 기득권 계층과 소외계층으로 구분한다고 설명한다.

다섯째, 생태체계이론은 지역사회의 인구발달과 변화 등 다양한 지역사회 현상을 분석할 수 있는 초점을 제공한다.

여섯째, 생태체계이론은 지역사회 환경을 분석하는데 기초가 되는 지역사회 구성원들의 특징, 상호 접촉빈도와 접촉의 성격, 교환관계, 의사소통 및 상호의존성 정도, 도덕적 통제 정도, 인구밀도와 스트레스의 관계 등을 파악할 틀을 제공한다. 더 나아가 연령, 성, 종교, 인종, 경제적 위치 등과 같이 지역사회의 계층분화 현상에 대해 역동적으로 분석할 수 있다(홍현미라 외, 2017).

2. 지역사회복지에 대한 시사점

지역사회복지실천과 관련해서 사회체계이론이 시사하는 점은 다음과 같다(이은영 외, 2011 재인용).

첫째, 사회체계이론은 지역사회문제와 지역사회내의 하위체계들이 어떤 관련이 있는지, 그 문제와 지역사회 외부환경과는 어떤 관계가 있는가를 통합적인 시각에서 바라볼 수 있게 된다.

둘째, 사회체계이론은 지역행정가나 지역사회복지 전문가들이 상위수준의 체계가 실제로 지역사회의 생활에 어떤 영향을 미쳤는가를 분석하는 데 도움이 된다. 반대로 지역사회 내 하위체계들의 전체 지역사회체계에 대한 영향력을 이해하는 데 통합적 시각을 준다.

셋째, 사회체계이론은 지역사회 기능과 각 기능수행을 위한 하위체계와의 관계 및 구조에 대한 평가를 각 하위체계별로 이해하는 데 도움이 된다.

넷째, 사회체계이론은 지역사회조직의 중요한 목적이 가장 기본이 되는 주민들의 참여를 통해 각 체계들의 기능과 조화를 이룬 안정된 지역사회 건설에 있음을 강조한다.

지역사회복지실천과 관련해서 생태체계 이론이 시사하는 점은 다음과 같다.

첫째, 생태체계이론은 지역사회 현상을 시간적, 공간적 차원에서 거시적이고 장기적인 관점으로 다양하게 분석할 수 있는 틀을 제공한다.

둘째, 생태체계이론은 지역 내 집단 간의 경쟁 및 질서형성과정, 집단들의 주변환경에 대한 적응방식과 개입방안 모색, 그리고 주거상태, 지역 인프라 등과 같은 물리적 환경이 지역사회의 삶의 질에 어떤 영향을 미치는지를 제시해 준다.

셋째, 생태체계이론은 특정 계층의 특정 지역을 중심으로 한 집중화, 소수집단의 격리, 빈민화, 비행화 등과 같은 과정을 이해하는 데 도움을 주며, 지역사회 수준에서 나타나는 다양한 집단들의 생활양식을 이해하는 데 도움을 준다(홍현미라 외, 2017).

2절 사회교환이론과 사회구성론

1. 사회교환이론

사회교환이론은 사회적, 물질적 자원의 균형 있는 교환을 상호작용의 근본 형태로 파악하며(이은영 외, 2011), 인간의 행동에는 항상 비용과 보상이 따르고, 자신의 사회적 자산에 바탕을 두고 행동한다는 점을 전제로 하고 있다. 사회교환이론에서는 보상과 이익의 최대화와 처벌과 비용의 최소화와 관련된 인간관계를 경제적 관점에서 분석하는 데서 출발하며, 인간의 행동을 타인과의 보상, 이익교환의 과정으로 보는 사회교환이론에서는 사회적 행동을 '사람들 사이에 교환자원을 주고받는 행위가 반복되는 현상'으로 본다(함철호, 2020).

사회교환이론이 강조하는 지역사회복지실천의 내용은 다음과 같다.

첫째, 사회교환이론에서 대부분의 사람들이 교환과정에서 돌아올 보상과 지급해야 할 비용을 면밀히 검토하여 최소의 비용으로 최대의 보상을 얻을 수 있는 방법을 고민하고 선택하는 점을 강조한다. 그 이유로는 상호교환의 비율 관계에 있어 다른 사람과 비교해서 유리하면 관계를 지속해 나가고, 불리하다고 판단되면 그 관계를 개선 또는 중지하고 새로운 비율관계를 지향하는 행동이 나오기 때문이다.

둘째, 사회교환이론에서 교환이론의 '권력분석'을 추가하여 교환이론으로 재구성하였다(함철호, 2020). 블라우가 관심을 가진 것은 교환이라는 인간의 사회적 행동이 어떠한 기제를 통해 상호 간의 유대관계에서 갈등 또는 불평등의 관계로 변화되는가 하는 현상이었다. 이러한 관계상의 차이를 호혜성과 시혜성의 개념으로 설명하면서, 호혜성은 양자의 관계를 긍정적 관계로 작용하게 하여 상호 신뢰로 발전하게 만든다. 시혜성은 권력이나 지위에 의한 차별적 관계를 만들어 낸다.

셋째, 사회교환이론에서 지역사회는 교환관계를 통해 권력을 얻기 위해 조직된 집합체들 간의 보상교환관계에서 갈등, 분화, 통합의 과정이 반복되고 유형화된 것으로 간주된다.

넷째, 사회교환이론에서 지역사회복지실천은 교환의 장(場)에서 이루어진다. 지역사회 차원의 교환자원으로 상담, 지역중심 서비스, 기부금, 재정지원, 정보, 아이디어, 정치적 영향력, 의미, 힘(power), 유순한 행동을 포함하는 유형·무형의 자원들이 포함된다.

다섯째, 사회교환이론에서는 지역사회 문제가 교환관계의 단절, 불균형 때문에 생기는 것으로 보며, 권력 불균형을 시정하기 위해 힘이 없는 사람이나 집단이 취할 수 있는 행동으로 힘이 있는 사람, 집단에게 복종하는 것을 말한다. 결국 힘이 있는 사람이나 집단은 이들로부터 복종과 지위를 얻고 반대급부로 상대방이 필요로 하는 자원을 제공하기에 교환자원이 부족, 고갈 상태에 빠지거나 가치 저하 현상을 보일 때 지역사회 문제가 빚어질 수 있다고 주장한다.

2. 사회구성론

사회구성론(social constructionism)은 사회적 약자계층의 삶과 관련된 심층적 이해에 도움이 되는 지역사회를 이해하는 데 기초가 되는 이론이다(이은영 외, 2011). 이 이론은 포스트모더니즘과 상징적 상호주의의 영향을 받았으며, 개인이 처한 사회나 문화 상황에 따라 현실의 문제나 상황을 구성 또는 재구성할 수 있다는 관점을 지니고 있다.

사회구성론이 강조하는 지역사회복지실천의 내용은 다음과 같다(홍현미라 외, 2017; 함철호, 2020).

첫째, 사회구성론은 사회적으로 구성된 지식이란 절대적인 것이 아니므로 획일적이고 절대적인 지식으로 받아들여서는 안 된다는 점을 강조한다. 포스트모더니즘적 요소는 억압계층의 삶과 경험에 대한 새로운 이해를 통해 지식을 형성하며, 억압 해소를 위해 집단과 개개인들의 사회제도, 관습 및 일상생활과 관련된 의미들을 이해하기 위해서 지속적이고 집중적인 대화의 중요성을 강조한다.

둘째, 사회구성론은 상징적 상호 작용주의 요소에 대해 문화 규범, 가치, 언어 등을 통해 구성되는 일상적인 활동에 대한 재해석을 강조한다. 상징적이란 개념은 '인간이 상호작용의 도구로 언어, 몸짓과 같은 상징을 사용하고, 상징의 주관적 의미'를 중요시하며, 상징적 상호 작용주의에서는 지역사회의 한 집단이 다른 집단이 설정한 의미에 동의하지 않아서 집단의 의미대로 행동하지 않는 현상을 지역사회문제로 본다.

셋째, 사회구성론은 지역사회실천을 전개하는 사회복지사의 역할에 대해 좀 더 세부적으로 강조한다.

① 사회복지사는 '개인의 행동을 통제, 규제하려는 사회적 욕구 해결을 위한 기능'에 초점을 두고 사회적으로 더 다양한 활동을 전개할 필요가 있다. 그 가운데 사회복지사의 지역사회 클라이언트의 욕구 해결은 소득과 인구 사회학적으로 다양한 기준에 의한 집단들에 의한 것이므로, 그 맥락과 배경은 개개 사례별로 차이가 큰 상황을 고려해야 한다. 따라서 사회복지사는 도움 요청 행동이 갖는 각각의 의미를 파악, 적합한 해결책을 가지고 클라이언트가 처한 억압상황에서 자립할 수 있도록 지원해야 한다.

② 사회복지사는 클라이언트의 행동에 영향을 끼치는 사회·경제·정치적 구조에 대한 이해를 갖고 클라이언트의 문화적 가치와 규범에 대한 의미를 해석해야 하며, 다양한 문화를 지닌 클라이언트와의 지속적, 집중적 대화 과정을 강조해야 한다.

③ 사회복지사는 소수자에 대한 억압구조를 해석해 나가는 연구를 지속적으로 수행하여 지식의 축적과 이론발달에 힘써야 한다.

넷째, 사회구성론은 '성찰적으로 행위하는 사람'에 대해 강조한다. 여기서 성찰은 '사람들이 사회적 현실을 능동적으로 창출해 가는 방식'을 의미하기에 사회복지가 추구하는 인간 존엄성의 가치와 자기효능감 성취에 더욱 접목할 수 있는 이론이다.

3. 지역사회복지에 대한 시사점

지역사회복지실천과 관련해서 사회교환이론은 체계로서의 관점을 지니기에 모든 형태의 사회조직에 적용할 수 있는 일반적인 이론이다.

지역사회복지실천과 관련해서 사회교환이론이 시사하는 점은 다음과 같다.

첫째, 사회교환이론은 지역사회를 이해하는 데 도움이 되는 교환의 개념을 현대사회에서 더욱 보편적으로 사용해야 하며, 사회복지조직에서 강조하는 마케팅 개념이 교환 개념으로 전개할 필요가 있다.

둘째, 사회교환이론은 인간이 욕구를 충족하는 과정에서 상호 의존하고 있으며, 교환이 바로 중요한 매개자 역할을 하고 있다고 강조하고 있다.

셋째, 사회교환이론은 지역사회복지실천에서 사회복지사의 인간 욕구에 대한 보편성에 대한 관점과 사회적 교환에 대한 관점에 대한 인간의 행동을 폭넓게 이해하는 데 중요한 원동력이 된다.

지역사회복지실천과 관련해서 사회구성론이 시사하는 점은 다음과 같다.

첫째, 사회구성론은 지역사회복지실천에서 사회적 약자 계층의 직접적인 삶에 대한 통합적 이해에 도움이 되는 기초 이론이기에 매우 시사성이 크다. 특히 지역사회실천에서 취약계층이 처한 사회상황과 문화적 상황에 따라 객관적인 관점에서 다양하게 재구성한다는 관점은 사회복지사가 지녀야 하는 태도에 중요한 지침이다.

둘째, 사회구성론은 기존의 지식에 대한 관점에서도 절대적인 것이 아니므로 획일적이고 절대적인 지식으로 받아들여서는 안 된다는 점을 강조한다. 이러한 관점은 지역사회 내 억압계층의 삶과 현실적인 경험에 대한 통찰적 이해를 통해 객관적인 지식을 형성해야 함을 시사한다.

3절 구조기능론과 권력관련 이론

1. 구조기능론과 권력관련 이론

1) 구조기능론

구조기능론에서는 지역사회 문제란 어떤 사회체계가 상위체계에 대하여 기능적 요건을 충족하지 못한 상태이거나 한 사회체계가 사회적으로 합의된 규범을 준수하지 못하거나 사회화 과정과 결과에서 실패한 상태를 의미한다(이은영 외, 2011). 따라서 구조기능론은 지역사회 문제의 원인을 사회체계가 효과적으로 작동하지 못한 기술적 실패에서 찾기에 지역사회복지실천에서 사회복지사가 전개해야 할 영역에 대해 포괄적인 시각을 제공하기에 매우 유용한 이론이다.

구조기능론이 강조하는 지역사회복지실천의 내용은 다음과 같다(이은영 외, 2011 재인용).

첫째, 구조기능론은 지역사회문제의 원인을 사회제도나 정책의 실패로 보기보다는 개인의 사회제도나 가치에 부적응이나 문제행동에 초점을 두는 경향이 강하기에 사회복지사는 클라이언트의 눈높이에 맞는 지원을 모색할 필요가 있다.

둘째, 구조기능론은 지역사회 수준에서 중요한 하위체계를 정부, 경제, 교육, 종교, 가족이라고 보며, 지역사회 하위체계들은 생산과 분배와 소비의 기능, 사회화 기능, 사회통제 기능, 사회통합 기능, 상부상조 기능을 담당한다고 본다.

셋째, 구조기능론은 지역사회내의 각각의 부분적 체계가 긍정적 공헌을 하게 하려면 적합한 사회화 기능과 통제기능을 발휘하는 장치가 있어야 하는데 바로 이 과정에서 지역사회의 다양한 사회문제가 발생한다고 본다.

넷째, 구조기능론은 지역사회 현실은 유동성, 변화 가능, 자기 수정적인 성향을 갖고 있다고 보고 있으며, 지역사회 구성원들 자신도 사회환경에 유연하게 적응할 수 있는 융통성을 지니기에 사회문제 해결은 사회가 개인과 사회제도 일부에 변화를 일으켜 가능하다고 본다.

다섯째, 구조기능론은 지역사회는 상호 연관된 부분들의 체계로 각 부분들은 체계의 작동에 기여하며, 조화를 이루므로 전체 체계가 순탄하게 기능하며, 균형 상태를 유지한다는 점을 강조한다. 사회는 체계로 구성되어 있으며, 체계를 구성하고 있는 부분(하위체계)들은 상호 연관되어 있으며, 각각의 체계는 생존을 위해 만족되어야 할 욕구와 요건이 있다. 이러한 체계는 성장, 발전하면서 정상적 상태나 병리적 상태를 가지고 균형과 항상성(homeostasis)이 있는데 이러한 상태가 깨지거나 위협받으면 원래의 상태로 돌아가려는 경향이 있다.

여섯째, 구조기능론은 지역사회문제의 해결방법이 사회의 사회화 기능과 통제기능을 강화하거나 수정, 재사회화, 재활 기능의 강화, 사회의 물질이나 기회의 분배기능을 강화, 수정하는 방법이 있다는 점을 강조한다.

일곱째, 구조기능론은 지역사회 문제를 해결하는 방법으로 ① 개인 및 가족 차원에서는 교육기회의 보장, 병리적 현상 치료서비스의 강화가 있으며 ② 사회제도적 차원으로는 공적 교육제도 개선, 교정제도와 같은 재사회화 제도 개선, 조세제도나 사회복지제도 개선, 기회균등의 보장 등의 방법을 제시한다.

2) 권력관련 이론

(1) 갈등이론

갈등이론(conflict theory)은 구조기능론이 질서와 안정 유지만을 강조할 뿐, 사회 내에 갈등이 상존하고 있다는 사실을 등한시하므로 사회체계를 정확히 파악할 수 없다고 비판하면서 등장한 이론이다(함철호, 2020).

갈등이론이 강조하는 지역사회복지실천의 내용은 다음과 같다(이은영 외, 2011 재인용).

첫째, 갈등이론은 사회구성원들이 가치를 부여하는 자원이 한정되어 있기 때문에 지역사회 현실을 질서, 안정, 합의보다는 무질서, 변화, 갈등과 투쟁이 상존하는 현장이라고 강조한다. 즉 우리 사회에 존재하는 희소자원인 권력과 부(富)를 놓고 대립과 투쟁을 벌이고 있는 것이 사회라는 것이다.

둘째, 갈등이론은 사회의 각 부분들 간의 관계는 협동적이기보다는 경쟁적이라고 보며, 각 부분의 경쟁적인 관계는 균형보다는 불안정을 나타내는데, 이러한 불안정이 사회의 다양한 하위집단들 간의 갈등을 일으키게 되고, 사회는 갈등을 통해서 변화하게 된다고 본다.

셋째, 갈등이론은 사회가 권력이나 힘을 가진 계층과 힘을 소유하지 못한 계층으로 구분되어 지역사회에서 양자 간의 지속적 갈등을 피할 수 없다고 본다.

넷째, 갈등이론은 지역사회 갈등의 근원을 경제적 쟁점, 권력과 권위, 문화적 가치와 신념의 차이에서 찾으며, 이에 대해 자세히 살펴보면 다음과 같다(홍현미라 외, 2017).

① '경제문제'로 인한 갈등이다. 예를 들어서, 대기업이 운영하는 대형마트에서 통 큰 치킨이나 반값 피자를 판매하면서 지역사회 내에서 치킨이나 피자 가게를 운영하는 영세한 상인들이 생계에 위협을 느껴 집단적으로 대기업의 지역사회 진출에 대해서 반대운동을 벌이는 것은 지역 상권을 둘러싼 경제문제에 대한 갈등이라고 할 수 있다.

② '권력이나 권위'를 둘러싼 갈등이다. 예를 들어서, 선거철만 되면 평소에 잘 지내던 지역사회 주민들 사이에 자신이 지지하는 정당이나 지도자에 따라서 입장차이가 분명해지고 보수니 진보니 하는 논쟁이 벌어지는 등 갈등이 고조되는 경향이 있다. 이는 누가 권력을 장악하느냐에 따라서 힘과 영향력, 이득을 차지할 수 있기 때문에 벌어지는 갈등현상이라고 할 수 있다.

③ '가치나 신념 차이'로 인한 갈등이다. 가족이나 지역사회 내에는 종교적인 가치나 신념차이로 인한 갈등이 있고, 성적인 경향성이나 장애를 바라보는 관점, 다문화가정을 바라보는 가치에 따라서 다양한 갈등 상황이 초래될 수 있다. 이처럼 지역사회는 끊임없이 갈등이 생산·해결이 순환 반복되는 장소이다.

(2) 힘의존이론

힘의존(power-dependency)이론은 사회복지서비스 조직들이 생존의 차원에서 외부의 재정지원에 의존할 수밖에 없다는 전제에서 출발한다(이은영 외, 2011).

힘의존이론이 강조하는 지역사회복지실천의 내용은 다음과 같다.

첫째, 힘의존이론은 재정 지원자에 대한 조직의 지나친 의존도는 조직의 목적 상실, 자율성 제한, 사회정의에 입각한 사회옹호 능력의 한계를 발생시켜 사회복지서비스 조직의 기본방향성에 부정적 영향을 끼친다고 본다. 예를 들어서, 우리나라의 사회복지 조직은 재정적 자립능력이 부족해서 정부의 지원이나 기업의 후원금에 전적으로 의존하게 되고 이로 인해서 정부의 요구나 지침에 순응할 수밖에 없으므로 사회복지 조직의 고유목표 상실, 자율성 제한, 사회정의에 입각한 사회옹호능력의 한계를 발생시켜 사회복지서비스 조직의 기본 방향성에 부정적인 영향을 미치게 된다(감정기 외, 2005).

둘째, 힘의존이론은 지방자치단체들마다 사회단체들의 사업비를 일부 지원하는 제도가 있는데 어떤 지방자치단체에서는 사회복지기관이나 사회단체에서 시위에 참여하는 경우에 사업 활성화를 위한 보조금 지원에서 제외시킨다는 조례를 만들어 놓음으로써 지방정부가 실시하는 바람직하지 못한 정책에 대해서 이의 제기나 반대를 통해서 사회적 약자들을 옹호하는 집회나 시위를 원천적으로 어렵게 만들고 있다. 이는 사회 문제 해결과 사회적 약자 옹호라는 사회복지조직의 가치를 위축시키거나 훼손하는 결과를 낳게 된다.

셋째, 힘의존이론은 사회복지서비스조직이 정부나 대기업 후원자들에 대한 의존성을 탈피하기 위해서는 재정지원에 대한 동일한 가치의 대가를 재정지원자에게 제공하고, 한 곳에 의존하는 것이 아니라 지역사회 내의 다양한 자원을 개발, 확보하여 서비스를 제공하고, 서비스의 지원 없이 또는 최소의 서비스만으로도 자립적으로 생존할 방법을 클라이언트들에게 교육해야 함을 강조한다. 그리고 재정지원자들이 직접 클라이언트에게 서비스를 제공하거나 지원하도록 만드는 것도 좋을 것이다.

넷째, 힘의존이론은 사회복지 조직이 정부나 대기업의 지원에만 의존할 것이 아니라 지역사회 내의 다양한 자원을 개발하기 위해 노력하며, 특별히 지역주민들을 대상으로 후원자를 개발하므로 특정 지원자로부터의 의존성을 탈피해 나가야 함을 강조한다. 그리고 지역주민들이나 특정 클라이언트 집단의 권한주체화를 통해서 조직적인 힘을 길러서 재정지원자들이 자발적으로 지원할 수밖에 없는 상황을 만들기 위해서 투표권이나 사회행동 등을 활용할 수도 있을 것이다.

(3) 자원동원이론

자원동원이론(resource mobilization theory)은 갈등이론과 힘의존이론에서 나온 이론으로 자원동원을 통해서 사회운동이 성공하기 위해서는 조직원들의 집단적 정체성 개발을 돕고, 이를 토대로 조직원들의 헌신을 이끌어낼 수 있는 환경조성이 필요함을 강조한다(이은영 외, 2011).

자원동원이론이 강조하는 지역사회복지실천의 내용은 다음과 같다.

첫째, 자원동원이론은 지역사회운동 조직이 대중으로부터 합법성과 정당성을 획득하기 위해서 활용하는 일차적 방법으로는 사회적 항의를 강조한다. 사회운동은 크게 두 유형으로 구분되는데 ① 사회적 소수자층이나 비주류계층의 권리를 옹호하고 보장하기 위한 활동이며 ② 이타주의 관점에서 스스로 대변하기 힘든 대상을 보호하기 위한 것으로 동물 보호 운동이나 환경운동이 있다.

둘째, 자원동원이론은 기존의 지역사회운동 조직들의 역할과 한계점에 대해 보완·설명하는 데 초점을 둔다. 자원동원이론은 지역사회, 정부 조직, 산업체 및 문화적 규범 등과 같은 사회적 대상의 긍정적인 변화를 시도하기 위해 느슨히 연계된 집단들 간의 연합활동으로 정의하면서 적극적인 역할의 전개에 대해 제시하고 있다.

셋째, 자원동원이론은 지역사회운동 조직이 회원모집과 모금 활동을 하고, 직원 채용에 주력하는 동시에 대중들과 주요 의사결정자들에게 정당성을 인정받는 역할을 강조한다. 지역사회 사회운동 조직이 힘을 갖기 위한 유의사항은 다음과 같다(감정기 외, 2005).

① 지역사회운동 조직은 보다 적극적 참여와 활동을 위해 회원들 간의 동질적 정체성 형성이 필수적으로 요구된다.

② 지역사회운동 조직은 그들의 대의를 전달하기 위해 외부의 여러 가지 채널을 활용한다.

③ 지역사회운동 조직은 재정 안정성 측면에서 볼 때 충성심이 강한 회원과 거액 기부자들을 확보해야 한다.

넷째, 자원동원이론은 자원이란 돈, 정보, 사람은 물론 조직원 사이의 연대성, 운동의 목적과 방법에 대한 정당성 등을 제시한다. 지역사회 수준에서 활동하는 사회복지사들은 지역사회 운동의 성공을 위해서 조직원 충당과 자금조달, 적절한 조직구조를 개발할 수 있는 능력이 있어야 한다.

다섯째, 자원동원이론은 자원동원을 위해 정부나 대기업과 같은 외부 자원에 지나치게 크게 의존하다 보면, 사회복지 조직의 자율성과 역동성이 다소 약해질 가능성이 있다는 점을 항상 직시해야 함을 강조한다. 왜냐하면 사회복지 조직 및 지역사회 시민단체 등은 조직의 생존을 위해서 정부나 대기업 후원자들에게 지나치게 의존하게 되면, 거액 기부자들 편에 서게 되어 취약계층의 목소리와 지역사회 구성원들의 신뢰를 잃을 위험성이 있기 때문이다. 따라서 지역사회 구성원들의 회비나 소액 기부자들을 많이 확보하므로 조직의 목적이나 가치를 훼손하지 않을 뿐만 아니라 지역사회 구성원들의 진정한 권익옹호를 위해서 소신 있게 일할 수 있을 것이다.

2. 지역사회복지에 대한 시사점

지역사회복지실천과 관련해서 구조기능론이 시사하는 점은 다음과 같다(이은영 외, 2011 재인용).

첫째, 구조기능론은 지역사회 문제의 원인을 지역사회 자체보다 개인, 가족, 일탈적 하위문화, 부실한 교육제도 등 지역사회 하위체계들의 기능이 제대로 작동하지 못하기 때문에 발생한다고 본다. 따라서 지역사회 문제해결은 지역사회 변화보다 개개인의 사회적응을 통해서 해결할 수 있다는 관점을 제공한다. 이러한 관점은 지역사회 취약계층의 사회적응과 개인적 욕구 해결에 보다 집중하여 지역사회복지실천 서비스를 제공할 수 있는 토대가 될 수 있다.

둘째, 구조기능론은 지역사회의 이익과 지역사회 구성원의 이익 사이에 갈등이 존재한다고 보지 않고, 지역사회에 유익한 것은 개인에게도 유익하다는 점을 강조한다. 따라서 지역사회복지실천은 지역주민들의 연대감 형성과 지역사회 통합, 균형 회복을 위해 역기능적인 요소들을 제거하기 위해 사회복지사가 노력해야 함을 의미한다.

지역사회복지실천과 관련해서 권력관련 이론은 다음과 같은 시사점을 지닌다.

첫째, 권력관련 이론은 권력구조와 권력관계를 중시하기에 지역사회복지실천에 필요한 권력을 얻거나 증대시킬 수 있을 것인가에 관해 중요한 시사점을 제공한다.

둘째, 권력관련 이론은 지역사회복지실천 현장에서 사회복지사는 지역사회를 변화시킬 수 있는 원동력이 바로 지역사회의 갈등이 될 수 있기에 억압된 계층에게 지역사회의 이사결정과정에 충분한 영향력을 행사할 수 있도록 필요한 자원과 전략 등을 적극적으로 전개할 수 있도록 지원해야 한다.

4절 엘리트이론과 다원주의이론

1. 엘리트이론과 다원주의이론

1) 엘리트이론

엘리트이론은 지역사회란 권력을 가진 계층과 이를 가지지 못한 일반 대중 계층으로 나뉘며, 소수 관료나 저명인사 등 사회지배계급에 의해서 삶에 중요한 영향을 미치는 정책문제가 일방적으로 결정되어 정치적으로 무능한 일반대중을 지배하는 엘리트 중심의 계층적, 하향적 통치 질서를 중시하는 이론이다(이은영 외, 2011 재인용).

엘리트이론이 강조하는 지역사회복지실천의 내용은 다음과 같다.

첫째, 엘리트이론은 지역사회의 엘리트에 대해 지역사회 내에서 높은 가치와 재화, 권력이나 권위를 가진 사람들로서 계층 구조상 상위계층에 속해 있는 사람들을 말하는데 이들을 공식적 엘리트와 비공식적 엘리트로 구분한다.

둘째, 엘리트이론은 공식적 엘리트와 비공식적 엘리트로 구분한다. ① 공식적 엘리트란, 정책결정과정에서 법적, 제도적으로 참여할 수 있는 권한을 가진 사람들을 의미한다. ② 비공식적 엘리트란 정책결정과정에 공식적으로 참여하는 권한은 없으나 특정 정책에 대한 여론형성과 압력행사, 정책 갈등의 조정 등 외부적인 영향력 행사를 통하여 정책결정과 집행 과정에 참여하는 지역사회의 중요한 인사들로 학자나 전문가, 언론인, 경제인, 사회단체장, 사회 각 영역의 지도자들을 의미한다.

셋째, 엘리트이론은 정책결정과 집행에 있어 엘리트는 왜곡된 정보와 정치적 무관심에 빠져 있는 수동적인 대중을 광범위하게 통치할 수 있는 권력을 가지고 공공정책에 지배적인 가치를 반영하여 설정한다.

넷째, 엘리트이론에서 '엘리트'란 체제 유지를 위한 보수주의적 성향을 지니고 있으며, 정책에 있어 점진적으로 변화가 나타나며 다수의 의견보다는 소수 엘리트들의 가치가 반영된 정책의 설정 및 대안을 선택하게 된다고 본다. 그러나 지역사회 주민들은 엘리트 집단들이 자신들의 기득권을 탈피해 지역사회 문제와 주민들의 욕구 해결을 위해 노력해 주기를 원한다.

다섯째, 엘리트이론은 지역사회 내 엘리트들은 민주적이고 개방적인 지도력을 지녀야 하며, 지역사회 발전을 위해 계획가, 동기 부여자, 네트워크 관리자, 교육자, 조정자, 통합자, 개혁가, 옹호자 등의 역할을 해야 함을 강조한다.

2) 다원주의이론

다원주의이론은 다원주의엘리트이론이라고도 부르며, 한 사회에서 여러 개의 피라미드적 위계질서가 서로 겹쳐 있다고 보는데, 이 여러 개의 피라미드 간의 상호작용으로 지역사회의 권력이 견제되고 균형을 유지한다고 본다(함철호, 2020).

다원주의이론이 강조하는 지역사회복지실천의 내용은 다음과 같다(이은영 외, 2011 재인용).

첫째, 다원주의이론은 거대한 사회변동에 대응하여 이익보존의 필요성을 공감한 사람들, 특수이익을 공유하고 있는 개인들, 그리고 불리한 상황에 놓여 있던 사람들이 타 집단에 대한 그들의 위상을 개선하고자 이익집단을 만든다고 주장한다.

둘째, 다원주의이론은 이익집단 상호 간의 관계를 경쟁적 상호작용 관계로 인식한다.

셋째, 다원주의이론은 지역사회권력이 집중되는 형태를 갖기보다는 전문성에 기반을 둔 다양한 사람들이 이익집단을 형성하여 지역사회의 의사결정에 참여하는 과정을 중시한다.

넷째, 다원주의이론은 국가를 하나의 집단으로 보고, 국가는 노동조합, 종교기관, 이익집단들 간에 중립적 위치에서 중개자 역할을 해야 한다고 보기 때문에 어떤 사회문제 해결을 위한 적극적 개입이나 규제를 해서는 안 된다고 한다. 그 이유는 시민사회를 자기 조절적 자동기제(mechanism)에 따라 작동하는 항상성을 지닌 체계라고 여기기 때문이다. 따라서 절차를 무시한 지역사회 내 소수 권력의 결합으로 공공정책을 결정할 수 없으며, 전문성을 갖춘 다양한 집단들이 참여와 경쟁을 통해 가능해진다고 본다.

다섯째, 다원주의이론은 정책결정에 대중참여와 경쟁을 강조하고 반계급적이며, 정치참여, 선거과정, 집단의 상호작용, 정치세력 간의 경쟁 등을 핵심으로 삼는다. 엘리트이론에서 소수가 정책의제를 채택하는 것과는 달리 정치적 영향력 및 권력이 사회 내 각 계층에 골고루 분산되어 있으며, 지역사회는 항상 경쟁과 타협, 협상 등을 통해 변화되고 있다고 주장한다.

여섯째, 다원주의이론은 개인과 집단은 한정된 사회적 재화와 가치를 더 많이 향유하기 위해서 끊임없이 이익표출을 하고 이러한 과정에서 대립과 타협이라는 메커니즘이 작용함으로써 공공정책이 만들어짐을 강조한다.

일곱째, 다원주의이론은 개인과 집단들의 이익은 자유주의의 시장원리에 의해서 자동으로 여과되고 조화를 이룸으로써 사회 모든 구성원들의 이익이 골고루 반영된다는 낙관론에 기초하고 있다.

다원주의자들은 사회문제가 정책의제로 채택되는 과정을 본질적으로 무작위적이라 전제한다. 그러나 엘리트이론에서는 이를 비판하고 소수의 지배적 엘리트들이 정책과정의 전 단계를 장악, 정책 의제의 채택단계에서 그들의 영향력이 행사된다고 주장하는데 공공정책은 지배엘리트의 선호와 가치의 표현이라는 것이다.

2. 지역사회복지에 대한 시사점

지역사회복지실천과 관련해서 엘리트이론과 다원주의이론은 사회의 권력집중 현상과 권력분산을 관찰하는 데 유용한 이론이라 할 수 있다.

지역사회복지실천에 적용하는 데 있어 엘리트이론이 시사하는 점은 다음과 같다.

첫째, 지역사회 내의 엘리트 지도력을 지닌 관료나 정치인, 기업인들의 권력구성 및 권력관계나 영향력을 평가하여 지역사회 문제해결을 위한 의제선정과 정책결정과정을 준비하도록 만들 수 있다.

둘째, 우리나라의 경우에는 지난 1960년대~1970년대에는 소수의 엘리트들이 영향을 미쳐왔다고 볼 수 있다. 그러나 현재 시민의식이 높아지고 참여민주주의 풍토와 국민들의 정책결정에의 참여 및 이익단체의 영향력이 커진 시점에서 엘리트이론의 정당성이 다소 약화되고 있기는 하지만 여전히 정치적인 면에서 소수의 엘리트 관료들의 영향력을 무시할 수가 없다.

지역사회복지실천에 적용하는 데 있어 다원주의이론이 시사하는 점은 다음과 같다.

첫째, 다원주의이론은 지역사회 내 다양한 집단들이 지역사회 의사결정의 참여자가 될 수 있고, 정책결정과정에 영향력을 미칠 수 있다. 이를 위해서 지역사회 규모에서 활동하는 사회복지사는 각 집단들이 지닌 힘의 영향력이나 전문성의 정도를 평가하여 지역사회문제와 지역주민들의 욕구 해결을 위한 정책결정이 민주적으로 성취되도록 준비하는 데 도움이 될 수 있다.

둘째, 다원주의이론은 최근 NGO단체의 활발한 활동, 국민의 지식 증가로 정책결정은 폭넓은 계층 간에 타협과 합의로 이루어지고 있다. 이익단체의 적절한 견제와 감시활동, 국민들의 여론을 통한 활동 등을 통해 소수의 관료 엘리트들을 견제할 수 있게 되었다.

5절 사회자본이론과 사회연결망이론

1. 사회자본이론과 사회연결망이론

1) 사회자본이론

사회자본이론의 개념은 19세기 프랑스의 사회학자 토크빌이 처음 사용하였으며, 1980년 후반부터 부르디외, 콜먼 등이 시작하여 이후 정치학, 경제학, 사회과학 분야에서 본격적으로 확산되었다.

사회자본이론이 강조하는 지역사회복지실천의 내용은 다음과 같다(홍현미라 외, 2017).

첫째, 사회자본이론을 연구한 학자들의 정의를 순서대로 살펴보면 ① 부르디외(1986)은 사회자본의 개념을 특정 지역사회 구성원이 획득하는 실제적, 잠재적 자원의 총합으로 정의하였다. 행위자가 소유하는 자본의 양은 효과적으로 동원할 수 있는 연결망의 크기와 그에 연결된 각각의 사람들이 소유하는 경제적, 상징적, 문화적 자본의 양에 의해 좌우된다고 강조하였다. ② 콜먼(1988)은 사회자본이 지닌 그 자체의 기능에 초점을 두면서 주어진 구조에 속하는 개인이나 집단이 특정한 행위를 하도록 유도하고 촉진해야 하며 사회구조적 측면에서 구성되는 특징을 지녀야 한다고 강조하였다. ③ 푸트남(1993)은 사회자본이란 지역사회 구성원들이 공동의 목표를 효과적으로 달성할 수 있도록 공통된 규범, 네트워크, 신뢰이며 지역사회의 특성에 대해 강조하였다. 또한 사회자본이 지역사회의 공동체와 조직 전체의 정치와 경제발전에 미치는 영향에 대해 초점을 두고 거시적인 측면으로 파악하고자 하였다.

둘째, 사회자본이론은 고도의 산업화에 따라 지역사회에서 발생하는 다양하고 복잡한 문제를 사람들의 신뢰와 네트워크로 접근하여 사회적 문제를 해결하는 데 그 의의를 둔다.

셋째, 사회자본이론은 기존의 인적, 물적 자원과 달리 역동적인 개념으로 사회적 관계의 형태로 존재하는 자본을 제시하였다. 전통 사회에서의 자본은 인적자원으로 노동력, 물적 자원으로 재화, 투지, 기계 등과 같은 정체적인 물리적 형태를 지녔으나, 현대사회의 자본은 세계화 및 과학기술의 발달에 따른 정보화 기술, 지식, 문화 관계 등에 의해 매우 다양한 개념으로 변화하는 흐름을 강조한다.

사회자본을 기존의 인적 자본과 물적 자본과 비교하여 그 의미를 구분하여 설명하면 다음과 같다(유석춘 외, 2022).

① 사회자본은 자본가 및 노동자, 그리고 개인이 소유하는 물적 자본, 인적 자본이 아닌 사회적 교환관계 속에 내재하고 있는 자본을 의미한다.
② 사회자본은 관계를 맺고 있는 구성원들과 일반 대중에게 이익이 공유되는 특징을 지니지만, 다른 자본은 주로 자본의 소유자에게 이익이 배타적으로 귀속되는 것과는 차이를 지닌다.
③ 사회자본은 지속적인 유지의 노력이 필요한 자본으로 집단 구성원들 사이에서 서로의 관계를 지속적으로 확인하고 인정을 받는 교환과정을 중시한다.
④ 사회자본은 동등한 가치를 가진 관계의 교환을 중시하는 것이 아니며, 사용할수록 총량이 늘어나는 특성을 지닌다.
⑤ 사회자본은 동시에 교환하는 것을 전제로 하지 않기에 주고받는 도움에 대해 미래에 보상을 받는다는 노동자 신뢰가 존재하며 일반적 호혜성(generalized reciprocity)에 기반을 둔 자원이다.

넷째, 사회자본이론은 사회자본이 사회적 관계를 의미하는 개념으로 사회적 관계 속에서 내재된 자원의 총합이며, 사람들 간에 형성된 관계망에 기초하여 신뢰와 상호호혜성과 같은 문화적 요소를 결합하고 활용하여 생성된 자본 형태에 입각한 이론이다.

다섯째, 사회자본이론은 시민참여, 사회적 연대감, 상호 혜택을 위한 협동을 촉진하도록 개인들 간의 네트워크와 호혜성, 규범과 신뢰를 강조하는 이론이다.

2) 사회연결망이론

사회연결망이란, 인간은 출생과 함께 본인의 의지와 상관없는 혈연관계를 시작으로 성장과 함께 학교, 직장, 지역사회를 비롯한 크고 작은 환경들과 끊임없는 관계의 연계 속에서 상호간 관계 맺기가 새롭게 생성되거나 소멸되는 개념이다. 사회연결망이론은 1990년대 등장하면서 지역사회내에서 구성원과 구성원 간의 관계를 인적 네트워크 혹은 연결망이란 용어로 사용되며, 학자들에 의해 사회연결망이라는 용어로 정립되어 사용되고 있다.

사회연결망이론이 강조하는 지역사회복지실천의 내용은 다음과 같다(이은영 외, 2011 재인용).

첫째, 사회연결망이론은 현대 사회가 과거의 위계적 관계망에서 수평적 관계망으로 급속히 변화하고 있으며, 권력이동 역시 수평적 조직문화로 진행되면서 세대 간, 조직 간 사회 내부에 혼재된 상태를 분석할 수 있는 이론이다. 지역사회 구성원을 둘러싼 사회연결망은 개인이 유형·무형의 사회적 자원을 교환하고 획득하는 중요한 통로로서 지역사회에서 중요한 의미를 지닌다.

둘째, 사회연결망이론은 보다 큰 지역사회 구조망 내에서 연계되는 구성원들 간의 특수한 관계를 가진 사회적 집합체들의 관계를 중시한다. 사회연결망은 지역사회 구성원이 자원을 얼마나 동원할 수 있는가 하는 능력이 결국 사회적 및 정치적 삶에 매우 중요한 기능을 한다.

셋째, 사회연결망이론은 의미 그대로 지역사회 구성원이 관계를 맺고 있는 다양한 사회적 관계에 의해 형성되는 눈에 보이지 않는 네트워크를 뜻한다. 지역사회 구성원은 사회연결망을 통해 의식적·무의식적 수준을 넘어 다양한 관계 맺기가 형성되면서 관계와 교류에 의해 결과물을 산출하려는 개인 또는 집합체의 투자전략이 되고 있다.

넷째, 사회연결망이론은 현대 산업사회에서 개인이나 집단들이 물리적·심리적 상호교류를 통해 관계형성이 만들어지고, 가족이나 친인척, 친구, 직장동료 등의 사적조직과 지역 내 이웃, 낯선 사람 등의 타 집단과의 관계 정도 등을 포괄하는 개념으로 지역사회의 핵심이론으로 전개되고 있다.

(1) 사회연결망의 기능

사회연결망은 혈연관계인 가족을 비롯하여 친인척, 마을 이웃이나 직장동료, 동아리 등의 관계형성에서 자의적 혹은 비자의적 사회활동에 의해 연계된 지인들 간에 형성되는 우연한 관계를 우정, 감사, 배려, 청탁 등의 주관적으로 느끼는 감정 또는 물리적 교환에 의해 상호 인식 등을 포괄하는 개념이다(이은영 외, 2011). 또한 사회연결망은 자연적이거나 인위적인 것으로 무형에서 주어진 것이 아니며 상호 교류에 의해 제도화라는 최초의 행위가 있어야 성립하는 것이다. 사회연결망은 크게 강한 연결망과 약한 연결망으로 구분된다.

① 강한 연대(strong tie) : 상호교환의 주체인 재화나 용역, 정보, 평판, 신뢰 등 교환자원들을 중첩(overlap)적으로 점검하고 검증함으로써 이로 인한 불확실성의 제거와 경제적 손실을 최소화하려는 목적하에 상품성이 높은 정보를 타인에 비해 빠르게 획득하고자 한다.

② 약한 연대(weak tie) : 외부인의 진출입이 자유로우며 최소한의 사회적 제재만 존재하며 상호 수평적 관계를 유지하려는 성향이 있다. 특히 연계가 느슨하며 가시적이지 않고 2차적 관계의 유기적 연대가 연관되어 있다.

(2) 사회연결망의 크기

사회연결망의 크기는 개인이 직접적으로 관계를 유지하는 지인들의 수를 의미하며, 연결망의 크기가 크면 클수록 개인의 성공에 미치는 영향력도 크다. 사회연결망의 크기는 사회연결망의 요소이기도 하지만 사회자본의 외형과 연동되면서 개인에게는 육체적·정신적 건강과 밀접한 관계가 있다. 사회적 활동의 범위가 클수록 건강하며, 행복감을 증진시키고, 우울감을 낮추는 것으로 분석되고 있다.

(3) 사회연결망의 밀도

사회연결망의 밀도는 행위자 간의 관계가 성립된 후 지속된 기간과 근접한 거리에 영향을 받으며 연결망에 속한 행위자들의 관계와 밀도는 정비례한다. 사회연결망의 크기가 같더라도 상호 간의 관계가 높으면 밀도도 높다는 의미이다. 즉 개인을 둘러싼 직접 연계된 수량이 동일하더라도 개인과 연계된 주변인들의 인적·물적 자본의 수준에 따라 개인이 형성할 수 있는 사회적 통합수준은 변화하거나 차이를 보일 수 있다는 점이다.

2. 지역사회복지에 대한 시사점

사회자본이론과 사회연결망이론은 현대 산업사회가 직면한 다양한 사회적 문제를 신뢰와 네트워크라는 개념으로 접근하기에 지금 시점에서 더욱더 활발히 전개될 수 있는 이론이다. 이 이론들이 지역사회복지에 시사하는 내용에 대해 세부적으로 살펴보도록 하겠다.

첫째, 사회자본이론과 사회연결망이론은 지역사회의 소외계층을 중심으로 사회적 관계에 대해 적극적인 지역사회복지실천 적극적인 개입을 제시한다. 특히 취약계층은 인적 및 물적 자본 이외에도 사회적 자본도 취약할 수 있기에 사회자본과 사회적연결망의 유용성이 더욱 제고되어야 한다.

둘째, 사회자본이론과 사회연결망이론은 지역사회가 직면한 근본적인 변화 노력이 가장 필요함을 제시한다. 지역사회 구성원들의 자발적인 노력으로 지역사회 안전망을 재구축하여 지역사회 연결체계를 생성하고 재구조화하는 의미의 중요성을 재발견하게 한다.

셋째, 사회자본이론과 사회연결망이론은 지역사회에 관한 거시적인 분석 틀로 조명하기에 지역사회 구조를 가장 깊이 있게 이해하고 체계적으로 분석하며 해석하는데 유용하다. 지역사회 구성원은 지역사회 내 존재하는 빈곤, 불평등, 갈등 등이 왜 존재하고 어떻게 분포되어 있는지를 파악하고 사회적 문제가 어떻게 발생하고 유지되고 있는지를 정확하게 해석하는 데 매우 유용하다. 특히 사회연결망이론은 개인이 맺고 있는 다양한 사회적 관계 속에서 형성되는 무형의 네트워크과 소속감, 상호교류 등에 대한 전체 연결망을 포함하기에 지역사회 자원 동원에 접근할 수 있는 분석 틀을 제시한다.

생각해 보기
1. 사회체계이론과 생태체계이론으로 지역사회복지실천을 전개하는데 유의할 점과 차이점에 대해 논의해 보자. 2. 엘리트이론과 다원주의이론이 제시하는 지역사회복지실천의 시사점에 대해 토론해 보자.

CHAPTER

05

지역사회복지의 실천모델

학습논점
1. 지역사회복지실천 모델의 목적과 역할에 대해 살펴본다. 2. 지역사회복지실천 모델의 유형인 로스만, 테일러와 로버츠, 웨일과 겜블, 포플 유형에 대해 자세히 살펴본다. 3. 지역사회복지실천 모델의 각 세부적인 특징과 지역사회복지실천의 활용에 살펴본다.

1절 지역사회복지실천 모델의 개요

1. 지역사회복지실천 모델의 목적

지역사회복지의 목적은 지역주민의 삶의 질 향상을 추구하기에 사회복지사가 전개하는 지역사회복지현장의 정책과 실천은 그동안 제시된 실천 모델을 복지 현장에서 적절하게 활용하는 것은 우리 주변에서 발생되고 있는 여러 사회 문제를 해결하고 예방하는 효과를 가져올 수 있기 때문에 중요한 부분이다.

2. 지역사회복지실천 모델의 역할

지역사회복지실천의 모델을 적용하는 데 있어 여러 모델을 검토하는 것은 다음과 같은 정책적·실천적 역할은 다음과 있다.

첫째, 지역사회복지실천에서 실천 모델은 모델 간의 유용성과 문제점들을 파악할 수 있으며, 그 유용성을 보다 잘 활용하여 발전시키고, 문제점의 수정을 통하여 각 모델의 이론적 발전을 기할 수 있다.

둘째, 지역사회복지실천에서 실천 모델은 각 모델의 실천지침이나 기법을 보다 정교하게 하여 지역사회복지실천을 다양하고 풍성하게 하는 데 그 의의가 있다. 특히 우리나라와 같이 지역사회복지실천경험이 풍부하지 않은 상황에서는 다양한 모델의 장·단점을 잘 활용하는 실천기법들이 매우 유용할 것으로 보인다.

셋째, 지역사회복지실천에서 실천모델은 지역사회복지에서 해결해야 할 다양한 생활문제에 대한 접근이 가능하게 될 것이다. 즉, 지역사회복지의 대상이 되는 문제의 범위를 크게 확대할 수 있게 된다. 이 장에서는 지역사회복지실천에서 먼저 시행되어 온 미국의 선행 연구를 통하여 제시된 여러 모델을 구체적으로 살펴보고자, 로스만(Rothman), 테일러(Taylor)와 로버츠(Roberts), 웨일(Weil)과 갬블(Gamble), 포플(Popple)을 중심으로 살펴보기로 한다.

2절 지역사회복지실천 모델의 유형

1. 로스만 유형

지역사회복지실천 모델의 가장 전형적인 것으로 로스만은 지역사회의 문제에 개입하는 방식을 세 가지의 모델, 즉 지역사회개발 모델(모델 A)은 지역 수준에서 광범위한 주민들의 참여를 통해 지역의 변화를 시도하는 데 중점이 주어지고, 사회계획 모델(모델 B)은 전문가에 의한 사회 환경의 변화를 강조하며, 사회행동 모델(모델 C)은 사회적으로 소외받는 특정 집단을 위한 사회행동을 강조한다(이은영 외, 2011).

이러한 전통적인 세 가지 모델은 실천변수에 따른 이념적 분류이며, 실제 지역사회복지실천의 개입전략에 있어서는 상호 중복되고 혼합된 형태, 즉 행동과 계획, 개발과 계획, 개발과 행동 등과 같은 형태가 지역사회복지실천으로 활용될 수 있다는 점이 강조되고 있다.

그러므로 실천과정에서 시간의 변화에 따라 모델의 전환이 불가피하게 일어날 수 있다. 가령 개입 초기에는 지역사회개발 모델로 시작하였으나 시간이 경과하면서 지역사회의 문제를 구체적으로 해결하기 위한 사회계획 모델로 개입의 전략이 전환될 수 있다는 것이다. 이러한 모델의 전환은 세 가지 모델 간에 다양한 조합이 가능하다고 본다.

1) 지역사회개발 모델

지역사회개발 모델(community development)은 지역사회 구성원의 자조기반에 근거하여 지역사회문제 해결을 위한 지역사회능력과 사회통합이라는 과정목표를 통해 지역사회를 새롭게 만드는 데 초점을 두고 있으며, 지역사회의 문제나 욕구를 다룰 때 주민들의 자조(self-help) 정신을 강조하는 형태이다. 지역사회 주민들이 문제를 스스로 해결할 수 있는 능력을 강화시켜 주는 데 역점을 두고, 문제의 파악 및 해결과정에 있어 지역사회 수준에서 광범위한 지역주민들의 참여를 통하여 지역사회의 변화를 시도해 보는 것에 초점을 둔다. 지역사회개발 모델이 지니는 중요한 요소는 다음과 같다(이은영 외, 2011 재인용).

첫째, 지역사회 구성원은 자신의 이익을 위해서 열심히 노력한다.

둘째, 지역사회 구성원의 참여를 통해 지역사회의 변화가 가능하다.

셋째, 지역사회에서 지역사회 구성원들 간의 갈등이 있을 때 이성적이고 민주적인 토의를 거쳐 의견조정이 된다.

넷째, 지역사회는 이질적 하위체계의 구성이라기보다는 동질적 체계이다.

새로이 발전된 지역사회개발 모델은 지역사회에서 취약계층이 소외되는 지역사회에서 조직과 개발이 효과성과 효율성을 거두기 위해서는 사회개발이 경제개발과 함께 반드시 수행되어야 하며, 그럴 때만이 성공을 거둘 수 있다는 인식하에 사회·경제적 개발을 특별히 강조한다. 이와 같이 지역사회개발 모델은 저소득 또는 억압받는 지역사회 주민들의 삶의 질과 기회를 향상시키는 데 가장 중요한 목표를 둔다. 지역사회개발사업의 예로는 도시지역에서 전개되는 지역사회복지관의 지역개발사업, 평화봉사단, 성인교육 분야의 지역활동 등을 들 수 있다. 로스(Ross)는 이 모델에서 지역사회조직가의 역할로 안내자(guide), 조정자(enabler), 전문가(expert), 치료자(therapist)를 들고 있다.

그러나 현대 사회에서 지역사회개발 모델의 한계점으로는 다음과 같다.

첫째, 지역사회의 다양한 질적 및 양적 변화 노력을 위해 지역사회의 관련 기관 및 조직 간의 합의와 협력은 해당 조직 간 이념과 사업 전개 등의 복잡한 내·외부

환경을 고려해야 한다.

둘째, 지역사회의 관련 집단들이 성, 계급, 인종 등과 관련된 경계를 초월하는 공통의 이해관계를 추구하는 데는 현실적인 어려움이 있다.

셋째, 지역사회의 실질적인 정책결정자가 지역사회의 긍정적인 변화를 지지할 수 없는 경우 지역사회개발은 현실적으로 제한된다.

2) 사회계획 모델

사회계획 모델(social planning)은 지역사회 내의 복잡한 사회문제인 보건, 주택, 고용, 오락, 비행과 같은 구체적이고 현실적인 문제를 해결하기 위한 기술적·합리적인 면을 강조한다. 이러한 지역사회의 문제들은 그 규모나 복잡성 때문에 문제해결을 지역사회의 주민에 의한 민주적 과정에만 맡길 수 없는 문제들이다(오정수·류진석, 2009). 전문적인 접근이 필요한 문제들은 일반대중에게는 얻을 수 없는 전문적 지식을 갖춘 전문가에 의한 해결이 되어야 한다.

사회계획이란, 전문가에 의하여 합리적인 계획수립과 통제된 변화를 통해 문제해결을 도모하는 활동이다(이은영 외, 2011). 이처럼, 사회계획 모델에서는 공식적인 계획과 정책 준거틀에 대한 설계가 핵심적이며, 계획이나 정책집행의 효과성과 효율성을 강조하기 때문에 과업 목적에 초점을 두고 있다.

사회계획 모델에서의 구체적인 활동 내용은 다음과 같다(이은영 외, 2011 재인용).

첫째, 사회계획 모델은 사실의 발견과 문제의 정의, 의사전달 및 활동체계의 구축, 사회적 목표와 정책의 결정, 계획에 대한 실천수행, 활동결과에 대한 평가 등이 필요하다. 특히 전문가로서의 지역사회조직가는 지역주민들이 요구하는 사회복지서비스를 제공함에 관련기관들을 움직일 수 있는 능력과 고도의 기술을 활용할 수 있어야 한다.

둘째, 사회계획 모델은 지역사회조직가로서의 전문가란 주민들이 필요로 하는 물자와 서비스를 제공하는 것에 초점을 둔다. 주요 추진하는 기관으로는 정부, 지방자치단체, 사회복지협의회, 민간 복지단체·기관 등이며, 분석가(analyst), 계획가(planner), 조직가(organizer), 행정가(program administrator) 등의 역할을 전개해야 한다.

사회계획 모델이 지닌 한계점은 다음과 같이 요약할 수 있다.

첫째, 사회계획 모델은 무제한적인 시간과 자원을 가지고 있지 않기에 지역사회의 문제와 해결할 욕구를 집약할 필요가 있다.

둘째, 사회계획 모델은 사회계획과정의 합리성을 전제하지만, 실제 지역사회 문제 해결과정에 미치는 다양한 정치적 영향력을 충분히 고려하지 못한다.

3) 사회행동 모델

사회행동 모델(social action)은 지역사회의 불우한 처지에 처한 주민들이 사회정의와 민주주의에 입각해 보다 많은 자원과 향상된 처우를 그 지역사회에 요구하는 행동을 말한다.

사회행동 모델에서 사회복지사들은 다음과 같은 행동전략이 필요하다(이은영 외, 2011 재인용).

첫째, 사회행동 모델에서 사회복지사는 지역사회의 기존제도(복지 · 보건 · 교육 · 취업 · 문화 · 가치관 등)와 현실에 대한 근본적 변화와 권력 · 자원 · 지역사회 정책결정의 역할 등에서 재분배를 추구하고, 공공기관의 기본정책에 대한 변화를 전개해야 한다.

둘째, 사회행동 모델에서 사회복지사는 지역사회 취약계층의 역량과 능력을 강화시켜 기회를 제한하는 불평등에 도전하고, 지역사회 욕구를 무시하는 정책결정자에 대응하며, 부당한 결정과 맞서 싸워 부당한 조건을 변화시키도록 지원한다.

셋째, 사회행동 모델에서 사회복지사는 지역사회 내 문제점을 구체화하고, 목적 집단을 결정하며, 문제를 해결하기 위하여 표적 집단에 대해 계획된 사회행동을 취하는 활동 절차를 밟는다.

넷째, 사회행동 모델에서 사회복지사는 사회적 정의와 민주주의에 기초하여 보다 많은 자원과 권한을 배분해야 할 사명을 지녀야 하며, 투쟁이나 대결, 경쟁을 목표달성의 수단으로 사용하기에 조정자(enabler), 중개자(broker), 옹호자(advocator), 행동가(activist)의 역할을 수행한다.

사회행동 모델이 지니는 한계점으로는 사회복지사가 지역사회에서 전개하는 실천 활동을 일부 소극적인 대항활동(confrontation)으로만 제한시키고 있기에 적극적인 사회개혁이 요구되는 결과를 달성하는 데는 현실적으로 제한적이다.

〈표 5-1〉 로스만의 지역사회복지실천 모델

구 분	사회개발 모델	사회계획 모델	사회행동 모델
목 표	과정 중심	과업목표	과정, 과업(결과중시)
지역사회의 문제 상황에 대한 가정	문제해결 능력과 기술이 결여	수많은 사회문제	지역사회 특권과 권력의 위계존재(빈부격차)
기본적 변화전략	함께 모여 의논	사실(진상) 파악해서 논리적인 조치를 강구	억압자를 물리치고 체제 변혁 위해 조직(규합)
변화전술과 기법	합의, 토의강조	사실조사(발견), 분석상의 기술 중요	갈등이나 대결의 전술 강조
사회복지사의 역할	조력자, 격려자, 촉매자	지역사회 진단, 사실발견, 정보수집, 평가, 프로그램 계획 · 실시	조직 활동가, 행동가, 중재자, 협상가
변화의 매개체	소집단 활용	공식조직 중시, 자료수집, 자료분석	대중조직과 정치적 과정 활용
권력구조에 대한 견해	권력자도 지역목적을 위해 공동노력(동참)	권력집단을 실천가의 후원자나 고용주로 인식	권력집단은 사회행동의 표적
수혜자의 범위규정	전 지역사회	전 지역사회, 일부 특수계층	권력집단에 의해 억압받는 일부
지역사회 이해관계나 하위체계에 대한 가정	공통의 이해관계 및 조정 가능한 차이	실용적인 접근, 이해관계의 조정가능 또는 갈등	쉽게 조정할 수 없는 갈등적 이해관계, 자원의 희소성
수혜집단에 대한 인식	잠재력 있는 정상인, 평균적 시민	서비스 혜택을 받는 소비자	사회제도의 희생자, 피해자
수혜집단의 역할에 대한 인식	문제해결 과정에 적극적 참여	서비스의 소비자, 고객	고용주, 사용자, 회원
임파워먼트 개념에 대한 인식	지역사회구성원 스스로 문제 해결할 수 있는 상태	자신의 욕구에 맞는 정보를 계획, 정책과정에 반영	의사결정과정의 동등한 파트너, 직접적 영향력 행사

출처: Rothman, J.(2001).

2. 테일러와 로버츠 유형

테일러(Taylor)와 로버츠(Roberts)는 2가지 모델을 새로 추가하여 후원자와 대상자가 어느 정도의 결정권한이 있는지에 따라 지역사회개발 모델, 프로그램 개발 및 조정 모델, 계획 모델, 지역사회연계 모델, 정치적 권력 강화 모델 등의 5가지 모델을 제시하였다. 이를 좀 더 자세히 살펴보면 다음과 같다(이은영 외, 2011 재인용).

1) 지역사회개발 모델

지역사회개발 모델(Community Development Model)은 시민참여에 기반을 두고 지역사회개발을 추구하는 모델로 대상자에게 거의 대부분 결정권한이 있는 대상자 중심 모델이다. 이 모델의 핵심은 지역사회주민과 지역사회를 성장하게 하는 것이기 때문에 사회복지사의 역할은 주로 조력자의 역할로 지역사회주민으로 하여금 문제해결 과정에 참여하도록 하는 것이다.

2) 프로그램 개발 및 조정 모델

프로그램 개발 및 조정 모델(Program Development and Coordination Model)은 어떤 특정 목적을 이끌어 내는 과정에서 변화를 위한 실질적 힘을 발현시킬 수 있는 모델로 변화과정에서 대상자의 직접적 참여를 허용하기보다는 후견인이 완전히 100%의 영향력을 행사할 수 있는 후원자 중심의 모델이라고 할 수 있다. 각 지역의 사회복지협의회 및 지역사회복지공동모금회 등이 대표적 모델이다.

3) 계획 모델

계획 모델(Planning Model)은 로스만의 사회계획 모델을 인간지향적인 측면을 강조하도록 수정한 것으로, 지역사회 문제해결에 있어서 전문적 지식과 기술을 가진 전문가가 합리성과 전문성에 기초하여 효율적이고 효과적으로 변화를 유도하는 모델이다. 특히, 계획에 있어 사람들과의 상호교류적인 노력을 강조하고 보다 옹호적이며 진보적인 정치적 접근을 포함하고 있다. 그리하여 조직과정의 관리, 영향력의 발휘, 대인관계 등의 과정지향적인 기술을 강조할 뿐 아니라 설계 및 실행과 같은 과업지향적인 기술적 측면의 필요성을 주장하고 있다. 이 모델은 지역사회실천방법이나 의사결정과정에서 대상자의 영향력은 매우 미약하고 후견인의 영향력이 많이 적용되는 후원자 중심 모델에 가깝다.

4) 지역사회연계 모델

지역사회연계 모델(Community Liaison Model)은 로스만의 모델에는 포함되어 있지 않는 것으로 사회복지기관의 일선 스태프나 행정가들에 의해 수행되는 기능을 중심으로 설명된다. 지역사회의 문제해결을 위해 지역사회에서 다양한 연계노력을 전개해 나가는 모델로 대상자의 요구와 후원자의 영향력이 동등하게 반씩 적용될 수 있는 모델이다.

이 모델의 핵심적 특징은 대상자의 문제해결을 위해 지역사회와의 관계형성, 관계개발, 관계조정활동에 상당히 큰 비중을 두면서 지역사회를 대상으로 접근해 나간다는 것이다. 이 모델의 성공적 발전을 위해서는 대상자의 문제해결을 위해서 필요한 연계활동을 통해 접근해 나가는 방식을 중심내용으로 하며, 이를 위해서 사회복지사는 관련 지식의 지속적 습득 및 지역사회를 위한 더 높은 수준의 노력을 필요로 한다.

5) 정치적 권력 강화 모델

정치적 권력 강화 모델(Political Empowerment Model)은 로스만의 사회행동모델과 밀접히 관련된 것으로, 갈등이론과 다원주의 사회에서의 다양한 이익집단의 경쟁원리에 기초하고 있다. 의도된 시민참여에 의한 정치적 권력 강화에 초점을 두고 지역사회에서 자기 권리를 인정받지 못하는 구성원을 지지하여 그들 스스로가 자기 권리를 찾고 확대시켜 나가도록 하는 모델이다. 이 모델은 지역사회실천방법이나 의사결정과정에서 대상자가 100% 영향력을 행사할 수 있는 모델로 관료사회의 통치에 대해서 강도 높은 책임감을 불러일으킬 수 있다.

〈표 5-2〉 테일러와 로버츠의 지역사회복지실천 모델

실천 모델	후원자와 대상자의 결정권한 정도
지역사회개발 모델	• 대상자가 7/8 결정 권한 • 지도력 개발, 자조, 상호부조, 지역성에 바탕을 둔 지역사회연구 및 문제해결 강조 • 시민참여와 교육과정을 매우 중요시하며 전문가는 주로 조력자의 역할 담당
프로그램 개발 및 조정 모델	• 후원자가 100% 결정 권한
계획 모델	• 후원자가 7/8의 결정 권한 • 합리적 기획모델에 기초한 조사전략 및 기술을 강조 • 기획에 있어 진보적이고 정치지향적 접근을 포함 • 조직과정관리, 영향력 발휘, 대인관계 등의 과정기술을 강조하고 설계 및 실행과 같은 기술적 측면의 필요성 주장
지역사회연계 모델	• 후원자와 대상자가 각각 1/2의 결정 권한 • 사회복지기관의 일선 스태프나 행정가에 의해 수행되는 기능 중심으로 설명 • 행정가는 지역사회관계, 지지활동, 환경개선, 조직 간의 관계 등과 같은 역할수행
정치적 권력 강화 모델	• 대상자가 100% 결정 권한 • 의도된 시민참여에 의한 정치적 권력 강화에 초점 • 전문가들은 교육자, 자원개발가, 운동가로서의 역할을 하게 되며, 이러한 경향은 합법적으로 위임된 조직이나 자생조직으로 진전

출처: 이은영 외(2011), 재인용.

3. 웨일과 갬블의 유형

로스만의 모델 및 테일러와 로버츠의 모델을 토대로 하면서, 웨일(Weil)과 갬블(Gamble)은 최근의 변화를 적극적으로 반영하여, 근린지역 지역사회조직, 기능적 지역사회조직, 지역사회의 사회경제개발, 사회계획, 프로그램 개발과 지역사회 연계, 정치사회적인 행동, 연합, 사회운동 등 8가지 모델로 구분하고 있다. 이러한 지역사회복지실천 모델들이 상호 배타적이지 않으며, 개념적인 구성요소나 사회복지사의 역할 등에서 상호 중복되고 있지만, 지역사회복지실천과 관련하여 가장 적절한 개입전략을 선택하는 데 유용한 준거틀을 제시하고 있다.

특히, 8가지 모델은 개발(development: 지역사회의 사회·경제적 개발 모델), 조직화(organizing: 근린지역사회조직 모델, 기능적인 지역사회조직 모델), 계획(planning: 프로그램 개발과 지역사회 연결, 사회계획 모델), 사회변화(social change: 정치·사회행동 모델, 연합 모델, 사회운동 모델)라는 기능 중심으로 재분류할 수 있다. 이를 좀 더 자세히 살펴보면 다음과 같다(이은영 외, 2011 재인용).

1) 근린지역의 지역사회조직 모델

지리적인 의미의 근접성과 그 지역사회에서 해결하고자 하는 현안 문제에 초점을 두는 모델이 근린지역의 지역사회조직(Neighborhood and Community Organizing) 모델이다. 여기에서 지역사회조직 실천은 비록 하나의 특정 이슈와 사건을 계기로 지리적인 의미의 지역사회조직이 만들어지더라도, 대부분 지역사회의 사회적·정치적·환경적인 이슈를 취급하게 된다. 이 모델의 목표는 지역주민들이 조직 활동에 개입하면서 발전시키는 능력을 확립하고 구체적인 과업들을 달성하는 것에 있다. 그리고 지역사회주민들은 조직 활동을 통해 지역사회의 사회경제적 조건들을 향상시키거나 도시 계획이나 지역개발과 외부개발에 영향을 미쳐 구체적인 과업을 성취한다는 것이다.

이 모델에서 변화를 위한 표적체계는 지역사회 삶의 질을 저해하는 모든 부분으로, 공공행정기관, 외부 개발업자 또는 지역사회구성원 모두가 표적체계가 될 수 있다. 이 모델에서 사회복지사의 역할은 조직가, 교사, 감독, 촉진자 등이 된다.

2) 기능적 지역사회조직 모델

지리적인 접근성보다는 특정 집단의 권익을 추구하는 공동체를 의미하는 모델이 기능적 지역사회조직(Functional Community Organizing) 모델이다. 이 조직의 구성원은 지리적으로 가까운 거리에 거주할 수도 있고 그렇지 않을 수도 있다. 중요한 것은 각 조직이 선택한 현안 이슈에 대한 옹호, 정책, 사람들의 태도를 변화시키는 데 초점을 두고 활동하는 것이다. 또한 이 모델의 핵심적인 관심과 목표는 자신들이 선택한 이슈의 정책, 행위, 태도의 옹호나 변화에 있다. 그리고 이 조직은 선택한 이슈에 대해 교육하고 조직 내적인 능력 증진, 이슈에 관한 지식 증대, 리더십 개발에 전념한다.

기능적인 지역사회조직의 일차적인 구성원은 동호인이다. 관심의 영역은 선택한 이슈와 대상 집단을 위한 옹호에 두고 있으며, 이러한 옹호는 교육을 통해서나 조사, 공공행동, 정책개발, 로비, 서비스 개발을 통해 이루어진다. 이 모델에서 사회복지사는 조직의 구성원을 모집하고 사회적 변화를 위한 기술을 가르치는 조직가 또는 교사의 역할을 한다.

3) 지역사회의 사회 · 경제개발 모델

지역사회의 사회·경제개발(Community Social and Economic Development) 모델은 로스만의 지역사회개발 모델과 밀접한 관계가 있다. 그러나 이 모델은 저소득과 불이익 계층의 효과성을 제고시키기 위해서는 경제 개발과 사회 개발이 동시에 이루어져야 한다는 인식을 전제하고 있다. 또한 기술적, 정치적, 과정적 기술의 개발을 통해 지역주민들의 관점을 반영한 계획과 개발을 시작하고, 경제적 개발을 이루기 위한 투자를 유치하고 설득하여 지역의 낙후성을 극복하고자 하는 관점을 갖고 있다. 즉, 지속 가능한 개발을 내세우며 지역주민의 사회경제적 환경 개선을 도모하는 실천 모델이다.

이 모델의 주요 목표는 저소득계층 및 불이익을 받는 지역사회주민의 삶의 질과 기회를 증진시키는 데 있다. 즉, 지역사회주민의 관점에서 개발 계획을 주도하고, 지역사회주민들로 하여금 사회경제적 투자를 이용하도록 준비시키며, 사회경제적 투자를 위해 내부적·외부적 자원을 개발하고 이용하는 것이라 할 수 있다. 따라서 이 모델에서는 사회경제적 개발과 자원 개발의 계획을 준비하고 실행할 수 있도록 주민과 지역사회조직의 능력을 강화시키는 것에 초점을 둔다(오정수·류진석, 2006).

이 모델에서 변화를 위한 표적체계는 어려운 여건에 있는 지역사회구성원을 일차적 구성원으로 하며, 은행 등의 경제적 조직, 지원재단, 외부 개발자 등이다. 표적체계와 관련해서 중요한 과제는 자원을 가진 사람들과 조직들을 지역사회 변화과정에 참여하도록 설득하여 지역사회의 사회·경제적 개발에 투자할 수 있도록 하는 것이다. 이 모델에서 사회복지사는 보통 기업체의 담당 구성원이 되거나 초기 조직 단계에서 단체를 구성한다. 또한 욕구조사에 필요한 기술과 현실적인 개발계획을 결정하기 위한 기술을 필요로 한다.

4) 사회계획 모델

객관성과 합리성에 기반을 두고 지역사회의 문제를 해결하려는 모델이 사회계획(Social Planning) 모델이다. 이 모델은 전문가의 지식 및 기술 그리고 객관적 조사와 자료 분석 등을 기초로 하여 합리적으로 지역사회문제를 해결하고자 하는 노력을 중심으로 한다. 즉, 사회복지서비스와 사회정책의 개발, 확장, 조정을 핵심으로 하는 실천 모델이다. 정부 중심의 전통적 사회계획과 민·관 파트너십에 입각한 사회계획을 모두 포함한다.

이 모델은 합리적 의사결정을 통해 문제에 대한 우선순위를 설정하고 자원을 활용·배분함으로써 문제를 해결하는 것에 초점을 둔다. 즉, 지역사회가 가진 문제에 관한 전반적 고려와 함께 통합적 문제해결 방안을 마련함과 동시에 사회복지서비스 기관의 활동조정을 통해 보다 효율적이고 효과적으로 문제를 해결하고자 하는 것이다. 이러한 사회계획 모델의 일차적 구성원을 바로 지역사회 공공기관, 그리고 사회복지영역의 기관 및 사회복지협의회나 공동모금회 등의 조직이다(강철희·정무성, 2006).

이 모델에서 변화를 위한 표적체계는 지역사회의 지도자의 관점, 인간 서비스 지도자의 관점이며, 사회계획의 일차적인 구성원은 선거로 선출된 공무원, 사회기관의 책임자, 기관 상호 간의 조직 또는 이들 간의 조합으로 이루어진다. 주요 관심영역은 휴먼서비스의 관계망을 계획하고 조정하는 데 있으며, 공공영역의 지역계획에 사회적 욕구를 통합시키는 일이다. 이 모델에서 사회복지사는 조사, 욕구의 사정, 평가, 사업계획서 작성, 분석 같은 매우 전문적인 기술을 필요로 한다.

5) 프로그램 개발과 지역사회 연계 모델

지역사회의 욕구에 신속히 대처하기 위한 신규 서비스의 창출, 기관 프로그램의 확대 또는 방향 재설정을 주목적으로 하는 모델이 프로그램 개발과 지역사회 연계(Program Development and Community Liaison) 모델이다. 즉, 지역의 욕구에 맞춰 보다 나은 서비스 또는 새로운 서비스를 디자인하고 실행하면서 지역사회 욕구를 보다 효과적으로 충족시키는 것이다. 또한 지역사회실천을 일차 기능으로 삼고 있지 않은 기관에서 주로 사용하는 모델로서, 지역사회와의 상호작용을 새롭게 강조한다.

특히 지역사회와 서비스 프로그램 간의 상호작용은 다양한 방식으로 강화될 수 있다. 우선 욕구 사정에서 잠재적 서비스 대상자, 관련기관 스태프 혹은 이들 양자의 핵심집단을 이용하는 방법을 들 수 있다. 또한 자문기관의 개발과 의사결정 위원회에 지역사회 지도자를 관련시키는 것도 상호작용을 증진시키는 방법이라 할 수 있다. 그리고 프로그램이 만들어지고 실행되면 지역사회로 피드백시키는 메커니즘은 표적집단에 대한 새로운 프로그램의 형성에 매우 중요하다.

이 모델에서 변화를 위한 표적체계는 새로운 서비스를 제공하기 위하여 자원을 공급할 수 있는 사람들, 그리고 새로운 서비스 혜택을 받을 수 있는 사람들로 설정한다. 보다 효과적인 서비스를 제공하기 위해서 요구되는 과제는 이러한 표적체계들을 지역사회 변화과정에 참여하도록 설득하는 것이다. 이 모델에서 사회복지사는 계획가, 사업계획서 작성자, 대변자, 중개자, 촉진자의 역할을 수행한다.

6) 정치 · 사회행동 모델

부당한 조건을 변화시키는 것이 목적인 정치·사회행동(Political and Social Action) 모델은 앞서 설명한 로스만의 '사회행동 모델'과 테일러와 로버츠의 '정치적 권력 강화 모델'과 같은 모델이라 할 수 있다. 이 모델은 기회가 제한되는 불평

등에 도전하고 지역사회 욕구를 무시하는 정책결정에 대응하며 부당한 결정에 맞서 싸우고 지역주민들로 하여금 자신의 능력에 대한 믿음을 강화시켜 부당한 조건을 변화시키는 것이 목적이다.

따라서 이 모델에서는 정치 또는 행정 체계에 속한 의사결정자들의 변화에 초점을 두고, 불이익을 받는 이들과 함께 사회정의를 위한 행동을 촉진시키기 위한 노력을 실행한다. 즉, 지역사회 욕구를 무시하는 의사결정에 대항하면서 지역사회에서 발생하는 기회불평등 문제를 해결하기 위한 노력을 실행한다. 이 모델은 변화노력 과정에서 참여자들을 조직화함으로써 나타나는 효과성을 강조하면서 스스로 불공정한 조건을 변화시킬 수 있는 기술을 활용하도록 이끌어 결국에는 스스로의 권한과 역량을 통해 문제에 대처할 것을 지향한다.

정치·사회행동 모델에서 가장 중요하게 설정하는 가치는 바로 참여민주주의를 강화시키고 사회정의를 지역사회의 모든 근간에 확립하는 것이다. 이 모델의 일차적 구성원은 특정한 사안과 관련 있는 시민들이다. 즉, 지역사회에서 불이익을 받는 일반 시민들, 기회의 불평등을 경험하는 일반 시민들이 이 모델의 일차적 구성원이라 할 수 있다.

이 모델에서 변화를 위한 표적체계는 선거로 선출된 공공행정기관 및 의사결정기관의 대표, 사회적 불이익 원인을 제공하는 기타 조직체, 그리고 불의에 반응하지 않음으로써 불의의 실천에 암암리에 동의하는 일반 시민들이다. 이 모델에서 사회복지사는 옹호자, 교육자, 조직가, 연구자의 역할을 수행한다.

7) 연합 모델

지역사회에서 집합적으로 문제를 해결하는 것이 목적인 연합(Coalitions) 모델은 독립된 조직들로 하여금 공동의 목표로 설정한 사회변화를 위해 함께 일하도록 만드는 것이다. 이 모델은 사회복지 프로그램의 방향에 영향을 미칠 정도로 거대하고 필요한 자원을 동원할 수 있는 잠재력을 가진 다중조직적인 힘의 기반을 구축하여 지역사회에서 집합적으로 문제를 해결하는 것이다. 이 모델의 일차적 구성원은 지역사회의 특정 문제에 이해관계를 갖는 조직체와 시민이 될 수 있다.

이 모델에서 변화를 위한 표적체계는 대부분 선거로 선출된 공직자이며, 서비스 프로그램의 신설과 확대에 자금제공을 고취시키는 재단, 특정 사회적 관심에 대응할 수 있는 권위를 지녔지만 준비가 되지 않은 정부당국이다. 이 모델의 주요 관심영역은 연합의 구성 집단과 조직들이 지지하는 구체적인 이슈들이다. 이 모델에서 사회복지사는 전문직 또는 서비스 연합에 있어 지도자, 대변자, 중개자, 협상가의 역할을 수행한다.

8) 사회운동모델

새로운 패러다임 제공을 통해 사회정의실현을 촉진시키고자 하는 모델이 사회운동(Social Movements) 모델이다. 이 모델은 로스만의 '사회행동 모델', 테일러와 로버츠의 '정치적 권력 강화 모델', 그리고 정치·사회행동 모델과 유사한 모델이라 할 수 있다. 단, 다른 모델과 사회운동 모델이 갖는 목적에는 다소 차이가 있다. 사회운동 모델은 지역사회의 특정 인구집단이나 복지관련 현안문제 등과 관련하여 지역사회구성원들과 다양한 형태의 지역사회 조직체에서 새로운 패러다임을 제공함으로써 사회변화를 이루고자 하는 모델이다. 즉, 새로운 패러다임 제공을 통해 사회정의실현을 촉진시키고자 하는 모델이 바로 사회운동 모델이라 할 수 있다(강철희·정무성, 2006).

이 모델에서 변화를 위한 표적체계는 일반 대중과 정치체계 등이다. 그리고 사회운동 모델의 일차적 구성원은 새로운 비전과 이미지를 창출할 수 있는 지도자, 시민, 조직가들이라 할 수 있다. 이 모델에서 사회복지사는 직업적 윤리 및 가치와 부합되는 사회운동에 동참하여 사회변화를 도모하는 촉진자, 특정 사회운동의 옹호자의 역할을 수행한다.

〈표 5-3〉 웨일과 갬블의 지역사회실천 모델

모델/구분	목 표	변화를 위한 표적체계	일차적 지지집단	관심영역	사회복지사의 역할
근린지역 사회 조직 모델	조직화를 위한 구성원의 능력 개발, 지역계획과 외부개발에 영향과 변화	외부개발자, 지역사회주민	이웃, 지역사회 주민	지역사회 주민의 삶의 질	조직가, 교사, 코치, 촉진자
기능적인 지역사회 조직 모델	행위, 태도의 옹호와 변화에 초점을 둔 사회정의를 위한 행동, 서비스 제공	일반 대중, 정부 기관	동호인	특정이슈와 대상 옹호	조직가, 옹호자, 집필자, 정보전달자, 촉진자
지역사회의 사회 · 경제 개발 모델	지역주민 관점에 입각한 개발계획주도, 사회경제적 투자를 주민이 이용할 수 있도록 준비	은행, 재단, 외부개발자, 지역사회주민	저소득계층, 주변계층, 불이익계층	소득, 자원, 사회적 자원개발, 교육, 리더십 기술 향상	협상가, 추진자, 교사, 계획가, 관리자
사회계획 모델	선출된 기관, 서비스 계획협의회가 행동을 하기 위한 제안	지역사회 지도자의 관점, 서비스 지도자의 관점	선출된 공무원, 사회기관과 기관 간의 조직	지역계획에 사회적 욕구 통합, 서비스 네트워크 조정	조사자, 프로포절 제안자, 정보전달자, 관리자
프로그램 개발과 지역사회 연계 모델	지역사회 서비스 효과성을 증진하기 위한 기관 프로그램의 확대와 방향 수정	기관 프로그램 재정 충원자, 기관서비스의 수혜자	기관위원회 또는 행정가, 지역사회 대표자	특정 대상자를 위한 서비스 개발	대변인, 계획가, 관리자, 프로포절 제안자
정치 · 사회 행동 모델	정책 또는 정책 형성자의 변화에 초점을 둔 사회정의를 위한 행동	선거권자, 선출된 공무원, 잠재적 참여자	특정 정치적 권한이 있는 시민	정치권력의 형성, 제도의 변화	옹호자, 조직가, 조사자, 조정자

모델/구분	목 표	변화를 위한 표적체계	일차적 지지집단	관심영역	사회복지사의 역할
연합 모델	프로그램의 방향 또는 자원을 최대한 끌어낼 수 있는 다 조직적인 권력기반 형성	선출된 공무원, 재단, 정부기관	특정 이슈에 이해관계가 있는 조직	사회적 욕구 또는 사회적 관심과 관련된 특정 이슈	중개자, 협상가, 대변인
사회운동 모델	특정대상집단 또는 이슈에 대해 사회정의를 위한 행동	일반대중, 정치제도	새로운 비전과 이미지를 창출할 수 있는 조직과 지도자	사회정의	옹호자, 촉진자

출처: Gamble, D. N., & Weil, M.(2008).

4. 포플 유형

포플(Popple, 1996)은 지역사회 내 보호(care)와 행동(action)을 기준으로 8가지를 제시하였으며, 각각의 모델의 내용은 독립적으로 구별되는 것을 강조하기보다는 세부 기법과 기술 영역에서 중복될 수도 있고 상이한 점을 반영하기도 한다. 이를 좀 더 자세히 살펴보면 다음과 같다(이은영 외, 2011 재인용).

1) 지역사회보호

지역사회보호(community care)는 장애인, 노인, 아동, 외국인근로자 등 취약계층의 복지를 위한 사회관계망과 자발적 서비스를 증진하는 데 그 목적으로 두고 있다. 지역사회 소외계층의 복지 욕구를 충족하기 위해서는 당사자의 자조능력을 개발하는 데 초점이 있으며, 사회복지사의 역할은 지역사회주민이 자원봉사활동의 주도자가 되고 보호를 제공할 수 있도록 격려하는 역할 등을 담당한다.

2) 지역사회조직

지역사회조직(community organization)은 지역사회 내 다른 복지기관 간의 상호협력을 증진하는 수단으로 사용되고 있으며, 사회복지기관의 상호 협력 및 조정은 중복 서비스를 방지하고 자원의 부재현상을 극복함으로 복지 전달체계의 효율성과 효과성을 제고하는 데 일조하고 있다. 사회복지사의 역할은 조직가, 촉매자, 관리자 등의 역할을 담당한다.

3) 지역사회개발

지역사회개발(community development)은 지역사회 주민들의 삶의 질을 제고하기 위한 다양한 기술과 신뢰를 획득하도록 지역사회내 조직을 지원하는 데 사용된다. 다양한 교육활동을 통해 주민 스스로의 자조개념을 증진하여 지역사회의 역량을 향상시키고 독자성을 반영하는 데 초점을 둔다. 사회복지사의 역할은 조력자, 지역사회활동가, 촉진자 등의 역할을 수행한다.

4) 사회/지역계획

사회/지역계획(social/community planning)모델은 지역사회개발 모델과 유사하지만, 사회적 상황, 사회정책, 사회복지기관의 서비스 분석, 주요 목표 및 우선순위의 설정, 프로그램의 기획과 적절한 자원동의 동원, 서비스와 프로그램의 집행 및 평가 등에 중점을 두고 있다. 사회복지사의 역할은 조력자, 촉진자 등의 역할을 수행한다.

5) 지역사회교육

지역사회교육(community education) 모델은 교육과 지역사회 간의 관계를 보다 밀접하고 동등한 관계로 방향 설정을 하며, 비판적 사고와 담론을 통해 억압적 조건과 상황을 변화시키려는 행동양식을 제고하는데 초점이 있다. 사회복지사의 역할은 교육자, 촉진자 등의 역할을 수행한다.

6) 지역사회행동

지역사회행동(community action) 모델은 권력이 취약한 계층에 초점을 두고 자신들이 목표로 하는 것을 달성하기 위해 갈등과 직접적인 행동을 전개한다. 특정한 이슈에 대해 권력자와의 협상을 통해 직접 행동 전략을 선호한다. 사회복지사의 역할은 행동가 등의 역할을 수행한다.

7) 여권주의적 지역사회사업

여권주의적 지역사회사업(feminist community work) 모델은 지역사회실천에 대한 페미니즘의 특징을 지니며, 지역사회 내 여성 불평등을 야기하는 사회적 영향요인에 대한 집합적 대응전략을 통해 여성 인권의 향상을 추구하는 목적을 둔다. 사회복지사의 역할은 조력자, 촉진자 등의 역할을 수행한다.

8) 인종차별철폐 지역사회사업

인종차별철폐 지역사회사업(black and anti–racist community work) 모델은 지역사회실천에서 인종차별에 저항하고 권리보호를 위해 상호원조와 조직화에 초점을 둔다. 지역사회 체계 중 교육, 주택, 건강, 고용 등의 영역에서 차별을 철폐하는 데 중요한 목적을 두며, 직접적인 행동, 지역사회 인식개선 등 다양한 방식으로 전개되고 있다. 사회복지사의 역할은 행동가, 자원봉사자 등의 역할을 수행한다.

5. 지역사회복지실천 모델의 선택 및 동향

1) 지역사회복지실천 모델의 선택

지역사회복지실천은 지역사회의 사회적 경제적 상황, 문제해결 방법 등에 따라 매우 다양한 방식으로 전개되어 왔으며, 지역사회를 구성하는 주민과 조직의 욕구 충족과 삶의 질 향상 및 긍정적인 사회변화를 목적으로 전개되고 있다.

따라서 지역사회복지실천가는 지역사회에 존재하는 다양한 변화전략의 조화를 탐색하고 전문화된 유연한 방식의 지식과 기술의 습득을 위해 다음의 세 가지 사항을 고려할 필요가 있다(함철호, 2020).

첫째, 지역사회복지실천가는 지역사회의 고유한 상황을 통합적·구체적으로 분석해야 하며, 지역사회의 상황은 개별적이며 상대적인 욕구로 인해 매 순간 변화하는 것을 고려해야 한다. 따라서 실천가는 지역사회의 특수한 문제를 해결하기 위해 다양한 변화 전략을 시도하고 분석하는 상황적 기술을 전개해야 한다.

둘째, 지역사회복지실천가는 지역사회복지실천 모델을 선택하고 혼합할 때 단계적으로 시도해야 하며, 실천가는 자신의 경험하고 학습한 지식과 기술을 토대로 단계적으로 상황을 분석해 가면 시도할 때 지역사회의 긍정적인 변화는 더욱더 향상될 것이다.

셋째, 지역사회복지실천가는 지역사회의 가치에 근거하여 모델을 선택해야 하며, 실천가는 지역사회가 추구하는 긍정적인 변화와 인간의 삶의 질 향상을 위해 다양한 가치를 조합하고 선택한 것을 근거로 해당 모델을 전개해야 한다.

요약하면, 지역사회복지실천가는 지역사회의 긍정적인 변화를 위해 지역사회의 전반적인 상황을 분석하고, 적용할 모델을 순차적으로 단계별 전개하며, 지역사회가 추구하는 가치에 근거하여 모델을 조합하려는 노력이 종합적으로 필요하다.

2) 지역사회복지실천 모델의 동향

지역사회복지실천 모델은 해당 지역사회의 상황에 맞게 유연한 형태로 활용될 수 있어야 한다. 특히 현대 사회에서 지역사회실천모델은 지역 상황, 국제적 이슈, 내부·외부 환경적 영향에 의해 계속적으로 변화하는 흐름을 이해하고, 지역사회복지실천의 근간이 되는 가치에 대해 강조하였다.

지역사회가 추구하는 세부적인 가치로는 인간의 존엄성, 인권 등으로 최근에 더욱 강조되고 있으며, 이를 위해 지역사회복지실천가는 다음의 역할을 수행할 필요가 있다.

첫째, 개인이 의사결정에 참여하기 위한 기술과 자원을 지원하는 데 초점을 두어야 한다.

둘째, 취약층의 삶을 증진하기 위해 기술과 자원을 지원하는 데 초점을 둔다.

셋째, 다른 집단이나 개인에게 해를 주지 않는 전략의 사용과 시민 및 사회분배의 정의를 강조한다.

웨일과 갬블(2008)은 지역사회복지실천이 현대사회의 다양한 환경변화에 민감해야 하며, 더욱 더 주민의 참여가 확대되어야 하는 점을 강조하면서 다음과 같은 경향을 제시하였다(홍현미라 외, 2017).

첫째, 인권이 강조되고 있다. 세계화, 다문화 등으로 인한 자발적·강제적 이민이 점점 증가하고 있으며, 여성 및 아동, 소외계층의 권리 확장이 점점 중요해지면서 인권에 대한 감수성을 근간으로 지역사회실천 개입과정이 필요하다.

둘째, 사회복지사의 다양한 역할 변화가 필요하다. 지역사회복지실천가인 사회복지사는 기존의 전통적인 교육자, 중재가 등의 역할을 토대로 조직가, 계획가, 행동가, 옹호자 등 진보적 변화를 추구하는 지역사회와 함께하는 실천적 역할이 더욱 필요하다.

이처럼 사회복지사는 지역사회복지실천을 위한 지식과 기술, 역할을 증대시키고, 이를 위해 세부적인 조사 및 사정을 위해 다양한 방법론을 적용할 수 있어야 하기에 지속적인 역량 강화를 위한 총체적인 노력이 필요하다.

생각해 보기
1. 로스만의 지역사회복지실천 모델 유형에 대해 논의해 보자. 2. 웨일과 갬블의 지역사회복지실천 모델 유형에 대해 토론해 보자.

CHAPTER

06

지역사회복지의 실천원칙과 과정

학습논점
1. 지역사회복지의 실천원칙의 개념과 중요성에 대해 살펴본다. 2. 지역사회복지의 실천과정의 문제 확인하기, 욕구 사정하기, 실천계획 및 실행하기, 평가하기에 대한 각 단계별 목적과 세부 내용에 대해 살펴본다.

1절 지역사회복지실천의 실천원칙

1. 지역사회복지실천 원칙 개념

지역사회복지실천(community welfare practice)의 개념은 지역사회사업, 지역사회 개입 등과 같이 동의어로 간주되고 있으며, 사회복지사가 지역사회실천 현장에서 주민조직과 지역사회 변화를 유도하는데 수행하는 거시적 실천으로 전개되고 있다. 다양한 학자들이 지역사회복지실천에 대한 개념적 정의를 다음과 같이 제시하였다(이은영 외, 2011).

첫째, 호만(Homan, 1999)은 지역사회복지실천에 대해 지역사회 구성원들의 욕구를 충족시키는 방식으로 지역사회의 정책, 서비스, 사람들의 행동과 태도 등에서 지역사회가 지닌 문제를 제거하거나 개선시킴으로 지역사회를 변화시키는 활동이라고 정의하였다.

둘째, 로스(Ross, 1967)는 지역사회복지실천에 대해 지역사회가 자신의 욕구와 목표들 필요한 자원을 찾아내 대처함으로써 지역사회내에 협동적이고 협력적인 태도와 실천을 확대하는 과정이라고 강조하였다.

요약하면 지역사회실천이란 지역사회가 개인과 가족의 복지를 위해 사회복지실천의 환경으로서 매우 중요하게 고려되어야 하며, 지역사회 그 자체가 사회복지실천의 대상이 되고 있다는 점을 고려할 필요가 있다.

2. 지역사회복지의실천 원칙의 중요성

지역사회복지실천은 지역사회의 개인, 가족, 집단, 조직 등의 다양하고 복잡한 행동양식에 대한 긍정적인 변화를 유도하기 위해 지역사회 구성원 간의 호혜적인 관계를 형성하고 원활한 상호작용을 가능하게 하는 사회복지실천 기술이다.

지역사회복지실천 원칙 중 가장 많이 활용되고 있는 로스(Ross)의 견해를 살펴보면 다음과 같다(이은영 외, 2011 재인용; 홍현미라 외, 2017).

1) 로스의 지역사회복지실천 원칙

가. 지역사회 갈등 해결을 위해 추진위원회를 구성하는 원칙

지역사회에 거주하고 있는 주민들은 자신이 사는 지역사회에 대한 갈등을 가질 수 있다. 이러한 갈등을 해결해 나가는 데 가장 합리적인 방법은 추진위원회를 구성하여 불만을 해결해 나가는 것이다. 갈등을 인위적으로 유도해서도 안되지만, 주민이 자신의 불만을 표출하고 이를 다른 주민과 공유하여 지역 공동의 불만으로 인식하게 될 때 추진위원회의 결정이 가능하게 되고, 이러한 갈등 해소를 위한 활동이 활발하게 일어날 수 있다.

나. 지역사회의 불만은 집약되고 공유되어야 하는 원칙

지역사회에 불만이 있다는 자체만으로 해소를 위한 행동이 일어나는 것은 아니다. 일부 주민은 지역사회의 모든 일에 대하여 불만을 가지고 비판적인 태도를 가질 수 있다. 이러한 경우에 주민 참가를 유도하는 데는 어려움이 있겠지만, 불만을 집약하고 구체화시키는 과정에서 해결의 실마리를 찾기도 한다. 따라서 지역사회의 문제를 인식하고, 고민하는 사람들이 모여 그 문제 자체와 문제의 범위에 대하여 논의해서 대책을 세우고 이를 근거로 행동한다. 그러므로 지역사회의 문제인 주민의 불만은 막연한 것보다 특정화되어야 하고, 잠재된 불만은 현재화시켜야 하고, 불만에 대한 논의 수준에서 그치는 것보다 이를 해소하기 위한 행동으로 이어지게 하는 것이 중요하다. 그리고 불만은 지역주민의 공동문제에 집중하는 것이 중요하다. 또한 집약된 불만은 지역사회에 거주하고 있는 사람들이 공유할 수 있도록 알려져야 한다. 같은 지역사회 내에서도 일부 지역에서는 집약된 불만의 정도가 다른 지역보다 높거나 낮을 수 있고, 지역 내의 단체나 조직에 따라 그 정도가 다를 수 있으므로 집약된 불만이 공유되지 못할 때 지역사회 주민 및 조직·단체의 분열을 초래할 수 있기 때문이다.

다. 지역사회 내 주요 하위집단의 지도자를 발굴하고 참여시키는 원칙

지역사회복지실천에서는 주민에 의해 여러 가지 변화가 이루어지므로 지역주민들의 참여가 중요하다. 그러나 다양한 개인의 특수성으로 인해 모든 주민들의 참가에는 한계가 있으므로 대표를 통한 참가를 고려하게 된다. 추진위원회에 하위집단의 지도자를 참여시키기 위해서는 우선 지역주민들의 다양한 이익을 반영하고 있는 주요 집단, 즉 주민의 마음을 사로잡을 수 있는 존경과 신뢰를 받고 있는 공식 및 비공식 집단의 리스트를 구성하여, 다양한 집단에서 직·간접으로 활동하고 있는 풀뿌리 지도자들을 발견해 내는 일이 무엇보다 중요하다. 이들이 실질적으로 지역주민들의 다양한 이익을 대변할 수 있고 또한 주민의 불만을 잘 반영할 수 있는 연결고리의 역할을 추진위원회와 할 수 있을 때, 지역사회 주민과 추진위원회 간의 의사소통 과정이 확보되는 것이며, 나아가 지역사회의 전체적인 균형과 조화를 이룰 수 있게 되는 것이다.

라. 알기 쉬운 공통의 목표와 운영방법을 설정하는 원칙

추진위원회는 지역사회 내의 다양한 집단이 참여하고 있으며 각 집단은 독특한 관심, 태도 및 행동을 하므로, 다양한 이해관계를 갖고 있는 개인과 집단 그리고 지도자를 하나로 모아 공동의 움직임을 가능하게 하는 것은 쉬운 일이 아니다. 이러한 다양성을 해결해 나가기 위해서는 공통의 목표와 운영 방법을 설정해야 하는데 이를 가능하게 하기 위해서는 공통의 목표점과 동의를 얻는 절차를 설명하는 것이 필요하다.

추진위원회가 목적이나 운영절차를 성문화하고 회칙을 정하는 것으로 시작하는 경우가 있는데 그것보다는 목표와 운영절차를 표명하는 것이 모든 구성원들에게 의미 있는 것이면서 서둘러 만들기보다는 실천과 경험, 토론 과정을 통해 신중하게 만드는 것이 중요하다.

마. 사업에는 지역주민을 결속시킬 수 있는 이벤트를 개발하는 원칙

지역주민을 하나로 결속시키기 위해서는 지역주민의 문화를 담을 수 있는 이벤트를 개발하고 추진하는 일이다. 지역사회 내의 다양한 의견을 통합시키기 위해서는 지역 특성에 맞는 공통의 관심이나 정서적 감정 및 전통을 담아낼 수 있는 축제적 행사의 지원이 필요하다. 추진위원회가 정서적 내용이 담긴 행사를 가짐으로써 주민들 상호 간의 신뢰감이 형성될 수 있으며 더불어 협력적인 태도를 갖게 될 것이다. 또한 지역사회의 어려운 이웃들을 도와줄 수 있는 모금사업도 지역주민을 하나로 묶을 수 있는 사업이다.

바. 지역사회 내의 선의를 활용하는 원칙

지역사회의 많은 사람들은 지역사회의 일에 대해 기여하고 참가하기를 원하고 있다. 그러므로 추진위원회는 지역사회 내의 선의와 지지를 개발하고 활용해야 한다. 이를 위해서는 ① 지역사회 여러 집단과의 연락방법, 각 집단에 호소하는 책임의 수준 및 그들의 지지를 확보하는 방법에 대해서 알고 있는 주민 및 집단 지도자들의 지혜를 이용해야 한다. ② 보다 많은 주민의 지지를 얻기 위해 집단이나 단체를 대상으로 하기보다 개인에게 직접 호소해야 한다. ③ 주민이 공헌할 수 있는 수준에서 또는 그들에게 의미 있는 방법에 의해 사회에 공헌하는 활동에 참여할 기회를 제공할 필요가 있다.

사. 효과적인 의사소통을 개발하고 유지하는 원칙

의사소통이란 지역주민들이 공감할 수 있는 가치를 가지고 이해할 수 있는 영역을 확장해 나가는 데 매우 중요하다. 지역사회 내에 있는 다양한 집단을 규합하여 상호작용을 할 수 있도록 의사소통을 촉진함으로써 지역사회를 형성하는 수단을 개발하는 것이라고도 볼 수 있다. 이러한 의사소통을 효과적으로 유도하기 위해서는 우선 추진위원회에 참여하는 사람들이 안정감을 가지고 자유롭게 의견을 발표할 수 있는 분위기를 만드는 것이 중요하다. 다음은 의사소통을 구성하는 방법도 중요하다. 여기에는 두 가지 면이 있는데, 하나는 의사소통을 원활하게 하기 위한 인력배치와 이들 간의 관계이고, 다른 하나는 상호관계를 유지하기 위한 방법이다. 이러한 의사소통이 원활하게 이루어지지 않을 때 갈등이 일어나는 원인이 된다.

보다 효과적인 의사소통을 형성할 수 있는 몇 가지 조건들을 살펴보면 다음과 같다.

첫째, 추진위원회 내에 실제 활동력을 가진 다수의 소집단을 만들어 놓는 것이 좋다.

둘째, 집단지도자는 추진위원회와 지역사회를 연결시키는 매개체가 되기 위해 책임감과 기술을 향상시킬 필요가 있다.

셋째, 전달의 양보다 질에 중점을 두고 충분한 자료를 준비하여야 한다.

넷째, 현존하는 언론매체, 즉 지역 내의 신문, 유선방송 등을 잘 활용하여야 한다.

다섯째, 추진위원회 및 지역사회 내의 효과적인 전달자를 발견해 이들의 숙련된 기술을 잘 활용하여야 한다.

아. 모임 참여자들을 지지하고 역량을 강화하는 원칙

추진위원회에 참여하는 개인이나 구성 조직에 대하여 지지와 격려, 원조를 제공하여, 그들의 역량을 강화해 주어야 한다. 이를 위해서는 모든 조직이 추진위원회에서 수용되고 있다고 느낄 수 있는 분위기를 만들고 비판받고 있다고 느끼지 않도록 해야 한다. 이러한 지지와 격려가 없을 때 추진위원회는 잘못하면 상호간에 분열이나 붕괴 또는 냉담해지기 쉬우며 조직의 기반이 좁아지게 된다. 따라서 조직 내에서 발생할 수 있는 작고 큰 문제들을 이해하고 격려하며 수용해 나갈 수 있는 분위기와 지도력이 필요하다. 또한 전문직원의 원조를 통한 약한 집단에 대한 직접적인 육성과 지도자의 양성 등이 이루어져야 한다.

자. 합리적인 절차를 준수하고 리더십을 개발하는 원칙

추진위원회가 주민들의 적극적인 관심과 참가를 유지하기 위해서는 합리적인 절차와 융통성 있는 리더십이 필요하다. 지침과 절차가 마련되었을 때 추진위원회의 사무운영에 있어서 안정감을 확보할 수 있고, 확립된 절차의 범위 내에서 여러 가지 방법을 활용하는 융통성을 가져야 한다. 예를 들면, 어떤 점에 대해서는 전문가의 조언을 구하고, 어떤 점에 대해서는 지역사회 내의 지식층 집단의 의견을 구하고, 어떤 점에 대해서는 참가 집단 속에서부터 그들이 현재 토론 중인 문제에 대해 특별 관심을 가지고 있는 집단을 선택하여 전원출석을 요구해 토론하여 의견을 구할지 등 여러 가지 방법을 융통성 있게 활용하여 필요한 자료나 동의를 얻을 수 있어야 한다. 추진위원회에서는 지역사회의 자원과 능력을 무시한 채 성급하게 사업을 추진하여 결과를 얻고자 하는 경향이 있다. 동일한 지역사회라고 하더라도 그것을 수용하고 추진해 나가는 데 있어서는 많은 차이점을 보일 수 있다. 이러한 현상에 적절한 보조를 맞춰 나가기 위해서는 지역사회의 전반적인 실태나 특성은 물론이고 눈에 보이지 않는 것까지 철저하게 파악하여 대처해 나갈 필요가 있다.

차. 유능한 지도자를 발굴하고 육성하는 원칙

지역사회가 가지고 있는 문제들을 원만하게 해결해 나가는 데 가장 중요한 요소는 지역사회에 거주하고 있는 자 중에서 지도자를 찾아내고 육성하는 일이다. 추진위원회에 필요한 유능한 지도자란 주민 조직을 이해하고, 지역사회의 사기를 끌어 올릴 수 있는 능력을 갖추고 있는 사람을 말한다. 이러한 유능한 지도자를 효과적으로 발굴 육성하여 다양한 현장경험과 지도력 훈련이 필요하다.

카. 지역사회에서 인정과 신용을 얻는 원칙

추진위원회는 지역사회 문제를 효과적으로 잘 해결하여 지역주민으로부터 인정과 신용을 얻어야 한다. 이러한 의미에서 추진위원회는 지역사회의 협력 상징이 되어야 한다. 또한 추진위원회는 다른 회원 조직과 경쟁 상대가 되지 않도록 노력해 나가야 한다. 왜냐하면 하위 조직으로부터 지지와 협력을 얻어내기가 어렵기 때문이다. 이를 효과적으로 실현하기 위해서는 주민으로부터 인정받고 있는 소그룹 지도자를 추진위원회에 참여시켜, 어려운 지역사회 문제를 해결해 나갈 수 있는 역량을 키워 나가야 할 것이다.

2) 맥닐(McNeil)과 존스와 다마쉬(Johns&Demarche)의 견해

맥닐(C. P. McNeil)은 지역사회복지실천의 원칙에 대해 다음과 같이 설명하고 있다(이은영 외, 2011 재인용).

가. 지역복지활동은 사람들과 그들의 욕구에 관심을 가져야 한다. 지역복지활동의 목표는 사회복지 자원과 사회복지 욕구 간의 효과적인 적응을 창조하고 유지함으로써 인간생활을 풍요롭게 하는 것이다.

나. 사회복지를 위한 지역복지활동에 있어서 일차적인 클라이언트는 지역사회로 이해하고 상호의존성에 입각해서 문제들을 이해하고 해결하려는 자세를 가져야 한다.

다. 지역사회를 있는 그대로 이해하고 수용하며, 현존자원을 효과적으로 활용하여 문제에 접근하는 자세를 가져야 한다.

라. 지역사회 각 계층의 적극적인 참여를 목표로 하고 이를 실천하고자 노력하여야 한다. 지역사회 각 계층의 이익을 대표하는 이들의 적극적인 참여는 지역복지활동의 중요한 목표가 된다.

마. 욕구의 가변성(changeability)에 따른 사업과정의 변화에 대해 이해하여야 한다. 즉, 인간의 욕구는 계속 변한다는 사실과 사람들과 집단들 간의 관계도 계속 변한다는 현실이 지역복지활동에서 인식되어야 한다.

바. 기관들이 서로 협력하고 기능을 분담하도록 한다. 모든 사회복지 기관·단체는 상호의존적으로 맡은 바 기능을 수행하는 것이다.

사. 과정으로서의 지역사회복지활동이 사회복지실천의 한 분야임을 인식하는 일을 그 실천원리로 삼는다고 한다.

이보다 앞서 일반적인 원칙들을 제시한 바 있는 존스와 다마쉬(Johns & Demarche)의 견해를 살펴보면 다음과 같다(이은영 외, 2011 재인용).

가. 지역사회복지실천은 목적이 아니라 수단이며 궁극적인 목적은 인간의 복지와 성장이라는 사실을 이해한다.

나. 개인과 집단처럼 지역사회도 서로 상이하기 때문에 지역사회의 특성에 따른 개별화의 원칙을 준수해야 한다.

다. 지역사회는 자기결정의 권리를 가지며, 강요에 의한 사업 추진은 거부해야 한다.

라. 지역복지 활동의 토대는 사회적 욕구이며, 따라서 각 욕구 사이의 중재를 위해 민주적인 태도를 견지해야 한다.

마. 사업을 수행하는 구조는 단순해야 함을 이해해야 한다.

바. 분배의 공평성을 유지해야 한다.

사. 문제해결을 위한 접근방법에 있어서 다양성을 존중하도록 노력한다.

아. 기관의 효과적인 운영을 위해 다른 기관과 협력(집중의 원칙)하는 동시에 자체의 사업과 이익을 유지하려는 태도(분산의 원칙) 등의 효과적인 지역사회복지실천을 위한 일반원리들이 정립되어야 한다.

3) 던햄(Dunham)의 견해

던햄(Arthur Dunham)은 지역사회복지실천을 효과적으로 수행하기 위한 30여 개에 이르는 일련의 원리들을 제시한 바 있으나, 여기서는 그 핵심적인 10가지 내용들만을 소개하여 종합해 보기로 한다(이은영 외, 2011 재인용).

가. 사회복지기관과 서비스는 조직운영 및 사업의 실천과정에서 반드시 민주적인 원칙을 준수해야 한다.

나. 사회복지 프로그램에는 모든 집단이 참여할 수 있어야 하며, 프로그램은 지역사회 주민들의 충분한 이해와 도덕적·재정적 지지(support)에 기초해야 하고 능력 있는 지도력을 전제로 시행되어야 한다.

다. 지역사회개발과 관련이 있는 자조의 개념은 지역사회복지조직에 응용할 수 있는 것이며, 주민들의 적극적인 참여는 민주주의 원칙과 편의주의의 관점에서 조장되어야 한다.

라. 본질적으로 지역사회복지실천가의 역할은 문제해결과 목적달성을 위해 주민집단과 조직에 전문적인 지식과 기술, 원조 및 창의적인 지도력을 제공해야 한다.

마. 자발적인 협동에 의해 사업을 진행하되, 최선의 지역사회복지실천은 일련의 개별적인 노력보다는 중요한 문제를 해결하기 위한 조정계획으로 특징지어져야 한다.

바. 사회복지 프로그램은 욕구에 기초해서 해결하도록 해야 하고, 항상 가변성을 띠고 있어야 한다. 또한 서비스 수혜자들의 요구와 봉사능력에 바탕을 두고 시작해서, 발전되고, 수정되며, 종결되어야 한다. 그리고 사회복지기관, 시설, 프로그램은 조직단위와 실천단위에 맞는 효과적이고 경제적인 규모이어야 한다. 따라서 효과적인 서비스를 제공할 수 있는 범위는 명확하게 한정되어야만 한다.

사. 지역사회의 사회복지서비스는 지역사회 주민들의 욕구에 비례하며, 전체에게 공평하게 분배되어야 한다.

아. 사회복지사업의 조직과 관리는 가능한 한 간단해야 하며, 개별적 가치에 기초해서 공통의 관심을 위해 통일적으로 활용되어야 한다.

자. 지역사회의 지도력은 가장 효과적인 사회복지 욕구를 해결할 수 있는 복지자원의 동원과 발전을 위한 의식적 노력을 의미한다. 이것은 새로운 기관과 프로그램을 창출하고, 기존 프로그램의 결과를 창의적으로 수정, 보완하는 것이다.

차. 사회복지 프로그램은 예방에 관심을 두어야 한다. 치료와 재활은 단순한 보호보다 사회적으로 가치 있는 것이지만, 이보다 더 가치 있는 것이 예방이다. 따라서 보호보다는 치료가, 치료보다는 예방이 지역사회조직의 건전한 구호이고 원리이다.

이와 같이 지역사회복지실천은 민주적이고 효율적인 조직 원리를 바탕으로 지역사회의 총체적인 발전을 위해 독특한 기능을 수행하는 과정이다. 지역사회복지실천은 건전한 계획과 행동을 위한 적절한 사실 기반을 유지하고 안전하게 관리하는 기능, 사회복지계획과 서비스를 창출하고 발전·수정·종결시키는 기능, 사회복지의 기준을 달성해서 유지하고 개선시키는 기능, 사회복지의 욕구·자원·목적·계획·방법 및 기준에 대한 공적 이해를 발전시키는 기능, 사회복지활동에 있어서의 공적인 지지(public support)와 참여를 고무시키는 기능 등을 수행한다.

2절 지역사회복지의 실천과정

지역사회복지실천은 지역사회를 중심으로 한 사회복지실천이라는 점에서 사회복지의 실천과정과 유사하지만, 지역사회복지의 실천과정은 어떤 특정 모델이나 일정한 순서에 의해 획일적으로 진행되기보다 지역의 특성이나 상황에 따라 다양하다. 지역사회복지실천의 구체적 과정에 대하여 본 장에서는 문제 확인하기, 욕구 사정하기, 실천계획 및 실행하기, 평가하기의 4단계로 나누어 살펴보고자 한다(이은영 외, 2011 재인용).

1. 문제 확인하기

지역사회의 문제해결을 위해서는 우선 지역사회의 문제를 확인해야 한다. 따라서 지역사회에서 충족되지 않은 욕구와 문제를 파악하고 분석하는 것이 중요하다. 문제해결 과정에서 문제를 어떻게 규정하고 개념화하는지에 따라 정책수립을 위한 구상이 달라지고 구체적인 해결방안과 실천전략이 달라진다.

지역사회의 문제를 확인하기 위해서는 지역사회의 특성에 대한 이해가 필요하며, 구체적으로 역사적·문화적 요인, 환경적 요인, 지역주민 요인, 사회자원 요인, 권력구조 요인 등으로 구분하여 제시하고자 한다.

(1) 지역사회의 특성에 대한 이해

① 역사적·문화적 요인

가. 지역사회에서 발생하는 문제는 그 지역사회의 역사적·문화적 요인과 관련이 많으므로 이에 대한 자료수집과 정보를 파악할 필요가 있다.

- 유용하고 객관적인 자료 수집을 위하여 주요정보를 가지고 있는 주민들에 대한 정보수집.
- 지역사회 공청회, 통계자료, 지역주민들에 대한 설문조사 등을 통한 문제 확인

나. 지역사회의 관습이나 축제 등의 계승 정도가 그 지역주민의 의식을 이해하는 데 도움이 된다.

② 환경적 요인

가. 지역구분은 행정적 구분, 즉 행정의 편이성에 의한 지역 구분과 자연환경에 의한 지역구분 즉 지리·지형에 의한 지역 구분으로 나눌 수 있다.

- 행정적 구분은 근거리이지만 교류가 활발하지 못한 경우도 있고, 원거리이지만 교류가 활발한 경우도 있다.
- 자연환경에 의한 지역구분은 강이나 산 등과 같이 자연환경에 의한 지역구분도 있으므로 지역사회의 환경적 요인에 대한 특성을 파악하는 것이 필요하다.

나. 지역사회의 산업구조의 특성에 따라 지역의 특성과 발생하는 문제가 달라질 수 있다. 즉, 농업지역, 공업지역, 상업지역 등은 각 지역마다 연령별 인구구성비가 다르고, 주거환경을 비롯한 여러 가지 생활환경도 차이가 나므로 발생하는 문제도 달라질 것이다.

다. 주민교류의 장이 될 수 있는 공원, 각종회관, 쇼핑센터, 문화센터 등이 얼마나 있는지에 따라 주민 생활과 교류의 패턴이 달라질 수 있으므로 이에 대한 파악이 필요하다.

③ 지역주민 요인

가. 인구동태 및 인구학적 특성파악

- 지역의 인구 규모와 전입·전출에 의한 이동 경향
- 지역주민의 연령별·성별 분포 상황
- 세대의 종류와 세대당 인원수 등
- 경제적 상태

나. 지역에 대한 주민의식 파악

- 지역사회의 장·단점에 대한 의식과 원인
- 지역에 대한 귀속감
- 주민단체에 대한 의식 및 서비스 제공 기관에 대한 의식
- 행정에 대한 신뢰도와 지지도에 대한 파악

다. 지역주민 간의 네트워크 파악은 주민집단을 편성할 때 중요한 정보가 되므로 매우 중요하다. 여기서 네트워크란 가족, 친척, 이웃, 친구 등과 형성되는 사회적 관계를 말한다.

④ 사회자원 요인

사회복지사는 지역사회의 사회자원을 이용하여 지역문제를 해결해 나간다.

그러므로 지역사회의 인적자원, 물적자원, 공공기관과 비공식 조직, 정보자원에 대한 내용을 다음과 같이 파악할 필요가 있다.

〈표 6-1〉 지역사회의 자원구분 및 내용

자원 구분	내 용
인적 자원	• 지역사회의 주요인물 • 지역사회와 연고가 있는 주요인물
물적 자원	• 후원금 개발이 가능한 기업 및 복지지원재단 • 후원금을 개발할 수 있는 계층(자영업자, 근로자 등)
공공기관 · 비공식조직	• 공공기관 : 시청, 군청, 경찰서, 소방서, 교육기관 등 • 시민단체 : 문화, 체육, 종교 • 주민조직 : 자원봉사조직, 민간서비스 제공자 등
정보 자원	• 사회기관의 서비스 종류와 분포상황 • 주민과 밀접한 법률제정 및 개정 사항 • 지역사회의 문제 확인을 위한 실증적 자료와 수집에 관한 사항 • 지역사회복지실천을 저해하는 장애요인에 관한 사항

출처: 이은영 외(2011), 재인용.

⑤ 권력구조 요인

가. 지역사회에서 의사결정에 중요한 역할을 하는 주민조직의 종류와 규모를 파악한다.

나. 공식적 지도자와 비공식적 지도자의 특성과 양자 간 힘의 관계를 파악한다.

다. 지역주민의 지도자에 대한 신뢰도와 지지도를 파악한다.

그 밖에도 사회복지사는 문제를 확인하고 분석하는 단계에서 지역문제와 관련된 다음과 같은 가치관에 대해 세밀하게 고려해야 한다.

첫째, 문제의 주체를 파악해야 한다. 우선 누가 주어진 문제를 문제로 보는가를 분석해야 한다.

둘째, 사회의 어떠한 가치관과 제도가 문제를 파생시키며 존속시키고 있는가를 분석해야 한다.

셋째, 특정 사회문제에 대해 사회 지배계층의 사고방식을 분석해야 한다.

넷째, 사회문제에 대해서 사회복지사가 속해 있는 기관이나 단체의 견해를 분석해야 한다.

다섯째, 전문분야가 갖는 견해와 가치를 분석해야 한다. 동일한 사회문제에 대해 전문분야에 따라 의견의 차이가 있을 수 있다.

2. 욕구 사정하기

일반적으로 지역사회복지실천에서 욕구 사정(assessment)은 지역사회구성원들이 어떠한 서비스를 필요로 하는지 자료를 수집하여 분석하는 과정을 말한다. 욕구 사정은 일반적으로 지역거주자, 서비스 전문가, 지역유지, 지도자 또는 주요 정보 제공자들의 지역사회 현황에 관련된 인식에 초점을 둔다.

욕구 사정을 기초로 필요한 사업내용과 프로그램을 개발하기 때문에 지역사회복지실천 과정에 있어서 매우 중요하다고 하겠다.

1) 욕구 개념

욕구란 '인간이 어떤 목적을 가지고 결핍된 무엇인가를 충족시키기 위하여 그것을 필요로 하는 상태'를 의미하며, 욕구는 전문가의 판단에 의해 규정된 욕구인 규범적 욕구(normative needs), 개개인이 느끼는 욕구인 인지적 욕구(perceived needs), 서비스의 수요에 기초한 욕구인 표출적 욕구(expressed needs), 다른 사람이나 타 지역과 비교해서 정해지는 욕구인 상대적 욕구(relative needs) 등으로 구분한다.

2) 지역사회구성원의 욕구 사정

지역사회복지실천 과정에서 욕구 사정은 중요한 의미를 지니고 있다. 개인, 가족, 집단의 욕구 파악으로 시작하여 욕구의 강도와 깊이를 파악함으로써 지역사회의 다양한 이슈와 문제를 포괄해야 한다. 또한 다양하고 상이한 자료수집방법으로 이루어지기 때문에 이에 대해 정확히 이해할 필요가 있다.

3) 지역사회 욕구 사정 시 고려할 사항

욕구 사정에서 고려해야 할 사항은 다음과 같다(오정수·류진석, 2021).

가. 정보와 이용 가능한 자원에 대한 파악이다.

- 어떤 자료로 지역사회문제 및 주민들의 욕구를 확인할 것인가에 대한 파악
- 원하는 자료를 어떻게 수집할 것인가에 대한 파악
- 자료의 정확성과 유용성, 자료수집의 비용에 대한 파악
- 자원의 이용 가능성에 대한 파악

나. 이용 가능한 서비스의 지역사회문제 또는 욕구에 대한 포괄성을 검토해야 한다.

다. 자료수집방법과 욕구 사정의 내용과 관련하여 지역사회가 어느 정도에서 허용할 수 있는가를 고려해야 한다.

라. 욕구 사정은 자료수집과 분석을 통한 공식적이고 체계적 접근이 요구된다. 공식적인 욕구 사정은 인터뷰, 설문조사, 통계자료를 통하여 이루어지며, 문제분석은 다양한 관점에 의한 접근으로 욕구 사정의 신뢰도를 높일 수 있다.

마. 욕구 사정의 방법은 조사방법 및 조사 수행시간, 실제 필요한 자원, 지역사회 구성원들의 포함 여부 등을 고려해야 한다.

3. 실천계획 및 실행하기

지역사회복지의 실천계획은 파악된 주민의 복지 욕구와 지역사회 복지 문제를 과제로 문제의 우선순위를 정한 후 목표를 설정하고 구체적인 내용과 스케줄을 설정한다.

1) 지역사회복지 문제의 우선순위

사회복지사는 지역사회를 기반으로 다루어야 할 욕구나 과제가 다양하기 때문에 우선 어떤 문제부터 개입할지를 결정해야 한다. 지역주민의 욕구나 문제를 동시에 해결하는 것은 불가능하므로 문제의 우선순위에 따라 개입하는 것이 바람직하다. 지역사회복지 문제의 우선순위 결정 기준과 유의점을 살펴보면 다음과 같다.

〈표 6-2〉 문제의 우선순위 결정기준과 유의점

구 분	유 의 점
문제의 우선순위 결정기준	• 긴급성과 심각성이 높은 문제 • 지역주민이나 단체가 문제해결 능력을 발휘하기 쉬운 문제 • 지역전체적인 대응이나 배려가 필요한 문제
사회복지사와 소속기관 관련 유의사항	• 다룰 문제가 사회복지사가 속한 기관의 활동범위 내에 있는가? • 사회복지사가 해결해야 할 문제에 대하여 경험과 기술, 관심이 충분한가?

2) 목표 수립

지역사회복지실천에서 목표설정은 개입과정의 방향을 명확히 제시해 주어 계획대로 진행할 수 있도록 도와주고, 개입이 끝난 후 그 결과를 효과적으로 평가할 수 있게 해주기 때문에 중요하다.

① 목표의 종류 및 내용 : 목표는 변화하며, 서로 다른 상황은 서로 다른 종류의 목표를 필요로 한다.

② 목표의 설정 및 선정 지침 : 목표는 지역사회주민들이 바라는 목표와 관련되어야 하며, 목표는 구체적이며 측정 가능한 용어로 진술되어야 한다. 또한 목표는 가능하다면 성장을 강조하는 긍정적 용어로 진술되어야 한다.

③ 목표의 상호적 합의과정 : 목표의 상호 합의과정은 지역사회복지사와 지역주민들과 함께 상호 협의하여 선정하도록 하고, 지역주민이 선택한 목표를 향하여 최선을 다할 수 있도록 목표의 순위를 정한다.

3) 실시계획

지역사회의 문제해결을 위하여 우선순위를 결정하고 구체적 대책이나 활동 계획을 세운다. 구체적으로 누가, 언제, 어디서, 무엇을, 어떻게, 어떤 방법, 어느 정도의 비용으로 어떤 협력자와 함께 어느 정도의 횟수와 빈도로 실시할 것인가 등에 대한 내용을 명확하게 해야 한다. 또한 융통성 있는 계획을 세우되 각자의 책임과 역할 분담을 명확히 할 필요가 있다.

4) 실천계획의 추진

실천계획을 추진하기 위한 세부 요소는 다음과 같다.

① 재원의 확보

실천계획을 훌륭히 수행하기 위해서는 안정적 재원의 확보가 필요하다. 때문에 실천 전략을 추진하는 기관에서는 재원을 확보하고 재원확보 후에는 지역주민에게 재원과 관련된 불신 요소들을 제거해야 한다.

② 추진 인력의 확보

실천계획의 원활한 진행을 위하여 우수 인력 확보가 매우 중요하다. 추진 인력 중 가장 중요한 인력은 지역사회의 지도자이다. 이러한 지도자를 확보하기 위하여 지역사회복지사는 지역주민들과 자주 접촉하는 등 노력을 아끼지 말아야 한다. 또한 우수한 추진 인력을 확보하기 위하여 지역주민들에게 다양한 프로그램을 통한 지속적인 교육을 실시하는 것이 필요하다.

③ 추진 기관의 리더십

지역사회의 중요 추진기관으로는 사회복지협의회, 종합사회복지관, 사회복지공동모금회, 자원봉사센터, 복지 관련 시민단체라고 할 수 있다. 이들 기관에서는 지역사회 실천전략이 잘 추진될 수 있도록 리더십을 개발해야 한다.

5) 프로그램의 실행하기

프로그램의 실행은 목표를 달성하기 위해서 행하게 되는 일련의 활동을 말한다. 목표를 달성하기 위한 프로그램의 실천 과정에서는 사업을 추진하는 기관이 여러 관련 집단과 협력적인 활동을 전개하는 것이 보통이다. 그리고 새로운 문제가 발생할 수도 있으며, 때로는 대폭적인 수정을 가해야 할 경우도 발생한다. 이에 지역사회복지사는 프로그램의 실행단계에서의 변화를 예측할 수 있는 통찰력을 가지고 예기치 못한 상황에서 신속하게 대처할 수 있는 능력과 기술이 필요하다.

4. 평가하기

평가하기 단계에서는 올바른 평가를 위하여 일정한 기준이 필요하며, 이러한 평가기준이 설정되지 않는다면 평가는 무의미하다. 효과성에 대한 평가와 앞으로의 재조직화를 위해서 목표의 달성도와 좌절의 원인을 검토하고 전체 과정을 재점검하는 것이 중요하다.

1) 프로그램 평가의 기준과 평가요소

프로그램의 평가의 기준에 대해서는 여러 학자들이 다양한 기준을 제시하고 있으며, 세부 기준과 평가요소는 다음의 표와 같다.

〈표 6-3〉 프로그램 평가의 기준과 평가요소

기 준	정 의	평가요소의 예
노력성 (effort)	프로그램 활동의 양	〈프로그램의 투입요소와 전환과정〉 • 단위활동의 수 • 이용자의 수 • 전문지식과 기술의 소유와 활용 정도 • 프로그램 예산 및 자원 • 프로그램 기간 및 하위활동의 단위기간 등 • 프로그램 활동에 대한 전문인력의 투입시간
효율성 (efficiency)	산출대비 비용 정도	〈서비스 단위 산출당 소용 비용〉 • 프로그램 노력에 대한 비용 • 프로그램 결과에 대한 비용 등
효과성 (effectiveness)	프로그램 목표의 달성 정도	〈목표달성과 프로그램 노력 간의 인과관계〉 • 이용사의 인시적/감정적 변화 • 이용자의 행동상의 변화 • 이용자 집단의 사회적 변화 등
영향 (impact)	사회문제나 이용자 욕구 변화에 미친 영향	〈프로그램 노력과 사회적 지표변화 간의 관계〉 • 위기집단과 표적집단 내에서의 변화정도 • 사회지표상의 변화에 대한 실증적 기대 정도 등

기준	정의	평가요소의 예
서비스의 질 (quality)	프로그램의 전문성	〈프로그램 제공자의 전문성〉 • 서비스 인력의 전문자격 소유 여부와 정도 • 프로그램에서 활용하고 있는 전문지식과 기술의 발전 상태 등
과정 (process)	프로그램 결과의 정도	〈프로그램 운영상의 매개체〉 • 세부목표들의 달성 정도와 연계성 • 세부목표와 프로그램 결과 사이의 영향 정도의 차이 등
형평성 (equity)	프로그램 배분의 공평성	〈프로그램 접근성〉 • 대상집단에게 동일한 접근기회가 주어졌는지의 여부와 그 정도 • 프로그램 활동이 지역 내에 균등하게 배분되는 정도 등

출처: 이은영 외(2011), 재인용.

2) 프로그램 평가의 목적

프로그램 평가의 목적은 다음과 같이 정리해 볼 수 있다.

첫째, 프로그램의 목표달성 정도를 파악하기 위한 목적이다. 프로그램의 실시로 인한 변화를 평가하기 위한 상황에서는 그 변화에 프로그램이 미친 영향이나 프로그램의 효과라는 전제하에서 프로그램 실시 전·후 간의 차이를 그 효과로 간주한다. 이와 같이 프로그램의 효과나 영향을 사정 및 측정하는 것을 목적으로 삼는 평가는 프로그램 실시로 인한 변화를 프로그램으로 말미암아 발생한 것임을 정당화하는 데 중점을 두며, 국가 사회적 차원의 정책이나 복지 프로그램에 대한 투자를 정당화하고자 하는 경우 등에 이 평가 목적이 주로 적용된다.

둘째, 프로그램의 장점 및 가치를 파악하기 위한 목적이다. 특정 프로그램을 확대 보급할 것인지, 그에 대하여 투자할 것인지, 그를 특정목적 및 상황에 적용할 것인지 등을 결정하기 위한 경우, 대상 프로그램이 어떤 장점과 가치를 지니고 있는가를 확인하고자 하는 목적으로 평가를 요구하게 된다. 이런 경우에는 대상 프로그램의 가치를 파악하거나 장점을 발견하는 것이 평가의 주목적이 된다.

셋째, 프로그램의 존속 및 폐지를 결정하기 위한 목적이다. 프로그램에 관한 중

대한 의사결정을 내려야 하는 상황에서 기존 프로그램을 계속해서 실시할 것인지, 확대 또는 축소해서 재실시할 것인지, 수정하여 실시할 것인지, 아니면 폐지할 것인지 등을 결정하기 위한 목적으로 평가를 하는 경우가 이에 해당한다.

넷째, 프로그램의 지지 및 그 안정을 위한 목적이다. 프로그램이 의도하는 목표를 어느 정도 달성하고 있는가를 확인하거나 프로그램의 효과가 어느 정도인가를 파악함으로써 프로그램의 존재와 가치를 인정하고 그에 대한 투자를 지지하기 위한 목적으로 평가를 실시하는 경우가 있다. 이러한 목적으로 평가를 실시하면 평가 경과가 프로그램의 존재를 정당화해 주는 효과가 있어 그 프로그램에 대한 투자와 지지를 얻어낼 수 있게 된다.

다섯째, 프로그램 수행의 점검 및 통제를 위한 목적이다. 대국민 공공복지 프로그램이 제대로 작동하고 있으며 프로그램 관련자들이 맡은 바 임무에 충실하고 있는지를 평가하기 위한 목적으로 실시하는 것이며 이러한 경우의 평가는 행정적 역할 및 사회적 역할을 중시한 것으로써 평가를 실시함으로써 프로그램 실시의 질적 관리를 기하고 관련자들을 감독 및 통제하는 효과를 얻게 된다.

여섯째, 프로그램 담당자의 책무성(accountability)을 과시하기 위한 목적이다. 프로그램 운영 및 관리 자체에 대한 인정과 지지를 획득하는 데 중점을 두고 프로그램을 개발하여 실시하는 담당자 입장에서 프로그램에 대한 평가를 실시함으로써 자신들의 책무를 충실하게 다하고 있다는 것을 과시할 수 있게 된다. 이러한 경우의 평가에서는 평가결과를 통하여 자신들의 프로그램 운영 및 관리 자체를 인정하기 위한 평가의 심리적 역할 또는 사회적 역할을 강조하게 된다.

일곱째, 프로그램의 홍보를 위한 목적이다. 프로그램의 목적 및 내용을 대중에게 알리기 위한 목적으로 평가를 실시하는데 이때 평가의 심리적 역할과 정치적 역할을 강조하고 그것을 중시해야만 이 평가 목적을 달성할 수 있다. 그러므로 프로그램이 실시되고 있다는 사실을 홍보하는 수준, 프로그램의 목표 및 내용을 홍보하는 수준, 프로그램의 가치와 효과를 홍보하는 수준 등을 상정할 수 있으며 어떤 수준의 홍보를 의도하느냐에 따라 평가의 내용 및 방법이 달라질 수 있다는 점을 중시해야 한다.

여덟째, 프로그램을 정당화 및 타당화하기 위한 목적이다. 새로운 프로그램을 개발하여 실시하는 경우 그 프로그램이 의도하는 바를 제대로 충실하게 달성하고 있는가를 확인하기 위한 목적이나, 프로그램 실시 결과를 바탕으로 프로그램이 제대로 목적을 달성했다는 것을 확인하기 위한 목적으로 평가를 실시할 수 있다. 정당화(justify)는 프로그램의 목적 및 내용과 관련된 근거자료를 통하여 프로그램의 필요성과 활용, 가능성을 합리적인 근거를 바탕으로 확인하는 절차를 중시한다. 타당화(validate)는 프로그램의 결과로써 효과와 가치를 바탕으로 프로그램이 의도하는 대로 유용한 결과를 산출시켰음을 확인하거나 산출시킬 가능성이 높다는 것을 판단하는 절차를 강조한다.

아홉째, 프로그램에 관한 연구를 위한 목적이다. 특정 프로그램이 어떤 내용으로 구성된 것이며, 그 효과와 영향은 어떠한가 등에 대한 관심을 가지고 프로그램에 대하여 체계적으로 연구하고자 하는 경우의 평가를 의미한다. 수집한 자료를 평가준거에 입각하여 분석하고 그를 바탕으로 구체적인 평가기준을 설정하며 평가원칙을 명료화하고 기준과 원칙, 근거자료를 바탕으로 평가적 판단을 내리게 된다. 프로그램의 내용, 그에 대한 기대수준, 프로그램 실시 과정과 결과 등을 고려하고 수집 분석된 자료에 근거하여 평가기준을 설정하고 평가원칙을 적용하여 평가적 판단을 내리게 되면 평가목적을 달성하게 된다.

3) 평가의 유형

평가의 유형은 보는 관점이나 평가의 목적에 따라서 다음과 같이 다양하게 이루어진다.

가. 총괄평가(Summative Evaluation) : 프로그램이 집행되고 난 후에 목표달성의 정도를 측정해 보는 것이다. 표적인구 집단에 일어난 변화에 초점을 두며, 특정 프로그램이 의도하는 바를 제대로 수행하고 있는지, 목표를 달성하였는지 등에 대해서 평가한다. 총괄 평가는 특정 프로그램이 지속될 것인지의 여부를 결정

할 수 있는 중요한 근거가 된다.

나. 형성평가(Formative Evaluation) : 프로그램 운영 중에 이루어지는 평가로써 프로그램 수행과정에서 문제점을 발견하여 프로그램 수정 및 보완을 목적으로 이루어지는 평가조사이며, 지역사회주민들에게 계획대로 서비스를 제공하고 있는지의 여부를 평가하는 데 초점을 둔다.

자료 수집 방법에 따른 분류로는 다음과 같이 구분된다.

가. 질적 평가

- 자료의 속성상 계량화가 어렵고 사실적인 자료를 얻을 때
- 성과보다는 사회적 과정에 초점을 맞출 때
- 참여관찰과 면접 등 다양한 자료수집 방법 선택
- 자료 분석에서 귀납적 접근법 이용

나. 양적 평가

- 실험설계와 통계조사를 강조
- 사실 발견의 반복성과 일반성, 측정의 신뢰성, 객관성, 정확성, 표준 등을 강조
- 수치를 산출하는 데 중점
- 양적 측정기준의 단순성, 명료성, 논리성이 우수

생각해 보기
1. 로스(Ross)의 지역사회복지실천 원칙에 대해 논의해 보자. 2. 총괄평가와 형성평가의 목적과 차이점에 대해 토론해 보자.

CHAPTER

07

지역사회복지의 실천기술

학습논점
1. 지역사회사정 기술의 주요개념과 내용에 대해 살펴본다. 2. 자원동원 및 개발 기술의 주요개념과 내용에 대해 살펴본다. 3. 네트워크 기술의 주요개념과 내용에 대해 살펴본다. 4. 조직화 기술의 주요개념과 내용에 대해 살펴본다. 5. 옹호 및 대변 기술의 주요개념과 내용에 대해 살펴본다. 6. 역량강화 기술의 주요개념과 내용에 대해 살펴본다.

사회복지사가 지역사회복지실천 과정에서 수행해야 하는 역할의 범위는 매우 광범위하다. 지역사회를 실천하는 모델에 따라서 사회복지사가 활용하는 기술은 더욱 다양하지만, 사회복지 실천현장에서 주로 활용하는 지역사회사정 기술, 자원동원 및 개발 기술, 네트워크 기술, 조직화 기술, 옹호 및 대변기술, 역량강화 기술을 중심으로 설명하고자 한다.

1절 지역사회사정 기술

1. 지역사회사정 기술의 필요성

지역사회사정은 지역사회복지실천의 가장 근본적이고도 중요한 기초가 되는 기술이다. 특히 현대 산업사회에서 사정의 의미와 중요성이 더욱 증가하는 이유로는 복잡한 지역사회 환경안에서 개인, 가족, 집단, 학교 등에서 발생하는 사회문제는 무엇인지, 그 문제를 해결하기 위한 자원은 어떻게 동원하고 연결해야 하는 것이 효과적·효율적인지 등에 대한 조사가 필요하기 때문이다(홍현미라 외, 2017). 사회복지실천에서 개인, 가족 등에 대한 사정 과정에서도 강조되는 것이 역량강화적 접근이 점점 부각되고 있으며, 지역사회사정에서도 지역사회가 지닌 강점에 초점을 두면서 미래지향적 패러다임으로 지역사회사정에 대한 기술이 필요하다. 지역사회사정 기술은 지역주민들이 희망하는 욕구인 사회문제에 대한 정확한 조사가 필요하기 때문이며, 지역사회의 상황을 있는 그대로 파악하고, 지역사회가 어떠한 문제와 욕구를 지니고 있는지, 또한 그것을 해결할 역량은 얼마나 되는지에 대한 정확한 파악이 선행되어야 한다.

지역사회사정 기술의 주요원칙으로는 다음과 같다.

첫째, 목적을 명확히 밝혀야 한다.
둘째, 구체적인 쟁점에 초점을 두어야 한다.
셋째, 다양한 관점을 인정하여야 한다.
넷째, 지역주민의 참여를 중시하여야 한다.

전통적인 지역사회사정 기술은 지역사회의 자체 욕구 파악만을 중요하게 생각하게 생각하여 지역사회에 부족한 욕구가 무엇인지, 지역사회의 문제나 상황을 점검하는 과정에만 초점을 두었다. 그러나 복잡한 현대 산업사회에 들어서는 지역사회의 사정은 지역사회의 욕구파악을 기초로 지역사회 자원 조직화 등에 더욱 많은 관심을 가져야 한다. 즉 자원을 파악하여 문제 상황에 대처할 역량의 유무 여부를 조사하고, 지역사회의 문제를 해결할 수 있는 핵심정보 제공자 활동이 어떠한지를 파악하며, 지역사회의 긍정적인 측면을 부각시켜 지역사회를 변화시키려는 활동이 더욱 필요하다.

2. 지역사회사정 기술의 내용

지역사회사정은 지역사회의 상황을 진단하고, 평가, 판단, 이해, 그리고 사실자료 수집 등의 내용을 포괄하는 것을 의미하며, 지역사회의 사회문제를 확인하고 욕구와 자원을 사정하여 개입계획의 근거를 마련하는 것을 의미한다.

1) 지역사회 사정의 유형

Spradley(1990)은 지역사회 사정의 범위를 기준으로 하여 다음과 같이 포괄적 사정, 탐색적 사정, 문제중심 사정, 하위체계 사정을 구분하였다(이은영 외, 2011).

첫째, 포괄적 사정(comprehensive assessment) : 지역사회 전반을 대상으로 행하는 사정으로 1차 자료의 생성이 목적이며, 조사대상 규모가 다른 조사에 비해 크기 때문에 비용의 제한이 있을 경우는 대략적 욕구만을 파악할 가능성이 높다.

둘째, 탐색적 사정(familiarization assessment) : 지역사회의 상태를 개괄적으로 살펴보기 위해 실행되는 초보적 단계의 사정으로 사정 대상이나 참여자, 비용 등이 상대적으로 적다.

셋째, 문제 중심 사정(problem-oriented assessment) : 지역사회에서 우선적으로 해결해야 할 문제 중심에 초점을 두고 사정이 실행되는 경우이며, 포괄적 사정보다는 좀 더 전문적 사정이 이루어질 가능성이 높다.

넷째, 하위체계 사정(subsystem assessment) : 지역사회의 특정 하위체계 욕구 중심으로 이루어지며 이때 하위체계의 역동성을 고려해야 하며, 지역사회의 특정 하위체계를 중심으로 이루어진다는 점에서 문제 중심 사정과는 차이가 있다.

2) 욕구사정

(1) 욕구

욕구(need)란, 의사결정에 있어서 책임이 있는 사람들이 필요하다고 보는 수준, 조건, 현재 수준과 조건의 차이를 의미한다(함철호, 2020). 이러한 인간의 욕구에 대해 Bradshaw(1992)는 다음과 같이 4가지 유형에 대해 구분하였다(Chamber, Wedel, & Rodwell, 1992).

〈표 7-1〉 욕구의 구분 및 내용

구분	내용
규범적 욕구 (normative needs)	• 전문가에 의해 규정된 욕구 • 계량화가 쉽기 때문에 욕구의 객관성 파악에 유리 • 욕구의 상대성이 잘 드러나지 않는다.
인지적 욕구 (perceived needs)	• 욕구를 지닌 개개인이 인지하는 욕구 • 욕구가 상황에 따라 수시로 변할 수 있다.
규범적 욕구 (normative needs)	• 전문가에 의해 규정된 욕구 • 계량화가 쉽기 때문에 욕구의 객관성 파악에 유리 • 욕구의 상대성이 잘 드러나지 않는다.
상대적 욕구 (relative needs)	• 타인과의 비교에서 비롯되는 욕구 • 다른 인구집단에 제공되는 서비스 수준상의 차이를 설명하기 위해 도입 • 두 지역 간의 특성을 고려하여 두 집단의 욕구를 비교하려는 것은 위험한 결과를 초래할 수도 있다.

출처: 이은영 외(2011), 재인용.

(2) 욕구사정

욕구사정이란, 파악된 욕구에 대한 상대적 중요성을 추측하는 데 그 목적이 있으며, 측정도구를 사용하여 욕구를 측정한 후, 파악된 욕구를 토대로 프로그램 개발과 서비스 개발에 활용하기 위해 욕구의 우선순위를 결정하는 과정이다. 욕구사정에서 고려해야 할 사항은 다음과 같다(오정수·류진석, 2021).

가. 정보와 이용 가능한 자원에 대한 파악이 필요하다.

나. 이용 가능한 서비스의 지역사회문제 또는 욕구에 대한 포괄성을 검토해야 한다.

다. 자료수집방법과 욕구 사정의 내용과 관련하여 지역사회가 어느 정도에서 허용할 수 있는가를 고려해야 한다.

라. 욕구 사정은 자료수집과 분석을 통한 공식적이고 체계적 접근이 요구된다. 공식적인 욕구 사정은 인터뷰, 설문조사, 통계자료를 통하여 이루어지며, 문제분석은 다양한 관점에 의한 접근으로 욕구 사정의 신뢰도를 높일 수 있다.

마. 욕구 사정의 방법은 조사방법 및 조사 수행시간, 실제 필요한 자원, 지역사회 구성원들의 포함 여부 등을 고려해야 한다.

(3) 욕구 사정의 주요 문항

효과적인 욕구 사정을 위한 욕구조사에 포함해야 할 관점으로 지역사회에 대한 관점, 서비스 욕구에 대한 관점, 서비스 제공자나 핵심적 제공자의 지역 욕구에 대한 관점, 지역자산에 대한 관점 등이 있으며, 관점별 주요 문항의 내용은 다음과 같다.

〈표 7-2〉 지역사회 욕구 사정의 관점 및 관련 문항

주요 관점	욕구 사정 관련 주요 문항
지역주민의 지역사회에 관한 관점	• 지역주민은 어떠한 문제들을 겪고 있는가? • 이러한 문제들을 어떠한 방식으로 다루어야 하는가? • 이러한 문제들을 다루기 위해 지역주민은 어떠한 행동을 취해야 하는가? • 공공기관이나 정부는 어떠한 행동을 취해야 하는가? • 지역기관이나 시설 등은 어떠한 행동을 취해야 하는가?
지역거주자의 서비스 욕구에 대한 관점	• 이러한 문제들을 다루기 위해 지역사회에서 제공되는 서비스는 있는가? • 확인된 문제들을 다루기 위한 서비스가 제공돼야 한다고 주민들은 느끼는가? • 이러한 문제들을 다루기 위해 지역주민은 현재 가능한 서비스들을 이용하고 있는가? • 이러한 서비스들을 제공받지 못하는 주민들이 있는가? • 추가적으로 어떠한 서비스가 제공되어야 하는가?
서비스 제공자나 핵심적 제공자의 지역 욕구에 대한 관점	• 어떤 유형의 서비스를 주민들이 필요로 하는가? • 지역단체나 기관에서는 현재 어떠한 서비스들을 제공하고 있는가? • 한 기관이나 단체 이상에서 비슷한 서비스가 제공되고 있는가? • 어떤 지역단체나 기관에서는 특성화된 서비스를 제공하고 있는가? • 현재 제공되는 서비스들이 주민들의 욕구를 충족하기에 적합한가? • 지역사회 내의 기관들 사이에 서비스 연계는 어떠한 방식으로 이루어지는가? • 전체 서비스체계로 볼 때 어떠한 서비스가 제공되지 못하고 있는가?

주요 관점	욕구 사정 관련 주요 문항
지역자산에 관한 관점	• 지역주민에게 필요한 기술이나 자원은 무엇인가? • 지역사회 내의 중요 조직이나 시설은 어떤 것이 있는가? • 이러한 기관들을 지역자산으로 활용할 수 있는가? • 지역 기관 내의 중요 연결 장치는 무엇이며, 지역조직을 최대화하기 위해 그 연결 장치들을 잘 활용할 수 있는 방법들은 무엇인가? • 지역의 외형적 특성은 무엇인가? • 지역조직을 위해 활용될 수 있는 지역 외부의 자원들은 어떤 것들이 있나?

출처: 감정기 외(2005).

3) 지역사회 욕구사정을 위한 자료수집 방법

〈표 7-3〉 욕구의 구분 및 내용

구 분	내 용
양적 자료 수집 방법	• 지표분석방법 : 정부기관 또는 사회복지관련 조직에 의해 수집된 기존자료를 이용하여 지역사회구성원의 욕구나 문제를 분석하는 방법 예) 통계청의 각종 통계자료, 인구센서스 자료, 한국의사회지표, 사회통계조사보고서, 노동통계, 보건복지통계 등 • 사회조사방법 : 우편조사나 집합조사, 면접조사, 전화조사 등을 포함한 다양한 방법으로 지역사회 내에서의 충족되지 않은 욕구에 대한 정보를 수집한다. • 지역사회집단 접근 : 사회조사, 시민조사의 방법으로 가장 널리 쓰이는 욕구 조사 방법이다. 전체 지역사회나 하위 지역사회에서 개인 인터뷰, 전화 인터뷰 등을 한다.
질적 자료 수집 방법	• 델파이 기법 : 전문가 중심의 주요 정보제공자들을 활용하는 방법으로 우편이나 E-mail을 통해서 수행할 수 있는 기법이다. 회수된 응답을 분석하고 미합의 시 반복과정을 통해 합의에 도달한다. • 명목집단 기법 : 각 참여자들은 짧은 시간 동안 리스트에 게재된 현안에 대해 찬반을 논하고, 집단은 최종적으로 현안 가운데 우선순위를 매기기 위해 투표한다. 목표확인 및 행동계획을 개발하기 위해 이용한다. • 주요정보제공자 기법 : 주요정보제공자로부터 대상 집단의 욕구 및 서비스 이용 상태를 파악하는 방법이다. • 참여관찰 : 관찰자가 조사대상(개인, 집단, 지역사회 등)의 행동이나 사회현상을 현장에서 직접 보거나 들러서 필요한 정보나 상황을 정확히 알아내는 방법

출처: 이은영 외(2011), 재인용.

4) 지역사회 욕구사정의 단계

① 1단계 – 개입가설의 수립
② 2단계 – 관계당사자 파악
③ 3단계 – 변화 가능성 분석
④ 4단계 – 변화 방법의 선택
⑤ 5단계 – 목적과 목표의 수립
⑥ 6단계 – 전술의 선택
⑦ 7단계 – 시행과 평가

2절 자원동원 및 개발 기술

1. 자원동원 및 개발 기술의 필요성

자원(resources)은 사회복지실천에서 클라이언트의 변화나 그들의 생활을 향상시키는 데 유용하게 사용할 수 있는 인력, 물질, 조직, 정보로 이해할 수 있다(이은영 외, 2011). 지역사회 문제를 적극적으로 대처하고 해결하기 위해 필수적인 지역사회복지 핵심 자원은 인적 자원과 물적 자원이라고 할 수 있다. 특히 지역사회의 인적자원인 주민이 지역사회의 유용한 시민으로서 역할과 활동을 전개할 수 있도록 자원 동원 및 개발의 기술은 갈수록 증가하고 있다.

2. 인적 자원의 동원 및 개발 기술의 내용

인적 자원 동원 및 개발에서 가장 우선적으로 추진해야 할 작업은 주요한 인적 자원의 소재를 파악하고 접촉하는 것이다. 인적 자원은 전문적 지식과 실천기술을 가진 전문 인적자원인 사회복지사와 자원봉사자로 구분할 수 있으며, 사회복지사는 자원의 효과적인 활용을 위하여 각 인적자원의 특성을 파악하여 접근하는 것이 중요하다.

이러한 인적 자원의 특성을 파악한 후 지역사회복지실천에 참여할 수 있는 형태로 동원하는 기술은 기존 조직의 활용, 개별적 접촉, 사회경제적 네트워크의 활용으로 구분할 수 있다(홍현미라 외, 2017).

첫째, 기존 조직의 활용은 가장 빨리 사람을 동원할 수 있는 방법이다. 이를 위해 사회복지사는 지역사회에서 참여 가능성이 높은 조직이나 집단의 지도자들과 접촉하여 지역사회실천에 동참할 것을 권유한다. 무엇보다도 조직의 자율성을 지키면서 동등한 자격으로 참여시켜야 하며 조직 간 갈등이 발생하지 않도록 공동의 목표를 강조하는 것이 중요하다.

둘째, 개별적 접촉은 지역사회 주민들을 개별적으로 접촉하여 지역사회실천에 동참하도록 하는 방법이다. 개별적 접촉의 방법은 호별 방문, 우편물 발송, 좌담회 등 사람들이 많이 모이는 장소에서의 대화 등 다양하다. 잠재적 참여자를 실질적 참여자로 바꾸기 위해서는 그들의 힘을 토대로 변화를 가져올 수 있다는 확신을 강조하는 것이 효과적이다.

셋째, 사회경제적 네트워크의 활용을 통해 필요한 인적 자원을 동원할 수 있다. 네트워크에 속해 있는 사람을 직접적으로 접촉하는 것보다는 내부의 동료를 통해 접촉하는 것이 더 효과적이다. 즉, 사회복지조직의 소집단의 지도자를 찾아서 회원들을 동원할 수 있는 기반을 쌓는 것이 이에 해당된다.

이러한 인적 자원을 동원하고 개발하기 위해 사회복지사가 고려해야 할 원칙은 다음과 같다(함철호, 2020).

첫째, 기존 조직이나 네트워크에 편입된 자원일수록 지역사회조직의 성원이 되기 쉽다.

둘째, 개인의 지역사회조직 참여는 그가 제공하는 비용과 받는 이득에 의해 영향을 받는다. 또한 개인의 이득은 조직 전체 참여 성원이 공통적으로 받는 이득(집합적 유인)과 참여 정도에 따라 다르게 받는 이득(선택적 유인)으로 구분되며,

이 두 가지 유인이 적절히 조절되어야 참여가 활발해진다.

셋째, 기존 조직들은 지역사회복지실천의 중요한 자원이며, 참여자들의 비용을 줄일 수 있고, 또한 참여자들이 지니는 성공 가능성에 대한 기대는 지역사회복지실천 활동을 성공적으로 이끌어 가는 데 중요한 요인이 된다.

넷째, 참여자 간 응집력이 높은 집단이 네트워크에 의한 동원을 통해 집합 행동이 발생하고 활성화된다.

다섯째, 최소한의 분업이 가능한 소규모 비공식 집단이 다양한 전술을 사용할 수 있고 외부의 방해에도 효과적으로 대응할 수 있다.

3. 물적 자원의 동원 및 개발 기술의 내용

대부분의 사회복지 기관은 비영리 기관이기 때문에 조직의 운영이나 클라이언트에게 전달되어야 할 서비스 경비에 필요한 현금 및 물품을 자체적으로 생산하거나 조달하는 것은 거의 불가능하다. 이러한 자원들은 사회복지사의 모금 또는 후원을 통해 혹은 사업제안서(proposal) 제출에 의해 마련된다(오정수·류진석, 2021). 물적 자원을 효과적으로 확보하기 위해서 전략적인 계획과 시장조사, 욕구분석, 목표설정 등 마케팅 전략이 필요하다. 기관의 목적과 사업을 매스미디어를 통하여 적극적으로 홍보하고, 기관의 신뢰성을 높여야만 필요한 자원의 확보를 촉진할 수 있다.

이러한 자원의 동원 및 개발에서 중요한 것은 현금이나 물품의 사용에 대한 투명성을 확보하여 후원자에 대한 조직의 신뢰성을 유지하는 것이다. 그리고 조직 구성원의 전문성과 사명감을 통해 후원자들이 바라는 좋은 결과를 보여주는 것이 필요하다. 따라서 조직 차원에서 구성원에 대한 꾸준한 교육과 책임성 확보를 위한 노력이 요구된다.

3절 네트워크 기술

1. 네트워크 기술의 필요성

네트워크란 일반적으로 연결망(김용학, 2004)이라 번역되며, 연결의 단위가 사람이면 인적 네트워크, 조직이면 조직 네트워크라 일컫는다(함철호, 2021). 『사회사업사전』에서는 네트워크에 대해 "상호 간에 자원, 기능, 접촉, 지식을 가지고 있는 사람들 내지는 조직이 비공식적 또는 공식적 연결"로 정의하고 있다.

지역사회복지실천에서 네트워크 기술은 사회복지사가 클라이언트를 적절한 지역사회의 자원과 연계하는 기술을 말한다. 특히 지역사회복지실천은 서비스 기관의 전문성 추구로 인하여 한 기관에서 통합적인 서비스가 제공되기보다는 지역사회의 자원을 연결하여 클라이언트의 복합적인 욕구를 해결하고자 하는 사례관리가 강조되면서 네트워크 기술이 중요해지고 있다.

지역사회복지에서 지역 문제에 대해 공동으로 대응하고 협력하기 위한 지역사회 내 자원을 동원하고, 의사소통을 원활히 하기 위하여 네트워크 기술이 점점 강조되고 있다.

2. 네트워크 기술의 내용

네트워크 기술은 클라이언트의 욕구에 더욱 중점을 두는데 클라이언트의 욕구가 복합적이고 다양할수록 네트워크 기술의 중요성이 더욱 커지고 있으며, '환경 속의 개인'(person-in-environment)이라는 사회복지실천의 기본이념과 일치한다(홍현미라 외, 2017).

네트워크 기술은 사회복지 관련 여러 기관과 시설의 중복된 서비스를 효율적으로 통제하여 통합된 서비스를 제공할 수 있다. 지역사회의 각 조직들은 그들의 목표를 성취하기 위해 독립된 서비스를 제공한다. 이러한 서비스 제공은 클라이언트 입장에서 서비스의 중복 혹은 누락을 경험하게 되며 지역사회 전체적으로는 한정된 자원이 비효율적으로 낭비되는 문제를 야기시키고 있다. 따라서 네트워크 기술의 전개과정에 따라 이러한 서비스의 중복이나 누락을 방지하고 클라이언트에게 통합적 서비스를 제공할 수 있다.

사회복지사는 네트워크 체계의 원활한 구축과 활용을 위해 평소 특정 주요인물, 기관, 조직과 긴밀한 관계를 형성해야 한다. 특히 참여하고 있는 성원 간의 상호신뢰가 중요하기 때문에 상호 교류와 화합이 잘 이루어지도록 융통성을 발휘해야 한다. 이러한 기술은 참여 성원 간 합의를 바탕으로 전체 참여 성원들이 연계체계의 공동 목표를 인정하고, 지역사회복지를 실천하기 위한 공동의 활동에 참여할 수 있도록 교육과 훈련을 제공해야 한다. 또한 조직 성원으로 하여금 공동의 목표와 실천 작업을 유지하도록 정보를 공유하고 자원을 교류하는 활동을 지속적으로 준비하고 제공해야 한다.

네트워크의 구성요소는 다음과 같이 4개의 구성요소로 구분되어 사용되고 있다(배응환, 2003).

첫째, 행위자의 구성은 네트워크 조직에 있어 어떠한 행위자들이 참여하여 상호연결 되어 있는가를 의미한다.

둘째, 공동목적은 행위자가 각자 자신의 선호와 이해를 토대로 공동의 목표를 달성하기 위하여 노력한다는 것을 의미한다.

셋째, 권력자원은 행위자가 사회적 가치를 배분하는 데 사용할 수 있는 영향력 자원이다. 권력자원은 자신들의 이해를 반영시키거나 공동의 이해를 수렴하는 데 중요한 토대가 된다.

넷째, 상호작용은 거버넌스를 의미하며, 네트워크 개념의 본질적 특성에서 연유하는 것으로 행위자는 상호이해와 권력자원을 토대로 공동의 목적을 달성하기 위하여 교환을 해야 한다.

4절 조직화 기술

1. 조직화 기술의 필요성

지역사회복지에서 조직화(organizing)는 클라이언트(체계)의 문제를 해결하기 위해 필요로 하는 인력이나 서비스를 규합하고 나아가 조직의 목표를 성취하도록 합당하게 운영해 나가는 과정이다(최옥채, 2012). 조직화는 지역사회의 당면문제를 해결하기 위해 전체 주민을 대표로 하는 일정 수의 주민을 선정하여서 모임을 구성하는 것을 의미하며, 이 가운데 주민 조직화는 지역의 가장 강력한 자원이 되고 있으며, 지역사회 역량의 상징이며, 사회적 자본의 토대가 되고 있다(함철호, 2020).

지역사회 조직은 개별사회사업, 집단사회사업과 함께 전문사회사업의 한 방법으로서 지역사회를 구성하는 개인, 집단, 이웃의 사회적 복리를 원하는 방향으로 향상시키기 위해 지역사회 수준에서 전개되는 일련의 활동으로 정의된다(최일섭·이현주, 2006). 사회복지사는 지역사회가 처한 상황과 해결 방향에 따라 목표를 세우고 합당한 주민을 선정하여서 모임을 만들고, 이 조직이 지역사회의 욕구나 문제를 해결해 나가도록 적극적으로 지원한다.

따라서 지역사회 조직화 기술은 사회문제를 해결하기 위한 계획된 행동으로 개인, 집단, 조직이 참여하도록 하는 개입방법으로 점점 그 중요성이 증가하고 있다.

2. 조직화 기술의 내용

조직화는 지역주민들을 세력화하고 주민조직을 만들어 지역사회 발전에 지속적으로 함께 일할 수 있도록 하는 것이라고 정의할 수 있다(최옥채, 2012). 지역사회복지실천 조직의 주요 클라이언트는 지역의 빈곤층을 대표로 하는 사회적 약자였으나 최근에는 중산층을 포함한 전 지역주민으로 바뀌고 있다. 따라서 조직화의 목적은 사회적 약자가 다른 주민들과 동격의 구성원으로서 사회에 참가하고,

일반생활자로서의 자립을 꾀하도록 하는 것에 있다.

조직화는 지역주민에 대해서도 사회참여과정에서 사회적 약자를 특별한 존재로 취급하지 않고 동등한 인격체로 인식할 수 있도록 돕는 것에 있으며, 그들의 역량을 최대화하여 지역사회문제의 예방 및 해결활동에 적극 참여할 수 있도록 지원하는 것에 있다.

조직화의 단계는 준비 단계, 계획화 단계, 조직화 단계, 지역 활동 및 복지운동 단계, 평가 및 과제전환 단계 등 다섯 단계로 구분해 볼 수 있다(최일섭·이현주, 2006; 홍현미라 외, 2017; 함철호, 2021).

1) 조직화의 준비 단계

조직화의 준비 단계에서는 인적·물적 자원의 확보와 직원의 역할 분담이 중요하다. 또한 지역의 범주를 한정하여 해당 지역 내의 인적·물적 자원의 탐색 과정이 필요하다. 그리고 기관 전체의 관심과 참여를 유도하기 위해서 조직화 사업을 전체적으로 알 수 있는 기획 작업이 필요하다. 특히 기관 내외의 자원동원 방법과 계획화 혹은 조직화의 전력이 개괄적으로 소개되어야 한다.

2) 조직화의 계획화 단계

조직화의 계획화 단계에서는 주로 지역사회 및 주민 욕구 사정, 지역사회 자원 사정, 프로그램 개발과 평가 계획 등이 이루어진다. 주민 욕구에 대한 사정은 지역주민의 일반적 복지 욕구를 파악하기 위한 조사와 특정 복지 욕구를 파악하기 위한 조사로 구분된다. 전자는 매년 실시하는 주민 욕구 조사를 들 수 있으며, 후자는 특정사업 프로그램을 개발하기 위하여 특정 대상층을 대상으로 조사하는 방법을 들 수 있다.

프로그램 개발과 평가 계획은 조직화의 과정 및 과업 목표를 완수하기 위하여 지역사회 자원을 효과적이고 효율적으로 활용하여 지역사회의 문제 성격을 고려하여 프로그램이나 서비스를 개발하고 그 성과를 측정하기 위한 계획을 말한다.

3) 조직화 단계

조직화 단계는 계획화 단계에서 설계된 내용을 기초로 하여 모집, 정서강화형 소집단 구성단계, 문제해결형 소집단 구성단계 등이 이루어진다. 모집에서는 접촉, 자원봉사자 모집, 이슈화, 홍보 등 다양한 전략을 펼칠 수 있다. 정서강화형 소집단 구성 단계는 지역대표자 중심으로 한 집단을 구성하여 구성원 간의 관계 형성, 동기화, 의식화 사업 등을 통해 성원 간의 정서적 결속을 강화하고 주민참여의 필요성을 강조하여 지역사회에 대한 이해를 높일 수 있도록 한다.

문제해결형 소집단 구성 단계에서는 대표자 및 임원을 구성하는 조직구조화, 지역의 대표자로서 자질과 역량을 갖추도록 하는 리더십 교육, 지역대표자들의 의견이 충분히 반영될 수 있도록 논의를 통해 조정하는 계획수정작업이 포함된다.

4) 조직화의 지역 활동 및 복지운동 단계

조직화의 지역 활동 및 복지운동 단계는 조직화 단계에서의 개입활동을 의미한다. 지역 활동은 주민들의 민주적 의사결정에 의한 합의에 의하여 주민 자치적으로 지역사회의 복리향상을 위한 노력을 의미한다. 그러므로 지역 활동은 주민역량 강화, 민주적 합의과정, 주민자치활동 등이 포함된다.

복지운동은 사회운동의 일환으로 주로 주민복리의 불합리성을 전체 지역주민에게 알리고 이를 개선하기 위하여 힘을 규합하여 전개하는 주민운동을 의미한다. 복지운동에서 중요한 것은 복지서비스의 불합리한 제도 개선, 약자에 대한 옹호활동, 주민계몽활동 등이며 이를 위하여 다양한 연대활동이 필요하다.

5) 조직화의 평가 및 과제전환 단계

조직화의 평가 및 과제전환 단계는 지역사회조직사업에 대한 평가와 사업 종결과 관련한 제반 과정이다.

평가 단계에서는 지역사회조직사업의 성과를 공론화하기 위해서 양적 및 질적 방법으로 효과성과 효율성에 대하여 객관적이고 체계적으로 평가를 진행하는 것을 말한다. 과제전환 단계는 사업의 종료, 새로운 사업 전환, 조직의 역량강화 등의 내용이 포함된다. 사업의 종료는 문제 해결, 사업 중단 등에 의해서 실행된다. 과제 전환절차는 새로운 과제 찾기, 실현가능성 검토, 새로운 과제선정 및 기획 등이 포함된다.

조직의 역량강화는 독립된 조직운영을 의미하며 사회복지사 혹은 사회복지기관의 관여를 배제하는 것이 아니라 상호 신뢰관계 속에서 독자적 운영을 지원받는 방향으로 운영된다.

5절 옹호 · 대변 기술

1. 옹호 · 대변 기술의 필요성

옹호 · 대변 기술은 사회변화를 추구하는 사회복지사의 주요한 기술로 점점 그 중요성이 증가하고 있다. Baker(1995)는 옹호란, "타인을 위해 직접적으로 대표하거나 방어하는 행위"로 정의하며, 미국 사회복지사협회(NASW)의 옹호에 관한 특별위원회에서는 옹호자란 "남의 명분을 호소하는 사람"으로 기술하고 있다. 결과적으로 옹호란, 스스로의 권리를 확보할 능력이 부분적 전체적으로 제한된 사회적 단위에 대해 지원하는 활동을 의미한다.

우리 사회의 현실에서 사회적 약자의 입장에서 지역사회에서 사회복지사가 적극적으로 활동하기에는 제한적인 것은 사실이나 지역사회주민으로 구성된 주민조직을 통해 정치조직, 경제조직의 권력에 대항하며 활동하는 포괄적인 개념으로 정의된다.

2. 옹호 · 대변 기술의 내용

Mickelson(1995)은 사회복지사는 개인, 가족, 집단, 조직이나 지역사회를 포함하는 클라이언트를 대신하여 다양한 수준에서 옹호·대변 활동에 관여하게 된다고 그 중요성에 대해 강조하였다. 옹호·대변 기술의 구체적인 내용은 다음과 같다(함철호, 2021).

첫째, 옹호·대변 기술은 개인, 체계, 사례, 계층과 같이 클라이언트 혹은 시민의 이익을 대변하거나 주장하는 것을 의미하며, 사적 어려움을 공적인 이슈로 혹은 개인적 문제를 사회적 문제로 변형시키는 역할이다.

둘째, 옹호·대변 기술은 지역사회복지실천에서 클라이언트나 시민의 이익을 대변하는 활동을 말한다. 반드시 대결이나 갈등이 수반되는 것이 아니며 다양한 전문가들이 활동할 수 있다.

셋째, 옹호·대변 기술은 클라이언트가 권리를 갖고 있으며, 그 권리의 보장은 법적으로 요구할 수 있다는 가정에서 출발한다.

넷째, 옹호·대변 기술은 모든 사회복지사가 갖추어야 할 기본 기술로서 다양한 수준의 클라이언트로 하여금 문제 해결에 적극적으로 참여할 수 있도록 도우며, 그들의 이익을 대변하는 핵심기술이라고 할 수 있다.

다섯째, 옹호·대변 기술은 클라이언트의 이익 혹은 권리를 위해 대변하거나, 방어하는 일체의 활동을 의미하며, 직접적 서비스 실천에서 옹호는 종종 클라이언트를 지지하고 대변하는 활동이기도 하고, 클라이언트가 스스로를 대변하는 자기옹호가 이루어지기도 한다.

지역사회복지실천가가 효과적인 옹호·대변 기술을 전개하기 위해서는 다음과 같은 원칙을 가져야 한다(이은영 외, 2011).

첫째, 옹호·대변 기술은 합리적 수준을 유지하는 것이 좋으며, 클라이언트의 수준에 맞아야 한다는 것이다.

둘째, 옹호·대변 기술은 팀워크(teamwork)에 의존한다. 개별적인 옹호 활동이 더 좋은 결과를 가져올 때도 있지만, 집단적인 옹호 활동은 동원 가능한 자원이나 다양한 전술을 활용할 수 있다는 점에서 유리한 점이 많다.

셋째, 옹호·대변 기술은 적극적이고 단호한 태도를 요구하기도 한다. 옹호 활동의 상대가 되는 기득권을 가진 조직 혹은 개인을 대상으로 타협적이거나 양보하는 태도를 취하기 쉽다. 하지만 클라이언트의 이익을 지속적으로 알리고 상대방의 변화를 유도하기 위해서는 적극적인 태도를 견지해야 한다.

1) 옹호 · 대변 기술의 범위

사회복지사는 지역사회에서 다양한 영역에서 옹호·대변 기술 활동을 수행해야 하며, 미시적 차원과 거시적 차원으로 구분할 수 있다(함철호, 2020). 사회복지사는 환경 및 개인에 대한 옹호·대변 기술 활동을 수행할 때 개입수준에 상관없이 미시적, 거시적 실천기술 모두를 사용할 필요가 있으며, 두 가지 차원의 옹호·대변 활동은 밀접하게 관련될 때 더 효과적인 옹호·대변 활동이 전개될 수 있다.

가. 미시적 차원

지역사회복지실천에서 미시적 차원의 옹호·대변 기술은 사례옹호로 클라이언트가 필요로 하는 서비스, 자원, 가격을 지니도록 원조하는 것으로 클라이언트 스스로가 자신을 대변하고 옹호할 수 있도록 지원하는 활동을 의미한다. 주로 미시적 차원의 사례옹호는 클라이언트와 환경 간의 상호작용을 대상으로 한 옹호·대변에 초점을 둔다.

나. 거시적 차원

지역사회복지실천에서 거시적 차원의 옹호·대변은 계층 혹은 명분 옹호로 특정 클라이언트 집단에 불리한 영향을 미치는 이슈들을 중심으로 사회정책을 통하여 환경을 바꾸기 위한 개입 활동을 의미한다.

2) 옹호 · 대변 기술의 유형

Hardcastle 등(2004)은 미시적 차원에서 거시적 차원까지 사회복지실천에서 사용되는 옹호 · 대변기술의 유형에 대해 크게 6가지로 구분하여 제시하였다.

〈표 7-4〉 옹호·대변기술의 유형

유형	개념	사회복지사의 기술
자기옹호 (self-advocacy)	클라이언트 개인 및 집단이 스스로 자신을 옹호하는 활동. 때로는 자조집단 및 지지집단을 구성해서 활동함.	행정적 및 기술적 지원(회의실 제공, 자원봉사자 공급) : 격려 및 정보 제공
개인옹호 (individual advocacy)	클라이언트가 스스로 자신을 옹호할 수 없을 때 사회복지사가 개인이나 가족을 대신하여 옹호하는 활동.	개인 및 가족의 욕구 파악 및 사정 기술
집단 옹호 (group advocacy)	유사한 문제를 경험하는 클라이언트들로 구성된 집단의 공동 문제를 해결하기 위한 옹호 활동.	집단사회복지실천기술, 의사소통기술
지역사회옹호 (community advocacy)	소외된 혹은 공동의 문제를 경험하는 지역주민들을 위한 옹호 활동. 지역주민들이 스스로 지역사회를 옹호하기도 하고, 지역사회를 대신하여 다른 사람들이 옹호 활동	주민을 모으고 조직화하려는 기술: 일일캠프 개최, 건강달리기 모임 활용
정치 또는 정책적 옹호 (political/policy advocacy)	사회정의와 복지를 증진시키기 위해서 입법영역, 행정영역, 사법영역에서 다양한 형태로 전개되는 옹호 활동.	특정 법안의 통과를 제안하거나 저지하기 위한 로비 기술: 사법 과정에서 증인으로 나서는 클라이언트를 보호하고 정보를 제공하는 기술
체제변환적 옹호 (advocacy for systems change)	근본적인 제도상의 변화를 위해 구성원인 시민들과 사회체제에 영향을 미치려는 옹호 활동. 예를 들어 양성평등을 위한 여성운동, 장애인 이동권 보장을 위한 옹호 활동 등.	캠페인 기술, 조직화 기술, 미디어 활용 기술

출처: Hardcascle et al.,(2004).

6절 역량강화 기술

1. 역량강화 기술의 필요성

역량강화는 능력을 갖추는 것, 능력을 향상하는 것이다. 조직 차원에서 볼 때 임파워먼트는 개개인에게 조직을 위해 중요한 일을 할 수 있는 능력과 권한이 있다고 확신을 심어주는 강화 과정을 말한다(이은영 외, 2011). 지역사회복지실천 현장에서는 클라이언트의 잠재 역량 및 자원을 인정하고 클라이언트 내외에 회복력이 있음을 전제하여 클라이언트가 삶을 결정할 수 있도록 권한이나 힘을 부여하는 실천을 의미한다. 지역사회복지 역량은 지역사회의 강점을 세우고 지역사회 문제들을 대처하기 위해 유용화할 수 있는 지역사회 헌신, 자원, 기술 등을 규합하는 복합적인 영향력이라고 할 수 있다.

역량강화는 지역사회 전체 구성원들이 지지할 의사결정 구조를 구축하고 전반적인 지역사회복지실천 과정(문제의 명확화, 욕구조사, 전략실행 및 평가)에 있어서 사회적 소외계층의 참여를 확대하는 것이 지역사회복지의 목표 달성을 위해 필수적이라는 점에서 매우 중요하다.

2. 역량강화 기술의 내용

1) 역량강화 개입수준

Zimmerman(2000)은 지역사회복지실천에서 역량강화 접근에 대해 개인, 조직, 지역의 분석단위로 구분하여 제시하였다. 기존의 개입은 개인 수준의 참여와 변화에 편중되어 왔으나 개인의 연합체인 조직 수준에서 역량강화가 전개될 때 지역사회복지는 더욱 활성화될 수밖에 없을 것이다.

첫째, 개인적 차원의 역량강화(individual empowerment)는 지역사회 주민이 자신의 삶에 대해 주체적으로 인식하고 자신의 삶의 질을 높이는 데 필요한 자원에 접근하는 능력을 의미한다.

둘째, 조직적 차원의 역량강화(organizational empowerment)는 조직 구성원들의 심리적 역량강화를 만들어 내고 조직의 효과성을 위해 필요한 목적을 성취하는 조직의 노력을 의미한다.

셋째, 지역사회 차원의 역량강화(community empowerment)는 정부와 다른 지역사회 자원에 접근하기 위한 집합적인 행동과 지역사회의 위협요인을 막고 삶의 질을 향상시키고 시민참여를 촉진하는 노력을 포괄한다.

2) 역량강화 실천원칙

지역사회복지실천 현장에서 역량강화는 개인, 집단, 지역사회를 기존의 병리학적 관점에서 탈피하여 발전 가능성에 초점을 두고 서비스 수요자의 입장에서 참여와 권리를 강조한다. 지역사회의 역량강화를 위한 사회복지사의 실천원칙은 다음과 같다(Lee, 2001).

첫째, 지역 주민을 억압하는 것이 무엇인지에 대해 파악한다. 모든 억압은 주민들의 삶에 부정적인 영향을 미칠 수 있다는 것에 대해 인식하고 주민을 억압하는 것에 도전하고 다른 전문가들과 연대하여 대처한다.

둘째, 전체적인 관점을 지닌다. 사회복지사는 지역사회의 억압 상황에 대해 전체적인 관점을 가져야 하며, 다면적인 시각을 갖는 것은 전체적인 관점을 유지하는 데 도움이 된다. 사회복지사는 주민들이 처해있는 환경과 그 환경에서 거주하는 주민들 각 개인의 상황을 전체적인 관점에서 집중할 수 있어야 한다.

셋째, 주민 스스로 역량강화할 수 있는 점을 강조한다. 주민들 스스로가 역량강화의 각 과정에서 자기결정 원칙을 존중받아야 하며 당당한 사회구성원으로 자신의 권리와 책무를 자각할 수 있도록 지원한다.

넷째, 공통 욕구를 가진 사람들의 집단 형성을 지원한다. 사회복지사는 공통의 욕구를 지닌 주민들이 서로 역량강화할 수 있도록 지원하는 역할을 수행한다.

다섯째, 주민들의 상부상조와 호혜적 관계에 주목한다. 사회복지사는 주민들이 서로 돕고 상호호혜적인 관계가 정착될 수 있도록 관심을 기울어야 한다. 주민들 스스로가 서로를 돕는 방식에 관심을 두고 인간의 존엄과 가치, 억압과 역경에 대응하면서 협조할 수 있도록 지원한다.

여섯째, 주민들의 언어로 주민들 스스로의 삶을 이야기할 수 있도록 지원한다. 사회복지사는 주민들이 스스로의 삶을 창조하고 그 의미를 명명할 수 있도록 지원해야 한다. 즉 사회복지사는 주민들이 자신의 목소리를 되찾을 수 있도록 지원한다.

일곱째, 주민은 삶의 피해자가 아닌 승리자임을 기억한다. 사회복지사는 주민들이 기존의 희생자 역할에서 벗어나 필요한 자원을 획득하고 행동할 수 있도록 지원해야 한다. 또한 사회복지사는 주민들이 필요한 자원을 얻을 수 있도록 많은 정보를 제공하고 쉽게 접근할 방안에 대해 고민한다.

여덟째, 사회변화에 초점을 둔다. 사회복지사는 사회구조의 변화, 사회정의, 자유과 관련한 사회변화에 초점을 둔다.

3) 역량강화 기술

지역사회의 임파워먼트를 높이기 위한 구체적인 기술 및 방법은 다음과 같다(Lee, 2001; 이은영 외, 2011 재인용).

첫째, 의식 제고(consciousness raising)이다. 무력감을 느끼는 개인들을 한데 모아 문제의 원인이 자신들에게 있는 것이 아니라는 점을 알게 한다. 이러한 과정을 통하여 자신들을 억압하는 사회구조에 대해 비판적 의식을 갖추게 한다.

둘째, 자기주장(self-assertion)이다. 문제의 원인과 소재를 파악한 다음에는 공개적으로 자신의 주장을 전개해 나가는 것이 중요하다. 사회복지사는 이들이 공개적으로 자신의 주장을 전개하는 것에 대해 두려움을 갖거나 위축되지 않도록 도와준다.

셋째, 공공의제의 틀을 갖추기(framing the agenda)이다. 쟁점이 공공의제

(public agenda)가 될 수 있도록 정리하고 대중의 관심을 확보할 수 있도록 의제화한다. 이 과정에서 시위나 대중매체 캠페인은 대중들의 관심을 유도할 수 있는 좋은 수단이 된다.

넷째, 권력 키우기(building power)이다. 자원동원과 조직화를 통해 주민들의 권력을 키우는 과정이다. 사람의 수, 열정, 법적 행동, 전문성, 힘의 위협 등은 중요한 힘의 원천이 된다.

다섯째, 역량 건설(capacity building)이다. 클라이언트의 역량을 강화하기 위한 조직을 설립하고 자신들의 주장을 효과적으로 표명하기 위한 캠페인을 전개하는 과정을 포함한다. 이를 통해 목표 완수라는 성공을 이루고 무력감을 극복하도록 한다.

여섯째, 사회자본의 창출(creating social capital)이다. 사회자본은 지역사회 구성원의 사회적 관계에 바탕을 둔 자원으로써 물리적 자본과는 상대적 개념이다. 이러한 사회자본은 지역사회 구성원 간의 책임을 인식함으로써 미래의 지역사회 프로젝트의 수행과 향상을 가능하게 할 수 있다.

생각해 보기

1. 지역사회 욕구 사정의 각 단계별 특징에 대해 논의해 보자.
2. 옹호 · 대변기술의 각 유형에 대해서 토론해 보자.
3. 역량강화의 실천원칙과 구체적인 기술에 대해 논의해 보자.

제 Ⅲ 부

지역복지 추진체계

8장 지역사회복지관
9장 사회복지협의회와 지역사회보장협의체
10장 지역사회복지 물적 자원
11장 지역사회복지 인적 자원
12장 자활사업과 경제적 자립 지원조직
13장 지역사회의 공공복지 전달체계
14장 지역사회보장계획
15장 지역사회복지운동

CHAPTER 08

지역사회복지관

학습논점
1. 종합(사회)복지관과 단종복지관으로 구분되는 지역사회복지관의 특성을 비교하여 살펴본다. 2. 지역사회복지관의 변천과정에서 나타나는 특성들을 파악한다. 3. 지역사회복지관에서 추진하고 있는 주요 사업들을 살펴본다.

1절 지역사회복지관에 대한 이해

1880년대 영국과 미국의 인보관운동에서 기원을 찾을 수 있는 지역사회복지관은 산업화와 도시화에 따른 도시지역의 각종 복지와 관련된 문제를 해결하기 위해 나타난 것이다(최일섭 외, 2006). 이처럼 지역사회복지관은 지역사회 발전에 기여하기 위하여 광범위한 목적으로 가지고 설립된 시설이며,[1] 사업특성을 고려하여 종합(사회)복지관과 단종복지관으로 구분하고 있다.

종합(사회)복지관은 복지서비스 욕구를 가진 모든 지역주민을 대상으로 하고 있으며, 이와 비교하여 단종복지관은 이용자격을 제한하는 특정 대상자에 따라 노인복지관, 장애인복지관, 아동복지관, 청소년복지관[2] 등으로 세분화되어 있다.

이러한 복지관들에 대한 법적 근거는 노인복지법, 장애인복지법, 아동복지법 등에서 별도로 규정하고 있는 경우를 제외하고는 사회복지사업법[3]에 명시되어 있다.

1) 사회복지사업법 제2조(정의)에 다양한 법률에 근거한 각종 복지사업과 이와 관련된 활동 및 시설을 규정하고 있다.

2) 청소년복지관으로는 서울특별시립 근로청소년복지관 1개소만 운영(경기도 광명시 하안동 소재)되고 있으며, 모든 근로자와 시민들의 문화적 욕구를 충족하기 위한 근로자종합복지관은 전국에 41곳이 있다(고용노동부, 2018).

3) 사회복지사업법 제3조(다른 법률과의 관계).

1. 지역사회복지관의 기능과 역할

지역사회복지관은 지역사회 문제를 예방 및 치료하고, 복지욕구가 있는 주민을 대상으로 다양한 복지서비스를 제공함으로써 지역주민의 복지를 증진하는 것을 목표로 하고 있다. 이를 위해 지역사회복지관이 주민들이 필요로 하는 서비스를 제공하는 소극적인 기능만을 수행하는 것이 아니라 지역주민을 참여시켜 자신들이 처해있는 환경을 변화할 수 있도록 돕는 보다 적극적인 기능을 수행해야 할 필요성이 있다고 딜릭(Dillick)은 설명하고 있다. 그러나 우리나라 대부분의 복지관은 직접적인 서비스를 제공하는 기능에 치중하고 있다(최일섭 외, 2006).

이처럼 다양한 기능을 수행하는 지역사회복지관은 지역사회문제 파악의 역할, 서비스센터의 역할, 대변자의 역할, 사회행동센터로서의 역할, 사회교육센터의 역할, 공동이용센터의 역할, 레크리에이션센터의 역할, 직업안정센터의 역할, 자원동원의 역할 등을 수행해야 한다(김만두, 1981; 최일섭 외, 2006; 김범수 외, 2019).

〈표 8-1〉 지역사회복지관의 기능과 역할

사회복지관의 기능	사회복지관의 역할
종합적 사회복지서비스 전달	① 문제를 지닌 개인이나 가정에 대한 지원서비스 제공 ② 사회화 또는 발달적 욕구 충족을 위한 서비스센터로서의 역할 ③ 특수한 문제나 욕구에 부응하여 구체적 서비스나 정보 제공 및 서비스 의뢰
지역사회 문제해결 및 지역사회 조직화	① 지역사회 문제해결을 위한 주민참여의 중심체로서의 역할 ② 지역사회 개발을 위한 주민 또는 기관과의 공동계획 수립 및 조정 ③ 특정 집단의 이익대변 및 사회행동센터로서의 역할
양 기능에 수반되는 공통 역할	① 지역사회 자원동원 ② 지역사회 욕구조사와 문제 파악 ③ 지역주민의 단합과 연대감 조성

자료 : 황성철 외(1990); 최일섭 외(2006).

이러한 기능과 역할을 효율적으로 수행하려면 지역사회복지관의 위치, 규모, 지역·대상별 특성 등에 부합하는 사업계획을 수립하여야 하며, 전문성·효율성·책임성을 발휘할 수 있도록 사업을 추진하여야 한다.

2. 지역사회복지관의 운영 유형

지역사회복지관은 설립과 운영주체에 따라 다음의 몇 가지로 구분할 수 있다(강만춘, 1972; 김범수, 2002; 조추용 외, 2018; 김범수 외, 2019).

첫째, 관립관영형은 정부기관에서 복지관을 설립하고 직접 운영하는 형태로, 보건소나 농촌지도소를 예로 들 수 있다. 예산 확보는 보장되지만 경영면에서는 신축성과 기민성이 결여되기 쉬우며 민간의 적극적인 참여가 어려울 수 있다.

둘째, 관립관민영형은 복지관을 정부에서 건립하고, 정부와 민간이 공동으로 운영하는 형태이다. 우리나라의 많은 복지관이 여기에 해당되며, 운영은 민간에서 하지만 사업비나 인건비 등 비용의 일부를 정부에서 지원하고 있다.

셋째, 관립민영형은 정부에 복지관을 건립하고 민간기관에 운영을 전적으로 위탁하는 형태이다. 민간이 참여할 수 있는 가능성은 크지만 재정 확보에 어려움이 클 수 있다. 이로 인해 정부 지원을 전혀 받지 않고 민간이 운영하는 복지관은 거의 없다.

넷째, 민립민영형은 민간이 건립하고 직접 운영하는 형태이다. 주민들이 참여하기 쉽고 변화를 즉각적으로 반영하여 프로그램을 운영할 수 있는 장점은 있지만, 재정 확보가 쉽지 않아 프로그램을 확대하지 못할 가능성이 크다.

다섯째, 민립관영형은 민간이 건립하고 운영을 정부에서 하는 형태로, 쉽게 볼 수 있는 유형은 아니다. 운영비 부족으로 어려움이 있을 때 민간에서 건립한 복지관을 관에 이양하는 경우 또는 기업이나 개인 등 민간이 사회적 기여 차원에서 건립 후 기증하는 기부채납[4]하는 경우 등을 예로 들 수 있다.

4) 공유재산 및 물품관리법 제2조(정의) 지방자치단체 외의 자가 제4조 제1항 각 호에 해당하는 재산의 소유권을 무상으로 지방자치단체에 이전하여 지방자치단체가 이를 취득하는 것을 말한다.

3. 지역사회복지관의 운영 원칙

지역사회복지관에서 사업을 수행할 때 준수해야 할 원칙으로 다음의 몇 가지로 정리할 수 있다(한국사회복지관협회, kaswc.or.kr).

첫째는 지역성의 원칙으로, 복지관은 지역사회의 특성과 지역주민의 문제나 욕구를 신속하게 파악하여 사업계획 수립 시 반영하여 지역사회 문제를 해결하고, 이에 따른 서비스를 제공하여야 하며, 지역주민들의 적극적인 참여를 유도하여 지역주민의 능동적 역할과 책임의식을 조장하여야 한다.

둘째는 전문성의 원칙으로, 복지관은 다양한 지역사회 문제에 대처하기 위하여 일반적 프로그램과 특정한 문제를 해결할 수 있는 전문적 프로그램이 병행될 수 있도록 지식과 기술을 보유한 전문인력이 사업을 수행하도록 하고, 이들 인력에 대한 지속적인 재교육을 통해 전문성을 증진하여야 한다.

셋째는 책임성의 원칙으로, 복지관은 서비스 이용자들의 욕구를 충족하고 지역사회 문제를 해결함에 있어서 효과성을 극대화하기 위하여 최선의 노력을 기울여야 한다.

넷째는 자율성의 원칙으로, 복지관은 다양한 복지서비스를 효율적으로 제공하기 위하여 복지관의 능력과 전문성을 최대한으로 발휘할 수 있도록 자율적으로 운영하도록 한다.

다섯째는 통합성의 원칙으로, 복지관은 사업을 수행함에 있어 지역 내 공공 및 민간복지기관 간의 연계성과 통합성을 강화시켜 지역사회복지체계를 효율적이고 효과적으로 운영되도록 하여야 한다.

여섯째는 자원활용의 원칙으로, 복지관은 주민 욕구의 다양성에 따라 다양한 기능인력과 재원이 필요하므로 지역사회 내의 복지자원을 최대한 동원, 활용하여야 한다.

일곱째는 중립성의 원칙으로, 복지관은 정치활동, 영리활동, 특정 종교활동 등으로 이용되지 않게 중립성을 유지하여야 한다.

여덟째는 투명성의 원칙으로, 복지관은 자원을 효율적으로 이용하고, 운영과정의 투명성을 유지하여야 한다.

4. 지역사회복지관의 재정

지역사회복지관의 예산은 국고보조금이 대부분을 차지하고 있으며, 지역사회복지관의 예산 편성은 수탁법인의 예산편성지침에 따라 지역사회복지관이 자율적으로 편성하고 다시 수탁법인 이사회의 승인을 얻어 지방자치단체에 제출하는 것으로 진행되고 있다. 지역사회복지관의 주요 수입원을 살펴보면 다음과 같다.

첫째는 정부보조금으로, 중앙정부나 지방정부로부터 지원받는 기관운영비, 사업비, 시설장비비 등이 해당된다. 비교적 안정적이고 체계적이지만 규제가 엄격하고 까다로운 경향이 있다.

둘째는 법인보조금(전입금)으로, 전체 운영비의 일정비율을 법인이 지원한 것이다. 복지관의 부족한 재원을 보충하거나 법인의 성격상 반드시 추진해야 하는 사업을 지원하는 재원이지만 수탁심사과정에 과열되는 경우도 있어 문제점으로 지적되고 있다.

셋째는 후원금으로 개인이나 단체 등이 지역사회복지관에 직접 자원을 제공하는 것이다. 후원금은 운영하는 데 있어서 정부보조금보다 융통성이 많다.

넷째는 수익금으로, 기관이 서비스 생산과 판매를 통해 확보하는 재원이다. 서비스 전달을 통해 직접 재원을 확보하는 재원으로, 예산상의 제약으로 수익사업에 치중하는 경우도 발생하고 있다.

복지관 운영비는 2005년부터 지방이양사업으로 분류되어 집행되고 있기 때문에 각 지방자치단체에서 자율적으로 예산을 편성·집행하고 있다(보건복지부, 2022d). 그러나 지방자치단체에서 복지관 서비스의 질 향상과 종사자의 처우개선을 위해 노력하고 있지만 낮은 수준의 재정자립도로 지방자치단체 보조금 상승을 기대하는 것은 쉽지 않다. 따라서 포괄예산제로 지원하고 있는 지방자치단체 보조금은 호봉상승분과 물가상승분을 적절히 반영하여 증액되지 못하는 경우가 많기 때문에 예산운용면에서 대부분의 복지관이 어려움을 호소하고 있다. 재정적인 어려움을 해결하기 위하여 장기근속자를 줄이거나 공모사업을 신청하여 사업비를 확보하는 등의 노력을 하고 있다. 이로 인해 한 기관에 오래 근무하는 것이 인건비 부담을 주는 것이 되기 때문에 장기근속자들이 눈치를 보는 불편한 상황이 발생하는 경우도 있다.

안정적인 재정을 확보하기 위해 정부보조금이 중요한 역할을 하지만, 정부지원에 대한 의존이 높아질수록 민간기관으로서의 자율성을 확보하는 것이 어려워지고 자체사업을 개발하는 것도 쉽지 않을 수 있다. 민간 재원의 발굴과 활용에 보다 많은 관심을 가져야 한다(최일섭 외, 2006).

2절 종합(사회)복지관에 대한 이해

1. 종합(사회)복지관의 개념

종합(사회)복지관은 지역사회를 기반으로 일정한 시설과 전문인력을 갖추고 지역주민의 참여와 협력을 통하여 지역사회의 복지문제를 예방하고 해결하기 위하여 종합적인 복지서비스를 제공하는 시설을 말한다(사회복지사업법 제2조의 5).

종합(사회)복지관은 저소득 취약계층을 포함하여 지역사회주민을 사업대상으로 하지만, 우선적 사업대상은 ① 국민기초생활보장수급자, 차상위계층 등 저소득 주민, ② 장애인, 노인, 한부모가정 등 취약계층 주민 ③ 직업·부업 훈련 및 취업알선이 필요한 주민 ④ 유아, 아동 또는 청소년의 보호 및 교육이 필요한 주민 ⑤ 기타 긴급지원이 필요하다고 인정되는 주민으로 명시하고 있다.

복지관에 대한 근거 규정은 사회복지사업법과 사회복지사업법 시행규칙에서, 임대주택단지에 복리시설로 사회복지관을 설치하도록 한 법적 근거는 주택법[5]에

5) 주택법 제2조(정의) 14호 나.

서 찾을 수 있다.

2. 종합(사회)복지관의 변천과정

우리나라 종합(사회)복지관의 변천과정은 4단계로 구분하는 경우가 일반적이다. 각 단계별 주요 내용은 다음과 같다(최일섭 외, 2006; 조추용 외, 2018; 김범수 외, 2019).

1) 종합(사회)복지관의 태동기(1906년~1944년)

우리나라 최초 사회복지관은 외국의 선교단체가 운영하였다. 1906년 원산에서 미국의 감리교 선교사인 메리 놀즈(Mary Knowles)가 '반열방' 인보관에서 여성계몽사업을 전개하였다. 이를 복지관 사업의 태동으로 보고 있으며, 1926년 '보혜여자관'으로 발전하여 여성을 위한 야학을 운영하며, 영어, 재봉, 요리 등을 가르쳤다. 이 당시 사회복지관은 외국 선교단체가 주로 선교를 목적으로 하는 종교적인 동기에서 설립, 운영하였다.

1921년 서울에 우리나라 최초의 사회복지관인 '태화여자관'(현재 태화기독교사회복지관)이, 1922년 개성에 '고려여자관'이, 그 이후 춘천에도 여자관이 설립되었다. 이 시기의 복지관은 여자관이라는 명칭으로 설립되어 여성을 위한 사업에 중점을 두어 실시하였다. 당시 여성들은 무지하고 사회적으로 열등한 위치에 있었기 때문에 이들의 사회적 지위를 향상시키기 위한 여성계몽 및 교육, 육아법, 아동 건강 중심의 사업이 대부분을 차지하였다.

이 시기 복지관 활동은 대부분 외국 종교단체에 의한 민간 주도로 여성들의 사회적 지위 향상에 역점을 둔 것으로, 조선총독부에서는 보다 직접적으로 빈곤문제 해결에 중점을 두어 사업을 전개하였다는 것으로 요약할 수 있다. 그러나 이 시기는 일제강점기인 특성상 식민지 통치의 일환으로, 그리고 종교적인 목적으로 복지관을 설립, 운영하였기 때문에 복지에 대한 인식은 없었던 것으로 평가하고 있다.

2) 종합(사회)복지관의 형성기(1945년~1979년)

1945년 해방이후 미군정시대를 거쳐 독립정부를 수립하였으나 1950년 한국전쟁 때문에 전쟁고아, 전쟁미망인, 부랑자, 월남 피난민 등 심각한 사회문제가 발생하여 긴급구호와 수용시설에 의한 보호사업이 주종을 이루었다. 이러한 사업들도 기존의 종교단체들에서 주도적인 역할을 담당하고 있었다.

이외에도 이 시기 활동의 특징을 정리하면 복지관의 설립과 운영의 주체가 개인, 대학교, 민간단체 등으로 다양화되었음을 알 수 있다.

첫 번째 특징은 대학교 부설 사회복지관이 등장했다는 점이다. 1956년 '이화여자대학교'가 당시 주한미군 원조기구였던 AFAK의 협조를 받아 서울 신촌에 이화사회복지관을 설립하였다. 이후 1971년 '성심여자대학교(현재 가톨릭대학교)'에서 서울 관악구 봉천동에 성심사회복지관을, 1975년 '중앙대학교'에서 서울 관악구 봉천동에 중앙대학교부설사회복지관을 설립하였다.

두 번째 특징은 개인과 민간단체들이 사회복지관을 설립하였다는 점이다. 1956년 '최명환 목사'는 서울 마포구 아현동에 아현인보관을, '캐나다 유니태리안봉사회'[6]는 1962년 목포사회복지관을, '선명회'는 1974년 성남사회복지관을, '기독교아동복리회'[7]는 1975년 강릉을 포함한 8개 지역에 복지관을 설립하였다.

1975년 '국제사회복지관연합회' 회원국으로 가입하였고, 1976년 22개 복지관을 회원으로 하여 '한국사회복지관연합회'가 발족하였다. 이후 1989년 '한국사회복지관협회'로 변경되었고 2022년 11월 기준 477개 중에서 454개(95.2%)로 대부분의 복지관이 회원으로 가입해 있다(한국사회복지관협회, kaswc.or.kr).

이 시기는 대학교 부설 복지관의 등장과 개인 및 민간단체가 설립한 복지관으로 복지관의 설립과 운영의 주체가 다양화되었다는 점에서는 긍정적으로 평가하고 있지만, 1970년대 대다수의 외원기관이 철수함에 따라 종합(사회)복지관은 재

6) 1965년 인천에, 1967년 이천에, 1968년 마포에, 1975년 영등포에 사회복지관을 설립하였다. 1977년 9월 우리나라에서의 사업을 종료하면서 '사회복지법인 한국봉사회'로 개칭하여 한국재산과 사업을 승계하였다. 이후 기존의 복지관은 폐쇄하고 남부복지관(과거 영등포), 중앙사회복지관(1979년)을 설립하였다.

7) 1986년 외원기관 철수에 대비하여 '한국어린이재단'으로 개칭하였고, 1975년 강릉, 대전, 광주, 서울(봉천, 성동), 진주, 청주, 춘천 등에 설립한 복지관을 통합·조정하였다.

정적인 위기에 처하게 되었다는 점을 부정적으로 평가하고 있다. 복지관이 국가 보조금을 받을 수 있는 법적 근거가 마련되지 않아 재정적인 어려움을 극복하는 것과 함께 우리나라 실정에 맞게 종합(사회)복지관을 정착시키고자 많은 노력을 하였다는 점을 의의로 들 수 있다.

3) 종합(사회)복지관의 확대기(1980년~1990년대 중반)

1980년대 중반 재벌기업 및 민간단체들이 종합(사회)복지관을 건립하면서 복지관의 설립주체가 더 다양해졌으며, 1983년 사회복지사업법 개정으로 종합(사회)복지관 규모에 따라 유형을 구분하고 복지관 사업에 대한 국고 지원의 법적 근거가 만들어졌고, 1988년 복지관 운영·건립을 위한 국고보조사업 지원 지침을 마련하였다.

이에 추가하여 종합(사회)복지관을 운영하기 위한 여러 가지 법이 개정되었다. 1989년 주택건설촉진법의 내용에 기초하여 영구임대아파트 건립 시에 일정 규모의 종합(사회)복지관 건립이 의무화됨에 따라 복지관이 급격하게 늘어나는 원인이 되었고 저소득층의 접근성이 좋아지는 결과로 이어졌다.

이 시기의 특징을 요약하면 종합(사회)복지관의 양적 팽창기라고 할 수 있으며, 이후 종합(사회)복지관의 수는 지방자치제도의 시행과 맞물려 지속적으로 증가하고 있다.

4) 종합(사회)복지관의 정착기(1990년대 중반이후)

1990년대 복지관의 양적 팽창과 함께 1990년대 중반 이후 종합(사회)복지관은 전문인력을 확보하고, 지역친화적 서비스를 개발하여 시행하는 등 질적인 발전기를 맞이하였다.

1981년 20개였던 복지관은 1991년 160개로 8배, 2000년 348개로 약 17.5배 증가하였다. 불과 20년 사이에 폭발적으로 늘어났음을 알 수 있으며, 2022년 11월 기준 477개의 복지관이 운영되고 있다.

종합(사회)복지관은 양적인 증가추세와 더불어 1995년 이후 지방자치시대를 맞이하여 사회복지관의 역할이 더 중요해졌으며, 2005년 지역사회보장계획 추진과 관련하여 지역사회 맞춤형 서비스 제공이 강조되면서 복지관 사업은 지역사회를 기반으로 하는 복지활동에서 중추적인 역할을 담당하고 있다.

1997년 사회복지사업법을 개정하여 2000년부터 3년을 주기로 사회복지시설 평가가 이루어지고 있으며, 2003년 사회복지사업법 개정에서 종합(사회)복지관을 사회복지시설로 규정하였고, 2010년 복지관 부설로 운영되던 재가복지센터를 복지관 사업으로 흡수 통합하였다.

이러한 모든 활동을 전국 대학교에서 배출하는 사회복지 전문인력들이 전문적·체계적으로 추진하고 있다.

〈표 8-2〉 종합(사회)복지관의 증가 추세

연도	1981	1982	1983	1984	1985	1986	1987	1988	1989	1990
개수	20	20	23	26	29	31	36	39	61	88
연도	1991	1992	1993	1994	1995	1996	1997	1998	1999	2000
개수	160	175	250	254	297	312	329	322	330	348
연도	2001	2002	2003	2004	2005	2006	2007	2008	2009	2010
개수	350	360	369	379	391	397	408	414	419	425
연도	2011	2012	2013	2014	2015	2016	2017	2018	2019	2020
개수	433	436	439	442	452	459	464	465	467	475
연도	2021	2022								
개수	475	477								

출처: 한국사회복지관협회(kaswc.or.kr).

3. 종합(사회)복지관의 현황

1) 규모별 현황

종합(사회)복지관의 규모를 기준으로 가형, 나형, 다형으로 구분하고 있으며, 소규모인 다형 복지관은 10%에 불과한 반면 가장 규모가 큰 가형 복지관이 절반에 가까운 46.8%를 차지하고 있는 것으로 나타나고 있다.

〈표 8-3〉 종합(사회)복지관의 규모별 현황

구분	개소 (개)	구성비 (%)
가형 (건평 2,000m² 이상)	223	46.8
나형 (건평 1,000m²~ 2,000m² 미만)	205	43.0
다형 (건평 1,000m² 미만)	49	10.2
계	477	100.0

출처: 한국사회복지관협회(kaswc.or.kr).

2) 지역별 현황

복지관이 위치하고 있는 지역을 기준으로 살펴보면, 인구가 집중된 서울지역에 99개소로 가장 많은 복지관이 운영되고 있으며, 제주를 제외하고 충북지역이 13개소로 가장 낮은 수치를 보여주고 있다.

복지관의 설립기준으로 인구 10만 명당 1개소 정도로 하는 있는 점을 고려할 경우 54개소인 부산지역이 인구규모에 비해서 많이 설치되어 있음을 알 수 있다.

〈표 8-4〉 종합(사회)복지관의 지역별 현황

2022년 11월 기준

단위 : 개 (%)

서울	부산	대구	인천	광주	대전	울산	경기
99 (20.8)	54 (11.3)	27 (5.7)	20 (4.2)	20 (4.2)	21 (4.4)	8 (1.7)	87 (18.2)
강원	충북	충남 · 세종	전북	전남	경북	경남	제주
18 (3.8)	13 (2.7)	24 (5.0)	17 (3.6)	14 (2.9)	15 (3.1)	30 (6.3)	10 (2.1)

출처: 한국사회복지관협회(kaswc.or.kr).

3) 운영주체별 현황

복지관 변천과정에서 복지관 설립·운영주체가 개인, 대학, 기업체 등으로 다양해졌으나 관립민영 형태가 보편화되면서 수탁자격을 사회복지법인 또는 비영리법인으로 제한하고 있다.8) 이에 영향을 받아 사회복지법인이 70%를 차지하고 있으며, 재단법인, 사단법인, 학교법인, 협동조합, 의료법인 등 비영리법인이 대부분인 약 90%의 복지관을 운영하고 있고, 지방자치단체에서 직영하는 경우도 6.5%로 나타나고 있다.

〈표 8-5〉 종합(사회)복지관의 운영주체별 현황

2022년 11월 기준 단위 : 개 (%)

사회복지 법인	재단법인	사단법인	학교법인	의료법인	협동조합	지방자치 단체 직영	시설관리 공단
334 (70.0)	56 (11.7)	26 (5.5)	15 (3.1)	2 (0.4)	7 (1.5)	31 (6.5)	6 (1.3)

출처: 한국사회복지관협회(kaswc.or.kr).

4. 종합(사회)복지관의 주요 사업

복지관은 사회복지서비스 욕구를 가지고 있는 모든 지역주민을 대상으로 보호서비스, 재가복지서비스, 자립능력 배양을 위한 교육훈련 등 그들이 필요로 하는 복지서비스를 제공하고, 가족기능 강화 및 주민 상호 간 연대감 조성을 통한 각종 지역사회문제를 예방, 치료하는 종합적인 복지서비스 전달기구로서 지역주민의 복지증진을 위한 중심적 역할을 수행하는 것으로 목표를 하고 있다. 이를 달성하기 위해 다양한 활동을 추진하고 있다(한국사회복지관협회, kaswc.or.kr; 보건복지부, 2022d).

1) 사례관리 기능

현재의 파편화되고 분절화된 지역사회복지서비스의 제한점을 극복하고 보다 통합적인 서비스전달체계로 나아가기 위해 지역사회내 민·관을 아우르는 서비스 네트워크를 구축하여 다양한 지역주민의 복지 욕구를 연결시켜 맞춤형 서비스를

8) 사회복지사업법 제34조(사회복지시설의 설치), 동법 시행규칙 제21조(시설의 위탁기준 및 방법).

제공한다. 이를 수행하기 위한 세부사업은 다음과 같다.

① 사례 발굴 : 지역 내 보호가 필요한 대상자 및 위기 개입대상자를 발굴하여 개입계획을 수립한다.

② 사례 개입 : 지역 내 보호가 필요한 대상자 및 위기 개입대상자의 문제와 욕구에 대한 맞춤형 서비스가 제공될 수 있도록 사례 개입활동을 한다.

③ 서비스 연계 : 사례 개입에 필요한 지역 내 공공 및 민간의 가용자원과 서비스에 대한 정보를 제공하고 연계하며, 필요한 경우 의뢰한다.

2) 서비스 제공 기능

대상자에게 직접적인 전문서비스를 제공하는 것으로, 세부내용은 다음과 같다.

① 가족기능 강화 : 가족관계증진사업, 가족기능보완사업, 가정문제해결, 부양가족지원사업, 다문화가정·북한이탈주민 등 지역 내 이용자 특성을 반영한 사업.

② 지역사회보호 : 급식서비스, 보건의료서비스, 경제적 지원, 일상생활 지원, 정서서비스, 일시보호서비스, 재가복지봉사서비스.

③ 교육문화 : 아동·청소년 사회교육, 성인기능교실, 노인 여가·문화, 문화복지사업.

④ 자활 지원 등 기타 : 직업기능훈련, 취업알선, 직업능력개발, 그 밖의 특화사업.

3) 지역사회 조직화 기능

복지관이 지역주민의 욕구를 실질적으로 반영하고, 이를 주민들이 스스로 풀어갈 수 있도록 주민역량을 키워내기 위한 활동과 공동체 형성 등을 목표로 다양한 활동을 실시한다. 복지관과 지역주민과의 관계, 복지관 사업과 지역주민 욕구와의 관계, 지역주민 욕구와 지역자원과의 관계를 형성하기 위한 것으로, 세부내용은 다음과 같다.

① 복지네트워크 구축 : 지역 내 복지기관·시설들과 네트워크를 구축함으로써 복지서비스 공급의 효율성을 제고하고, 복지관이 지역복지의 중심으로서의

역할을 강화하는 사업(지역사회연계사업, 지역욕구조사, 실습지도 등).

② 주민조직화 : 주민이 지역사회 문제에 스스로 참여하고 공동체 의식을 가지도록 주민 조직의 육성을 지원하고, 이러한 주민 협력강화에 필요한 주민의식을 높이기 위한 교육을 실시하는 사업(주민복지증진사업, 주민조직화사업, 주민교육 등).

③ 자원개발 및 관리 : 지역주민의 다양한 욕구 충족 및 문제해결을 위해 필요한 인력, 재원 등을 발굴하여 연계 및 지원하는 사업(자원봉사자 개발·관리, 후원자 개발·관리 등).

3절 노인복지관에 대한 이해

1. 노인복지관의 개념

노인복지관은 60세 이상 노인의 교양, 취미생활 및 사회참여활동 등에 대한 각종 정보와 서비스 제공, 건강증진 및 질병 예방과 소득보장, 재가복지, 그 외 노인복지증진에 필요한 서비스를 제공하는 것을 목적으로 한다.[9)]

노인복지관이 필요한 이유는 연장된 기대여명으로 노인에게 필요한 복지서비스에 대한 요구가 많아지고 다양해지고 있으며, 가족구조가 소규모로 변화하고 있어 가족구성원에 대한 보호·부양기능이 약화되는 등 인식이 변화하고 있는 것에서 찾을 수 있으며, 이러한 변화된 환경에 반영하여 노인복지관을 설치하기 위한 근거 규정은 노인복지법과 노인복지법 시행규칙에 명시되어 있다.[10)]

9) 노인복지법 제36조(노인여가복지시설) 제1항(노인복지관).

10) 노인복지법 제37조(노인여가복지시설의 설치), 동법 시행규칙 제24조(노인여가복지시설의 이용대상자 및 이용절차), 동법 시행규칙 제25조(노인여가복지시설의 설치신고 등), 동법 시행규칙 제26조(노인여가복지시설의 시설기준 등).

2. 노인복지관의 변천과정

1981년 노인복지법의 제정으로 노인복지회관에 대한 법적 근거는 마련되었다. 1989년 노인복지법 개정에서 노인여가시설의 개념을 도입하였으나 노인복지회관은 별도로 분류되어 있었고, 1997년 노인복지법 개정에서 노인복지회관이 노인여가복지시설에 포함되었다. 2007년 노인복지법을 개정하면서 노인복지회관에서 노인복지관으로 명칭이 변경되었다.

2004년 처음으로 노인복지회관 운영지침을 마련하였으나 2005년 노인복지관 운영지원이 지방자치단체로 이양되면서 지방자치단체에서 보조금을 지원하고 있다.

1971년 인천광역시 노인복지회관이 최초로 설립되었으며, 1989년 5월 서울중부(노원노인종합복지관)와 남부(관악노인종합복지관)노인복지회관에서 시작한 시범사업을 2001년 군포, 청주, 경산, 군산 4곳에 노인복지회관을 추가하여 확대하여 2022년 11월 기준 전국 357개가 운영되고 있는 노인복지관의 운영방향을 2013년 예방, 보호, 통합 3개 기능 중심으로 재정립하였다.

1998년 창립한 한국노인종합복지관협회는 2002년 사단법인으로 설립 등기를 하였고, 2022년 11월 기준 전국 16개 지회를 중심으로 327개 노인복지관(전체 91.6%)을 회원으로 운영하고 있다(한국노인종합복지관협회 www.kaswcs.or.kr).

3. 노인복지관의 현황

지역별 노인인구수·지역면적 등 지역 실정을 고려하여 최소 1개소 이상의 노인복지관 건립을 원칙으로 하고 있다. 또한 해당 지역에 노인복지관이 있으나 접근성이 좋지 않은 지역은 노인복지관 분관을 설치하여 운영하는 경우도 있다(조성희 외, 2022). 2022년 11월 기준 357개의 노인복지관이 운영 중에 있다.

〈표 8-6〉 노인복지관의 지역별 현황

2022년 11월 기준 단위 : 개 (%)

서울	부산	대구	인천	광주	대전	울산	경기
36 (10.1)	32 (9.0)	19 (5.3)	24 (6.7)	9 (2.5)	8 (2.2)	14 (3.9)	62 (17.4)
강원	충북	충남·세종	전북	전남	경북	경남	제주
16 (4.5)	21 (5.9)	19 (5.3)	25 (7.0)	28 (7.8)	22 (6.2)	20 (5.6)	2 (0.6)

출처: 보건복지부(2022a).

4. 노인복지관의 주요 사업

노인종합복지센터로서의 기능과 역할을 수행하기 위해 중점적으로 실시해야 할 노인복지관의 기본사업은 일반상담 및 정보제공사업, 전문상담사업, 위기 및 취약노인 지원사업, 지역사회 생활자원 연계 및 지원사업, 건강생활지원사업(건강증진지원), 평생교육지원사업, 취미여가지원사업, 지역자원개발사업, 지역복지연계사업, 사회참여지원사업, 노인권익증진사업이다. 이 외에 선택사업은 지역 또는 노인복지관의 특성을 반영하여 개발·추진 가능한 사업으로 건강생활지원사업(기능회복지원, 급식지원), 고용 및 소득지원사업, 가족기능지원사업, 돌봄요양서비스 등이 있다(보건복지부, 2022c; 조성희 외, 2022).

4절 장애인복지관에 대한 이해

1. 장애인복지관의 개념

지역사회의 가정에서 생활하고 있는 장애인에 대한 각종 상담 및 사회심리교육·직업·의료재활 등 장애인의 지역사회생활에 필요한 종합적인 재활서비스를 제공하고 장애에 대한 사회적 인식개선 사업을 수행하는 것을 목적으로 하는 장

애인복지관에 대한 근거 규정은 장애인복지법에서 찾을 수 있다.[11)]

2. 장애인복지관의 변천과정

1977년 제32차 유엔총회에서 1981년을 '세계 장애인의 해'로 지정한 것에 영향을 받아 1981년 「심신장애자복지법」을 제정하였으며, 1989년 「장애인복지법」으로 개정하면서 장애인 이용시설이 등장하였고, 1999년 「장애인복지법」 개정에서 재가 장애인을 위한 이용시설을 확대하여 그룹홈, 주간 및 단기보호센터 등에 대한 법적 근거를 마련하였다.

우리나라 최초의 장애인복지관은 1975년 사회복지법인 한국소아마비협회에서 개관한 정립회관이지만 1980년대 이전은 단순 구호 차원에 머물러있었다고 볼 수 있다.

1982년 한국시각장애인복지관이 공식허가를 받아 운영을 시작하였고, 1982년 서울시에서 장애인의 보호와 직업훈련 등 복지사업을 본격적으로 추진하면서 장애인종합복지관을 개관한 것을 출발점을 하여 1997년 이후 지방자치단체가 설립한 장애인복지관 수가 크게 증가하여 2021년 12월 기준 261개의 장애인복지관이 운영되고 있다(보건복지부, 2022b).

1990년 전국장애인종합복지관협의회가 창립되었고, 2000년 사단법인 한국장애인복지관협회로 설립인가를 받아 2022년 11월 기준 248개(전체 95%)의 장애인복지관이 회원으로 활동하고 있다(한국장애인복지관협회 www.hinet.or.kr).

3. 장애인복지관의 현황

장애인복지관은 장애인인구를 고려할 경우 절대적으로 부족하며 지역 간 불균형이 심화되는 양상을 보이고 있지만 2021년 12월 기준 261개의 장애인복지관이 운영되고 있다(보건복지부, 2022b).

11) 장애인복지법 제57조(장애인복지시설의 이용 등), 동법 제58조(장애인복지시설), 동법 제59조(장애인복지시설 설치).

〈표 8-7〉 장애인복지관의 지역별 현황

2022년 11월 기준 단위 : 개 (%)

서울	부산	대구	인천	광주	대전	울산	경기
51 (19.5)	17 (6.5)	6 (2.3)	11 (4.2)	7 (2.7)	8 (3.1)	4 (1.5)	38 (14.6)
강원	**충북**	**충남 · 세종**	**전북**	**전남**	**경북**	**경남**	**제주**
11 (4.2)	12 (4.6)	17 (6.5)	13 (5.0)	18 (6.9)	22 (8.4)	21 (8.0)	5 (1.9)

출처: 보건복지부(2022b).

4. 장애인복지관의 주요 사업

장애인복지관에서는 장애인의 선택권을 최대한 보장하며 장애인에게 시설의 선택에 필요한 정보를 충분히 제공할 수 있는 사업을 실시하며, 정보 및 서비스 제공 시 장애인의 성별 및 연령, 그리고 지체, 뇌병변, 시각, 청각, 언어, 지적, 자폐성 등 장애 유형과 정도 등을 고려하여 상담 · 사례관리, 기능강화 지원, 장애인 가족 지원, 역량강화 및 권익옹호, 직업 지원, 지역사회 네트워크, 평생교육 지원, 발달재활 서비스 등 다양한 사업을 추진하고 있다(보건복지부, 2022f).

5절 아동복지관에 대한 이해

1. 아동복지관의 개념

아동의 건강한 발달과 성장에 도움을 주고 나아가 건전한 여가활동을 활성화하여 건강한 자아를 계발하는 데 도움을 주는 것을 목적으로 하는 아동복지관에 대한 근거 규정은 아동복지법에서 찾을 수 있다.[12)]

이와 비교하여 지역아동센터는 저소득층 아동들을 대상으로 방과후 보육, 급

12) 아동복지법 제50조(아동복지시설의 설치), 동법 제53조(아동전용시설의 설치).

식, 상담 등을 제공하는 시설이라는 점에서 차별적 특성을 가진다.[13)]

2022년 11월 기준 인천광역시 아동복지관, 신백아동복지관(충북 제천), 하소아동복지관(충북 제천), 청주시 아동복지관 등이 4개가 운영되고 있다.

2. 아동복지관의 변천과정

아동복지의 시초는 시설보호 중심으로 이루어졌으나 19세기 후반 아동을 보호하는 것이 시설보다 가정이 적절하다는 주장이 설득력을 얻게 되면서 위탁가정운동으로 변화되어 1853년 뉴욕아동구호협회에서 위탁가정서비스를 실시하였다.+

1909년 미국 제1차 백악관회의에서 아동수용시설에서 아동과 양육자 간의 애정결핍으로 인해 발생하는 문제의 심각성이 제기되면서 가난하다는 이유만으로 아동을 가정에서 분리해서는 안 되며, 가정에서 분리할 경우 위탁가정을 차선책으로 고려하였고, 시설을 이용할 경우 소규모 시설이 바람직하다는 결론을 도출하였다.

1912년 아동국이 설치되었으나 초기 위탁가정서비스는 아동의 욕구보다 위탁가정에 아동의 무료 노동력을 제공하는 차원으로 진행되는 문제를 노출시켰다.

우리나라에서는 2000년 이후 아동안전이란 목표가 공식화되었으며, 아동복지서비스와 전달체계가 입법화되고 체계화되었다.

최근 저출산 동향이 더욱 심화되고 여성의 노동시장 참여가 확대되어 저출산을 극복하고 일과 자녀양육을 병행할 수 있도록 아동양육을 지원하는 것이 국가적 과제로 대두되면서 2000년 및 2012년 개정 아동복지법까지 가정위탁지원센터, 아동보호전문기관, 실종아동전문기관, 지역아동센터, 드림스타트센터 등 다양한 전달체계가 제도적으로 확립되었다.

그리고 2019년 중앙정부차원에서 관련 서비스를 총괄하는 아동권리보장원이 설립되어 통합적인 관리를 실시하고 있다.

13)아동복지법 제52조(아동복지시설의 종류) 1항 8(지역아동센터).

3. 아동복지관의 주요 사업

강당, 오락실, 도서실, 놀이터, 상담실, 집단지도실 등의 시설을 갖추고 50m 주위에 청소년 유해업소가 없는 곳에 설치하도록 하고 있는 아동복지관은 아동보호(안전한 보호, 급식 등), 교육기능(일상생활지도, 학습능력 제고 등), 정서적 지원(상담, 가족지원), 문화서비스(체험활동, 공연) 등으로 지역사회 내 아동돌봄에 대한 사전예방적 기능과 사후 연계활동을 포함하여 다양한 아동복지서비스를 제공하고 있다(보건복지부, 2022e).

생각해 보기
1. 지역사회복지관의 재정구조에서 예상되는 나타나는 한계가 무엇인가? 2. 지역사회복지관의 현황에서 나타나는 문제는 무엇인가?

CHAPTER

09

사회복지협의회와 지역사회보장협의체

학습논점
1. 자선조직협회에 유래된 사회복지협의회의 특성을 살펴본다. 2. 한국사회복지협의회의 역할과 주요 사업을 파악한다. 3. 거버넌스의 개념을 정리한다. 4. 지역사회보장협의체의 특성과 구성에 대해 살펴본다.

1절 사회복지협의회

1. 사회복지협의회에 대한 기본 이해

1) 사회복지협의회의 개념

19세기 후반 당시 수많은 빈민들로부터의 구호 요구에 따라 자선단체들의 중복되는 구호와 누락을 방지하고, 이들 단체들의 수혜자 명단 교환을 포함하여 사업상의 의견을 교환하기 위해 자선조직협회가 설립되었고, 이것이 현대적인 사회복지협의회로 발전하였다. 사회복지협의회는 지역사회의 여러 기관, 단체, 시설들이 함께 모여 지역사회의 복지문제를 함께 협의하고 조정하는 지역사회복지의 대표적인 협의·조정기관이며, 지역주민에 대한 복지서비스 제공뿐만 아니라 지역사회 내의 다양한 사회복지기관들의 욕구를 달성하고 기능을 강화하기 위하여 정보를 제공하고 서비스를 조정하는 역할을 수행하는 민간의 자주적인 조직이다 (Dunham, 1970; 최일섭 외, 2006; 이영복, 2010; 김범수 외, 2019; 오정수·류진석, 2019).

정부는 욕구 결핍과 사회문제를 정책적으로 해결할 책임이 있지만 재원, 인력 등이 부족한 실정이다. 지역사회복지의 주된 관심은 기존의 정부주도형에서 탈피하여 지역주민의 자발적 참여를 통해 지역사회 맞춤형 사회복지의 활성화, 즉 민간주도형으로 발전시키는 것에 있다. 따라서 지역의 복지 욕구를 충족하기 위한 민간 자원동원은 중간집단이 수행하는 것이 적절한 것에서 사회복지협의회가 필요한 이유를 찾을 수 있다(우수명 외, 2021).

2) 사회복지협의회의 원칙

사회복지협의회가 가지고 있는 민간의 자주조직이라는 특성을 부각시킬 수 있도록 다음의 원칙을 고려하여 각 지역의 특성에 알맞은 활동을 진행하도록 한다(송정부, 1995; 김범수 외, 2019).

첫째는 주민 욕구 기본의 원칙으로, 광범위한 주민의 생활실태 및 복지과제 등을 파악하도록 노력하고, 그 욕구에 입각한 활동을 수행하도록 한다.

둘째는 주민활동 주체의 원칙으로, 주민의 지역복지에 대한 관심을 높이고 그 자주적인 대응을 기초로 한 활동을 수행하도록 한다.

셋째는 민간성의 원칙으로, 민간조직의 특성을 살려서 주민의 복지욕구, 지역의 복지과제에 대응하는 개척성, 즉응성, 유연성을 발휘한 활동을 수행하도록 한다.

넷째는 민·관 협력의 원칙으로, 공공영역과 민간영역의 사회복지 관련 조직 및 지역주민이 역할을 분담하거나 협력하여 지역복지를 계획적이고 종합적으로 수행하고 공공부문과의 협력·감시·견제와 건설적인 비판을 통해 지역사회복지증진을 추구하도록 한다.

다섯째는 지역 특성 존중의 원칙으로, 지역사회의 상황이나 실정에 부합되는 조직을 구성하고 사업내용을 결정하도록 한다.

여섯째는 전문성의 원칙으로, 지역사회복지의 추진조직으로서 조직화, 조사, 계획 등에 관련하여 전문성을 발휘하는 활동을 수행하도록 한다.

3) 사회복지협의회의 기능

사회복지협의회가 위치하고 있는 지역사회의 여건에 따라 다양할 수 있지만, 사회복지협의회는 지역사회복지를 위해 중심적인 역할을 담당하면서 다음의 기능을 수행하고 있다(최일섭 외, 2006; 우수명 외, 2021).

① 지역사회의 복지증간과 관련된 사실발견

지역복지에 대한 기초자료 수집, 연구조사와 공동 연구수행, 지역사회 문제에 대한 장기적인 조사 실시, 사회복지기관들에게 자체 프로그램과 관련된 조사 및 연구 수행 등을 장려한다.

② 지역사회복지기관 간의 조정과 협력

지역사회복지기관의 명부를 발간하고, 사회복지기관들과 회의나 공청회를 개최하거나, 지역사회 문제해결을 위한 위원회를 구성하는 등의 기능을 수행한다.

③ 지역사회 복지를 위한 센터

지역사회 내 중요한 문제가 발생 또는 예상되는 경우 대책위원회를 구성하여 문제를 해결 또는 예방하고, 지역사회 내 복지문제를 논의하기 위한 회의를 개최하여 지역주민들의 관심을 환기하고 정책을 수립하여 지역사회 문제해결 과정에 중심적인 기능을 수행한다.

④ 지역사회복지기관 간의 서비스 조정 활동

지역복지 증진에 필요한 교육을 실시하고, 공통된 복지업무를 수행하며, 지역사회복지에 필요한 정보 및 서비스는 공유하고, 간행물을 제작하거나 홍보를 실시한다. 필요할 경우 자원봉사자를 관리하고, 사회서비스를 교환한다.

⑤ 사회복지기관 업무의 질적 수준 제고

개별적 접근방법으로 특정 기관에 대한 자문이나 협조 등을 통해, 집단적 접근방법으로는 출판, 연구, 공동토의, 회의, 화합 등을 통해 경험을 교환한다.

⑥ 지역사회복지를 위한 공동의 계획 수립 및 실천

기관 간 공유할 수 있는 프로그램 업무 기준을 설정하거나 공동프로그램을 개발 및 조정하기 위한 계획을 수립하고, 특정 사회문제에 대한 장기적인 계획을 수립하고 그에 대한 프로그램을 개발 및 실천한다.

⑦ 정보제공, 교육 및 홍보

지역사회 내 사회복지기관들의 명부를 발간하여 배포하고, 정보 및 위탁서비스, 각종 간행물을 제작하며, 지역사회내 중요한 쟁점사항들에 대한 공청회를 개최하여 지역주민들에게 문제의 심각성을 인식시키고 대안을 모색하는 등의 기능을 수행한다.

⑧ 자원동원 및 재정안정 도모

사회복지분야의 재정상태를 개선하기 위해 지역사회 자원을 개발·동원하고, 여러 활동을 정비하여 효율적으로 예산을 편성할 수 있도록 자문을 하며, 보조금이나 지원금 등을 확보할 수 있도록 안내, 주선한다.

⑨ 사회행동

현안과제에 대한 공통 입장을 발표하고, 특수집단의 복지에 관한 입법 대안을 제시하여 독자적인 활동을 하거나 기관과 단체들과 공동활동을 전개한다.

4) 사회복지협의회의 변천과정

1869년 영국에서 시작하여 1877년 미국 버팔로시(Buffalo)에 설립된 자선조직협회에서 그 기원을 찾을 수 있다. 1908년 미국 피츠버그(Pittsburgh)에 설립된 자선연합회(Associated Charities)와 중앙협의회(Central Council)를 최초의 사회복지협의회로 보고 있다. 이후 많은 지역에서 사회복지협의회가 설립되어 많은 나라들의 지역사회 조직사업에 큰 영향을 주었다[1]. 그러나 1960년대 미국에서 사회계획에 대한 정부의 역할이 확대되면서 민간협의회의 역할은 상대적으로 위축되는 결과를 가져왔다. 이후 사회복지협의회는 시대에 걸맞은 새로운 역할을 정립하여 활로를 개척하려는 노력을 하고 있다(Dunham, 1970; 최일섭 외, 2006).

1) 사회복지협의회는 제1차 세계대전 이후 전개된 공동모금과 긴밀한 관계를 가지면서 성장, 발전하였다. 이 과정에 두 단체는 마찰과 갈등을 노출시키는 경우가 많았다.

2. 한국사회복지협의회

한국사회복지협의회는 사회복지사업법에 의거[2)]하여 설립된 사회복지 공익법인으로서, 민간 사회복지증진을 위한 협의·조정, 정책개발, 조사·연구, 교육·훈련, 자원봉사활동의 진흥, 정보화 사업, 사회적 취약계층을 위한 사업수행을 통해 우리나라의 사회복지증진과 발전에 기여하고 있다(한국사회복지협의회, www.bokji.net).

1) 한국사회복지협의회의 변천과정

1952년 '한국사회사업연합회'로 창립하여 사단법인으로 설립 인가를 받고, 1961년 '사단법인 한국사회복지사업연합회'로, 1970년 '사회복지법인 한국사회복지협의회'로 개칭하였다.

1983년 사회복지사업법 개정에서 법정단체로 위상이 격상되며 괄목할 만한 변화를 가져오게 되었다. 1984년 조직된 시·도 사회복지협의회가 1998년 독립법인으로 전환되었고, 2003년 사회복지사업법 개정으로 시·군·구 사회복지협의회가 법인화되었다. 이로 인해 구조적으로는 수직관계로 보이지만, 사회복지협의회는 모두 독립된 기관으로 수평적·상호 협력적 관계를 유지하고 있다.

1981년 제1회 전국사회복지대회를, 2000년 제1회 사회복지의 날 기념식을 개최하였고, 2002년 부설 사회복지연구소를 설치하였으며, 2002년 한국사회복지회관을 준공하고, 2005년 인터넷 사회복지신문(복지타임즈)을 창간하였으며, 2007년 사회공헌정보센터를 개소하는 등 국민 복지증진에 이바지한 활동을 인정받아 2009년 공공기관으로 지정받았다.

2018년 '따뜻하고 활기찬 지역복지공동체 구축'을 위한 지역혁신 프로젝트를 전개하면서 사회공헌센터(CSR Center)로 명칭을 변경하고, 사회공헌 전문매거진 및 백서를 발간하고 있다.

---

2) 사회복지사업법 제16조(사회복지법인), 동법 제33조(사회복지협의회), 동법 시행령 제12조(한국사회복지협의회 등의 업무).

1959년 국제사회복지협의회(ICSW)에 가입하였고, 1973년 국제사회복지협의회(ICSW) 아·태지역대회를 2016년 세계사회복지대회를 개최하여 국제적 위상을 높였다.

한국사회복지협의회는 1952년 창립에서 70주년이었던 2022년을 포함하여 현재까지 활발한 활동을 전개하고 있다(최일섭 외, 2006; 윤응식, 2013; 한국사회복지협의회, www.bokji.net).

2) 한국사회복지협의회의 주요 사업

한국사회복지협의회는 우리나라의 사회복지증진과 발전에 기여하기 위하여 조사·연구, 교육·훈련, 정책개발, 협의·조정, 자원봉사활동의 진흥, 정보화 사업, 사회적 취약계층을 위한 사업 등 다양한 활동을 수행하고 있다(우수명 외, 2021; 이경은 외, 2022; 한국사회복지협의회, www.bokji.net).

① 사회복지에 관한 조사·연구

사회복지문제에 대한 이해와 현상 파악을 위한 전문적인 조사·연구를 실시하여 사회복지 현안문제에 대한 정책대안을 개발하고 있다.

1977년 '사회복지를 위한 민간자원동원의 가능성에 대한 연구'를 시작으로 사회복지 현안 문제 및 이슈에 대한 데이터를 확보하고 기본연구, 수탁연구, 정책연구 등 다양한 조사·연구사업을 추진하고 있다.

② 국제협력

우리나라는 2009년 OECD 개발원조위원회(DAC)에 가입하고 2010년 국제개발협력기본법을 제정하는 등 국제사회구성원으로서 공여국의 역할을 수행하고 있다.

한국사회복지협의회는 1959년 국제사회복지협의회(International Council on Social Welfare, ICSW) 회원으로 가입하여 국제 사회복지기관들과 교류를 시작했다. 한국형 복지모델 전수, 세계사회복지대회 등 국제회의 개최 및 참가, 해외사회복지관련 단체들과 협력을 통한 국제교류 활동을 활발하게 전개하고 있다.

③ 사회복지에 관한 교육·훈련

사회복지사업법에 의거[3]하여 민간 사회복지교육센터로서 기능 및 역할을 확대하여 능동적인 선진 사회복지전문가를 육성하기 위하여 수요자 중심의 교육서비스를 실현하고 있다.

사회복지인재 양성을 목적으로 사회복지현장이 요구하는 교육과정을 개발하여 종사자가 실제 업무에 바로 활용할 수 있도록 지원하는 교육으로 '사회복지사업(복지서비스)종사자 직무능력향상교육'[4]을 실시하고 있다.

④ 사회복지증진

사회복지사업법에 의거[5]하여 9월 7일 '사회복지의 날' 기념식 및 사회복지주간(9.7~9.13)을 맞아 다채로운 주간행사를 개최하여 대국민 사회복지 이해 고취 및 복지증진의 계기를 마련하고, 사회복지증진에 기여한 유공자를 발굴·포상함으로써 사회복지인들의 사기진작과 사회복지활동의 전국적 확산을 도모하고 있으며, 한국사회복지협의회가 주최하는 민간차원의 사회복지대축제인 '전국사회복지대회'와 연계하여 추진하고 있다.

⑤ 대외홍보

사회복지 관련 소식 및 정보를 전달하기 위해 복지 타임즈, 복지저널, 연간보고서, 홍보 팸플릿, 사회복지 가이드북, 계간 사회복지를 포함하여 다양한 출판물을 발행하고 있다.

그리고 신문, 잡지 텔레비전, 라디오 방송 등 대중매체를 활용한 대언론 홍보활동을 통해 사회복지에 대한 국민의 이해 증진과 지지 확보를 위해 최선을 다하고 있다.

---

3) 사회복지사업법 제10조(지도훈련) 1항, 동법 시행령 제12조(한국사회복지협의회 등의 업무).

4) 직무필수과정(의무교육), 직무공통과정(기본기술), 직무개발과정(실무기술), 직무양성과정(전문가교육), 직무특수과정(전문기술), 직무역량과정(리더십기술) 등 다양한 교육과정을 운영하고 있다.

5) 사회복지사업법 제15조 2항(사회복지의 날).

⑥ 지방협의회 육성

지역사회복지협의회 조직 확대를 통한 민간사회복지전달체계를 구축하고 사회복지협의회 활성화를 통한 정체성 확립과 지역사회 복지증진을 도모하고 있으며, 중앙·광역·기초 사회복지협의회 임·직원의 역량을 강화함으로써 정부와의 협력적 관계 속에서 민간부문 사회복지 총괄 역할을 수행하고 있다.

⑦ 복지넷

1995년 개설하여 사회복지 및 자원봉사 관련 각종 복지정보를 종합적·체계적으로 정보화하고, 이를 신속하게 무료로 서비스하는 사회복지포털 서비스를 운영하고 있다.

⑧ 자원봉사인증

사회복지사업법과 자원봉사활동기본법에 의거[6]하여 2001년 개설하여 봉사활동의 체계적 관리 및 자원봉사 활성화를 위한 목적으로 운영되는 사회복지자원봉사인증관리시스템(Volunteer Management System, VMS)으로 자원봉사자 모집정보와 자원봉사 신청정보 등 자원봉사 참여를 위한 다양한 정보를 공유하고 있다.

⑨ 푸드뱅크

식품기부 활성화에 관한 법률에 의거하여 기부식품제공사업(푸드뱅크·마켓)은 우리사회 결식의 완화 또는 해소에 기여하기 위한 나눔제도로, 식품제조기업 및 개인 등으로부터 여유식품 및 생활용품을 기부받아 지역사회 내 결식아동, 독거어르신, 재가장애인, 무료급식소, 지역아동센터 등 빈곤계층에 전달하고 있다.

⑩ 사랑나눔실천

2004년 국무총리실 주도로 공무원, 공공기관 임직원 등 공공분야가 솔선수범하여 복지소외계층을 지원하기 위하여 '1인 1나눔 계좌 갖기'를 시작하였다. 사랑

6) 사회복지사업법 제9조(사회복지자원봉활동의 지원·육성) 및 동법 시행령 제25조 3항, 사회복지자원봉사 관리규정(보건복지부), 자원봉사활동기본법 제3조(정의) 및 제4조(국가와 지방자치단체의 책무).

나눔실천은 아동·청소년, 장애인, 어르신 등 복지사각지대를 지원하는 총 8가지의 후원 펀드로 구성되어 있으며, 후원자가 후원을 희망하는 대상군을 직접 선택할 수 있다.

⑪ 사회공헌센터

사회공헌정보센터는 기업의 사회공헌활동 활성화 및 사회공헌 총량 확대를 위한 다양한 정보제공, 사업연계, 조사·연구 등의 사업을 수행하고 있다.

⑫ 나눔기획사업

공공(공공기관, 공기업)과 민간(기업)의 나눔자원을 발굴·연계하여 지원하는 '민간 사회복지 나눔자원 허브 사업'이다. 후원기관·기업의 사업 특성에 맞는 나눔 사업을 기획하여 복지소외계층에게 실효성 있는 복지서비스를 지원하는 '기업 지정기탁 사업'과 '새생명 지원사업'[7]을 추진하고 있다.

⑬ 멘토링사업

멘토링은 개인적 역량과 네트워크를 가진 멘토가 이를 필요로 하는 멘티에게 정서적 지지 및 조언을 제공하여 멘티의 비전 형성을 돕고 역량을 강화하는 선진화된 사회공헌 프로그램으로, 사회적 가치를 높이는 '이웃사랑 멘토링'을 추진하고 있다

⑭ 좋은이웃들

좋은이웃들은 우리 주변에 도움이 필요한 소외된 이웃들 찾고, 지원하기 위해 지역 주민들을 중심으로 구성된 봉사단으로 소외된 우리 이웃들의 지킴이이다. 2022년 11월 기준 전국 117개 지역에서 좋은이웃들 사업을 운영하고 있으며, 민·관협력을 통한 복지소외계층 상시 발굴시스템을 구축하고, 지역사회 민간자원을 체계적으로 활용하여 소외된 우리 이웃에 대한 지역사회의 관심과 복지 체감도를 높이고 있다.

---

7) 1991년부터 MBC 문화방송 "어린이에게 새생명을…" 방송을 통해 조성된 국민성금을 기반으로 경제적 어려움에 처한 만 18세 이하 소아암·백혈병 환아에게 진료비를 지원하고 있다.

⑮ 사회공헌활동 기부은행 (어르신 돌봄은행)

사회공헌활동 기부은행은 돌봄이 필요한 만 65세 이상 어르신에게 말벗·가사활동 등의 돌봄활동을 제공하고, 이를 돌봄포인트로 적립·관리하여 65세 이후 본인이 사용하거나 돌봄이 필요한 가족 또는 제3자에게 기부할 수 있는 제도이다. 2022년 11월 기준 전국 55개의 수행기관에서 44,271명의 돌봄봉사자들이 활동하고 있으며, 1,140,894의 돌봄포인트가 누적되어 있다.

2절 지역사회보장협의체

1. 거버넌스에 대한 이해

1) 거버넌스의 정의

거버넌스(governance)의 사전적 의미는 공동의 목표를 달성하기 위하여, 주어진 자원 제약하에서 모든 이해 당사자들이 책임감을 가지고 투명하게 의사결정을 수행할 수 있게 하는 제반 장치를 말한다(우리말샘).

1980년 이후 사회문제 해결에 대한 정부의 반성에서 거버넌스의 개념은 등장하였다. 정부 이외의 기관, 행위자들을 광범위하게 포함하여 정부 주도가 아닌 문제해결 과정을 강조한다. 오늘날 행정이 시장화, 분권화, 네트워크화, 기업화, 국제화를 지향하고 있기 때문에 기존의 공공행정 이외에 민간영역과 시민사회를 포함하는 다양한 구성원 사이의 소통과 네트워크를 강조하고 있다. 이러한 경향을 반영하여, 보다 효율적인 공공서비스의 실현을 위해 정부, 민간기업, NPI(Non-Profit Institution), 지역주민 등이 업무를 분담하는 협력관계인 민관협력이 강조되고 있다. 이러한 관점에 기초하여 공공서비스 전달 또는 공공문제를 해결하는 과정에서 공공부문과 민간부문이 협력적 네트워크를 구축하여 적극적으로 활용하여 민·관의 수평적 협력관계를 구축하고 있다(이명석, 2017; 네이버, www.naver.com).

2) 거버넌스의 도입배경

기존의 공공문제나 공공서비스의 전달은 정부만이 독점적인 공급자로서의 역할을 수행하였으나 사회가 다원화되고 복잡해지면서 공공서비스를 생산하는 주체와 공급하는 주체가 여러 차원으로 분리되고 있기 때문에 공공서비스의 전달과정에 민간부문과 비영리부문까지 참여가 확대되어야 한다.

지방분권이 강화되고 다양한 지역단위 복지문제가 출현되고 있지만 지방자치단체는 재정적 위기상황에 처해있기 때문에 서비스의 중복과 낭비를 방지하고 다양한 자원을 동원하여 복지서비스를 효율적으로 제공할 수 있는 체계를 구축하는 것이 필요하다. 이에 지역사회의 다양한 서비스제공기관들이 수요자 또는 공급자가 되어 현안문제를 해결하고 복지욕구를 충족할 수 있는 적절한 시스템을 구축하여 지역복지 총량을 보완하고자 공공영역과 민간영역이 함께하는 민관협력 연계가 중요해지고 있다. 이러한 민관협력 연계인 지역사회 네트워크는 이미 하나의 현상이자 사회적 요구가 되고 있다(강황선, 2002; 배응환, 2007; 오정수 외, 2019; 박태영 외, 2020; 우수명 외, 2021).

〈표 9-1〉 민·관협력의 장·단점 비교

공공영역		민간영역	
장점	단점	장점	단점
1. 정부 서비스가 더 잘 전달됨. 2. 국민들로부터 더 많은 정보를 얻을 수 있음. 3. 정책 대상그룹과 더 많은 상호작용을 기대할 수 있음. 4. 각종 사업의 효율성을 재고. 5. 새로운 기술의 적용 가능성을 미리 검증할 수 있음. 6. 민간 전문가들로부터 적절한 훈련을 제공받을 수 있음. 7. 정부와 민간 간의 활동을 보다 잘 조절할 수 있음: 일반적으로 민간을 더 잘 통제할 수 있음.	1. 민간이 등장하고 활동함에 따라 정부조직이 비효율적으로 보일 수 있음. 2. 민간의 사회적 동원이 사회불안을 가져올 우려가 있음. 3. 정부 서비스에 대한 요구가 정부의 능력을 넘어설 수 있음. 4. 민간과 정부가 해외 지원을 받기 위해 경쟁관계에 있을 수 있음. 5. 정부의 권위와 신용을 약화시킬 수 있음. 6. 민간의 신뢰성 훼손.	1. 정책결정과정에서 보다 잘 접근할 수 있음. 2. 전문적인 연구시설과 전문가들을 보다 쉽게 이용할 수 있음. 3. 훈련을 통해 정부 서비스를 내부에서부터 개선할 가능성이 있음. 4. 새로운 기술을 지역사회 전체에 적용할 수 있음. 5. 기술과 모델을 통해 민간의 설명력을 높이고 상향적인 발전이 가능.	1. 정부와 유착관계, 관료적 통제. 2. 민간단체가 보다 관료적인 성격을 띌 수 있음. 3. 민간의 자율성과 독립성을 상실할 수 있음. 4. 민간의 포괄적인 프로그램을 상실하면서, 단순한 전달역할로 전락할 수 있음. 5. 정부가 민간의 성과를 가로챌 우려. 6. 민간이 정부 서비스를 대체함으로써, 정부의 비효율성을 가속화. 7. 고객들 사이의 신용도 상실, 기존의 사회·정치적 상황을 유지하려는 경향.

출처 : 김수현 외(2000); 박태영 외(2020).

2. 지역사회보장협의체에 대한 기본 이해

1) 지역사회보장협의체의 개념

사회보장급여의 이용·제공 및 수급권자 발굴에 관한 법률에 의거[8]하여 지역사회보장협의체는 지역사회복지사업의 중요 사항과 지역사회복지계획을 심의 또는 건의하고, 사회복지와 보건의료 관련 기관·단체가 제공하는 사회복지서비스와 보건의료서비스와의 연계와 협력을 강화하기 위한 민관협력기구이다. 2001년~2002년의 시범운영과정을 거쳐 2003년 개정된 사회복지사업법에 의거하여 2005년 지역사회복지협의체를 구성하였다. 이후 사회보장급여의 이용·제공 및 수급권자 발굴에 관한 법률(사회보장법)이 제정되면서 2015년 지역사회보장협의체로 개칭되었다.

지역사회의 강점을 살리면서 지역복지를 현실화하기 위해 구성·운영하는 공공과 민간, 그리고 주민과 학계 전문가 등이 참여하는 협의 구조로 구성되어 지역주민들의 복지욕구와 복지문제를 체계적으로 파악하고, 관련 주체들의 복지역량을 검토하며, 이에 기초하여 지역사회복지계획을 수립하되 다양한 의견을 수렴하고, 상호 협의하여 운영하는 민주적이면서도 효율적인 지역사회 내 거버넌스 기구이다(초의수, 2007; 조추용 외, 2018; 한국보건사회연구원, 2019; 박태영 외, 2020).

---

8) 사회보장급여의 이용·제공 및 수급권자 발굴에 관한 법률 제41조(지역사회보장협의체), 동법 시행규칙 제5조(지역사회보장협의체의 구성 및 운영), 동법 시행규칙 제6조(지역사회보장협의체에 두는 실무협의체의 구성 및 운영), 제7조(읍·면·동 단위 지역사회보장협의체의 구성 및 운영).

〈표 9-2〉 지역사회보장협의체의 명칭 및 기능 변경

구분	2005.7.31. 이전	2005.7.31~15.6.30.	2015.7.1. 이후
법적 근거	사회복지사업법 제7조	사회복지사업법 제7조의 2	사회보장급여법 제41조
명칭	사회복지위원회	지역사회복지협의체	지역사회보장협의체
목적	사회복지사업에 관한 중요사항을 심의 또는 건의	• 관할 지역의 사회복지 사업에 관한 중요사항과 지역사회복지 계획을 심의/건의 • 사회복지서비스 및 보건의료서비스 연계 · 협력 강화	• 지역의 사회보장 증진 • 사회보장과 관련된 서비스를 제공하는 관계 기관 · 법인 · 단체 · 시설과 연계 · 협력 강화
성격	심의/자문기구	심의/자문기구	기능 강화
비고	시도 및 시 · 군 · 구에 설치 · 운영	공공과 민간의 네트워크 강화를 통한 지역복지 거버넌스의 구조와 기능 확대	기존 사회복지에서 탈피하여 사회보장으로 범주 확대

출처: 한국보건사회연구원(2019); 박태영 외(2020).

2) 지역사회보장협의체의 추진배경

민관협력조직으로서의 지역사회보장협의체가 중요해진 배경은 지방분권에 따른 사회보장전달체계의 변화, 지역사회보장 환경 변화를 반영한 사회보장급여 제공기관·법인·시설·단체간 연계 및 협력의 필요성, 지역사회 공동체기능 회복과 사회적 자본 증대의 필요성, 정보통신기술의 발전에 따른 새로운 지역사회 조직화의 가능성 등에서 찾을 수 있다(보건복지부, 2022g).

3) 지역사회보장협의체의 구성 목적

지역사회보장협의체는 지역사회 내 복지문제를 해결하기 위한 민주적 의사소통 구조를 확립하는 것으로 목적으로 하며, 다음과 같은 세부 목적을 달성하고자 노력하고 있다(박태영 외, 2020).

첫째, 민·관협력의 구심점으로서 지역사회보호체계를 구축, 운영할 수 있다.

지역사회보장계획 수립 등 지역복지 증진을 위한 과정에 민간의 참여기반을 마련함으로써 참여복지를 구현할 수 있으며, 서비스제공 실무자들의 문제해결 의지가 지역사회에서 활발하게 논의할 수 있는 상향식 의사소통구조를 확립할 수 있다.

둘째, 수요자 중심의 통합적 사회보장급여를 제공하기 위한 기반을 마련할 수 있다.

지역사회의 보건복지서비스 공급자 간의 연계망을 구축하여 수요자의 복합적 욕구에 공동으로 대응할 수 있다.

셋째, 지역사회 내 사회보장급여 제공기관·법인·단체·시설 간 연계·협력으로 지역복지자원의 효율적 활용체계를 조성할 수 있다.

지역사회의 다양한 잠재적 복지자원을 발굴하고 필요한 복지자원의 확충을 위한 노력을 도모할 수 있고, 서비스 제공기관 간 연계·협력을 통해 지역사회 복지정보 및 서비스 수요자에 대한 정보 등을 공유함으로써 자원 제공의 중복과 누락을 방지할 수 있다.

넷째, 민·관협력을 통해 주민 네트워크를 조직할 수 있다.

이를 통해 사각지대 발굴 및 지원을 강화할 수 있는 읍·면·동 단위 주민 네트워크를 조직할 수 있다.

4) 지역사회보장협의체의 운영 원칙

지역사회보장협의체가 앞서 살펴본 목적을 달성하는 과정에 지켜야 할 원칙은 다음과 같다(박태영 외, 2020).

첫째는 지역성으로, 지역주민 생활권역을 배경으로 조직·운영되는 지역사회보장협의체는 지역주민의 복지 욕구, 복지자원 총량 등을 고려하여 사회보장급여가 필요한 지원 대상자에 대한 현장밀착형 서비스 제공기반을 마련하여야 한다. 그리고 해당 지역의 특성, 복지 환경, 문화 등을 반영하여 협의체의 기능 범위 내에서 자체 재원을 활용한 지역사업을 추진하여야 한다.

둘째는 참여성으로, 지역사회보장협의체는 법적 제도나 규제에 앞서 복지문제 해결을 위한 지역주민의 자발적 참여가 일차적인 추동력으로 작용하여야 하며, 협의체의 원활한 수행을 위해 공공과 민간의 적극적·자발적인 참여가 우선되어야 한다.

셋째는 협력성으로, 지역사회보장계획의 수립·시행·평가를 위한 협의적 의사결정, 상생적 조직관계, 지역 사회공동체, 사회적 자본 등을 주요 개념으로 두고, 네트워크를 바탕으로 민주적이고 합리적인 방법으로 운영되어야 한다.

넷째는 통합성으로, 지역주민의 삶의 터전인 지역사회를 중심으로 주민의 다양한 복지서비스 욕구를 충족시키기 위해서는 삶의 각 영역을 포괄하는 다양한 서비스(보건, 복지, 문화, 고용, 주거, 교육 등)를 지역사회에서 제공할 수 있어야 한다.

다섯째는 연대성으로, 자체적으로 해결하기 힘든 복지문제는 지역주민 간 연대를 형성하거나 인근 지역과 연계·협력을 통해 복지자원을 공유하여 해결하도록 하며, 공공부문의 서비스를 보완하는 사회복지법인 외에 비영리 시민단체나 조직의 지역복지활동 참여의 확대뿐만 아니라 가족과 이웃을 통한 복지 욕구 충족 등 지역사회에서 활동하는 사회보장 주체의 연대성이 강조되어야 한다.

여섯째는 예방성으로, 지역주민의 복합적인 복지문제를 조기에 발견하여 예방할 수 있도록 노력하여야 한다.

5) 지역사회보장협의체의 주요 기능

지역사회보장협의체는 수요자 중심의 통합적 서비스를 제공할 수 있어야 하며, 이를 위해 다음과 같은 세부기능을 수행한다(오정수 외, 2019; 박태영 외, 2020; 보건복지부, 2022g).

첫째는 협치(governance) 기능으로, 지역사회보장계획의 수립·과정·평가 등 지역사회보장의 주요 사항에 민간과 공공이 협력하여 심의·자문한다.

둘째는 연계(network) 기능으로, 사회보장과 관련된 서비스 제공하는 관계 기관·법인·단체·시설과 연계·협력을 강화한다.

셋째는 통합(integrate) 기능으로, 협의체 내 각 분과 간 통합 및 조정역할을 수행하고 지역주민의 욕구를 반영한 통합적 서비스 제공체계를 지원하며, 통합서비스 제공을 위해 기존의 보건복지뿐만 아니라 고용·주거·교육·문화·환경 등 다양한 영역과 연계한다.

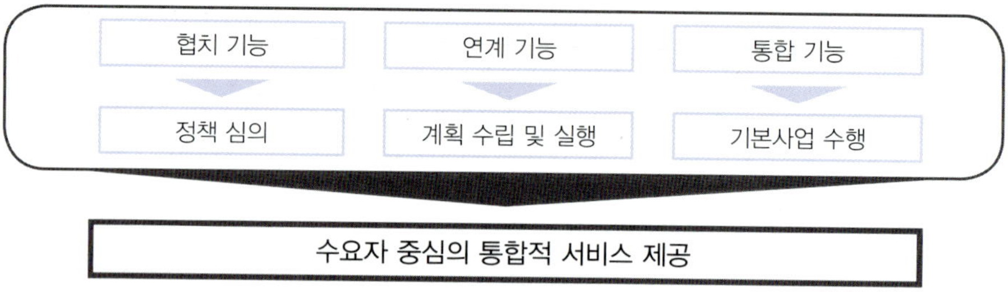

출처: 보건복지부(2022g).

3. 지역사회보장협의체의 구성 주요 주체별 역할

지역사회보장협의체의 주요 역할은 정책 심의, 지역사회보장계획의 수립·시행·평가, 지역사회보장협의체의 기본사업 시행이라고 할 수 있다. 이러한 역할을 수행하기 위해 지역사회보장협의체는 다음과 같이 서열화된 조직이지만 상향식 의사소통 구조이다. 이들 주요 주체별로 담당하는 역할은 다음과 같다(조추용 외, 2018; 오정수 외, 2019; 박태영 외, 2020; 보건복지부, 2022g).

1) 대표협의체

전문성을 가진 실무협의체 위원을 선정하고 지역사회보장협의체 전담간사를 배치한다.

① 역할

지역사회보장을 증진하고 사회보장과 관련된 서비스를 제공하는 관계 기관, 법인, 단체, 시설과 연계, 협력을 강화하여야 한다.

② 구성 원칙

특정 지향의 인물에 편중된 구성이 되지 않도록 균형을 유지하도록 하고, 임명직 위원과 위촉직 위원 각 1명을 공동위원장으로 선출하도록 하며, 위원의 임기는 2년으로 하고, 다만, 공무원인 위원의 임기는 그 재직기간으로 한다.

첫째는 대표성으로, 대표협의체의 위원은 공공과 민간을 포함한 해당 시·군·구의 지역사회보장 이해관계자를 대표할 수 있도록 구성한다.

둘째는 포괄성으로, 대표협의체 위원은 해당 시·군·구의 지역사회보장 영역(보건·복지·고용·주거 등) 및 연계 분야의 이해관계자를 포괄할 수 있도록 구성한다.

셋째는 민주성으로, 대표협의체 위원은 민주적인 절차와 방법에 의해 임명하거나 위촉한다.

③ 기능

대표협의체는 지역사회보장계획 수립·시행 및 평가, 지역사회보장조사 및 지역사회보장지표에 관한 시행, 사회보장급여 제공, 사회보장 추진에 관한 사항, 읍·면·동 지역사회보장협의체의 구성 및 운영에 관한 사항 등에 대해 심의·자문하는 역할을 수행한다.

2) 실무협의체

① 역할

협의체의 업무를 효율적으로 수행하기 위하여 실무협의체를 설치한다.

② 구성 원칙

첫째는 포괄성으로, 실무협의체 위원은 해당 시·군·구의 지역사회보장 주체를 모두 포함할 수 있도록 구성한다.

둘째는 전문성으로, 실무협의체 위원은 해당 시·군·구의 지역사회보장 영역 업무에 종사하고 있는 실무자(현장전문가)를 중심으로 구성한다.

③ 기능

실무협의체는 사회보장사업의 주요 사항 관련 건의, 공동사업개발 및 건의, 지역사회서비스 제공 및 연계 협력에 관한 협의, 대표협의체 심의(건의)안건 사전검토, 실무분과 간 역할 조정 및 협력 도모 등의 역할을 수행한다.

3) 실무분과

① 역할

지역의 사회보장 관련 기관·법인·단체·시설 간 연계와 협력 강화 및 실무협의체의 운영을 촉진하기 위해 구성, 운영한다.

② 기능

실무분과는 지역사회보장계획 모니터링, 분과별 공동사업 수행, 사회보장 분야별·대상자별 사례회의 및 교육, 분야별 사회보장 관련 정책 제안 등의 역할을 수행한다.

③ 구성형태

실무분과는 지역 특성 및 여건에 맞게 대상별·지역별·기능별로 다양한 형태로 구성할 수 있다.

첫째는 대상별 분과로, 지역의 영유아, 아동, 청소년, 여성, 노인, 장애인 등 사회보장대상자의 특성과 욕구를 기반으로 하여 실무분과를 구성할 수 있다.

둘째는 지역별 분과로, 농어촌 등 사회보장분야의 인적·물적 자원 부족으로 대상별 분과 운영이 비효율적일 경우에 읍·면·동 또는 소생활권 단위의 분과를 구성할 수 있다.

셋째는 기능별 분과로, 사회보장분야 확대영역을 반영하여 소득보장, 보건의료, 고용·주거, 문화·체육, 복지 위기가구 발굴, 지역사회 통합 돌봄, 통합사례관리, 자원 동원·배분, 자살예방 등 지역주민이 필요로 하는 욕구와 기능에 맞게 다양한 형태의 분과를 구성할 수 있다.

4) 읍 · 면 · 동 협의체

① 필요성

지역 환경, 인구 분포, 복지인프라, 지역문제 등 지역특성이 다른 읍·면·동의 문제를 획일적인 복지서비스로 해결하기 어렵기 때문에 주민들이 돌봄과 나눔, 배려와 존중, 협동과 연대로 강력한 안전망을 만들고 지역공동체를 위해 함께하는 동네복지 구심체를 형성하는 것이 필요하다. 이에 민·관협력을 통한 복지 사각지대를 발굴하고 통합적 복지서비스 지원체계를 마련하여 국민의 복지체감도를 향상하기 위해 구축한 기존의 민·관협력체계를 보다 촘촘한 읍·면·동 단위 지역사회보장협의체로 확대하여 개편하였다.

② 기능

읍·면·동 협의체는 복지 사각지대 발굴, 사회보장 자원 발굴 및 연계, 지역사회보호체계 구축 및 운영, 지역 특화사업 추진 등의 역할을 수행한다.

③ 유형

첫째는 자원봉사단 유형으로, 지자체에서 비용 일부를 지원하고 협의체 위원들의 자원봉사활동을 통해 지역 특화사업 추진과 복지사각지대 발굴 기능을 수행한다.

둘째는 네트워크형으로, 시·군·구 지역사회보장협의체와 유사하며 심의와 자문이 주목적이고 참여한 위원 자체가 자원이 되어 지역 특화사업을 추진한다.

셋째는 과제중심형으로, 읍·면·동 지역사회보장협의체 내에 사례관리 지원, 복지사각지대 발굴, 지역자원 개발 등을 위해 실무협의회나 분과를 설치하여 활동한다.

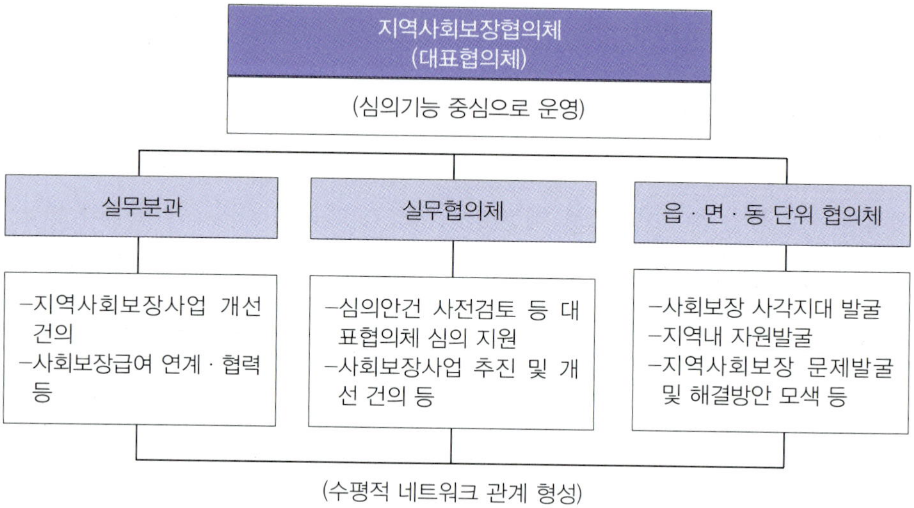

출처 : 보건복지부(2022g).

생각해 보기
1. 한국사회복지협의회의 한계에 대해 토론해 보자
2. 사회복지협의회와 사회보장협의체의 특성을 비교해 보자.
3. 사회보장협의체의 장점과 단점에 대해 논의해 보자.

CHAPTER

10

지역사회복지의 물적 자원

학습논점

1. 공동모금의 필요성을 정리한다.
2. 공동모금의 도입배경에 대해 살펴본다.
3. 우리나라 공동모금의 특성을 파악한다.

1절 공동모금에 대한 이해

1. 공동모금의 기본 개념

1) 공동모금의 정의

민간사회복지기관에 대한 주민의 조직적이고 지속적인 참여를 구조화시키는 방안 중 하나로 제시되고 있는 것이 공동모금제도이다. 공동모금은 "모두를 위한 한 번의 모금(One fundraising for All)"의 원리에 기초하여 사회복지사업에 필요한 재원을 조성하기 위하여 일원화된 체계를 통해 기부 금품을 널리 모집하는 것을 말한다.

공동모금의 주요 목적은 지역주민의 욕구를 충족시키기 위해 가장 효과적인 기부금을 통한 민간사회복지의 재원 조성에 있다. 이에 더하여 기부금을 통해 민간사회복지기관의 재정운용의 안정성을 부여하여 사회복지서비스 프로그램의 전문화를 촉진시키고 질적 수준을 제고할 수 있다는 것과 지역주민들이 지역사회 복지증진에 참여할 수 있는 기회를 제공하는 것을 들 수 있다.

공동모금활동을 통해 기대할 수 있는 효과는, 지역주민들의 자발적이고 적극적인 참여를 통한 상부상조정신과 참여정신을 고양하고 복지의식을 고취할 수 있으며, 체계적이고 일원화된 모금활동을 통해 효율성을 높일 수 있고, 공정하고 전문적인 기금활동을 통해 효과성과 형평성을 확보할 수 있으며, 기부금을 통한 민간

사회복지기관의 재정 운용의 안정성을 부여하여 사회복지서비스 프로그램의 전문화 및 질적 수준을 제고할 수 있으며, 국민의 자발적인 성금으로 조성된 재원을 효율적이고 투명하게 관리·운용함으로써 사회복지 증진에 기여할 수 있다(최일섭 외, 2006; 김범수 외, 2019; 박태영 외, 2020).

2) 공동모금의 기본적 이념

공동모금을 통해 기대할 수 있는 효과에서 확인하였듯이 최근 우리 사회가 요구하는 시민사회의 개념과 맥을 같이하고 있음을 알 수 있다(전해황 외, 2021).

첫째는 민주주의로, 공동모금활동은 민주시민으로서 권리와 의무를 수행하게 하는 사회적 기능을 통해 지역사회와 지역복지에 적극적으로 참여하게 하는 통로 역할을 한다.

둘째는 이타주의로, 상호부조와 달리 일정한 보상을 기대하지 않고 다른 사람들 돕고자 하는 이타주의가 자선활동과 박애활동 등을 통해 지역사회문제들을 해결하는데 기여할 수 있다.

셋째는 인도주의로, 모든 인간은 인간이라는 점에서 동등한 자격을 갖추고 있다는 생각에서 인류복지를 실현하려는 사상인 인도주의는 실질적으로는 인종·국적·종교를 불문하고 사회적 약자에게 구원의 손길을 내미는 것을 의미한다. 이러한 인도주의 이념은 민간사회복지부문의 재원을 확보하고자 하는 공동모금의 기본이념이라고 볼 수 있다.

넷째는 사회적 연대감으로, 빈곤이나 사회적 위험에 공동으로 대처하는 사회적 협력 행위이며, 공동체 생존의 바탕이 되는 사회적 연대는 지역사회 결속의 바탕이 된다.

다섯째는 평등으로, 공동모금활동을 통하여 모금된 재원은 배분계획과 절차에 의하여 지역주민의 다양한 복지서비스의 기회를 제공하게 함으로써 권리, 의무, 자격 등에서 차별이 없는 상태를 의미하는 평등을 달성하는데 기여할 수 있다.

여섯째는 사회정의로, 모든 개인이 언제든 인간다운 생활을 누릴 수 있는 최소한의 조건인 사회정의를 실천할 수 있다.

3) 공동모금의 특성

상부상조정신을 바탕으로 전 국민의 참여를 유도하는 순수 민간차원의 사회복지운동인 공동모금은 다음과 같은 특성을 가진다(류기형, 1991; 최일섭 외, 2006; 박태영 외, 2020; 전해황 외, 2021).

첫째는 봉사활동으로서의 민간운동의 특성을 띤다는 점이다. 사회구성원인 주민들의 상부상조정신을 바탕으로 자유로운 입장에서 기부하는 기부금을 민간복지 부분을 위해 활용하고, 민간활동으로서의 특색을 발휘할 수 있다. 즉, 사회연대, 상부상조의 정신을 바탕으로 지역주민의 자주적 봉사활동으로서 전개되는 중요한 민간복지활동이다.

둘째는 지역사회를 중심 기반으로 한다는 점이다. 민간의 자발적인 노력과 협조정신에 의해 지역사회의 사회복지사업이 자율적인 활동에 의해 이루어지도록 해야 한다. 지역사회를 단위로 지역주민에 의해 설립된 지역공동모금회는 거주자가 기부자가 되는 동시에 그 지역사회에 있는 수혜자가 바로 지역주민이 되기 때문에 지역주민의 참여와 동원을 통해 그 지역의 특성에 맞추어 지역사회의 복지증진을 도모할 수 있다.

셋째, 효율성을 높이고 모금을 일원화시킬 수 있다는 점이다. 기부자의 기부의도를 가장 잘 반영하기 위하여 모금을 일원화하고 지역사회를 대표하는 공동모금회가 기부자를 대신하여 면밀한 조사의 적정한 평가를 통해 배분함으로써 기부금을 효율적으로 활용할 수 있다. 그리고 기부금의 모금, 관리, 배분을 일원하여 통합적인 조정을 함으로써 시간, 경비, 노력 등을 절약할 수 있어 통합적인 조정을 도모할 수 있다. 그러나 기부금을 배분받는 시설, 단체의 개별모금을 단순히 금지하여 일원화를 시키는 것이 아니라 개별모금의 필요를 없애는 것이 공동모금의 등장배경임을 이해하여야 한다.

넷째, 공개성(공표)을 강조한다는 점이다. 모금 실시에 앞서 각 회원시설 및 단체들로부터 신청된 필요액을 심사하여 배분계획을 세우고 모금 목표액을 결정한다. 이 내용을 공표함으로써 기부자인 지역주민에게 필요액에 관한 이해를 구함과 동시에 모금결과 및 모금액의 사용내역은 물론이고 기부금 배분이 종료된 후에도 그 결과를 포함하여 모든 관련 내용을 공개하여야 한다.

다섯째, 전국적인 협조를 도모할 수 있다는 점이다. 공동모금제도는 지역성을 특성으로 하지만 전국적으로 일제히 전개하는 것이 바람직하다. 지역이기주의로 전락할 경우 상부상조의 정신과는 모순되기 때문에 지역의 자발적인 활동을 상호 협조하여 전개할 때 사회연대정신 고양이라는 사명을 이룩할 수 있다.

4) 공동모금의 의의와 필요성

공동모금은 무분별한 자선사업의 난립을 막고 지역주민이 신뢰할 수 있는 민간 모금단체를 조직할 수 있으며, 지역주민에게 참여기회를 제공함으로써 지역주민들의 자원봉사정신을 함양시킬 수 있고, 사회복지서비스 프로그램의 전문성 제고에 기여할 수 있다.

그리고 사회복지에 필요한 재원을 마련하여 국가가 담당하지 못하거나 담당하기 꺼리는 분야를 지원하는 것만이 아니라 민간차원에서 자율성과 효율성을 담보하면서 공익적인 사업을 독자적으로 기획하고 수행할 수 있도록 한다. 이러한 과정을 통해 사회복지사업에 대한 인식 개선을 기대할 수 있다(최일섭 외, 2006; 김범수 외, 2019).

5) 공동모금의 사회적 기능

합리적인 기부금 모금을 통한 사회복지재원의 조성이라는 필요성이 있는 공동모금의 사회적 기능을 살펴보면 다음과 같다(최일섭 외, 2006; 전해황 외, 2021).

첫째, 합리적 기부금 모금을 통한 사회복지재원을 조성할 수 있다. 공동모금운동은 모금활동의 일원화를 통해 시간, 노력, 경비를 절약하고 여러 가지 낭비와 불편을 최소화함으로써 합리적으로 사회복지재원을 확보할 수 있다.

둘째, 국민의 상부상조정신을 고양할 수 있다. 공동모금운동은 홍보활동을 통해 이타주의, 인도주의, 사회적 연대의식 등을 발전시키고 이를 결집시켜 상부상조정신을 고양시킬 수 있다.

셋째, 사회복지에 관한 이해를 확대하고 긍정적인 여론을 형성할 수 있다. 공동모금운동의 공개성, 투명성의 특성을 토대로 모금 및 배분에 있어서 모든 것을 공개하고 투명하게 함으로써 지역사회복지에 대한 관심을 가지고 이해할 수 있게 한다.

넷째, 민주시민으로서의 권리와 책무를 수행할 수 있다. 사회복지증진을 위해 정부와 민간이 동반자 관계를 형성하는 상호 보완적 역할을 수행한다.

6) 공동모금의 변천과정

현재 북미, 유럽, 아시아, 태평양 지역 국가 등 세계 여러 나라에서 실시하고 있는 공동모금은 영국에서 시작하여 미국에서 확대되었다.

1873년 영국 리버풀시(Liverpool City) 유력인사들이 기부금 모집의 중복과 강제적인 권유에서 벗어나기 위하여 스스로 기부금을 적립하여 자선단체를 구성한 것이 공동모금활동의 시작이었다.

1887년 미국의 덴버시(Denver City) 자선조직협회에서 23개 회원기관 중 15개 기관이 무분별한 자선운동을 탈피하고 사회복지사업의 전문화를 도모하기 위해 공동으로 모금한 것을 시작으로 1985년까지 재정난에 허덕이는 수많은 자선기관들을 돕기 위해 100여 개의 시로 확대되었다. 미국 공동모금 명칭의 변천과정을 살펴보면 1918년 Community Chest를 처음으로 공식적으로 사용하였고, 1949년 United Fund로, 1963년 United Way로, 1970년 United Way of America로 개칭하여 현재까지 사용하고 있다(이창호, 1994; 최일섭 외, 2006; 김범수 외, 2019).

7) 공동모금의 조직구조

공동모금회는 하나의 민간복지기관으로 전국적인 조직의 유무에 따라 연맹형과 중앙집중형으로 나눌 수 있다. 그리고 순수 민간조직이지만 정부와 불가분의 관계를 가지고 있다(한국사회복지사협회, 2005: 최일섭 외, 2006; 전해황, 2021).

① 자체 구조 측면

전국적인 조직의 유무를 기준으로 전국 조직이 있는 경우와 일부 지역에만 조직이 있는 경우로 구분한다.

먼저, 전국 조직이 있는 경우는 연맹형과 중앙집권형으로 나누어 볼 수 있다. 연맹형은 전국연맹이 지역공동모금회와 상호연락하며 업무를 조절하고 전국적 차원에서 필요한 프로그램을 제공하는 유형이며, 중앙집권형은 모든 것을 중앙에서 통괄 운영하는 체제로 지역공동모금회는 중앙공동모금회의 지침에 따라 모든 활동을 전개하는 유형이다.

〈표 10-1〉 공동모금회의 전국 조직 유형별 특성 비교

구분	연맹형	중앙집권형
장점	• 지역공동모금회가 지역사회중심으로 운영되어야 한다는 특성을 살림. • 전국적 공동모금활동 보조를 취함으로써 공동모금 캠페인에 유리한 분위기를 조성.	• 각 지역공동모금회의 전국적 협조 및 효율성과 일원화를 가장 잘 살릴 수 있음.
단점	• 지나치게 지역사회를 강조하여 에고이즘에 빠질 가능성이 있음.	• 지나치게 전국 일원화와 효율성을 강조하게 됨으로써 지역의 특성을 살리기가 힘듦.

출처: 최일섭(1990); 전해황 외(2021).

자체구조의 각 유형에 해당하는 국가별 분포 상황은 다음과 같다.

〈표 10-2〉 공동모금회 자체구조 유형에 따른 국가별 분류

구분	전국조직이 있는 국가		일부지역에만 조직이 있는 국가
	연맹형	중앙집권형	
국가명	미국, 일본, 호주, 캐나다, 필리핀, 남아프리카, 영국, 요르단	홍콩, 싱가포르, 벨기에, 자메이카, 태국, 푸에르토리코	뉴질랜드, 인도, 베네수엘라, 버진군도

출처: 최일섭(1990); 최일섭 외(2006); 전해황 외(2021).

② 정부와의 관계

법령의 승인·허가 등 통제의 정도를 기준으로 하여 자율형과 정부주도형으로 구분한다.

〈표 10-3〉 정부와 공동모금 조직과의 관계 유형별 특성 비교

구분	자율형	정부주도형
정부의 기능	• 공동모금회 설립 및 등록에 관한 관련 법 제정 • 기부금에 대한 세제상의 혜택	• 재정적 지원, 세제상 혜택 • 모금활동의 승인 및 허가 • 모금회 운영 감독
공동모금회 기능	모금, 운영, 배분	공공복지의 보완적 기능
장점	최대한의 자율성 확보	능률적 효과 기대
단점	• 광범위하고 대규모적인 프로그램 지원 불가 • 국가 정책에 의해 부정적 영향을 받을 가능성이 있음.	• 민간활동의 위축 • 주민의 자발적 참여 저하
채택국가	미국, 한국, 호주, 싱가포르, 영국, 캐나다, 인도, 벨기에	일본, 대만, 필리핀, 자메이카

출처: 이창호(1994); 전해황 외(2021).

③ 사회복지협의회와의 관계

사회복지협의회와 공동모금회가 지역사회복지의 증진을 위해 필요한 조직이라는 점에서는 공통점이 있지만, 때로는 협력하기도 하고 경쟁하기도 하면서 밀접

한 관계를 유지하고 있다.

〈표 10-4〉 사회복지협의회와 공동모금 조직과의 관계 유형별 특성 비교

구분	협의회형	공존형	독립형
협의회의 기능	• 복지수요 파악	• 전문적 정보제공	• 독자적 기능
공동모금회의 기능	• 협의회 부서로 기능	• 민간재원 모금 • 협의회의 정보를 바탕으로 모금배분	• 모금 • 자체활동 및 민간재원 배분
장점	• 전문집단에 의한 정보 수집 • 전문적, 조직적 활동	• 협의회형과 독립형의 단점 보완	• 운영의 신속성 및 용이성
단점	• 적극적 참여동기 유발의 기회 제한	• 운영의 묘미를 살리지 못하면 혼선을 초래할 경우가 있음	• 전문인력 확보의 어려움 • 행정비용의 증가
채택국가	싱가포르, 대만, 태국	일본, 캐나다	미국, 영국, 호주, 홍콩, 인도, 필리핀, 한국

출처: 이창호(1994); 전해황 외(2021).

2. 공동모금활동의 모금방법

모금방법은 어떻게 하면 보다 많은 사람들로부터 보다 많은 기부금을 모집할 수 있느냐는 것을 결정하는 수단이 된다. 따라서 모금방법에 따라 모금결과가 달라질 수 있기 때문에 공동모금의 존속 여부에 영향을 미치는 가장 기본적이면서도 중요한 부분이라고 할 수 있다. 주요 모금대상을 누구로 하느냐에 따라 다음과 같이 구분할 수 있다(최일섭 외, 2006; 전해황 외, 2021).

첫째, 개별형은 개인을 대상으로 모금을 하는 것으로 개인이나 가정의 헌금을 통해 모금하는 형태로 일본, 필리핀에서 주로 활용하고 있다. 장점은 모든 주민들이 사회복지사업에 관심을 가지고 참여를 높일 수 있지만, 단기간에 많은 금액을 모으는 것이 어렵고, 개별적으로 안내를 해야 하기 때문에 인력과 시간이 많이 필

요하다는 점이 단점으로 언급되고 있다.

둘째, 기업형은 회사, 공장, 사업체와 그곳의 근로자를 대상으로 모금하는 형태로 미국, 오스트레일리아, 영국, 캐나다, 홍콩, 벨기에, 싱가포르, 대만 등에서 활용하고 있다. 투입하는 노력과 시간에 비해 일시에 많은 금액을 모금할 수 있는 것이 장점으로, 근로자나 기업체에 강제적인 모금을 하게 할 수 있다는 점과 재력 있는 기업을 대상으로 하여 주민의 참여가 저조할 수 있다는 점이 단점으로 언급되고 있다.

셋째, 단체형은 재단, 협회 등의 단체가 대상이 되는 경우로 기업중심형과 같이 재력 있는 재단이나 협회로부터 보조금을 받음으로써 쉽게 많은 액수를 모금할 수 있는 장점이 있지만 많은 지역주민들을 참여시킬 수 없다는 단점이 있다.

넷째, 특별사업형은 백만인 걷기대회, 오페라, 발레, 연주회 등 특별 프로그램이나 기획사업을 중심으로 모금하는 방법을 말하며, 홍콩, 인도, 요르단, 필리핀 등에서 활용하고 있다. 기부자의 흥미, 오락성, 반대적 급부 등을 제공한다는 점에서 호응도가 높을 수 있다는 점과 여론의 형성과 분위기 조성 등 최대의 홍보효과를 가져올 수 있다는 점을 장점으로 들 수 있다. 이에 비해 모금의 안정성을 확보하기 어렵다는 점, 사치성과 낭비성에 대한 비판을 면하기 어렵다는 점, 주민의 관심을 유도하기 위한 프로그램의 개발이 어렵다는 점 등이 단점으로 언급되고 있다.

3. 공동모금의 배분유형

배분방식은 열심히 노력해서 모집한 기금을 얼마나 효과적으로 사용하느냐를 결정하는 중요한 기능으로, 공동모금회가 성취하고자 하는 목표와 가치는 배분을 통해 실현할 수 있다. 배분유형은 다음과 같다(최일섭, 1990; 최일섭 외, 2006; 전해황 외, 2021).

첫째, 기관배분형은 사회복지시설이나 기관을 대상으로 모금액을 배분하는 방법으로 취약한 계층에 대해 우선적으로 지속적 배분이 이루어진다는 점에서는 기본적인 방법이라고 할 수 있다. 특정 대상에 대한 지속적 배분이 가능하다는 장점과 전국적으로 공동모금활동이 전개되는 경우 각 지역별 시설·기관의 분포가 다르기 때문에 지역별 불균형을 초래할 가능성이 있다는 단점이 있다.

둘째, 프로그램 배분형은 특정한 문제를 해결하기 위하여 배분하거나, 이를 위한 구체적 프로그램 수행을 위해서 배분하는 방법으로 새로운 문제에 대해 즉각적으로, 용이하게 대처할 수 있다는 장점이 있는 반면 항상 어려움에 처해 있는 사람들이나 새로운 이슈가 아닌 문제에 대해서는 간과하거나 소홀해지기 쉽다는 단점이 있다.

셋째, 지역배분형은 지역을 단위로 배분하는 형태로 지역별로 특수한 문제를 해결하고 지역복지를 증진시키기 위한 것이다. 장점으로 지역마다 문제의 종류나 정도가 다르기 때문에 지역의 특성에 맞게 모금액을 배분하여 사용할 수 있도록 한다는 점이, 단점으로 지역만을 강조하다 보면 전국적 차원의 대규모 문제에 대해서 대처하기 어렵다는 문제가 있다는 점이 언급되고 있다.

〈표 10-5〉 공동모금의 배분유형에 따른 국가별 분류

배분유형		국가명
기관배분형		오스트레일리아, 벨기에, 인도, 마우리티우스, 푸에르토리코
문제 및 프로그램 배분형		자메이카, 필리핀, 대만
혼합형	기관배분 우선	캐나다, 요르단, 뉴질랜드, 남아프리카, 태국, 베네수엘라
	문제 및 프로그램 우선	홍콩, 싱가포르, 버진 군도, 미국
지역배분형		일본

출처: 최일섭(1990); 최일섭 외(2006); 전해황 외(2021).

2절 한국의 공동모금

1. 사회복지공동모금회에 대한 이해

1) 우리나라 공동모금의 변천과정

공동모금은 사회복지공동모금회법에 의거하여 사회복지사업이나 그 밖의 사회복지활동 지원에 필요한 재원을 조성하기 위하여 전국 또는 지역을 단위로 기부금품을 모집하는 것을 말한다(사회복지공동모금회법 제2조).

1970년 사회복지사업법에 사회복지공동모금회를 설립할 수 있는 규정이 마련되어 1971년 '사회복지법인 한국사회복지공동모금회'를 설립하여 1973년 외국 원조기관을 중심으로 '백만인 걷기운동'(Miles for Millions walk)을 실시하였으나 실패하여 공동모금을 중단하게 되었다.

보건복지부에 사회복지사업기금을 설립하여 1987년 폐지될 때까지 불우이웃돕기 모금을 매년 연말 전개하였다. 1983년 사회복지사업법을 개정하여 연말연시 불우이웃돕기모금사업을 통해 모금된 성금을 정부가 관리하도록 하였다. 그러나 이는 민간에서 모금한 것을 정부가 관리하는 비합리적인 기금 운용형태로 비판을 받았다.

1996년 기부금품 모집규제법을, 1997년 사회복지공동모금법을 제정하여 그동안 정부가 관리해 오던 모금액을 민간으로 이양하였고, 1998년 중앙과 지방에서 동시에 공동모금을 전개하였다.

1999년 사회복지공동모금회법으로 개정하여 정부 주도의 모금을 폐지하고 민간의 자율성을 확보하였으며, 공동모금 조직에서 지역공동모금회를 공동모금회 지회로 전환하였다.

2000년 이후 모금채널의 다각화와 모금방식의 세분화로 개인 기부문화를 조성하고자 노력하고 있다(이창호, 1994; 최일섭 외, 2006; 전해황, 2021).

2) 사회복지공동모금회의 설립

사회복지공동모금회법에 의거하여 1998년 사회복지공동모금회가 출범하여 첫 연말집중모금을 전개한 이후 1999년 모금 ARS 첫 개통, 2000년 사랑의 온도탑 첫선, 사랑의 열매 제작 등을 추진하며, 세계 공동모금회원국 중에서 비교적 빠르게 성장한 공동모금회로 평가받고 있다(최일섭 외, 2006; 김범수 외, 2019; 박태영 외, 2020; 전해황 외, 2021; 사회복지공동모금회, chest.or.kr).

사회복지공동모금회는 나눔으로 하나 되는 행복한 세상을 미션으로, 함께 따뜻한 세상을 만드는 '사랑의 열매'를 비전으로 설정하고 있다. 그리고 핵심가치로 인간존중, 윤리성, 열정, 헌신, 도전정신을 실천하고자 노력하고 있다(사회복지공동모금회, chest.or.kr).

2. 우리나라 공동모금의 모금방법

사회복지공동모금회의 모금사업은 연중모금과 집중모금으로 구분하여 이루어지고 있다. 기부의 접근성을 높이기 위하여 다양한 모금프로그램 및 캠페인을 기획하여 연중 누구나 참여할 수 있게 하고 있으며, 연말 12월~다음 해 1월까지 2개월 동안 집중모금(희망나눔캠페인)을 실시하고 있다(최일섭 외, 2006; 김범수 외, 2019; 박태영 외, 2020; 전해황 외, 2021; 사회복지공동모금회, chest.or.kr).

연중 수시모금은 개인 및 기업 등을 대상으로 다양한 프로그램을 운영하여 참여를 유도하고 있다.

첫째, 개인을 대상으로 개인기부, 착한 가정과 착한 가게, 나눔리더, 나눔리더 스클럽, 아너 소사이어티, 한국형 기부자 맞춤기금, 유산기부, 희망 자산나눔 등의 다양한 프로그램이 이루어지고 있다.

둘째, 기업을 대상으로 착한일터, 사회공헌 성금기부, 사회공헌 현물기부, 착한 소비(CRM 공익연계마케팅), 나눔명문기업 등의 모금활동을 전개하고 있다. 과거 준조세적 성격으로 강제성에 대한 비판이 있었으나 현재는 자발적인 참여를 유도하는 긍정적인 방향으로 변화하고 있다.

셋째, 방송모금은 방송에서 사연을 소개하여 모금하는 방식이다. 낙인효과라는 부정적인 평가도 있지만 짧은 시간에 필요한 재원을 확보할 수 있는 방안으로 인식되어 활용도가 높은 편이다.

이에 더하여 특정 대상 및 분야에 지원을 희망하는 기부자의 의도를 반영하는 지정 기부방식을 통해 기부자의 관심과 참여 활성화를 유도하고 있다.

3. 우리나라 공동모금의 배분방법

공동모금 재원 배분을 통해 지역사회복지증진과 사회복지서비스의 활성화에 기여하고자 지역, 단체, 대상자, 프로그램별로 복지수요가 공정하게 충족되도록 하고 있으며, 배분과정과 결과를 투명하게 진행하고 있다. 평가를 바탕으로 효과적·효율적으로 실시하고, 배분결과는 회계연도의 배분을 종료한 날로부터 3개월 이내 전국 일간신문에 공고하고 있다(사회복지공동모금회, chest.or.kr).

1) 배분사업의 종류

구분	세부 내용
신청사업	사회복지진증을 위해 자유주제 공모 형태로 복지사업을 신청받아 배분하는 사업
기획사업	모금회가 주제를 정하여 배분하는 사업 또는 배분 대상자로부터 제안받은 내용 중에서 선정하여 배분하는 시범적이고 전문적인 사업 (사업주제, 신청자격, 지원대상 등은 기획주제에 따라 상이)
긴급지원사업	재난구호 및 긴급구호, 저소득층 응급지원 등 긴급히 지원할 필요가 있는 경우에 배분하는 사업
지정기탁사업	사회복지증진을 위해 기부자가 기부금품의 배분지역, 배분 대상자 또는 사용용도를 지정한 경우, 지정취지에 따라 배분하는 사업

공동모금회가 주도권을 가지는 기획사업 비중은 점차 낮아지는 추세이며, 서비스대상자에게 직접적인 수혜와 서비스가 제공되기를 바라는 기부자의 인식이 늘어나면서 지정기탁사업이 증가하고 있다.

2) 배분 대상 및 분야

아동·청소년, 노인, 장애인, 여성·다문화, 지역사회, 위기가정, 해외·북한·기타를 7대 배분대상으로, 다음의 8대 배분분야를 정하여 지원하고 있다.

① 기초생계지원 : 인간의 기본적 욕구 충족, 절대적 빈곤 위험 완화와 예방(저소득가정 생계비 지원사업, 취약계층 밑반찬 나눔사업, 독거노인 월동기 방한물품 지원사업 등)

② 교육·자립지원 : 취약계층의 자립역량 강화 지원과 빈곤의 대물림 방지(장학금과 교육비 지원사업, 직업훈련과 자립생활 기술교육 지원, 언어와 문화 이해교육 지원 등)

③ 주거·환경개선 : 안전한 주거·환경 조성 및 환경 보호, 지역사회 환경 개선(시설 개보수, 집수리, 냉난방기기(시설) 설치와 비용(연료) 지원, 안전장비와 시설 보장, 재난피해지역 복구 등)

④ 보건·의료지원 : 신체적으로 건강한 삶을 위협하는 요인의 완화 및 사전 예방 의료서비스 기회 제공 및 의료비 경감(저소득층 의료비 지원사업, 희귀난치 질환 지원사업, 건강식품과 의료장비 구입 지원, 보조공학 재활기구 지원 등)

⑤ 심리·정서지원 : 건강한 삶을 위한 정신적 심리적 지지 및 회복(차별 인식 개선, 멘토링과 집단프로그램 지원 등)

⑥ 사회적 돌봄 강화 : 보호가 필요한 취약계층의 안전한 삶 지원(학대 피해 아동청소년과 노인, 한부모가정, 다문화가정, 보호종료아동 등 돌봄 네트워크 구축)

⑦ 소통과 참여 확대 : 민간 전달체계 강화를 통한 양질의 복지서비스 제공 및 주민참여를 통한 민간복지 지원 확대(주민조직화사업, 당사자 역량강화 프로그램 지원)

⑧ 문화격차 해소 : 여가·문화·예술의 다양한 경험 및 활동에 대한 기회 확대로 삶의 질 개선과 역량 강화(소외계층의 문화 참여 기회 확대)

3) 배분사업의 진행 절차

공고 → 사업계획서 접수 → 배분분과실행위원회 심의(지원내용조정) → 운영위원회 승인

예비심사 → 서류심사 → 면접심사 → 현장심사

→ 선정결과통보 후 배분금 지급 및 사업관리 → 사업결과고보고서 제출 및 평가

4. 우리나라 공동모금의 모금 관련 통계

1) 우리나라 공동모금의 2021년 모금 내역

2021년 모금액은 7,618억 원(코로나19 특별모금 포함)이며, 2015년 모금액이 일시적으로 감소하였지만 지속적으로 증가하는 양상을 보이고 있다.

(단위: 백만 원)

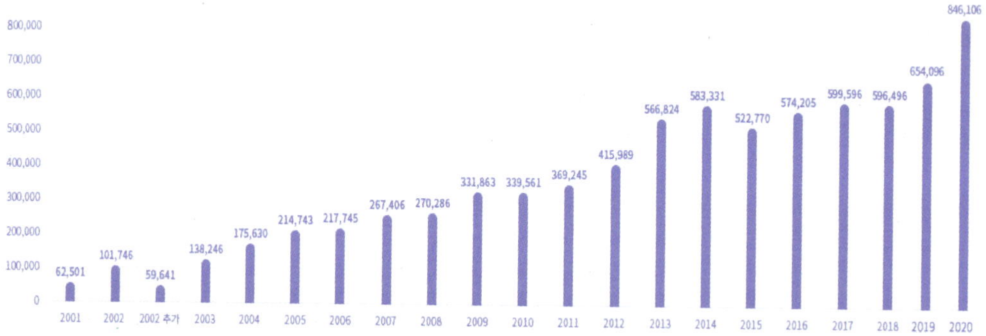

[그림 10-1] 모금액 변화 추이

출처: 사회복지공동모금회(2021).

지역별 모금액을 살펴보면 중앙을 포함한 서울, 인천, 경기 등이 차지하는 비중이 62.3%로 수도권 집중현상을 확인할 수 있다.

〈표 10-6〉 2021년 지역별 모금액

(단위 : 억 원, %)

구분	중앙	서울	부산	대구	인천	광주	대전	울산	세종
금액	2,587	1,110	262	194	247	110	146	148	39
구성비	34.0	14.6	3.4	2.5	3.2	1.4	1.9	1.9	0.5
구분	경기	강원	충북	충남	전북	전남	경북	경남	제주
금액	799	219	197	409	235	208	339	264	105
구성비	10.5	2.9	2.6	5.4	3.1	2.7	4.5	3.5	1.4

출처: 사회복지공동모금회(2021).

기부 종류별 모금액은 현금이 현물보다 2배 정도 많은 비중을 차지하고 있지만 현금 이외 다양한 방식의 물품 기부가 가능하다는 인식이 확산되면서 현물 기부가 늘어나는 추세이다.

기부자 유형별 모금액 변화 추이에 의하면 2021년 말 기준 착한 가정 4,000호와 같이 개인 기부 유형이 증가하는 추세를 보이고 있다. 과거 대기업, 단체 중심에서 벗어나 아너소사이어티 2,700호와 같이 노블레스 오블리주의 확산을 통한 개인모금사업을 전략적으로 추진해 온 성과로 나눔 문화가 확산되고 있다고 볼 수 있다.

(단위: 백만 원)

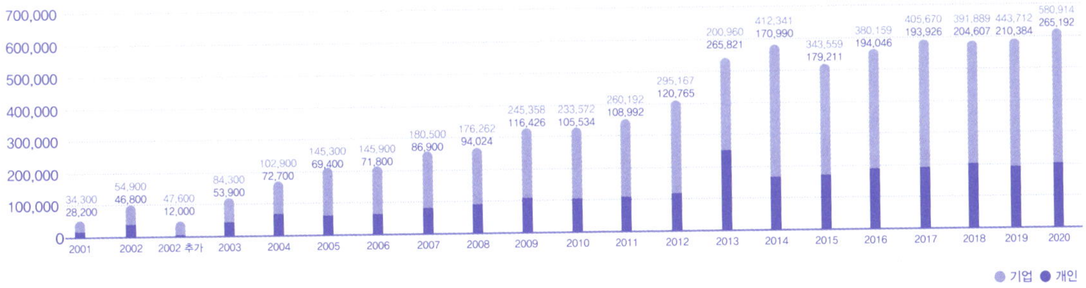

[그림 10-2] 기부자 유형별 모금액 변화 추이

출처: 사회복지공동모금회(2021).

모금액은 현물보다는 현금이, 기부자는 개인보다는 법인·단체가 2배 가까이 많은 비중을 차지하고 있다.

〈표 10-7〉 2021년 모금액 유형별 비교

기부 종류별	억 원 (%)	기부자 유형별	억 원 (%)
현금	5,093 (66.8)	개인	2,387 (31.3)
현물	2,526 (33.2)	법인 · 단체	5,232 (68.7)

출처: 사회복지공동모금회(2021).

2) 우리나라 공동모금의 2021년 배분내역

2021년 7,104억 원을 배분하였고, 7대 배분대상별 배분내역을 살펴보면 지역사회가 27%로 가장 많은 비중을, 아동·청소년 24.5%, 위기가정 24.3%, 노인 10.3%의 순으로 많은 비중을 차지하고 있다.

〈표 10-8〉 2021년 배분대상별 배분내역 비교

(단위 : 억 원, %)

구분	아동/청소년	노인	장애인	여성/다문화	위기가정	지역사회	해외/북한
금액	1,742	769	423	401	1,726	1,917	126
구성비	24.5	10.8	6.0	5.6	24.3	27.0	1.8

출처: 사회복지공동모금회(2021).

8대 배분분야별 배분내역을 살펴보면, 기초생계 지원사업이 50.2%로 가장 많은 비중을, 교육·자립지원사업 14.4%, 사회적 돌봄 강화사업 10.2%의 순으로 많은 비중을 차지하고 있다.

〈표 10-9〉 2021년 배분분야별 배분내역 비교

(단위 : 억 원, %)

구분	기초생계 지원	교육/자립 지원	주거/환경 개선	보건/의료 지원	심리/정서 지원	사회적 돌봄 강화	소통과 참여확대	문화격차 해소
금액	3,566	1,025	556	564	305	723	218	147
구성비	50.2	14.4	7.8	7.9	4.3	10.2	3.1	2.1

출처: 사회복지공동모금회(2021).

생각해 보기

1. 공동모금과 개별모금의 장점과 단점을 비교해 보자.
2. 우리나라 공동모금의 모금 현황의 특성에 대해 토론해 보자.
3. 우리나라 공동모금의 배분 현황의 특성에 대해 토론해 보자.

CHAPTER 11

지역사회복지의 인적 자원

학습논점

1. 자원봉사활동의 특성을 정리한다.
2. 자원봉사활동 동기의 중요성을 살펴본다.
3. 사회복지자원봉사관리시스템(vms.or.kr)에 대해 파악한다.
3. 자원봉사센터의 역할에 대해 정리한다.

1절 자원봉사활동

1. 자원봉사에 대한 기본 이해

1) 자원봉사의 개념

자발적·자주적이라는 의미의 라틴어 'voluntas'에서 유래한 것으로 알려진 자원봉사는 어떤 일을 대가 없이 자발적으로 참여하여 돕는 활동을 말한다. 즉, 스스로 원해서 받들고 섬긴다는 의미가 내재되어 있기 때문에 생명의 존엄성을 인정하면서 다른 사람의 권리와 인격을 존중하고 그들에게 필요한 도움을 무상으로 제공하는 활동을 의미하는 것으로 보고 있다. 따라서 자원봉사는 사회 또는 공공의 이익을 위해 자유의지로 자발적으로 하는 활동을, 이러한 활동을 하는 사람을 자원봉사자라고 한다(조추용 외, 2018; 김범수 외, 2019; 전해황 외, 2021).

2) 자원봉사의 특성

자원봉사활동의 특성은 학자에 따라 다르게 분류되고 있지만, 공통적으로 언급되는 내용을 정리하면 다음과 같다(남기철, 2007; 전해황 외, 2021).

첫째는 자발성으로, 다른 사람을 돕고자 하는 자신의 자발적인 의지로 시간, 재능, 경험 등을 이웃과 지역사회에 제공한다.

둘째는 이타성으로, 이타주의와 같은 의미로 생명을 존중하며 남을 돕고 싶어 하는 정신을 말한다.

셋째는 무보수성으로, 금전적 보상이나 대가를 얻을 목적 없이 대상자나 지역사회의 복지향상을 위해 노력을 제공하는 것을 말한다. 교통비·식비·재료비 등 실비를 지급하는 것은 무보수성으로 보고 있으며, 이것이 자원봉사활동을 촉진한다고 보고 있다.

넷째는 지속성으로, 자발성에 의한 봉사라도 일회성, 이벤트성이 아닌 일정기간 동안 정기적으로 봉사활동에 참여하는 것을 의미한다.

다섯째는 자아실현성으로, 자원봉사자 스스로의 만족감, 성취감, 새로운 경험, 인간관계를 형성할 수 있는 동기유발로 인한 심리적 보상이 가능한 것을 의미한다.

여섯째는 공공성으로, 이웃과 지역사회 내 문제점을 해결하여 사회전체와 이웃의 삶의 질을 향상시키기 위해 활동하는 것을 말한다.

일곱째는 학습성으로, 자원봉사에 관한 내용과 지식에 대한 교육을 통하여 학습해야 한다는 것을 가리킨다.

여덟째는 헌신성으로, 자원봉사활동 자체가 자신의 시간과 비용을 투입해야 하기 때문에 희생정신을 통해 노력해야 한다는 것을 의미한다.

아홉째는 협동성으로, 자원봉사활동이 혼자 하는 활동이 아니고 대상자, 자원봉사자, 관리자 등 여러 사람이 함께 공동체 의식을 갖고 활동하는 것을 말한다.

열 번째는 전문성으로, 자원봉사활동을 할 때 대상과 영역에 따라 자원봉사자 자신의 전문성을 활용하여 활동에 참여하는 것을 의미한다.

마지막은 중립성으로, 특정 정파(정치활동 금지)나 특정 종교(종교활동 금지)에 치우치지 않는 활동이어야 한다는 것을 말한다.

3) 자원봉사의 동기

무보수임에도 불구하고 자원봉사를 왜 하는가에 대한 답은 자원봉사활동에 참여하는 동기에서 찾을 수 있다. 동기는 목표지향적인 행동을 유발하고 유지할 수 있도록 하는 일련의 과정으로, 매우 다양한 요소들이 영향을 미치고 있다. 자원봉사의 동기는 자원봉사라는 구체적인 행동을 하게 하고 이를 지속시키는 힘으로 설명하고 있다. 그러나 동기는 고정적인 것이 아니라 항상 변화하는 역동적인 것으로 자원봉사활동을 하면서 새로운 동기가 추가되기도 한다(Moore, 1985; 주성수, 2005; 고양곤 외, 2017; 전해황 외, 2021).

자원봉사 동기에 대해 무어(Moore, 1985)는 첫째, 다른 사람의 만족을 향상하는 노력 그 자체에서 자원봉사자가 만족을 얻는 이타적인 동기로, 둘째, 취업·진학·승진 등 자신의 복지를 위해 봉사활동을 하는 자애적 동기로 구분하여 설명하였다.

고양곤 등(2017)은 이보다 세부적으로 나누어 목적지향적 동기, 수단지향적 동기, 종교적 동기로 구분하고 있다.

첫째, 목적지향적 동기는 자원봉사에 참여하는 자체가 목적인 경우로, 보람추구형, 가치추구형, 재미추구형으로 세분할 수 있다. 보람추구형은 남에게 무엇인가 도움이 되기 위해서, 나보다 불우한 사람을 도와주기 위해서 등 보람된 일을 하고 싶다는 욕구와 함께 특정 자원봉사활동이 이를 충족시켜 줄 수 있다는 느낌을 가질 경우로, 가치추구형은 가치 있는 일이기 때문에, 사회적으로 중요한 일이기 때문에 등으로 자원봉사가 가지고 있는 중요성이 봉사자의 가치관과 부합될 경우로, 재미추구형은 여가시간을 활용하거나 자원봉사에 흥미를 느끼는 것처럼 자원봉사를 즐기기 위해 참여하는 경우로 설명할 수 있다.

둘째, 수단지향적 동기는 자원봉사를 다른 목적을 위한 수단으로 참여하는 경우로, 자아실현 추구형, 사회적 보상 추구형, 물질적 보상 추구형 등으로 세분할 수 있다. 자아실현 추구형은 자기 계발이나 자아실현을 이루고자 하는 경우로, 사회적 보상 추구형은 새로운 직장을 얻기 위해서 또는 봉사 경력이 필요해서 등 자원봉사를 통해 사회적 보상을 기대하는 경우로, 물질적 보상 추구형은 봉사활동비를 기대해서처럼 자원봉사를 통해 얻어지는 경제적 보상을 받으려고 하는 경우로 볼 수 있다.

셋째, 종교적 동기는 종교적 신념이나 가르침에 의한 동기를 의미하는 것으로 앞서 살펴본 동기들과는 무관한 참여동기를 가질 수 있기 때문에 독특성을 고려해야 한다.

이처럼 자원봉사 참여동기는 개인의 가치나 삶의 우선순위에 따라 매우 다양하기 때문에 자원봉사자의 동기를 정확하게 파악하고, 이를 충족시키는 것은 매우 중요하다. 일반적으로 자원봉사자는 자신만을 위해서 보다 대상자나 지역사회를 위해 봉사활동에 참여하는 경우가 많은 것으로 나타나고 있다. 자원봉사자의 욕구가 봉사활동을 통해 만족될 수도 있지만 대상자나 지역사회의 욕구와 충돌되는 경험을 할 수 있다. 이러한 경우 자원봉사자는 자신의 욕구를 표현하지 못하고 불만을 가지게 된다. 이러한 상황이 반복되면 자원봉사자는 봉사활동에 부담을 느끼거나 소진을 경험하여 봉사활동을 중단하거나 새로운 봉사활동기관을 찾는 등 부정적인 경험을 할 수 있다.

따라서 봉사활동기관은 자원봉사자의 참여욕구와 동기에 지속적으로 관심을 가져 만족감이라는 내재적 보상을 제공하도록 해야 한다. 자원봉사자가 성취감, 즐거움, 만족감 등을 느끼게 되면 봉사활동에 보다 적극적으로 그리고 지속적으로 참여할 가능성은 높아진다.

4) 자원봉사의 필요성 및 기대효과

급속한 산업화 과정에서 가치규범의 상실, 공동체 해체 등의 위기상황에서 제기되는 다양한 사회문제를 해결하는 과정에 전통적인 상부상조의 정신을 강조하는 자원봉사활동의 필요성은 긍정적으로 평가받고 있다(조추용 외, 2018; 전해황 외, 2021).

첫째, 개인적 측면에서는 자아실현의 욕구 충족, 다양한 경험의 기회 제공, 도덕적·사회적으로 성장을 할 수 있는 기회를 제공한다.

둘째, 사회적 측면에서는 공동체 의식 강화, 사회통합과 사회참여 촉진, 사회문제의 예방과 해결을 기대할 수 있다.

셋째, 경제적 측면에서는 무보수성의 특성을 반영하여 재정적인 부담을 줄일 수 있다.

넷째, 교육적 측면에서는 인간존중 정신과 태도를 형성할 수 있고, 진로 선택에 도움이 되며, 사회성 개발 등 민주시민 교육 기회를 제공할 수 있다.

다섯째, 정치적 측면에서는 정책 수립과정에 도움을 제공할 수 있고, 감시와 견제를 통해 부정부패를 막아 투명한 정치를 유도할 수 있다.

이러한 필요성이 강조되는 자원봉사는 도움을 필요로 하는 사람에게 혜택을 제공할 수 있고, 자원봉사를 하는 사람들에게 만족감을 주어 시민의식과 공공선을 고양시킬 수 있으며, 사회전반적으로 자원봉사가 활발해지면 사회적 결속과 유대가 높아지고 공동체 의식을 활성화시킬 수 있다. 이는 다시 봉사활동을 활성화시키는 선순환을 가져올 것이다.

5) 자원봉사활동의 변천과정

자발적으로 상부상조하는 두레와 노동력을 교환하는 품앗이활동에서 자원봉사활동과의 연결점을 찾을 수 있다. 자원봉사에서 주요 특징적인 활동을 중심으로 정리하면 다음과 같다(김범수 외, 2019).

① 근대 이전

우리나라는 전통적으로 이웃이 곤경이나 불행에 처했을 때 마을 단위의 다양한 지역 공동체활동을 중심으로 상부상조정신을 실천해 왔다.

〈표 11-1〉 전통적인 자원봉사활동 유형

구분	활동 내용
두레	촌락 단위의 성인 남자들의 작업 공동체
부근	집을 신축하거나 10세이하 아동이 사망했을 때 마을 공동작업
향도	마을에 흉사가 있을 때 마을 공동 장례활동
부조	과부, 홀아비, 노인 등 화재를 당한 집을 고치거나 정리하는 마을 공동작업
향약	향촌규약을 기초로 서로 돕고 친목 도모를 목적으로 하는 자발적 조직체
품앗이	노동력을 주고받는 마을 공동체
계	상부상조의 관행에 기초하여 다양한 목적으로 결성된 자발적 조직체

② 도입기 (1960년 이전)

구한말 기독교적 사상과 개화사상이 도입되면서 1903년 YMCA가 창립되어 농촌봉사활동, 질병구제 등의 사회봉사활동을 추진하였고, 1921년 태화기독교회관에서 여성 계몽과 어린이 건강을 위한 봉사활동을, 1947년 대한적십자사가 창립되었다. 1950년대~1960년대의 봉사활동은 YMCA, YWCA 등이 주도적인 역할을 담당하는 것과 함께 외원기관들에서 자원봉사에 대한 인식을 확산시키고자 다양한 노력을 하였고, 대학생들이 농촌에서의 봉사활동을 전개하기 시작하였다.

③ 확립기 (1960년대~1980년대)

1963년 외국 민간원조단체에 관한 법, 사회단체 등록에 관한 법 등이 제정되면서 민간단체 중심의 봉사활동이 제도화되기 시작하였고, 1970년대 새마을운동을 중심으로 한 농촌계몽운동이 확산되는 것과 맥을 같이 하여 봉사활동 영역이 확대되었다.

1970년대 경제개발 중심의 정책이 추진되면서 경제개발의 부작용에 대응하는 도시빈민운동과 봉사활동이 연계되면서 새로운 사회운동의 시발점이 되었다.

1978년 한국사회복지협의회에서 '사회봉사안내소'를 부설로 설치, 운영하면서 봉사자를 정식으로 교육·훈련하여 배치한 것에 영향을 받아 1980년 지방 16개의 사회복지협의회에서 자원봉사자를 모집·훈련·배치하게 되면서 전국적으로 확대되었다.

1979년 강남대학교 사회사업학과에서 처음으로 '자원봉사론' 교과목을 개설한 것을 계기로 사회복지학과가 설립된 다른 대학에서도 '자원봉사론' 교과목을 개설하는 분위기가 형성되었다.

1984년 한국여성개발원에 여성자원활동 인력은행을 개설·운영하여 봉사활동 관련 부서가 보건복지부 중심에서 여성부로 확대되었다.

자원봉사 용어가 일반 국민에게 널리 인식된 계기는 1986년 서울아시안게임, 1988년 서울올림픽과 맞물려 있으며, 2002년 한일월드컵은 우리나라의 자원봉사 활동을 세계적으로 부각시켰다.

④ 확대기 (1990년대 이후)

1991년 행정자치부, 문화관광부, 여성부 중심으로 자원봉사 부서를 설치하고 '한국자원봉사연합회'가 결성되었으며, 한국사회복지협의회 사회봉사안내소는 '지역복지봉사센터'로 변경하였다.

1994년 '한국자원봉사단체협의회'가 출범하였고, 2003년 '한국자원봉사협의회'로 개칭하였다.

중앙일보사에서 전개한 자원봉사캠페인은 봉사활동을 확산시키는 분위기를 형성하였다. 이에 영향을 받아 1995년 교육부는 5.31. 교육개혁 조치에서 초·중·고 자원봉사활동을 의무화하여 종합생활기록부에 기록하도록 하였다. 그리고 대학에서도 자원봉사 교양과목을 개설하는 등 봉사활동을 활성화하는 데 동참하였으며, 1996년 '한국대학사회봉사협의회'를 창립하였다.

행정자치부에서는 자원봉사활동을 통합관리하는 행정체계를 구축하여 자원봉사활동 관련업무를 총괄 관리하였고, 2000년 '한국자원봉사센터협회'를 창립하여 교육훈련사업, 조사연구사업, 조직화 사업, 홍보사업, 교류협력 및 연대사업, 회원센터 지원사업, 수익사업 등을 운영하였다. 지역단위 자원봉사센터를 설립하기 시작하여 2010년 '중앙자원봉사센터'를 설립하였다.

2001년 한국사회복지협의회가 사회복지자원봉사관리시스템을 구축하였고, 2022년 기준 사회복지자원봉사관리센터는 15,388개소가 운영 중에 있다(www.vms.or.kr).

이러한 사회적 분위기를 반영하여 2005년 「자원봉사기본법」을 제정하여 자원봉사자의 권익보호와 자원봉사센터 및 단체를 육성하기 위한 기초를 확립하였다.

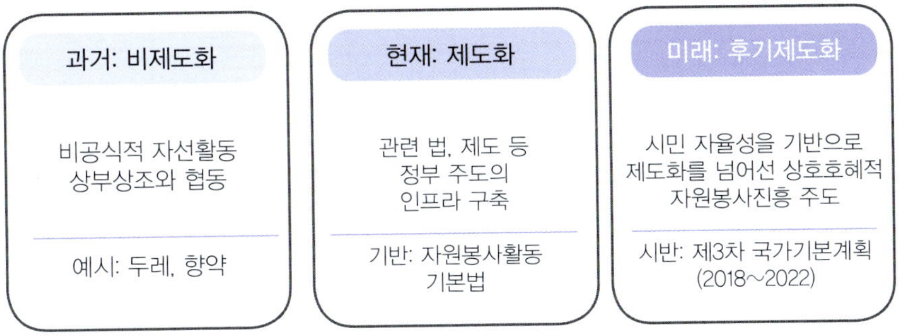

[그림 11-1] 자원봉사활동의 변화 동향

출처: 한국사회복지협의회(2019).

2008년 자원봉사활동 진흥을 위한 제1차 국가 기본계획 수립을 시작으로 5년 주기로 계획을 수립하여 2018년 수립한 자원봉사활동 진흥을 위한 제3차 국가 기본계획을 시행하고 있다.

	제 1차 기본계획	제 2차 기본계획	제 3차 기본계획
비전	자원봉사국가–행복한 사회	참여와 나눔, 지속가능한 미래	성장하는 자원봉사, 함께 가는 대한민국
목표	• 참여와 나눔의 자원봉사 국민문화의 확산 • 성인자원봉사참여율 30% 달성	• 성숙한 자원봉사문화의 확산 • 생애주기별 시민참여 확대 • 시민사회의 역량강화	• 시민성과 공공성 기반의 자원봉사 가치확장 • 협력과 책임의 자원봉사 거버넌스 구현 • 연결과 순환의 자원봉사 생태계 조성
과제	5대 정책영역 13개 정책과제 39개 세부과제	5대 정책영역 15개 정책과제 41개 세부과제	5대 정책역역 17개 정책과제 36개 세부과제
정책과제 특징	양적 성장과 인프라 구축 • 연구자 중심 아젠다 발굴 • 단체, 센터 지원 중심	자원봉사 사업체계 구축 • 체계적 연구절차 도입 • 관리, 평가, 프로그램 영역의 새로운 과제 중심	가치기반–이행중심 질적 개선 • 평가 및 연구과정 내실화 • 자원봉사 질적 개선과제 중심 • 문재인 정부 국정과제와 연계

[그림 11–2] 자원봉사활동진흥을 위한 국가기본계획의 방향성 비교

출처: 행정안전부(2018).

자원봉사활동 관리부처가 다음과 같이 여러 부서에 분산되어 있어, 통일된 봉사활동관리체계를 구축하는데 장애요인이 되는 것으로 평가받고 있다.

기존 자원봉사 영역	중앙부처
사회복지 영역	보건복지부 사회서비스 일자리과
청소년활동지원영역	여성가족부 한국청소년활동진흥원
문화활동영역	문화체육관광부 한국문화원연합회
재난안전관리영역	행정안전부 재난자원관리과
사회적경제 영역	고용노동부 사회적기업과
4차 산업 영역	과학기술정보통신부 미래인재기반과
남북화합영역	통일부 남북하나재단
국제원조활동영역	외교부 KOICA

2. 봉사활동의 종류

봉사활동을 봉사활동기관이나 대상자에 따라 다양하게 이루어지고 있지만 다음과 같이 몇 가지로 분류할 수 있다.

① 재가봉사 : 소외계층 등 수혜자 가정에 직접 방문하여 필요한 서비스 제공 (생활지원, 교육지원, 정서지원, 사회활동지원 등)

② 시설봉사 : 보육원, 양로원, 장애인시설 등 사회복지시설·기관에서 이루어지는 봉사활동 (생활지원, 교육지원, 여가선용, 취업지원, 각종 행사보조 등)

③ 지역사회봉사 : 지역사회내 다양한 기관을 중심으로 수요에 맞는 서비스 제공 (주거환경개선, 환경보호, 교통편익증진, 예술, 문화, 생활체육, 민원안내 등)

④ 전문봉사 : 기술, 기능 등 전문적 재능을 가진 자원봉사자가 자신의 재능을 활용하여 서비스 제공 (전문상담, 의료지원, 교육지원, 기술지원, 외국어지원 등)

⑤ 해외봉사 : 동남아시아, 아프리카 등 최빈개도국에서 서비스 제공 (교육·문화분야, 보건·의료분야, 기술분야, 농림·수산분야 등)

3. 자원봉사 관련 통계

1) 봉사활동 현황

2021년 12월 기준 전체 인구는 51,638,809명이며, 봉사활동 등록인원은 14,700,896명으로 28.5%를, 활동인원은 1,863,141명으로 3.6%를 차지하고 있다.

〈표 11-2〉 2021년 봉사활동 현황

단위 : 명 (%)

구분	전체	10대 미만	10대	20대	30대	40대	50대	60대	70대 이상
인구수	51,638,809 (100.0)	3,760,350 (7.3)	4,709,316 (9.1)	6,655,923 (12.9)	6,723,435 (13.0)	8,166,792 (15.8)	8,635,211 (16.7)	7,164,712 (13.9)	5,823,070 (11.3)
등록	14,700,896 (28.5)	41,305 (0.3)	2,547,398 (17.3)	5,040,993 (34.3)	1,597,351 (10.9)	1,808,164 (12.3)	1,771,164 (12.0)	1,171,718 (8.0)	722,803 (4.9)
활동	1,863,141 (3.6)	13,044 (0.7)	556,046 (29.8)	452,366 (24.3)	115,805 (6.2)	257,161 (13.8)	234,345 (12.6)	171,251 (9.2)	63,123 (3.4)

출처: 1365자원봉사포털(www.1365.go.kr).

봉사자를 성별로 살펴보면, 여성들이 남성들보다 2개 가까이 더 많이 활동하고 있음을 알 수 있다.

〈표 11-3〉 2021년 자원봉사자 현황 성별 비교

단위 : 명 (%)

구분	전체	남	여
인구수	51,638,809 (100.0)	25,746,684 (49.9)	25,892,125 (50.1)
등록	14,700,896 (28.5)	6,355,434 (43.2)	8,345,462 (56.8)
활동	1,863,141 (3.6)	707,414 (38.0)	1,155,727 (62.0)

출처: 1365자원봉사포털(www.1365.go.kr).

봉사자를 지역별로 살펴보면, 서울, 인천, 경기 등 수도권에 거주하는 봉사자들이 42.5%를 차지하고 있다.

〈표 11-4〉 2022년 자원봉사자 현황 지역별 비교

인구 기준일자 : 2021. 12. 31
등록활동 기준일자 : 2022. 10. 31

단위 : 명 (%)

구분	전국	서울	부산	대구	인천	광주	대전	울산	세종
인구수	51,638,809 (100.0)	9,509,458 (18.4)	3,350,380 (6.5)	2,385,412 (4.6)	2,948,375 (5.7)	1,441,611 (2.8)	1,452,251 (2.8)	1,121,592 (2.2)	371,895 (0.7)
등록	15,084,680 (29.2)	2,637,071 (17.5)	960,242 (6.4)	730,446 (4.8)	738,038 (5.0)	491,687 (3.3)	478,490 (3.2)	383,537 (2.5)	82,357 (0.5)
활동	1,600,917 (3.2)	245,254 (15.3)	96,717 (6.1)	84,882 (5.3)	84,869 (5.3)	41,917 (2.6)	53,270 (3.3)	57,715 (3.6)	14,000 (0.9)
구분	경기	강원	충북	충남	전북	전남	경북	경남	제주
인구수	13,565,450 (26.3)	1,538,492 (3.0)	1,597,427 (3.1)	2,119,257 (4.1)	1,786,855 (3.5)	1,832,803 (3.5)	2,626,609 (5.1)	3,314,183 (6.4)	676,759 (1.3)
등록	3,980,593 (26.4)	443,628 (2.9)	414,936 (2.8)	640,689 (4.3)	602,586 (4.0)	577,039 (3.8)	760,183 (5.0)	966,734 (6.4)	196,424 (1.3)
활동	350,169 (21.9)	51,472 (3.2)	56,379 (3.5)	82,486 (5.2)	80,253 (5.0)	73,656 (4.6)	103,074 (6.4)	102,500 (6.4)	22,304 (1.4)

출처: 1365자원봉사포털(www.1365.go.kr).

2) 봉사활동 분야별 현황

2022년 11월 기준 연인원은 11,608,114명, 실인원 1,602,311명[1]으로 연인원의 13.8%가 봉상활동에 참여하고 있다.

봉사활동 분야를 살펴보면, 남성은 안전·방범 분야(33.3%)에, 여성은 생활편의 분야(25.9%)에 가장 많이 참여하고 있어 성별로 다른 양상을 보이고 있음을 알 수 있다.

1) 연인원은 조회년도까지 자원봉사에 참여한 인원수(연 단위)를, 실인원은 조회년도까지 1회 이상 자원봉사에 참여한 인원수(연 단위)를 의미한다.

〈표 11-5〉 2022년 봉사활동 분야별 성별 연인원 비교

단위 : 명 (%)

구분	전체	생활편의	주거환경	상담	교육	보건의료	농어촌	문화행사
남	4,373,325 (37.7)	722,526 (16.5)	118,241 (2.7)	19,254 (0.4)	216,320 (5.0)	38,527 (0.9)	62,521 (1.4)	276,397 (6.3)
여	7,234,489 (62.3)	1,873,772 (25.9)	294,270 (4.1)	122,459 (1.7)	437,409 (6.0)	101,335 (1.4)	102,229 (1.4)	585,169 (8.1)
소계	11,608,114 (100.0)	2,596,298 (22.4)	412,511 (3.6)	141,713 (1.2)	653,729 (5.6)	139,862 (1.2)	164,750 (1.4)	861,566 (7.4)
구분	환경보호	행정보조	안전 · 방범	인권 · 공익	재해 · 재난 · 응급	국제협력	멘토링	기타
남	408,332 (9.3)	196,108 (4.5)	1,456,352 (33.3)	20,229 (0.5)	87,322 (2.0)	7,388 (0.2)	42,730 (1.0)	701,378 (16.0)
여	594,707 (8.2)	648,770 (9.0)	893,320 (12.4)	49,568 (0.7)	203,557 (2.8)	10,160 (0.1)	102,720 (1.4)	1,215,044 (16.8)
소계	1,003,039 (8.6)	844,878 (7.3)	2,349,672 (20.2)	69,797 (0.6)	290,879 (2.5)	17,548 (0.2)	145,450 (1.3)	1,916,422 (16.5)

출처: 1365자원봉사포털(www.1365.go.kr).

2021년 동안 자원봉사활동에 참여한 경험이 있는 사람은 8.4%, 향후 자원봉사에 참여 의사가 있는 사람은 25.4%로 2013년 이후 지속적으로 감소하는 추세이다.

2021년 평균 참여 횟수는 7.1회, 평균 시간은 20.9시간으로 2019년 참여횟수 8회, 평균 시간 23.1시간과 비교하여 감소하고 있다(통계청, 2021).

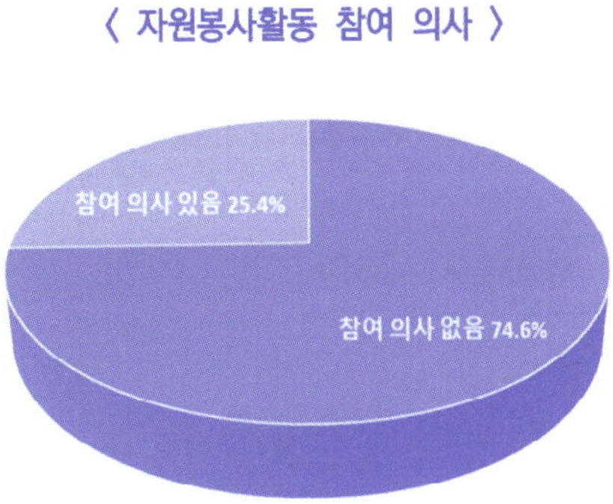

[그림 11-3] 자원봉사활동 참여 경험 변화 추이

출처: 통계청(2021).

자원봉사활동에 참여하지 않는 이유는 시간적 여유가 없어서(46.3%), 자원봉사에 관심이 없어서(31.8%), 자원봉사 활동 경비 부담(5.9%) 등의 순으로 나타나고 있다. 자원봉사활동에 대한 관심은 여성이 남성보다 더 적극적임을 알 수 있다(통계청, 2021).

〈표 11-6〉 자원봉사활동 참여하지 않는 이유

(단위 : %)

구분	참여 경험 없음	참여하지 않은 이유						
		시간적 여유가 없어서	자원봉사에 관심이 없어서	자원봉사 활동경비가 부담되어서	자원봉사 참여방법을 몰라서	신체적 · 정신적인 질환이나 장애가 있어서	희망하는 자원봉사 활동이 없어서	기타
2021년	91.6	46.3	31.8	5.9	5.2	4.6	3.5	2.7
남자	92.0	47.3	33.7	5.9	4.4	3.5	3.0	2.2
여자	91.3	45.4	29.8	6.0	6.0	5.6	3.9	3.2

출처: 통계청(2021).

2절 자원봉사센터

1. 자원봉사센터에 대한 이해

1) 자원봉사센터의 개념

자원봉사센터는 2005년 자원봉사활동기본법이 시행되면서 자원봉사활동 개발·장려·협력 등의 사업을 수행하기 위하여 법령과 조례 등에 의해 설치된 기관·법인·단체 등을 말한다. 즉, 자원봉사센터는 자원봉사추진체계로 자원봉사활동의 수요와 공급의 상호 조정역할을 수행하고 자원봉사자가 효율적으로 활동할 수 있도록 지원하기 위해 운영·설치된 기관이다(자원봉사활동기본법 제3조 4항).

자원봉사센터가 있을 경우 자원봉사자를 발굴, 훈련, 배치, 관리, 감독하는 과정에서 이를 적절히 통합하고 적용하여 효과적으로 활용할 수 있는 장점이 있고, 자원봉사 전문인력을 모집, 교육, 배치, 관리를 담당하여 수요처와 봉사자 간의 관계를 능동적으로 연계하는 매개체가 될 수 있기 때문에 자원봉사센터를 통해 지역사회 자원봉사활동을 활성화시킬 수 있다(조추용 외, 2018; 김범수 외, 2019; 전해황 외, 2021).

2) 자원봉사센터의 기능

자원봉사센터는 자원봉사자의 모집 및 연계, 자원봉사에 관련된 각종 연구 및 조사, 정보제공, 교육 및 훈련, 기술지원, 자원봉사 프로그램 개발 및 실시 등의 역할을 수행한다(조추용 외, 2018; 김범수 외, 2019; 전해황 외, 2021).

첫째는 봉사활동의 수급 조절(모집과 배치)로, 자원봉사관리자의 주 업무로 자원봉사활동을 희망하는 자원봉사자에게 활동을 소개하고, 자원봉사자가 도와주었으면 하는 사람(시설, 단체 등)에게 자원봉사를 소개한다.

둘째는 봉사활동의 기록 및 등록으로, 원활한 봉사활동의 수급조정을 위하여 면담 및 조사방법으로 자원봉사자나 자원봉사활동 요청 시설 및 기관에 관한 내용, 대상자에 대한 희망 내용, 사원자원 등을 파악하여 문제해결을 위한 방법을 찾기 위한 자료로 활용한다.

셋째는 자원봉사활동을 지원하는 것으로, 자원봉사자나 자원봉사활동 요청 시설 및 기관이 효과적으로 활동할 수 있도록, 자원봉사활동 과정에서 발생하는 고민상담, 쌍방의 문제점, 기자재나 자료의 대여, 정보제공, 자원봉사자 보험의 가입 추진 등 다양한 지원업무를 수행한다.

넷째는 봉사자의 양성 및 연수로, 자원봉사활동을 원활히 수행하기 위해 자원봉사자의 의식과 인간성을 높이고 기술을 연마할 수 있도록 하는 기능을 담당한다.

다섯째는 자원봉사 관련 홍보 및 자료개발로, 자원봉사자의 활동을 확인·정리하여 자원봉사활동의 방향성을 제시하는 자료로 활동하고, 자료를 근거로 보다 많은 사람에게 자원봉사활동을 이해시키기 위한 기능을 수행한다.

여섯째는 자원봉사 네트워크 구축으로, 봉사활동을 수급조정을 하는 가운데에서 파악한 욕구를 토대로 자원봉사자, 자원봉사활동 요청 시설 및 기관, 자원봉사센터, 지역사회의 다양한 기관 및 단체 등과 자원봉사활동을 네크워크화해 나간다.

일곱째는 자원봉사 관련 조사 및 연구(프로그램 개발) 실시로, 지역사회에서 자원봉사활동을 더욱 원활하고 효과적으로 추진하기 위하여, 노출되지 않은 욕구나 자원봉사활동을 하려는 자원봉사자를 발굴하고, 활동내용을 발전시키기 위한 프로그램 개발 등의 기능을 수행한다.

3) 자원봉사센터의 분류

자원봉사센터는 구분하는 기준에 따라 다양하게 나누어진다(조추용 외, 2018; 김범수 외, 2019).

① 운영주체를 기준으로 한 구분

운영형태	분류요건	장 점	단 점	실무자
완전 직영형	운영주체가 지방자치단체 내부 조직에 센터 조직이 포함 되어있음. 직원은 모두 공무원이며 소장은 지방자체단체장 또는 없는 경우도 있음.	• 신속한 대응력과 추진력 • 신뢰성 • 공정성 • 자원 동원력 • 재정적 안정성	• 자율성침해와 중립성 한계 • 획일성과 자원봉사자 동원 대상화 • 유연성 및 일관성 부족 • 전문성 결핍	① 공무원 ② 계약직 공무원
혼합 직영형	운영주체는 지방자치단체이나 실제 운영 조직은 별도의 조직임. 직원은 모두 민간인이며 소장은 상근 · 비상근 민간인이 맡고 있음. 공무원 파견이 가능.	• 민 · 관 협동체계의 시너지 효과 • 재정적 안정성 • 사업 추진력	• 공무원의 간섭으로 자율성 위축 • 관련단체 오해로 인한 중립성 침해 • 민간지위 약세로 인한 전문성 위축	① 공무원 +민간인 ② 민간인
위탁 운영형	운영주체가 법인, 민간단체, 협의회 등이며 직원은 모두 민간인임. 소장은 각 단체 대표가 겸직함	• 자율성 • 전문성 • 탄력적 운영	• 예산불안정 • 위탁제도 자체의 한계 • 운영단체의 자기편중성 • 위탁단체의 역량 미흡 • 정치적 중립성훼손 • 직원의 낮은 처우 및 신분 불안정 • 경쟁단체의 비협조 • 낮은 공공성 이미지	민간인
독립 법인형	자원봉사센터 자체가 법인이며 센터직원은 모두 민간인이고, 소장은 법인대표가 겸직하거나 상근 · 비상근 민간인이 맡고 있음. 공무원 파견이 가능.	• 민관의 행정적 결합 • 고유성 • 자율성 • 전문성 • 신분안정	• 법인의 재정자립도에 따라 예산 불안정 가능성 • 법인의 이사회에 따라 자기편중 가능성	① 민간인 ② 민간인 +공무원

② 설립주체, 목적, 운영형태를 기준으로 한 구분

첫째, 수요자 중심의 자원봉사센터는 자원봉사를 직접 활용하고 있는 사회복지서비스기관으로 종합사회복지관, 사회복지 관련 시설, 병원 의료사회사업센터, 상담기관, 시민사회단체(NGO, 환경단체) 등이 해당된다.

둘째, 공급자 중심의 자원봉사센터는 민간형태의 비사회사업적 영역에서 기관 본연의 목적을 수행하기 위해 자원봉사를 활용하고 있는 기관으로, 교육기관(초·중·고·대학사회봉사단), 기업, 종교사회봉사 등이 해당된다.

셋째, 조정자 중심의 자원봉사센터는 공공기관의 자원봉사센터로, 3개 중앙부처(행정안전부, 보건복지부, 여성가족부)에서 관할하는 자원봉사센터가 해당된다.

〈표 11-7〉 중앙부처별 봉사센터 비교

관련 부처	기관명	근거 법령	주요 활동
행정안전부	자원봉사센터	지침 및 조례	지역 자원봉사 활성화
보건복지부	사회복지자원봉사센터	「사회복지사업법」 제9조	사회복지 봉사활동 지원
	노인지역봉사기관	「노인복지법」 제23조제2항	노인 지역봉사 활성화
여성가족부	여성자원활동센터	「여성발전기본법시행령」 제28조의2	여성 봉사활동 지원
	청소년활동정보서비스 'e청소년'	「청소년활동 진흥법」 제6조	청소년 활동 진흥

2. 자원봉사센터 운영체계

1) 행정안전부 자원봉사센터

1996년 행정자치부 지침에 근거하여 설치되기 시작하였고, 2005년 「자원봉사활동기본법」[2] 및 지방자치단체 조례에 따라 각 지역 자원봉사자의 수요와 공급을 조정하기 위해 2022년 11월 기준 중앙자원봉사센터, 광역자원봉사센터 17개소, 기초자원봉사센터 248개소가 설치, 운영 중에 있다(www.1365.go.kr).

2) 자원봉사활동기본법 제19조(자원봉사센터의 설치 및 운영).

〈표 11-8〉 자원봉사센터의 사업 비교

센터	역할(사업)
광역시 · 도 자원봉사센터	• 광역시 · 도 지역의 기관 · 단체들과 상시 협력체계 구축 • 자원봉사관리자 및 지도자의 교육훈련 • 자원봉사 프로그램의 개발 및 보급 • 자원봉사 조사 및 연구 • 자원봉사 정보자료실 운영 • 시 · 군 · 구 자원봉사센터 간의 정보 및 사업의 협력 · 조정 · 지원 • 그밖에 광역시 · 도 지역의 자원봉사 진행에 기여할 수 있는 사업
시 · 군 · 구 자원봉사센터	• 시 · 군 · 구 지역의 기관 · 단체들과 상시 협력체계 구축 • 자원봉사자 모집 및 교육 · 홍보 • 자원봉사 수요기관 및 단체에 자원봉사자 배치 • 자원봉사 프로그램의 개발 · 보급 및 시범운영 • 자원봉사자 관련 정보의 수집 및 제공 • 그 밖에 시 · 군 · 구 지역의 자원봉사 진행에 기여할 수 있는 사업

출처: 김범수 외(2019).

1365자원봉사포털(www.1365.go.kr)은 우리나라 자원봉사센터의 종합 포털로 개별적으로 이루어지던 전국의 자원봉사 정보를 한곳에 모아 다양한 자원봉사 정보 검색부터 신청, 실적 확인까지 원스톱 서비스를 제공하고 있다.

2) 보건복지부 자원봉사센터

사회복지정보센터는 사회복지사업법[3]에 의거하여 보건복지부가 설치 · 운영하고 있는 자원봉사센터로 한국사회복지협의회 부설로 설치되어 있다.

1978년 5개 지역의 사회봉사안내소로 시작하여 도움의 전화를 통한 자원봉사활동 정보를 제공하는 역할을 담당하였으나 2001년 사회복지정보센터로 명칭과 기능을 변경 · 전환하면서 자원봉사분야 뿐만아니라 사회복지분야의 통합된 정보기능을 담당하였으며, 자원봉사인증관리사업을 시작하였다.

사회복지자원봉사인증관리(Volunteer Management System, VMS)는 사회복지사

3) 사회복지사업법 제9조(사회복지 자원봉사활동의 지원 · 육성).

업법과 자원봉사활동기본법에 의거[4]하여 전국 자원봉사단체·기관 상호 간 네트워크 체계를 구축하여 자원봉사자의 봉사실적을 체계적으로 누적 관리하는 전산관리시스템으로 봉사실적에 대한 인센티브 제공 기반을 마련하고자 2001년 한국사회복지협의회 및 보건복지부 주도로 만들어졌다. 사업 초기에는 '사회복지봉사활동인증관리'라는 명칭을 사용하였으나 2010년대 이후에는 '사회복지자원봉사인증관리'라는 명칭을 사용하고 있다(한국사회복지협의회, 복지넷 www.bokji.net).

사회복지자원봉사활동 실적의 인증관리 및 인정과 보상체계 마련, 사회복지자원봉사활동의 효율적인 운영관리 및 상호협력체계 구축, 사회복지자원봉사활동의 정책통계 제공 및 활성화 기반 조성, 사회복지 인적자원의 효과적 활용을 통한 생산적 복지증진에 기여할 목적으로 봉사 일감 조회, 자원봉사활동 신청하기, 지역사회봉사단 소개 및 참여방법 안내, 사회복지자원봉사 실적인증서 발급 및 발급내용 조회, 사회복지 자원봉사 통계정보 제공, 자원봉사와 관련된 각종 자료, 이달의 우수봉사자(단체) 선정 및 소개, 자원봉사자카드 발급 안내 등의 사업을 제공하고 있다.

3) 여성가족부 자원봉사센터

여성자원활동센터는 지역단위로 통합·운영하여 자원봉사를 희망하는 여성이 개인별 또는 단체별로 편리하게 이용할 수 있도록 '지역별 여성자원활동센터 설치·운영에 관한 지침'에 기초하여 1991년 여성가족부 주관으로 설치되었다.[5] 다양한 여성자원활동의 전문영역 개발 및 여성 자원봉사자의 발굴, 모집 및 교육을 통하여 자원봉사 수요처에 연결해 주고 관련 기관 간의 정보교류 및 주민홍보 등의 활동을 추진하였으나 2008년 1월 지역자원봉사센터로 통합되었다.

청소년봉사활동서비스는 청소년활동진흥법[6]에 의거하여 2005년 'e청소

4) 사회복지사업법 제9조, 동법 시행령 제25조(권한의 위탁) 제3항, 사회복지자원봉사관리규정, 자원봉사활동기본법 제4조(국가와 지방자치단체의 책무).

5) 여성발전기본법 시행령 제28조의 2(여성자원활동센터의 설치·운영).

6) 청소년활동진흥법 제6조(한국청소년활동진흥원의 설치), 동법 제8조(청소년활동 정보의 제공 등).

년'(www.youth.go.kr)을 오픈하여 대한민국 청소년을 위하여 봉사활동, 복지, 보호 정보 등을 통합적으로 제공하고 있다.

3. 자원봉사활동기본법

자원봉사활동기본법은 국가 차원에서 자원봉사활동에 대한 기본적 사항들을 규정하고 자원봉사활동을 진흥하고 행복하고 공동체 건설에 기여하는 것을 목적으로 2005년 8월 4일 제정되었다.

자원봉사활동의 범위(제7조)를 명시하고, 행정안전부장관은 관계 중앙행정기관의 장과 협의하여 자원봉사활동 진흥을 위하여 5년마다 국가 기본계획을 수립(제9조)할 것과 12월 5일을 자원봉사자의 날로 지정하여 일주일 동안 자원봉사주간으로 진행(제13조)할 것 등을 포함하여 자원봉사활동에 관련된 제반 내용을 규정하고 있다.

생각해 보기
1. 자원봉사활동 현황에 대해 논의해 보자. 2. 중앙부처별 봉사센터의 특성을 비교해 보자. 3. 자원봉사활동기본법의 특성에 대해 논의해 보자. 4. 자원봉사활동의 감소 추세에 대한 원인 분석과 대안에 대해 논의해 보자.

CHAPTER

12

자활사업과 경제적 자립 지원조직

학습논점
1. 자활사업의 역사와 목적과 역사를 살펴본다. 2. 자활사업의 다양한 대상과 내용을 살펴본다. 3. 지역자활센터, 협동조합, 사회적기업의 특징과 기능을 살펴본다.

1. 자활사업과 지역자활센터

1) 자활사업의 목적과 의의

자활(自活)이란 자기 자신의 힘으로 살아간다는 말이다. 일반적으로 자활사업은 사회적·경제적·심리적으로 어려움을 겪고 있는 빈곤층의 자활을 위해 이들의 소득 증대, 지역 및 사회에 공익서비스 제공, 사회공동체 실현을 목적으로 한다.

자활사업에서 지역사회는 매우 중요한 의미를 가진다. 왜냐하면, 자활사업은 과거 중앙정부 중심의 획일화된 탈빈곤 정책에서 탈피하여 본격적으로 지역사회 차원에서 공동으로 빈곤층의 경제적 자립과 자활 방법을 모색하고 자활의지를 고취함으로써 지역사회로의 통합과 사회적 연대를 강화하기 때문이다(오정수·류진석, 2016). 자활사업에서 지역사회는 빈곤과 실업이 존재하는 공간이자, 사회적 연대가 실현되는 공간이며, 유용한 서비스 및 공공재가 공급되는 공간이다.

지역사회에서 자활사업이 지금과 같이 큰 비중을 차지하게 된 것은 1999년 국민기초생활보장제도 도입을 통해 자활사업이 제도화되면서이다. 국민기초생활보장제도 도입 이후 자활사업은 다음과 같은 의의를 갖는다(오정수·류진석, 2016).

첫째, 자활사업은 「국민기초생활보장법」의 제정을 통해 빈곤에 대한 국가의 책임을 강화하였다. 현 자활사업은 빈민지역에서 시작된 협동조합 형태의 생산공동체 운동에서 그 기원을 찾을 수 있다. 특히 안정된 소득확보를 위해 빈곤탈출 전략의 일환으로 시작된 생산자협동조합은 빈곤지역의 주민들을 조직하고 스스로의 노력과 참여, 협동을 촉진하는 매개체의 역할을 하였다. 국민기초생활보장법 제정 이전까지 추진되어 온 지역사회 중심의 자발적 빈민운동을 「국민기초생활보장법」이 제도화한 것이다.

둘째, 자활사업은 지역사회의 자원 개발과 동원에 도움을 준다. 자활사업은 저소득층의 빈곤문제를 해결하기 위해 지역자활센터를 통해 지역사회에 있는 물적·인적 자원을 확대하고 활용한다. 예를 들면, 자활기업의 경영 지원을 위해 한국자활연수원이 지역사회 기업체 대표나 대학교수를 초빙하여 경영기법에 대한 교육을 시행함으로써 인적 자원을 양성하기도 하고 폐가전제품을 수리하기 위하여 지역주민들이 수집하도록 도움을 제공함으로써 물적 자원에 도움이 될 수 있다.

셋째, 자활사업은 지역사회 구성원의 연대감 강화에 도움이 된다. 자활사업은 궁극적으로 저소득층으로 하여금 노동에 참여하고 다양한 참여주체들이 유기적으로 연계하여 빈곤문제를 해결함으로써 지역사회의 빈곤문제를 해결한다. 따라서 자활사업을 통해 빈곤문제 해결을 위해 투입되는 지역사회의 부담과 사회적 위험이 줄어들고 지역사회 문제해결을 위한 네트워크를 형성함으로써 궁극적으로 사회적 연대감이 강화될 수 있다. 그리고 이러한 사회적 연대감은 지역사회의 사회적 자본으로서 지역문제 해결에 중요한 자원으로 작동할 수 있다.

2) 자활사업의 역사

현재의 우리나라 자활사업은 1990년대 초반부터 시작된 빈민운동진영의 생산공동체운동에 그 뿌리를 두고 있다. 청소용역업, 봉제, 도배, 건설업, 간병인, 공동부업장 등이 대표적인 활동내용이다. 1980년대와 같은 철거반대 운동만으로는 빈곤층의 삶의 조건을 개선할 수 없다는 현실 인식, 그리고 철거반대 운동 과정에서 성숙된 주민지도자 역량, 빈곤층의 노동시장 자체가 변하면서 새로운 모색이 필요하다는 요구, 그리고 당시 소개된 스페인 몬드라곤 공동체 등 대안적 노사관계와 생산공동체 논의 등이 영향을 미쳤다고 볼 수 있다(노대명 외, 2010). 이 같은 생산공동체운동이 자활사업이라는 이름으로 불리게 된 계기는 1996년 보건복지부가 전국에 5개의 '자활지원센터'(서울 관악, 서울 노원, 서울 마포, 인천 동구,

대전 동구)를 시범 운영하면서부터다. 그리고 1999년 국민기초생활보장법의 제정을 통해 생산공동체라는 자발적 운동차원에서 시작했던 자활사업은 국가의 지원을 받는 공적 조직인 지역자활센터를 중심으로 제도화되었다.

1999년 국민기초생활보장제도가 도입되면서 자활사업은 외형은 비슷할지 모르지만, 작동원리는 근본적으로 변하게 된다. 즉, 종전까지 자활사업은 기존 공공부조제도(생활보호제도)에 대한 보완적 성격으로, 참여자들의 자발성에 기초하고 있었다. 그러나 기초생활보장제도에 편입됨으로써 자활사업은 기초생활보장제도의 조건부 수급자가 생계급여를 받기 위해 의무적으로 참여해야 하는 사업이 되었다(노대명, 2010).

국민기초생활보장제도 자활사업의 주요 발전 및 변화과정을 정리하면 다음과 같다.

1999년.	국민기초생활보장법 공표
2000년.	자활후견기관(현 지역자활센터) 50개소 확대 지정(1999년 20개소 → 2000년 70개소) 시 · 군 · 구 자활기관협의체 구성
2001년.	자활후견기관 157개소로 확충
2004년.	자활근로사업 다양화 추진(취로 · 업그레이드형→시장진입 · 인터 · 사회적 일자리 · 근로유지형)
2006년.	중앙자활센터 설치, '자활후견기관'의 명칭을 '지역자활센터'로 변경
2010년.	희망키움통장(IDA), 내일키움통장 실시
2012년.	지역자활센터 사례관리사업 실시(60개소) '자활공동체' 명칭을 '자활기업'으로 변경
2013년.	자활인큐베이팅, 자활사례관리 통합 운영('자활인큐베이팅'은 'GateWay'로 명칭 변경)
2022년.	지역자활센터 250개소 운영

3) 자활사업의 참여대상

자활사업의 참여대상은 다음과 같다.

① 조건부수급자: 자활사업 참여를 조건으로 생계급여를 지급받는 수급자(기초생활보장법 시행규칙 제26조에 따라 자활사업에는 조건부수급자를 우선적으로 선정하여야 함). 이들 조건부수급자는 자활사업 참여를 조건으로 생계급여를 받기 때문에 의무적으로 자활사업에 참여해야 함

② 자활급여특례자: 수급자(조건부 및 일반수급자)가 자활근로, 자활기업 등 자활사업 및 취업성공패키지에 참가하여 발생한 소득으로 인하여 소득인정액이 기준 중위소득의 40%를 초과한 자. 이들은 이미 소득인정액이 생계급여 기준을 초과한 경우로 자활사업 참여가 의무는 아님

③ 일반수급자: 근로 능력 없는 생계급여수급권자 및 조건부과유예자, 의료·주거·교육급여수급(권)자 중 참여 희망자

④ 특례수급가구의 가구원: 의료급여특례, 이행급여특례가구의 근로 능력 있는 가구원 중 자활사업 참여를 희망하는 자

⑤ 차상위자: 근로 능력이 있고, 소득인정액이 기준 중위소득 50% 이하인 사람 중 비수급권자(한국 국적의 미성년 자녀를 양육하고 있는 국적 미취득의 결혼이민자도 포함)

⑥ 근로능력이 있는 시설수급자

4) 자활사업의 추진체계

자활사업은 보건복지부와 고용노동부가 함께 추진하고 있다. 우선 보건복지부는 국민기초생활보장제도를 총괄한다. 그리고 종합자활지원계획을 수립(매년 12월)하고, 자활프로그램 개발·추진, 지역자활센터 지정·관리업무를 담당한다. 다음으로 시·도와 시·군·구는 자활사업을 총괄시행하는 역할을 담당한다. 지역자활지원계획을 수립하고, 자활기금을 설치·운영하며, 자활급여 실시여부 및 내용을 결정·지급하고, 자활기관협의체 등을 운영한다. 읍·면·동은 조건부수급자 관

리, 즉 확인 업무를 담당한다.

한국자활복지개발원, 광역자활센터, 지역자활센터 등의 자활인프라는 자활사업을 수행하는데, 여기서 한국자활복지개발원은 자활지원을 위한 조사·연구와 사업 개발·평가, 광역자활센터는 지역특화형 자활프로그램 개발·보급, 지역자활센터는 자활사례관리, 참여자 상담, 직업교육 및 취업 알선 등을 기능을 한다. 고용노동부는 취업지원관리를 업무를 담당하는데, 구체적으로 종합취업지원계획을 수립(매년 12월)하고, 취업지원프로그램을 개발·추진한다. 끝으로 고용센터는 취업지원을 시행하는데, 개인별 취업지원계획을 수립·관리하고, 취업알선 등 취업지원프로그램을 시행하며, 취업대상자의 조건이행여부 확인 업무를 담당한다(보건복지부, 2022).

5) 지역자활센터의 현황

지역자활센터는 근로 능력이 있는 저소득층에게 집중적·체계적 자활지원서비스를 제공함으로써 자활의욕을 고취하고 자립능력 향상을 지원하기 위한 사회복지시설이다. 지역자활센터는 지역사회 내에서 국민기초생활수급자 및 차상위계층의 자활 촉진에 필요한 사업을 수행하는 핵심 인프라로서 역할로서 2022년 현재 우리나라에는 총 250개의 지역자활센터가 전국적으로 운영되고 있다.[1)]

2020년 현재 자활사업에 참여한 인원은 전국적으로 41,617명이다(보건복지부, 2021). 한국지역자활센터협회에 따르면, 2021년 지역자활센터 종사자는 2,532명이며, 자활기업은 1,092개(2017년), 자활사업 참여자의 자활성공률(자활사업참여 생계급여 수급자 중 탈수급하거나 취·창업에 성공한 자의 비율)은 34.42%(2017년), 참여자의 탈수급률(자활사업참여 생계급여 수급자 중 탈수급한 자의 비율)은 25.1%(2017년)이다(보건복지부, 2021).

1) 2022년 현재 우리나라에는 226개의 기초자치단체가 있다. 대부분의 기초자치단체에는 1개의 지역자활센터가 운영되고 있으며, 자활사업 수요 차이 등을 이유로 일부 지역자활센터가 하나도 없는 곳(옹진군 등)과 2개(관악구, 노원구, 마산시 등) 또는 3개(부천시, 광주 북구 등)인 곳도 있다.

6) 자활사업 내용

(1) 자활사례관리

자활사례관리는 개인별 자활지원계획을 바탕으로 상담, 근로기회 제공, 자활근로를 통한 근로 의욕·자존감 고취 등을 모니터링하고 자립에 필요한 각종 서비스 연계를 목적으로 한다.

Gateway(게이트웨이)는 자활사례관리의 초기과정이다. 자활근로 참여자의 구체적인 자활경로를 세우고 이를 이행하기 위하여 기본 지식과 소양을 익히는 단계이다. 신규참여자가 지역자활센터에 의뢰·배치되면, 초기상담 및 진단·평가, 그리고 기초교육을 거쳐 IAP(Individual Action Plan)와 ISP(Individual Service Plan)를 수립하게 되는데, 여기서 IAP는 '개인별 자립경로', ISP는 '개인별 자활지원계획'를 뜻한다. IAP는 자활사업 참여자의 자가진단(자활사업 참여자의 강점과 약점, 욕구, 취업 장애요인 등)과 합의된 자활경로(자활사업단 참여, 일반기업 취업, 자활기업 취업, 일반기업 창업, 자활기업 창업 등) 및 요청사항으로 구성되고, ISP는 참여자의 제시된 욕구(다양한 욕구와 욕구의 우선순위 정리)와 자활지원계획(서비스 제공계획 및 기간, 연계기관 등)을 내용으로 한다.

Gateway과정 이후 자활사업 참여자는 자활근로(근로 기회) 참여, 취업 알선 등 취업지원, 개인 창업지원, 직업훈련 지원 등의 자활프로그램을 지원받고, 더불어 필요시 타 자활프로그램 참여와 지역사회복지서비스 연계 등의 지원을 받게 된다. 자활프로그램 이용을 통해 자활에 성공할 경우 사후관리, 자활에 실패할 경우 상담을 통해 그 원인을 파악한 후 다시 IAP와 ISP 수립 그리고 자활프로그램 참여 과정을 거치게 된다.

Gateway는 모든 자활사업 신규참여자가 의무적으로 참여하는 과정이다. 또한, 기존 자활사업 참여자 중에서도 국민취업지원제도 등 타 자활프로그램 참여 후 취업에 실패한 사람 등 자활경로의 재설정이 필요한 사람도 참여할 수 있다. Gateway 과정은 2개월 이내 참여를 원칙으로 한다. 다만, 1개월에 한하여 추가

연장이 가능하다. 참여자당 Gateway 과정 참여 횟수는 자활사업 참여 기간(최대 5년) 동안 3회 이내로 제한한다.

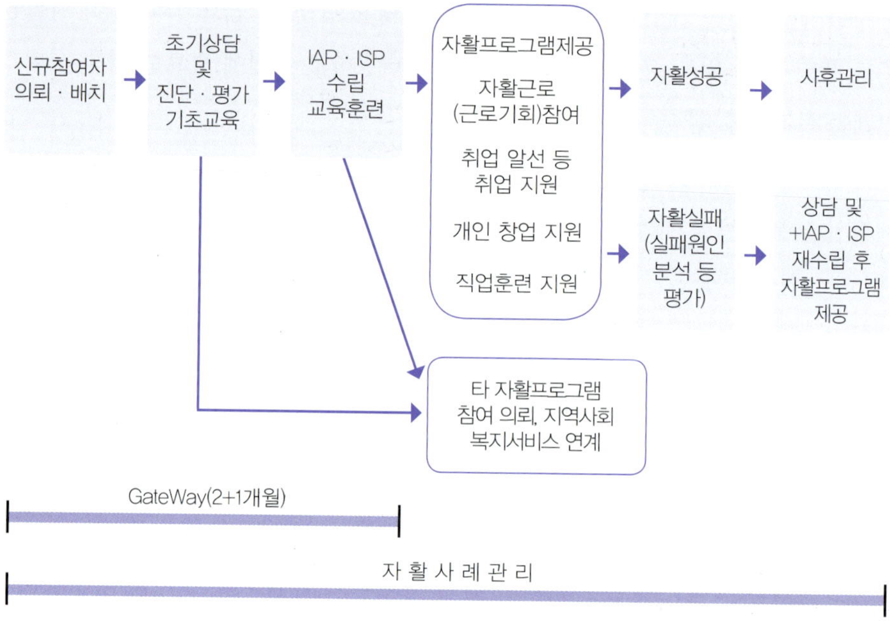

[그림 12-1] 자활사례관리의 과정

출처: 보건복지부(2022a).

(2) 자활근로사업

자활근로사업은 한시적인 일자리 제공에 그치지 않고, 저소득층이 취·창업을 통해 경제활동을 영위할 수 있도록 기초능력 배양 및 자립 장애요인 제거에 초점을 두는 사업이다. 자활참여자의 자활 촉진 및 자활근로 안주를 방지하기 위하여 자활근로 참여기간은 최대 60개월, 즉 5년으로 제한한다(단, 근로유지형 자활근로는 연속 참여 제한 없음). 근무시간은 주 5일, 1일 8시간(09시~18시) 원칙이나, 근로유지형은 1일 5시간(09시~15시)이다.

자활근로사업은 참여자의 자활능력과 사업유형에 따라 근로유지형, 사회서비스형, 인턴·도우미형, 시장진입형 자활근로사업으로 구분한다.

① 근로유지형

근로유지형은 현재 보유한 근로능력과 자활의욕을 유지하면서 상위단계의 자활사업 참여를 준비하는 사업 유형으로 볼 수 있다. 자활근로 급여단가가 가장 낮다. 참여대상자는 생계·의료급여 수급자, 자활급여특례자로서, 연령 및 건강·학력 등을 감안하여 노동강도가 낮은 사업 참여가 필요한 자, 간병·양육·보호 등 가구여건상 관내 사업참여가 필요한 자, 자활역량평가 결과가 낮은 자이다. 대상사업은 노인·장애인 등에 대한 가사도우미, 지역환경정비, 공공시설물관리 보존 등 노동강도가 약하나 지역사회 필수적인 공공서비스 제공사업 등이다.

② 사회서비스형

사회서비스형 자활근로는 매출액이 총사업비의 10% 이상 발생하고, 사회적으로 유용한 일자리 제공으로 참여자의 자활능력 개발과 의지를 고취하여 향후 시장진입을 준비하도록 지원하는 사업이다. 참여대상은 조건부수급자 및 희망참여자(일반수급자, 자활급여특례자, 차상위자 등)이며, 대상사업은 공익성이 있는 사회적으로 유용한 일자리 분야의 사업을 선정하되, 향후 시장 진입 가능성을 고려하여 추진한다. 무료간병서비스, 장애인통합보조교육 및 농촌형 지역자활센터의 정부양곡배송, 무료집수리, 무료 빨래방 등 시·군·구의 승인을 받은 업종이 대표적 예이다.

③ 인턴·도우미형

인턴·도우미형 자활근로는 지자체, 지역자활센터, 사회복지시설 및 일반기업체 등에서 자활사업대상자가 자활인턴 사업으로 근로하면서, 기술·경력을 쌓은 후 취업을 통한 자활을 도모하는 취업유도형 자활근로사업이다. 참여대상자는 조건부수급자, 희망참여자(일반수급자, 자활급여특례자, 차상위자 등)이며, 대상업은 인턴형의 경우 전기, 용접, 이·미용, 요리, 정비, 운전, 제과·제빵 등 수급자의 자활유도가 용이한 기술습득이 가능한 업체, 자활기업 및 사업자등록증 발급

업체 등이며, 복지·자활도우미형은 자활사업 홍보·안내 및 읍·면·동 사회복지 담당 공무원의 업무수행 보조·지원, 게이트웨이 업무 지원, 자활근로사업단 매출액 관리 등 회계업무 수행, 사업장·참여자 관리 등 자활사업 실시기관 사업담당자 업무 보조 등이다. 인턴·도우미형 자활근로는 급여단가가 시장진입형보다는 낮고 근로유지형보다는 높다.

④ 시장진입형

시장진입형 자활근로는 매출액이 총사업비의 30% 이상 발생하고, 취업 또는 자활기업 창업을 통한 시장진입을 지향하는 사업단이다. 급여단가가 가장 높고, 참여대상자는 조건부수급자 및 희망참여자(일반수급자, 자활급여특례자, 차상위자 등)이다. 대상사업은 시장진입 가능성이 높고 자활기업 창업이 용이한 사업으로 지역통합돌봄사업단, 지역재생(자전거 수리 등)사업단, 편의점사업단, 음식점, 카페 등이 대표적이다.

〈표 12-1〉 자활근로사업 유형 및 내용

<table>
<tr><th colspan="2">유형</th><th>내용</th><th>실시기관</th></tr>
<tr><td colspan="2">근로유지형</td><td>현재의 근로능력과 자활의지를 유지하면서 향후 상위단계의 자활사업 참여를 준비하는 형태의 사업</td><td>지자체 직접시행, 지역자활센터</td></tr>
<tr><td rowspan="3">업그레이드형</td><td>사회서비스형</td><td>사회적으로 유용한 사회서비스를 제공하는 사업으로 일반노동시장 진입을 목표로 함</td><td rowspan="3">지역자활센터, 민간위탁기관</td></tr>
<tr><td>인턴·도우미형</td><td>지자체, 지역자활센터, 사회복지시설 및 일반 기업체 등에서 자활사업 대상자가 자활인턴사원으로 근로를 하면서 기술과 경력을 습득한 후 취업을 통한 자활을 도모하는 취업유도형 사업</td></tr>
<tr><td>시장진입형</td><td>자활기업 창업으로의 전환을 목표로 일반노동자시장 진입이 가능한 사업</td></tr>
</table>

※ 자활근로사업은 우선적으로 지역자활센터로 위탁하되, 지역자활센터에서 수행이 어려운 경우, 자활기업, 사회적경제조직(사회적협동조합, 사회적기업) 등에 자활근로사업 위탁 가능.

출처: 보건복지부(2022a: 86).

(3) 자활기업 지원 사업

자활기업은 2인 이상의 수급자 또는 차상위자가 상호협력하여, 조합 또는 사업자의 형태로 공동창업을 통한 탈빈곤을 위한 자활사업을 운영하는 업체를 말한다. 여기서 자활기업이란 국민기초생활보장법에 의한 자활기업 요건을 갖추고 보장기관으로 인정받은 업체이다. 자활기업은 자활기업의 원활한 수행을 위하여 참여자는 관할 시·군·구 지역 거주자에 국한하지 않으며, 사업실시 지역은 관할 지역을 벗어날 수 있다. 자활기업은 시장진입형 자활근로사업의 기술향상·경험축적 등 수행능력을 제고하고, 기존 자활기업 성공사례를 벤치마킹하여 자활기업으로 육성하는 역할을 한다. 보건복지부는 자활기업이 이러한 목적을 달성하는 데 도움이 되도록 창업자금과 한시적 인건비 등을 지원한다.

(4) 자산형성지원사업

자산형성지원사업(asset-building programs)이란 저소득층이 자활에 필요한 자산을 형성할 수 있도록 재정적으로 지원하고 필요한 교육을 실시하는 사업을 뜻한다. 우리나라의 자산형성지원사업은 특히 저소득층이 저축을 통해 자산형성의 동기를 강할 수 있도록 참여자가 일정기간 매월 일정금액(예: 10만 원~30만 원)을 저축하면 그 금액에 일정비율(예: 1:1~1:3)의 저축인센티브를 매칭해주는 방식을 취한다. 이러한 방식의 자산형성지원사업을 개인발달계좌(IDA: Individual Development Account)라고 부른다(Sherraden, 1991). 2022년 현재 자활사업 차원에서 제공되고 있는 우리나라 자산형성지원사업의 내용은 〈표 12-2〉와 같다.

〈표 12-2〉 자산형성지원사업의 세부내용

구분	희망저축계좌 I	희망저축계좌 II	청년내일저축계좌	
가입대상	일하는 생계·의료 수급가구	일하는 주거·교육 수급 가구 및 차상위 계층 가구	일하는 생계·의료·주거·교육급여 수급 가구 및 차상위 가구의 청년 (만 15~39세)	일하는 기준중위 50% 초과 100% 이하 가구의 청년 (만19~34세)
본인저축	월 10만 원 이상 자율저축 *최대 50만 원까지 가능			
정부지원	30만 원	10만 원	30만 원	10만 원
기타지원	대상자별 추가지원금 지원			
3년 평균 적립액 (10만원 저축 시)	1,440만 원 +이자 * 본인저축 360 만 원 포함	720만원 + 이자 * 본인저축 360 만원 포함	1,440만 원 +이자 * 본인저축 360 만 원 포함	720만 원 + 이자 * 본인저축 360 만 원 포함
지원 조건	3년 이내 생계·의료 탈수급	자립역량교육 이수 및 사례관리 등	자립역량교육 이수 및 자금사용계획서 제출	

출처: 보건복지부(2022b: 7).

2. 협동조합

1) 협동조합의 개념과 특성

협동조합(協同組合, cooperative(co-op))은 경제적으로 약한 지위에 있는 소생산자나 소비자가 서로 협력, 경제적 지위를 향상시켜 상호복리를 도모할 목적으로 공동출자에 의해 형성된 기업을 말한다. 협동조합의 직접적 목적은 영리(營利)보다는 조합원의 경제활동에 있어서의 상호부조(相互扶助)에 있다. 협동조합은 산업혁명에 의하여 비약적으로 발전된 대기업의 압력에 대항하기 위하여 19세기초에 유럽에서 먼저 형성되었다. 네덜란드의 생산조합·영국의 소비조합·독일의 신용조합이 대표적인 예이다.

협동조합에 관한 개념은 다양하다. 우선 국제협동조합연맹(International Cooperative Alliance: ICA)에 따르면, 협동조합은 공동으로 소유되고 민주적으로 운영되는 사업체를 통하여 공통의 경제적·사회적·문화적 필요와 욕구를 충족시키고자 하는 사람들이 자발적으로 결성한 자율적인 조직이다. 미국 농무성(USDA)은 이용자가 소유하고 이용자가 통제하며 이용규모를 기준으로 이익을 배분하는 사업체로 협동조합을 정의하고 있으며, 우리나라의 「협동조합기본법」 제2조 제1호에 따르면, 협동조합은 재화 또는 용역의 구매·생산·판매·제공 등을 협동으로 영위함으로써 조합원의 권익을 향상하고 지역사회에 공헌하는 사업조직이다. 참고로 앞서 소개한 우리나라 자활기업의 일부도 협동조합방식으로 창업되고 있다. 협동조합의 기대효과는 다음과 같다.

① 경제주체별 효과

협동조합은 원하는 맞춤형 물품(유기농산물 등), 서비스(의료, 돌봄, 보육 등)를 저렴하고 안정적으로 구매할 수 있게 하여 이해관계자의 편익을 증가시킬 수 있다.

- 소비자: 원하는 맞춤형 물품(유기농산물 등), 서비스(의료, 돌봄, 보육 등)를 저렴하고 안정적으로 구매하여 소비자의 편익 증가
- 생산자: 소비자조합 등과 연계하여 직거래 및 사전계약재배 등을 통해 안정적이고 높은 수익 보장
- 근로자: 직원으로 구성된 협동조합 설립을 통해 고용불안정 문제해결 및 임금수준 향상

② 경제·사회적 효과

협동조합은 새로운 법인격 도입을 통해 경제 활력을 제고하고 사회서비스 등 기존 복지체계에 민간참여를 확대할 수 있다.

- 경제적 효과: 창업활성화를 통한 일자리 확대, 유통 구조 개선을 통한 물가 안정, 경제위기 시 경제안정 효과 발생
- 사회적 효과: 취약계층에게 일자리 및 사회서비스를 제공하여 '복지시스템'을 보완하고 '일을 통한 복지'에 기여

③ 기타

협동조합은 민주적 운영(1인 1표)에 따른 의사결정의 조합원 참여를 보장하여 구성원의 만족감, 주인의식 등을 제고할 수 있다.

2) 국제협동조합연맹의 협동조합 7대 원칙과 우리나라 협동조합기본법의 내용

협동조합의 특성은 1995년 ICA 100주년 총회 시 협동조합의 7대 원칙(협동조합 정체성에 대한 선언)을 통해 이해할 수 있다.

① 자발적이고 개방적인 조합원 제도

협동조합은 자발적이며, 모든 사람들에게 성(性)적·사회적·인종적·정치적·종교적 차별 없이 열려있는 조직이어야 한다.

② 조합원에 의한 민주적 관리

협동조합의 조합원들은 정책수립과 의사결정에 활발하게 참여하고 선출된 임원들은 조합원에게 책임을 갖고 봉사해야 한다. 또한, 조합원마다 동등한 투표권(1인 1표)을 가지며, 협동조합연합회도 민주적인 방식으로 조직·운영한다.

③ 조합원의 경제적 참여

협동조합의 자본은 공정하게 조성되고 민주적으로 통제해야 한다. 자본금 일부는 조합의 공동재산이며, 출자배당이 있는 경우에 조합원은 출자액에 따라 제한된 배당금을 받는다. 잉여금은 협동조합의 발전을 위해 일부는 배당하지 않고 유

보금으로 적립하고, 사업 이용실적에 비례한 편익을 제공하며, 기타 협동조합 활동 지원 등에 배분한다.

④ 자율과 독립

협동조합이 다른 조직과 약정을 맺거나 외주에서 자본을 조달할 때 조합원에 의한 민주적 관리가 보장되고, 협동조합의 자율성이 유지되어야 한다.

⑤ 교육·훈련 및 정보 제공

조합원, 선출된 임원, 경영자, 직원들에게 교육과 훈련을 제공한다. 젊은 세대와 여론 지도층에게 협동의 본질과 장점에 대한 정보를 제공한다.

⑥ 협동조합 간의 협동

국내·국외에서 공동으로 협력 사업을 전개함으로써 협동조합 운동의 힘을 강화하고, 조합원에게 효과적으로 봉사한다.

⑦ 지역사회에 대한 기여

조합원의 동의를 토대로 조합이 속한 지역사회의 지속가능한 발전을 위해 노력한다.

우리나라 「협동조합기본법」의 주요내용은 다음과 같다.

〈표 12-3〉 협동조합의 주요 특징

구분	내용		의의
	요약	상세	
1	1인 1표	출자액수에 관계없이 1인 1개의 의결권과 선거권 부여	주식회사(1주 1표)와 다른 민주적 운영방식
2	2개의 법인격	(일반)협동조합/사회적협동조합	영리 · 비영리 부분의 정책수요 모두 반영
3	최소 설립 조합 수 3개	3개 이상의 협동조합이 모여 연합회 설립가능	협동조합 활성화 촉진
		(이종협동조합연합회의 경우 5개 협동조합)	
4	자본주의 4.0 (대안적 기업모델)	기존 주식회사, 비영리법인과 달리 소액 · 소규모 창업, 취약계층 자활을 통한 '공생발전' 모델	양극화 해소 · 서민경제 활성화의 대안모델
5	최소설립인원 5인	5인 이상 자유롭게 설립 가능 (기존 개별법 : 300~1,000명)	자발적 소규모 활동 지원
6	기본법 제6조 (협동조합 기본원칙)	조합원을 위한 최대 봉사	협동조합 정신 반영
		자발적 결성 · 공동소유 · 민주적운영	
		투기 · 일부 조합원 이익 추구 금지	

3) 유럽 협동조합의 역사[2)]

(1) 로치데일 이전의 협동조합운동

① 로버트 오웬

1800년 29세의 로버트 오웬(Robert Owen)은 스코틀랜드 뉴 라나크(New Lanark)의 수차방적공장을 사서 직접 경영을 맡으면서 공장을 평소에 꿈꾸던 모범촌으로 만들려고 계획하였다. 뉴 라나크의 주민은 점점 늘어나 2,500명에 이르렀다. 처음에는 잡다하고, 대부분 타락한 사람들로 이루어졌으나 오웬은 이들을

2) 협동조합의 역사는 김형탁 외(2013)의 내용을 그대로 발췌한 것임.

모범적인 주민으로 변화시켰다. 노동시간은 10시간 반밖에 되지 않아 하루 13~14시간의 노동을 강요받던 다른 노동자들에 비해 노동조건이 좋았다. 노동자들에 대한 교육은 물론, 자라나는 세대들을 위한 교육에 치중하여 유치원이 뉴 라나크에 처음으로 설치되었다. 그는 동업자들이 자신의 방식에 반기를 들고 권력자들의 적대감이 심해지자 1825년 미국 인디애나주에 2만 에이커의 토지를 사서 뉴 하모니(New Harmoney) 협동촌의 건설을 시도하였다. 그러나 결국 2년에 걸친 협동촌 건설은 실패로 끝났다. 개인의 재원으로 자급자족적인 격리촌을 세우는 건 무리였다. 뉴 라나크의 노동자들과 달리 뉴하모니는 구성원들 간의 분쟁으로 유지되기 어려웠다.

재산을 다 날려버린 오웬은 외로운 죽음을 맞이했지만, 그의 사상과 실험은 노동운동과 협동조합운동에 뚜렷한 흔적을 남겼다. 오웬은 소규모이고 직업별 원리로 조직되어 있던 노동조합을 모든 직종에 속한 노동자들의 광범한 연맹을 창설해야 한다는 사상을 열성적으로 지지하였다. 노동조합들이 관련 산업을 인계받아 생산법인으로 전환시키고, 이러한 법인들의 연결망이 점차로 나라 전역에 확장되면 국가는 무용한 것으로 쇠퇴할 것으로 생각하였다.

② 윌리엄 킹

윌리엄 킹(William King)은 영국 캠브리지 대학에서 의학을 전공하고 브라이튼에서 의사로 개업하였다. 오웬의 사상에 영향을 받아 조합매점운동을 벌였다. 킹 역시 오웬과 마찬가지로 최종적으로는 자립적인 공동체를 구상하였다. 이 공동체를 통해 노동자는 자신의 필요만을 위해 일을 하는 것이 아니라 실업자들을 위한 일자리를 마련한다. 하지만 킹은 오웬과 달리 협동의 이익은 현존하는 사회의 내부에서 실현될 수 있다고 생각했다. 점포가 그 목표를 이루기 위한 수단이다. 그는 우애조합을 통해 협동조합 점포에 필요한 자금을 확보하자고 제안하였다.

이 최초의 협동조합운동은 적어도 3백에서 5백 개 점포로 확대될 만큼 널리 퍼져 나갔다. 그러나 1833년 이 운동은 실질적으로 붕괴되었다. 경기의 악화, 정부의 억압과 고용주의 공장 폐쇄로 인한 노동조합의 붕괴, 이윤배분 방법을 알지 못한 협동조합 내부의 구조적인 문제가 원인이 되었다. 그러나 윌리엄 킹의 생각은 로치데일 소비조합이 탄생하기 위한 밑거름이 되었다.

(2) 로치데일 소비조합

로치데일 공정 선구자 조합(Rochdale Society of Equitable Pioneers)이라는 이름의 로치데일 소비조합은 세계 최초의 협동조합이다. 로치데일 협동조합의 선구자들은 다양한 부류였다. 일부는 오웬파 사회주의자이고, 또 일부는 차티스트들이었다. 또 다른 일부는 활동적인 종교지도자들이었으며 또 헌신적인 노동조합주의자들도 있었다.

로치데일에서의 플란넬 직조공들의 파업(Flannel Weavers' Strike)이 실패로 끝난 뒤, 이들 활동가들은 노동자들의 현 상황을 개선하기 위한 논의에 들어갔다. 토론의 마지막에 플란넬 직공위원회는 협동운동을 주장한 사람들의 의견을 받아들였다. 그들은 주당 2펜스를 협동조합 점포를 설립하기 위해 모으기로 결정했다.

이렇게 해서 1844년 로치데일 공정 선구자 조합이 탄생하였다. 하지만 처음에 점포는 너무나 구색이 형편없어서 조롱당하기까지 했다. 조합원들 중에서도 이용하지 않는 이들이 있었다. 그러나 순수한 품질과 정직한 계량, 공정한 거래는 조합원들의 신뢰를 차츰 얻어 나갔다. 설립 후 10년 만에 조합원은 50배로 늘었고, 출자금 총액은 400배로 늘었다.

선구자들의 가계가 안정되면서 생산에도 착수하였다. 1850년에 제분조합을 설립하였다. 하지만 충분한 자금을 확보하지 못한 상태에서 시작한 제분조합은 나쁜 품질의 밀을 구입할 수밖에 없었고, 제분 노동자의 기술도 미숙하였다. 또한, 노동자들의 불성실함도 큰 문제였다. 제분조합이 적자를 내면서 사업을 포기하자는 목소리가 높아졌다. 이러한 시련에도 불구하고 조합원들은 난관을 극복하기 위해 출자를 늘렸다. 선구자 조합에서 사람을 파견하여 마침내 조합을 살려냈다.

그러나 또 다른 시련이 있었다. 제분조합은 순수한 제품을 위해 표백제를 사용하지 않았다. 다른 시장 제품과 비교해 까칠했고 색깔은 갈색을 띠었다. 조합원들의 불만이 높았다. 하지만 노력 끝이 조합원들은 밀가루가 진짜이기 때문에 하얗지 않다는 점을 이해했다. 이런 성공이 협동조합의 자신감으로 나타났다. 19세기 말 영국의 소비조합은 1,439개 조합에 조합원은 170만 명 이상이 되었다. 총매출액은 5천만 파운드를 넘었다.

로치데일은 다음의 원칙을 가지고 있었다.

가. 조합원은 1인 1표의 의결권을 갖는다.
나. 자금은 기부가 아니라 조합원 출자에 의해 조달한다.
다. 출자에 대한 이자는 일정 이율 이하로 억제한다.
라. 잉여금이 발생했을 때에는 이용액에 따라 분배한다.
마. 상품은 시가로 조합원에게 공급한다.
바. 외상 판매 등을 하지 않고 현금으로 공급한다.
사. 좋은 품질의 물건을 정확한 중량으로 공급한다.
아. 정치와 종교에 대한 중립은 지킨다.
자. 조합원 교육에 힘쓴다.

(3) 라이파이젠 신용협동조합

1860년대에는 영국의 소비조합과 다른 유형의 협동조합이 탄생하였다. 라이파이젠 신용협동조합이다. 라이파이젠(Friedrich Wilhelm Raiffeisen)은 프로이센의 작은 시골 마을 바이에르부슈의 읍장이었다. 당시 독일은 늦게 공업국으로 성장하였다. 독일의 중서부 지방에서 농노제가 소멸되면서 해방된 소농이라는 새로운 계급이 나타났다. 이들은 현금 거래와 시장에 점점 의존하게 되었다. 이들은 일년 내내 열심히 일하지만 봄에 고리대금업자에게 빌린 대출을 가을에 수확한 농산물로 원금과 이자를 갚는 생활을 반복하였다. 라이파이젠은 이러한 현실을 파악하고 농민회의를 소집하여 농민들이 가지고 있는 돈을 모아 저리로 대출하자는 제안을 하였다. 처음에는 모든 농민들에게 돈을 빌려줄 수 없었지만, 점점 상황은 나아졌다. 이것이 '라이파이젠 신용협동조합(Raiffeisenbank)의 출발이다.

'라이파이젠 신협'은 농촌 지역의 '윤리적·도덕적 측면'을 강조하였다. 반면에, 도시 영세 소상공인에 의해 설립된 대부조합을 토대로 발전한 신협이 있다. 슐체 델리체(Hermann Schulze-Delitzsch)는 작센주 중북부 도시인 델리치의 읍장이자 프로이센 국민의회의 의원이었다. 슐체는 읍주민들이 자본의 부족으로 고통받는 점에 주목하였다. 독일에 은행이 있었지만, 은행은 중공업을 위한 것이었다. 영세 소상공인들은 자신들을 위한 은행이 필요했다. 그는 「서민은행으로서의 대부조합」이라는 책을 출판하고 독일에서 '최초의 협동조합법'을 제정하는데 기여했다.

(4) 사회적협동조합

'사회적협동조합'은 여러 협동조합의 유형 중에서 가장 최근의 것이다. '사회적 부조와 연대를 목적으로 한 최초의 협동조합'은 1963년 1월 23일 가톨릭 운동가 주세페 필리피니(Giuseppe Filippini)의 주도로 브레스치아에서 태어났다. 이 조합이 가진 두 가지 특징 중 하나는 '교육, 훈련, 돌봄, 오락, 장애인 지원'과 같이 주로 '정신적 필요를 충족시키는 일을 여럿이 함께한다는 것'이고, 또 하나는 조합원뿐만 아니라 '다른 사람들을 위해서도 활동한다는 것'이다. 이것은 전통적 협동조합 운동에서는 찾아볼 수 없는 전혀 새로운 방식으로 상호협력을 확장한 것이다.

또한, 서로 다른 이해관계 집단들이 모두 의사결정권을 가지고 지배구조에서 역할을 하는 다층적 지배구조 모델을 수반한다. 그래서 사회적협동조합의 의사결정기구에는 서비스를 담당하는 조합원들만이 아니라 서비스의 수혜자들과 지역공동체 대표들까지 모두 참여한다. 이탈리아에서는 1991년에 사회적협동조합을 위한 법률이 제정되었다.

'사회적협동조합 모델'은 널리 모방되어 유럽의 '사회적기업'의 원형으로 인정받고 있다. 프랑스는 2001년 '공익 사회적협동조합' 제도를 승인하였다. 스페인은 1999년에 '사회적 목적 협동조합', 포르투갈은 1998년에 '사회적 연대 협동조합', 그리스는 1999년에 '유한책임 사회적협동조합'제도를 각각 도입하였다.

4) 우리나라 협동조합의 유형과 현황

우리나라에서는 「협동조합 기본법」이 제정되기 전까지 8개 종류의 협동조합만이 법적으로 인정되어 왔다. 농업협동조합(농협), 수산업협동조합(수협), 신용협동조합(신협), 소비자생활협동조합(생협), 엽연초생산협동조합, 중소기업협동조합, 산림조합 및 새마을금고가 그것이다. 「협동조합 기본법」이 2012년 1월 26일 제정되어 2012년 12월 1일 시행됨으로써 이제는 금융 및 보험업을 제외하고 경제·사회의 모든 영역에서 다양한 형태의 협동조합을 만들 수 있게 되었다(「협동조합 기본법」 제45조제3항 참조). 「협동조합 기본법」은 설립할 수 있는 수많은 협동조합을 다음과 같은 종류로 나누고 있다(「협동조합 기본법」 제2조).

〈표 12-4〉 협동조합의 종류

종류	개념
협동조합	재화 또는 용역의 구매 · 생산 · 판매 · 제공 등을 협동으로 영위함으로써 조합원의 권익을 향상하고 지역 사회에 공헌하고자 하는 사업조직
협동조합연합회	협동조합의 공동이익을 도모하기 위하여 설립된 협동조합의 연합회
사회적협동조합	협동조합 중 지역주민들의 권익 · 복리 증진과 관련된 사업을 수행하거나 취약계층에게 사회서비스 또는 일자리를 제공하는 등 영리를 목적으로 하지 않는 협동조합
사회적협동조합 연합회	사회적협동조합의 공동이익을 도모하기 위하여 설립된 사회적협동조합의 연합회
이종(異種)협동조합 연합회	「협동조합 기본법」 또는 다른 법률에 따른 협동조합이 공동이익을 도모하기 위하여 설립한 연합회

출처: 한국사회적기업진흥원(www.socialenterprise.or.kr).

협동조합연합회나 사회적협동조합연합회의 경우는 결국 각각이 협동조합이나 사회적협동조합들이 연합하여 이루는 조직이므로 결국 협동조합을 만들 경우, 협동조합으로 할 것인지 아니면 사회적협동조합으로 할 것인지를 선택해야 한다. 그렇다면 협동조합과 사회적협동조합의 차이점은 무엇일까? 기본적으로 대부분의 요건과 사항에서 협동조합과 사회적협동조합의 차이는 크지 않다. 다만, 몇 가지 중요한 차이점도 있는데, 표로 정리해 보면 다음과 같다.

〈표 12-5〉 협동조합과 사회적협동조합의 특성 비교

항목	협동조합	사회적 협동조합
최소설립 인원	5인	
의결권	1인 1표	
조합원 자격	협동조합의 설립 목적에 동의하고 조합원으로서의 의무를 다하고자 하는 자는 누구나 가능	
목적	조합원의 권익 향상	공익적인 측면과 비영리성 강조
사업범위	사실상 제한 없음	주사업(목적사업이 협동조합 전체 사업의 40% 이상인 경우를 의미함) 이 공익증진에 이바지하는 사업이어야 함
배당	이용실적 및 출자액에 따라 배당가능	금지
세제상 혜택	없음	조세외의 부과금 면제
행정기관의 감독	없음	있음

출처: 한국사회적기업진흥원(2022).

3. 사회적 기업의 개념과 특성

1) 사회적 기업의 개념

사회적기업이란 영리기업과 비영리기업의 중간 형태로, 사회적 목적을 우선적으로 추구하면서 재화·서비스의 생산·판매 등 영업활동을 수행하는 기업(조직)을 말한다. 「사회적기업 육성법」에서는 사회적기업을 취약계층에게 사회서비스 또는 일자리를 제공하여 지역주민의 삶의 질을 높이는 등의 사회적 목적을 추구하면서 재화 및 서비스의 생산·판매 등 영업활동을 하는 기업으로써 고용노동부장관의 인증을 받은 기관으로 정의하고 있다. 영리기업이 주주나 소유자를 위해 이윤을 추구하는 것과는 달리, 사회적기업은 사회서비스를 제공하고 취약계층에게 일자리를 창출하는 등 사회적 목적을 조직의 주된 목적으로 추구한다는 점에서 차이가 있다.

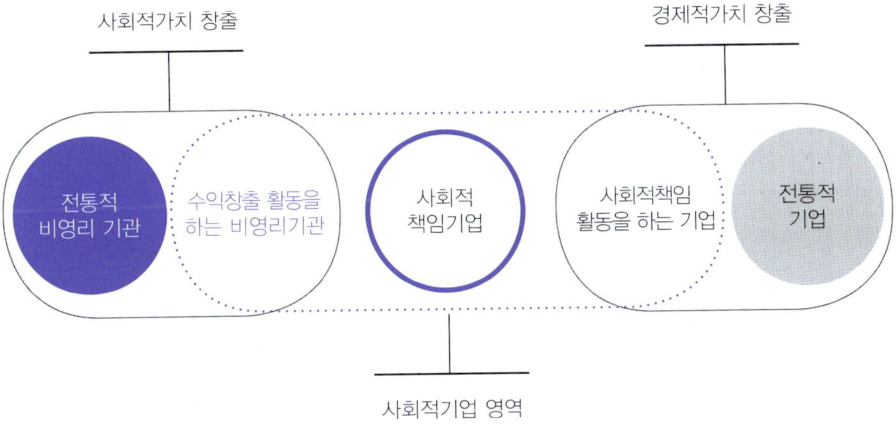

[그림 12-2] 사회적기업의 영역

출처: 한국사회적기업진흥원(www.socialenterprise.or.kr).

2) 사회적 기업의 유형과 현황

사회적기업은 사회서비스 제공형, 일자리 제공형, 지역사회 공헌형, 혼합형, 기타형의 형태로 운영된다.

① 사회서비스 제공형

조직의 주된 목적이 취약계층에게 사회서비스를 제공하는 사회적기업이다.

② 일자리 제공형

조직의 주된 목적이 취약계층에게 일자리를 제공하는 사회적기업이다.

③ 지역사회 공헌형

조직의 주된 목적이 지역사회에 공헌하는 사회적기업이다.

④혼합형

조직의 주된 목적이 취약계층에게 사회서비스와 일자리를 제공하는 사회적기업이다.

⑤기타형

사회서비스를 제공함이 주된 목적이나 불특정다수를 대상으로 사업을 하기 때문에 사회적 목적의 실현 여부를 취약계층 고용비율과 사회서비스 제공비율 등으로 판단하기 곤란한 사회적기업을 기타형 사회적기업이라고 한다.

〈표 12-6〉 우리나라사회적기업의 유형별 대표 사례

구분	기업명	특징(사업내용)
사회서비스 제공형	사회적협동조합 휴먼케어	노인과 장애인의 이해와 요구를 우선 배려하면서도 돌봄서비스 직원의 근무여건 개선을 위해 노력하는 조정자 역할을 수행하여 지역사회 내 정직하고 질 좋은 사회서비스를 제공(요양기관, 복지용구사업, 장애인 활동보조 지원 사업 등)
	주식회사 해피맘하우스	제주시 애월읍에 위치해 돌하르방 인형 등 핸드메이드 인형을 만들어 팔고 인형 만들기 체험학습장도 운영. 취약계층과 농어촌 교육취약지역 어린이들을 찾아가 인형만들기 등의 체험학습 활동 진행(인형체험학습, 인성교육 등)
일자리 제공형	한빛예술단 (사회복지법인 한빛재단 효정)	시각 장애인 연주단의 다양한 공연을 통하여 일반인들의 장애인식 개선을 도모하고, 취약계층에게 지속적인 일자리나 사회서비스를 제공하여 삶의 질 향상에 기여(음악 및 예술분야의 시각장애인 전문인력 일자리 창출 사업, 문화 콘텐츠 개발 등)
	뉴시니어라이프	대전지역 주민들이 협동조합 형태로 의료기관을 공동으로 소유하고, 의료인과 협동해 운영에 참여하고 이용하는 주민 자치 의료기관(지역사회 보건의료 서비스)
혼합형	영셰프	외식문화 회사로 청소년, 여성결혼이민자, 경력단절여성 등 희망을 가진 사람들이 더불어 성장하는 공동체회사(케이터링, 레스토랑, 하모니식당, 카페, 교육 등)
	유한회사 행복도시락	결식이웃에게 무료 도시락을 만들어 배달하고 취약계층에게는 조리와 배송 등의 과정에 참여하게 하여 일자리를 제공(결식이웃 무료급식, 도시락사업, 김치 등)

구분	기업명	특징(사업내용)
기타 (창의, 혁신)형	(재)아름다운가게	물건의 재사용과 순환을 통해 우리 사회의 생태적/친환경적 변화를 추구하고, 나눔을 통해 도움의 손길이 필요한 우리의 이웃들과 단체들의 공익활동을 지원하는 시민단체(재사용나눔가게, 공익캠페인, 자선/나눔사업, 공정무역, 국제지원모금사업)
	㈜트래블러스맵	지속가능한 여행을 통해 사회적 과제를 해결하고자 노력하는 기업으로서 지역경제기반을 위협하고 문화 자연유산을 훼손하면서 여행할 수밖에 없는 기존의 관광산업구조 혁신을 위해 노력(국내/국외 공정여행상품 개발 및 판매, 대안학교 로드스꼴라 운영 등)
지역사회 공헌형	홍성유기농 영농조합법인	농촌여성인력의 생산가공활동 참여를 통한 일자리 창출과 가정경제의 활성화를 도모하고, 도농 간의 교류를통한 생산 소비자 공동체를 구현(친환경 농축산물 생산 및 유통 사업
	(사)감천문화마을 주민협의회	부산의 대표적 달동네, 주민협의회가 감내맛집, 미니숍/아트숍, 공영주차장, 감내카페, 게스트하우스 등 운영(카페, 맛집, 관광상품 개발 및 판매 등)

출처: 한국사회적기업진흥원(www.socialenterprise.or.kr).

또한, 사회적기업은 사회적기업과 예비사회적기업으로 구분할 수 있다. 예비사회적기업은 사회적 목적을 장려하는 차원에서 엄격한 사회적기업 인증요건을 완화한 기업을 말한다. 예비사회적기업은 제도 목적 상 지정기간인 3년의 기간 내에 미흡한 인증요건 등을 보완하여 사회적기업으로 전환할 수 있다. 물론 사회적기업 인증 전환을 하지 않았다고 해서 불이익은 없다.

생각해 보기

1. 지역자활센터, 협동조합, 사회적기업 종사자는 어떻게 다른지 논의해 보자.
2. 협동조합, 사회적협동조합, 사회적기업의 특성을 비교해 보자.
3. 사회복지사가 된 후 지역주민들의 경제적 자립 지원을 위해 자신이 활용하고자 하거나 운영하고자 하는 경제적 자립지원조직 및 사업이 무엇인지 생각해 보자.

CHAPTER

13

지역사회의 공공복지 전달체계

학습논점

1. 지방자치의 관점에서 공공복지전달체계의 중요성을 이해한다.
2. 우리나라 공공복지 전달체계의 기능과 현황을 살펴본다.
3. 사회복지전담공무원의 직무와 업무처리절차를 이해한다.
3. 희망복지지원단과 드림스타트가 지역사회에 미치는 영향을 이해한다.

1. 지방자치와 지역사회복지

오늘날 우리나라의 많은 지역복지서비스들이 민간복지시설 및 기관에 의해 전달되고 있다. 하지만, 공공복지 전달체계의 역할도 적지 않다. 특히 1990년 지방자치제 실시와 함께 복지서비스의 양과 질은 점점 지방자치단체의 복지환경과 의지에 따라 달라지기 시작했고, 무엇보다도 노무현 정부가 추진하였던 복지사업의 지방이양(보건복지분야 138개 국고보조금 사업 중 67개 사업을 지방정부로 이양) 이후 지역사회복지서비스에서 지방정부의 공공복지 전달체계의 역할과 영향력이 대폭 확대되었다. 빠르게 변화하고 복잡해진 공공복지 전달체계의 기능과 현황을 정확히 파악하지 못한 채 지역사회복지실천을 제대로 할 수 없는 상황이다. 그럼 먼저 지방자치의 개념과 지역사회복지의 관계부터 살펴본다.

1) 지방자치의 개념과 효과

지방자치는 일정한 지역을 바탕으로 한 지방자치단체가 주민의 뜻에 따라 중앙정부로부터 상대적으로 자율성을 가지고 스스로 또는 스스로 선출한 자치기관을 통하여 자치사무를 자치재원으로 자율적으로 처리하는 것을 말한다(김범수·신원우, 2019).

지방자치는 몇 가지 특성을 가지고 있다. 첫째, 일정한 지역을 기준으로 하고 있다. 시·도 또는 시·군·구, 더 작게는 읍·면·동을 중심으로 하는 공간적 범위를 가진다. 둘째, 일정한 지역주민 또는 주민대표자를 중심으로 하는 주민들의 자율적인 참여를 보장한다. 셋째, 국가적인 현안보다는 지역의 특성에 맞는 지역중심의 이슈에 더 집중한다(박서영 외, 2015).

지방자치제의 전통적 효과를 살펴보면, 크게 정치적 측면과 행정적 측면으로 구분할 수 있다(김형배, 1988, 김범수·신원우, 2019 재인용).

먼저, 정치적인 측면에서의 효과는 다음과 같다. 첫째, 지역주민의 주체적 활동을 토대로 하기에 지방행정의 민주화를 보장하고 민주정치의 기초가 될 수 있다. 둘째, 국민이 자치능력과 민주주의 양식을 배우고 훈련하는 민주주의 학교의 역할을 할 수 있다. 셋째, 국가권력의 비대화, 전제화를 통제할 수 있다. 넷째, 중앙정부의 정권교체 및 기타 정국의 급격한 변동에 따른 행정상의 혼란이 지방에 급격히 파급되는 것을 방지할 수 있다.

다음으로, 행정적 측면에서의 효과를 살펴보면 다음과 같다. 첫째, 지역적 특수성에 알맞은 행정 집행을 가능하게 하여서 지역주민의 감정을 만족시켜 주는 동시에 선의의 경쟁을 통한 지역발전에 이바지한다. 둘째, 지역을 단위로 실시되는 정치·행정이기 때문에 지역적 창의성이 발휘될 수 있고 결과적으로 지역적 실험효과가 있다. 셋째, 중앙과 지방이 행정기능을 적절히 분담함으로써 행정의 효율성 향상을 가져오며, 주민과의 밀접한 관계 속에서 행정을 수행하므로 담당자들은 최선을 다하게 되어 인력과 경비 절감의 효과를 수반할 수 있다.

2) 지방자치와 지역사회복지의 관계

(1) 법제도 측면에서 지방자치와 지역사회복지의 관계

「지방자치법」 제11조에 의하면 전국적으로 기준의 통일 및 조정을 요하는 사회보험 분야와 공적부조에서 수혜자의 급여수준 결정 등은 국가사무로써 중앙정부에서 처리하게 되어 있다. 반면, 주민의 복지증진에 관한 사무로서 사회서비스 업무가 핵심인 노인·아동·장애인 등을 위한 복지서비스 사무와 지역사회복지관, 사회복지시설 및 공적부조사업 등은 지방정부가 처리하도록 되어 있다(「지방자치법」 제9조).

지방자치법에 규정된 구체적인 지방자치단체의 복지사무 범위는 다음과 같다.

① 주민복지에 관한 사무
② 사회복지시설의 설치·운영 및 관리
③ 생활곤궁자의 보호 및 지원
④ 노인·아동·심신장애인·청소년 및 부녀의 보호와 복지증진
⑤ 보건진료기관의 설치·운영
⑥ 전염병 및 기타 질병의 예방과 방역
⑦ 묘지·화장장 및 납골당의 운영·관리
⑧ 공중접객업소의 위생개선을 위한 지도
⑨ 청소, 오물의 수거 및 처리
⑩ 지방공기업의 설치 및 운영 등에 관한 사무

(2) 지방자치가 지역사회복지에 미칠 수 있는 영향

김병 외(2022)에 따르면, 지방자치가 지역사회복지에 미칠 수 있는 긍정적 영향은 다음과 같다.

① 지방자치제 실시는 지방정부와 지역사회 주민들이 자기가 거주하는 지방의 복지에 대한 책임의식을 갖게 하고 주체적으로 참여할 기회를 늘린다.

② 지방자치제 실시는 지방의 발언권을 강화하고 지방재정의 규모도 증가하며, 지방행정부서의 사회복지기능을 강화하고 지위를 높인다.

③ 지방의회의원 입후보자들은 당선을 위해 지역주민의 요구에 부응하는 정책안을 경쟁적으로 내세우고 이는 지역복지서비스의 상향 평준화에 기여한다.

④ 복지행정의 방향이 정부 중심의 복지행정으로부터 지방정부 중심의 복지행정으로 전환이 이뤄진다. 중앙정부 중심의 복지행정은 제도와 정책을 통해 전체 국민의 안녕과 복지증진을 기하는 것을 중심으로 보편적이고 일반적인 서비스를 제공하게 되어 지역사회 주민들의 욕구를 충분히 행정에 수용하지 못한다. 반면,

지방정부 중심의 복지행정은 생활문제 발생의 환경인 지역사회에 기반함으로써 지역사회와 지역주민의 생활상 욕구에 대하여 즉각적이고 포괄적으로 대응할 수 있고, 지역사회복지 증진에 주민들의 자발적 참여를 증대시키는 효과를 가져올 수 있다.

다음으로, 지방자치가 지역사회복지에 미칠 수 있는 부정적 영향은 다음과 같다(김병 외, 2022).

① 사회복지에 대한 책임이 지방으로 이전되어 지역사회 복지문제 해결에 대한 중앙정부의 관심과 책임감이 줄어들 수 있다.
② 지역이기주의가 심화되고 사회복지시설에 대한 님비(NIMBY)현상이 확산될 수 있다.
③ 경제성장을 최고의 목표로 추구해야 하는 지방자치단체는 지방자치제의 도입에 따라 중대한 정책결정에 있어서 지역경제성장을 도모하는 개발 정책을 보다 확대하려고 하는 데 반해, 상대적으로 지역사회복지사업은 우선순위나 예산상의 이유로 축소될 수 있다.
④ 지방재정의 분권화는 재정자립도의 격차를 해소하지 않는 한, 본래의 지방자체제와 지역사회복지사업의 실패는 물론 또 다른 문제점들을 증폭시켜 지역 갈등을 야기할 수 있다.

2. 지역사회 공공복지전달체계와 사회복지전담공무원

1) 지역사회 공공복지전달체계

우리나라에서 지역사회의 공공복지전달체계라고 하면, 지역사회 저소득층에게 공공부조와 사회서비스를 제공하는 시·군·구 본청 및 읍·면·동 주민센터를 가리킨다. 강혜규 외(2017)는 공공복지전달체계로서 시·군·구 본청 사회복지공무원의 직무를 기능과 단위업무로 표준화한 바 있는데, 이를 통해 지역사회 공공복지전달체계의 기능을 이해할 수 있다. 이에 따르면, 지역사회복지에 관한 시·군·구 본청의 직무는 상담, 복지급여·서비스 신청 및 접수, 복지급여·서비스 지급 행정, 사업 기획 및 홍보, 사업 관리, 대상자 관리, 시설 관리, 자원 관리, 단체 및 법인 관리, 행사 참여, 업무관련 역량 개발, 일반 행정업무 등 12개이다. 또한 시·군·구 본청의 기능을 정책 영역별로 분류하면, 복지기획 및 정책, 복지시설, 통합조사, 통합관리, 기초생활보장, 자활, 희망복지지원, 노인, 장애인, 보육, 아동·드림스타트, 청소년, 여성·가족·다문화 등 13개 영역으로 분류할 수 있다.

〈표 13-1〉 시·군·구 본청 사회복지공무원 표준직무분류체계

기능	단위 업무
상담	• (내방 민원 및 전화 · 인터넷 · 서식민원) 복지급여 및 서비스 신청 관련 초기 상담, 이의 신청 및 불만 관련 민원 응대, 서비스 안내 등 • (방문) 복지급여 및 서비스 신청 관련 대상자 가구 방문, 민원 처리를 위한 타 기관(경찰서, 보건소, 학교, 각종 시설 등) 방문
복지급여 · 서비스 신청 및 접수	• 지원대상자 발굴, 선정, 추천, 복지급여 신청 접수, 서류 검토 및 확인, 서류 전달 및 회신, 자료제출 요청, 시스템 입력, 안내문 발송 등
복지급여 · 서비스 지급 행정	• 급여 지급(자료생성내역 확인), 예산 관리 및 정산, 바우처 예탁금 지급 정산
사업 기획 및 홍보	• 사업의 개발 및 기획, 사업의 평가, 사업 홍보 관련 업무
사업 관리	• 사업 실적 및 성과 확인, 사업 운영 관련 문제 해결 및 타부서(기관)와의 협조, 사업관련 상부기관 자료 제공(보고), 사업관련 운영위원회 개최 및 관리
대상자 관리	• 대상자 변동사항 확인 및 관리(현금급여 수급), 대상자 (사후)관리(재가서비스), 대상자 (사후)관리(시설거주자), 대상자 (사후)관리(자금 융자)
시설 관리 (거주시설, 이용시설)	• 시설의 등록, 설치 지원, 기능보강 등, 시설 위탁 관리, 시설의 운영 관리(운영비 지원–정산, 예(결)산서 검토 · 공고), 운영 점검, 지도감독, 행정처분, 거주자 관리, 이용자 관리
자원 관리	• 관련 기관과의 연계 등 사업 수행에 필요한 자원 발굴 및 관리, 후원 및 기부 물품 등 관리
단체 및 법인 관리	• 단체 및 법인 운영 관리, 보조금 집행 · 정산 및 지도 · 점검 등
행사 참여	• 지자체 주관 행사 추진, 관내 타기관 주최 행사 지원
업무 역량 개발	• 업무관련 회의참석, 업무관련 교육참여, 업무수행을 위한 지침 및 매뉴얼 숙지
일반 행정업무 (복지 이외)	• 단순 안내, 결재 및 기안, 보고, 자료 작성, 업무외 자체행사 참여, 선거관련 업무, 타업무 지원 등

출처: 강혜규 외(2017).

다음으로 공공복지전달체계로서 읍·면·동 주민센터의 기능은 상담, 신청·접수, 대상자 사후관리, 찾아가는 방문 상담, 복지사각지대 발굴, 사례관리, 민관협력, 기타 행정업무 등 8가지로 분류할 수 있다.

〈표 13-2〉 읍·면·동 사회복지공무원 표준직무분류체계

기능	단위 업무
상담	급여 신청자 초기상담 및 신청 안내(내방, 전화, 방문 민원 모두 포함)
신청 · 접수	급여신청 제출서류 검토 및 확인(신청서, 기타 구비서류 등), 신청접수 및 시스템 입력
대상자 사후관리	관할지역 대상자 변동(자격 등)내역 관리, 복지대상자 사후관리
찾아가는 방문 상담	찾아가는 방문상담 계획 수립, 담당 공무원의 직접 방문, 지사협, 통장 등 인적 안전망을 통한 방문상담, 사각지대 취약정보를 통한 방문상담
복지사각지대 발굴	전수조사 계획 수립, 전수조사 수행, 전수조사 사후관리(서비스 연계, 사례관리 의뢰 등)
사례관리	초기상담, 사례회의, 서비스 제공 및 점검, 종결 대상자 사후관리(모니터링)
민관협력	민관 네트워크, 인적 네트워크, 복지자원 관리, 민관협력 사업
기타 행정 업무	행사 지원, 업무 지원, 기타 행정 업무 지원

출처: 강혜규 외(2017).

사회복지공무원의 업무처리 절차는 대상사업에 따라 달라진다. [그림 12-1]에서 볼 수 있듯이, 시·군·구 사회복지공무원이 담당하는 사업은 총 4가지 유형으로 구분된다. ① 유형(통합조사팀 조사 후 사업팀 이송), ② 유형(읍·면·동 조사 후 사업팀 이송, ③ 유형(시·군·구 또는 보건소 접수), ④ 유형(읍·면·동 즉시 처리)이 그것이다. 예컨대, 기초생활보장업무의 경우(유형 ①), 수급권자가 읍·면·동에 수급자신청을 하면, 읍·면·동은 시·군·구 본청 통합조사관리팀 조사를 요청하고, 통합사례관리팀은 신청자의 소득·재산조사 등을 거쳐, 시·군·구 사업팀(생활보장팀)은 급여보장 여부를 결정하고 급여·서비스를 지급한다. 이후 수급자의 소득재산 등의 변동이 발생하여 수급권이 소멸될 경우 통합조사관리팀은 이 사실을 사업팀에 통지하고, 사업팀은 급여를 중지할 수 있다. 한편, 장애인 등록의 경우(유형 ④)는 비교적 업무처리 절차가 매우 단순하다. 읍·면·동에서 장애인등록 및 서비스 신청서와 장애진단서를 확인 후, 적격한 경우 즉시 등록 처리를 하게 된다.

구분	①유형 (통합조사팀 조사 후 사업팀 이송)	②유형 (읍 · 면 · 동 조사 후 사업팀 이송)	③유형 (시 · 군 · 구 또는 보건소 접수)	④유형 (읍 · 면 · 동 즉시 처리)
대상사업	· 기초생활보장(시설입소 포함) · 기초연금 · 장애수당, 장애아동수당 · 장애인연금* · 타법에 의한 의료급여*** · 차상위 본인부담경감 · 차상위 자활지원 · 한부모가족지원 · 차상위 자산형성지원	· 보육료, 양육수당, 아동수당, 영아수당(현금) · 바우처사업 · 발달재활서비스 · 장애인활동지원 · 발달장애인 주간활동서비스 · 청소년 발달장애학생 방과후 활동서비스 · 지역사회서비스 · 노인일자리사업	· 긴급복지지원 · 산모신생아건강관리지원**	· 장애인등록 · 각종발급업무 · 증명서 · 장애인복지카드 · 장애인차량표지 · 장애인고속도로 할인카드 · 각종 감면등
상담 신청	읍 · 면 · 동 ↓ 시 · 군 · 구 요청	읍 · 면 · 동	시 · 군 · 구 (또는 보건소)	읍 · 면 · 동 ↓ 즉시처리
조사	통합조사관리팀 · 소득 · 재산조사 · 근로능력 판정 · 주택조사 의뢰(기초생활)	읍 · 면 · 동 또는 사업팀 · 건보료 등 소득재산 확인, 욕구조사 등 ※양육수당, 영아수당, 아동수당 별도조사 없음 ↓ 시 · 군 · 구 요청	사업팀 (또는 보건소) 자격확인 소득재산 확인	
보장 결정	사업팀 결정, 통지	사업팀 결정, 통지	사업팀 (또는 보건소) 결정, 통지	
급여 · 서비스	사업팀 급여 지급	사업팀 서비스 제공	사업팀 (또는 보건소) 급여 · 서비스 제공	
변동 관리	통합조사관리팀 · 소득재산 등 변동사항 적용 및 관리 · 확인조사	읍 · 면 · 동 변동사항 적용 및 관리	통합조사관리팀/사업팀(또는 보건소) 변동사항 적용 및 관리	
보장 중지	사업팀 급여 중지	사업팀 서비스 중지	사업팀 (또는 보건소) 급여중지	

*장애인연금 : 통합조사관리팀에서 소득 · 재산 조사 후 장애정도 심사 실시 대상자를 조회하고 장애정도 심사는 읍 · 면 · 동에서 국민연금공단에 위탁하여 실시.
** 산모신생아 건강관리 지원 : 시군구(보건소)에서 신청 · 조사 · 보장결정 · 보장중지
*** 타법에 의한 의료급여 : 국가유공자 및 무형문화재의 보유자의 경우 보훈지청(문화재청)에서 신청 · 접수, 선정 · 통지 및 의의신청 업무처리

[그림 13-1] 사업별 업무처리 절차

출처: 보건복지부(2022a).

2) 사회복지전담공무원의 현황

사회복지전담공무원은 「사회보장급여의 이용·제공 및 수급권자 발굴에 관한 법률; 이하 급여법」 제43조에 의거 사회복지사업에 관한 업무를 담당하게 하기 위하여 시도, 시·군·구, 읍·면·동 또는 사회보장사무 전담기구에 배치된 사회복지직 공무원이다. 사회복지전담공무원은 사회복지사의 자격을 가진 사람으로 하며, 그 임용 등에 필요한 사항은 대통령령으로 정한다. 2021년 12월 현재 임기제를 제외한 우리나라 지방직 사회복지전담공무원 수는 27,644명이며, 이 중에서 4급은 19명, 5급은 679명, 6급은 4,917명, 7급은 7,904명, 8급은 8,085명, 9급은 6,040명이다.

(1) 시·군·구 본청

〈표 13-3〉에서 볼 수 있듯이, 지역별 복지대상자 규모를 기준으로 사회복지 담당 공무원의 시·군·구 정원을 비교해 보면, 지역별로 큰 차이가 있음을 알 수 있다. 구체적으로 살펴보면, 2017년을 기준으로 복지 공무원 1인이 담당해야 할 복지대상자는 광역 도시형(1유형, 954명)이 가장 많고, 그다음으로 소규모 제한 도시형(4유형, 799명), 일반 도시형(2유형, 752명), 도·농형(5유형, 707명), 대규모 제한 도시형(3유형, 706명) 등의 순으로 나타났다. 반면, 소규모 농촌형(7유형, 395명)과 대규모 농촌형(6유형, 599명)은 상대적으로 낮은 수준인 것으로 확인되었다.

또한 주목할 대목은 각 지자체 유형 내에서 존재하는 공무원 1인당 복지대상자의 편차가 크게 나타나고 있다는 사실이다. 유형 내에서 공무원 1인당 복지대상자 규모는 최소 약 2배(1유형)에서 최대 약 5배(2유형, 4유형)까지 큰 격차를 나타났다. 이는 인구규모나 산업화 수준 등과 같은 지역의 환경적 특성이 유사하더라도 복지 공무원의 인력 배치에 지자체 간 불균형이 심각한 수준임을 시사한다.

〈표 13-3〉 기존 복지대상자 대비 시·군·구 본청 정원 현황

(단위 : 명)

유형	평균 인구규모	평균 기존 복지대상자	사회복지 담당 공무원 정원 1인당 복지대상자			
			평균	표준편차	최대값	최소값
전체	226,042	49,851	670	254.60	1,685	196
1유형: 광역 도시형	789,924	148,749	954	197.89	1,412 (남양주시)	686 (안산시)
2유형: 일반 도시형	220,026	47,294	752	285.52	1,274 (양주시)	218 (과천시)
3유형: 대규모 제한 도시형	394,297	71,523	706	287.50	1,685 (동대문구)	336 (중구)
4유형: 소규모 제한 도시형	279,761	63,043	799	244.71	1,350 (인천남동구)	260 (대구수성구)
5유형: 도 · 농형	220,175	54,862	707	153.13	1,137 (제주시)	453 (문경시)
6유형: 대규모 농촌형	75,834	23,635	599	126.31	905 (달성군)	356 (철원군)
7유형: 소규모 농촌형	32,715	11,901	395	110.44	671 (보성군)	196 (울릉군)

출처: 김희성 외(2018).

(2) 시·군·구의 읍·면·동

한편, 급여 특성을 반영한 복지대상자 규모를 고려하여 시·군·구의 읍·면·동 정원을 지자체 유형별로 분석한 결과에서도, 유형에 따라 읍·면·동 사회복지 담당 공무원 정원 1인당 복지대상자 규모에 큰 차이가 있음을 확인되었다. 구체적으로 2017년 기준 복지 공무원 1인이 평균적으로 담당해야 할 복지대상자는 광역 도시형(1유형, 833명)이 가장 많았고, 그다음으로 소규모 제한 도시형(4유형, 819명), 일반 도시형(2유형, 670명), 도·농형(5유형, 571명) 등의 순이었다.

반면, 대규모 제한 도시형(3유형, 517명)과 대규모 농촌형(6유형, 501명), 소규모 농촌형(7유형, 366명)은 상대적으로 낮은 수준이었다. 읍·면·동에서도 각 지

자체 유형 내에서 공무원 1인당 복지수요의 편차가 크게 나타나고 있었다. 유형 내에서 공무원 1인당 복지수요는 최소 약 2배(1유형)에서 최대 약 4배 내외(2유형, 6유형, 7유형)의 분포를 나타냈다. 이는 본청에서의 결과와 동일한 양상인데, 복지수요를 감안할 때 읍·면·동 복지 공무원의 인력 배치 규모의 불균형이 심각한 수준임을 시사한다.

〈표 13-4〉 급여 특성 반영 복지대상자 대비 시·군·구의 읍·면·동 정원 현황

(단위 : 명)

유형	평균 인구규모	평균 급여특성 반영 복지대상자	사회복지 담당 공무원 정원 1인당 복지대상자			
			평균	표준편차	최대값	최소값
전체	14,819	3,265	591	235.02	1,511	186
1 유형: 광역 도시형	23,834	5,033	833	158.94	1,028 (김해시)	547 (창원시)
2유형: 일반 도시형	18,336	4,128	670	207.19	1,210 (광주시)	300 (태백시)
3유형: 대규모 제한 도시형	23,249	4,601	517	145.13	776 (도봉구)	243 (종로구)
4유형: 소규모 제한 도시형	18,156	4,282	819	205.98	1,271 (울산북구)	367 (대전중구)
5유형: 도 · 농형	10,564	2,754	571	151.50	1,013 (아산시)	318 (김제시)
6유형: 대규모 농촌형	6,672	2,402	501	211.57	1,511 (기장군)	330 (금산군)
7유형: 소규모 농촌형	3,757	1,544	366	80.59	720 (증평군)	186 (울릉군)

주: 개별 읍·면·동 단위의 평균값이 아니라 시군구 단위에서의 평균값임. 읍·면·동의 경우 개별 읍·면·동 단위가 아닌 해당 시·군·구, 읍·면·동 전체를 대상으로 정원관리가 이루어지고 있음.

출처: 김희성 외(2018).

3. 희망복지지원단과 통합사례관리

1) 희망복지지원단의 개요

희망복지지원단은 복합적 욕구를 가진 대상자에게 통합사례관리를 제공하고, 지역 내 자원 및 방문형서비스 사업 등을 총괄·관리함으로써 지역단위 통합서비스 제공의 중추적 역할을 수행하는 전담조직이다. 2015년 하반기부터 통합사례관리가 읍·면·동으로 확대됨에 따라, 지역 내 통합사례관리의 총괄·조정 기능을 강화할 필요가 발생하였다는 점이 희망복지지원단의 등장배경이다.

희망복지지원단의 목표는 민관협력을 통한 지역단위 통합적 서비스제공 체계를 구축·운영함으로써 찾아가는 보건·복지서비스 제공 및 지역주민의 복지체감도 향상시키는 것이다. 기초수급자 및 차상위 계층 등 빈곤층의 탈빈곤·빈곤예방을 주요 목표로 하되, 전체 지역주민의 다양한 복지수요에도 능동적으로 대응한다(보건복지부, 2022b).

희망복지지원단의 업무는 크게 3가지이다. 첫째, 대상자 발굴이다. 희망복지지원단은 읍·면·동 주민센터와 시·군·구 각 부서, 지역주민 및 관련 기관에서 발굴된 대상자에 대해 읍·면·동 주민센터에서 초기상담을 실시한다. 둘째, 통합사례관리 실시다. 희망복지지원단을 중심으로 읍·면·동 주민센터, 지역사회보장협의체, 지역 내 서비스제공기관과의 연계 및 협력을 통해 대상자의 다양한 욕구를 충족시키는 찾아가는 보건·복지서비스 제공한다. 또한 대상자별 서비스제공계획을 수립하여 통합적 서비스를 제공하고, 점검 및 사후관리를 실시한다. 셋째, 자원관리이다. 희망복지지원단이 중심이 되지만, 읍·면·동 주민센터, 지역사회보장협의체, 지역 내 관련 기관과의 연계 및 협력을 통해 적극적으로 자원관리를 한다.

희망복지지원단은 시·군·구별 상이한 충원 인력 규모, 기존 독자적 사례관리 모델 운영 등을 고려하여 각 지자체 특성에 맞는 조직을 구성하고 있다. 조직 유형은 1팀 운영 모형, 2팀 운영 모형, '과' 모형, 일반 구가 있는 '시' 모형, 읍·면·동 사례관리 강화 모형 등이 있다.

희망복지지원단에는 복지담당공무원, 통합사례관리사가 배치된다. 복지담당 공무원은 경력이 있는 사회복지직 공무원으로서, 최소 5년 이상 근무경력이 있는 사회복지직 7~8급 공무원이다. 단장을 보좌하여 통합사례관리 업무를 담당하며, 민관협의체 구성 및 운영을 총괄한다. 통합사례관리사는 통합사례관리 업무 전담·전문인력으로서, 희망복지지원단의 기능 수행을 저해하지 않는 범위(최소 1인 이상 시·군·구 배치) 내에서 지자체의 탄력적 운영 가능하다. 통합사례관리사는 찾아가는 보건·복지서비스 추진 읍·면·동의 사례관리 교육, 슈퍼비전 제공, 역량 강화 수행한다. 또한, 통합사례관리를 위한 시·군·구 단위의 자원 발굴 및 읍·면·동간 자원 불균형 조정을 하고, 읍·면·동 찾아가는 보건·복지서비스 업무 모니터링 및 컨설팅 기획에 참여한다.

희망복지지원단에서 시·군·구와 읍·면·동의 역할은 다음과 같이 구분된다. 먼저 시·군·구 기초자치단체의 역할은 희망복지지원단 구성 및 사업 운영·관리·감독을 하는 것이다. 희망복지지원단 설치·운영, 통합사례관리 사업 운영·관리, 공공부문 사례관리 연계·협력 활성화 운영·지원, 복지위기가구 지원, 차상위계층 지원 등 지역보호체계 운영, 위기가구 사망사건 등 동향 파악 협조, 지역사회 자원개발 등 자원관리, 읍·면·동 찾아가는 보건·복지서비스 지원·관리·감독, 읍·면·동 인적안전망 운영 활성화 지원, 통합사례관리사 채용·배치·복무관리 및 처우 개선 노력, 사례관리정책지원센터 등 유관기관과 협력, 예산집행, 사업 홍보 등이 그것이다. 다음으로 읍·면·동은 찾아가는 보건·복지서비스를 수행한다. 구체적으로 찾아가는 복지상담, 사각지대 발굴, 통합사례관리, 민관협력 및 인적안전망 구축·운영, 지역자원 발굴 및 연계 등, 공공부문 사례관리 사업 간 연계·협력 체계 구축·운영 등의 역할을 한다(보건복지부, 2022b).

2) 희망복지지원단 통합사례관리의 개념과 절차

희망복지지원단 통합사례관리는 지역 내 공공·민간자원에 대한 체계적인 관리·지원체계를 토대로 복합적이고 다양한 욕구를 가진 대상자에게 복지·보건·고용·주거·교육·신용· 법률 등 필요한 서비스를 통합적으로 연계·제공하고, 이를 지속적으로 상담·모니터링 해나가는 사업이다. 지역주민의 다양한 욕구에 맞춤형 서비스를 연계·제공함으로써 지역주민의 삶을 안정적으로 지원·지지하고, 복지제도의 효과성·효율성 향상하는 것을 목표하며, 특히 일반적으로 지역주민을 대상으로 하나, 복지욕구 및 경제적 여건을 고려하여 빈곤계층의 탈빈곤·빈곤예방(고용–복지 연계)을 중점 목표로 설정한다(보건복지부, 2022). 통합사례관리 업무담당자 1인이 담당하고 있는 사례관리 가구 수는 20가구 내외로 하고, 담당가구 수 등을 감안하여 통합사례관리 팀장이 적정 배분한다.

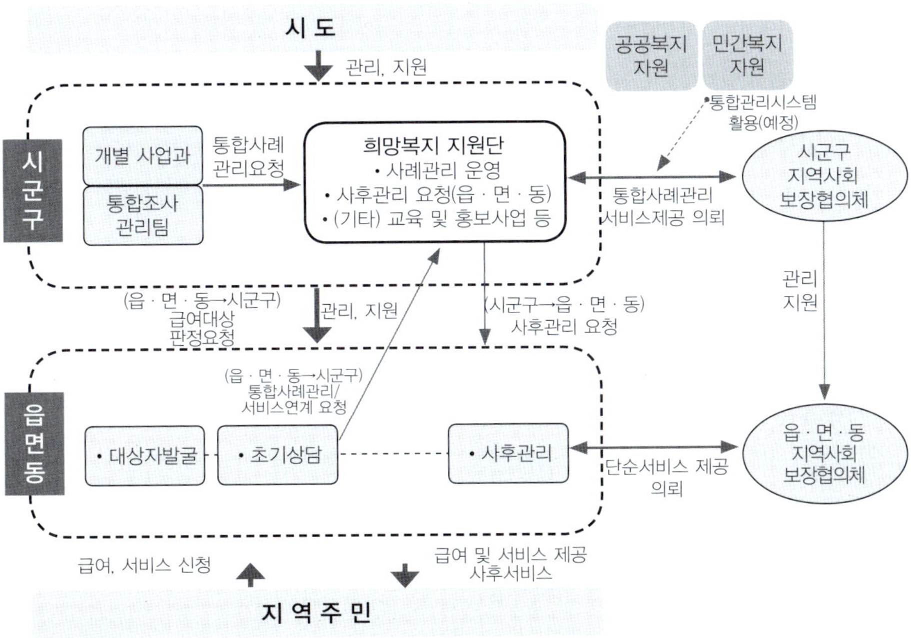

[그림 13-2] 통합사례관리 사업 추진 체계도

출처: 보건복지부(2022b: 22).

희망복지지원단의 통합사례관리의 절차는 다음과 같다.

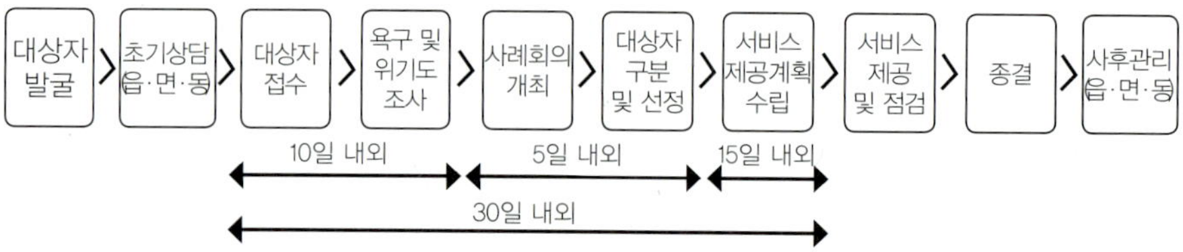

[그림 13-3] 희망복지지원단 통합사례관리의 절차

출처: 보건복지부(2022b: 20).

① 초기상담

위기도 조사지 '안전영역'에서 신체적, 성적 폭력과 같은 위기 또는 긴급사례라고 의심·판단되는 경우 전문기관(경찰, 아동보호전문기관, 노인보호전문기관 등)으로 즉시 신고 또는 의뢰한다. 전문기관의 위기 개입 후 종결한 경우라도 사후관리 필요시 통합사례관리로 재의뢰 할 수 있다.

② 대상자 접수

읍·면·동에서 초기상담을 거쳐 희망복지지원단에 의뢰한 통합사례관리 사업 대상가구 접수한다. 만일 읍·면·동을 거치지 않고 희망복지지원단에 직접 의뢰가 되는 경우에도, 읍·면·동에 전달하여 초기상담 등 절차를 이행하도록 한다. 또한, 읍·면·동에서 초기상담 후 지역 내 자원이 부족하거나 협력 체계가 미흡하여 해결이 어려운 고난도 사례의 경우 희망복지지원단으로 요청 가능하며, 시·군·구–읍·면·동 간 충분한 사전협의를 통해 주사례관리 기관 결정한다. 여기서 고난도 사례란 초기상담 시 주요문제에 '안전(학대, 폭력, 방임 등)'과 '정신건강'의 두 가지 영역이 모두 포함된 경우, 긴급복지지원만으로는 해결이 어려운 복합적인 문제를 지닌 경우, 지역사회 내 자원이 부족하거나 협력 체계가 미흡한 경우 등을 의미한다.

③ 욕구 및 위기도 조사

대상자 접수 후에는 욕구 및 위기도 조사를 실시한다. 여기서 욕구조사란 통합사례관리가 필요한 가구를 대상으로 욕구영역별 현상 및 원인을 파악하여 그 결과에 따라 사례관리 가구와 서비스 연계 가구로 구분 선정하기 위한 심층조사를 의미하며, 위기도 조사는 사례관리 대상자 선정을 위한 기준이 되는 조사로, 대상가구의 위기정도 파악 및 사례관리 종결의 적정성 판단 등에 활용된다. 욕구 및 위기도 조사는 사회보장정보시스템(행복e음)에 의한 통합사례관리 사업 요청일로부터 10일내외의 기간 중에 실시한다. 더불어 위기도 조사는 욕구조사와 병행하여 실시하되, 사례관리 종결 전에도 다시 한번 실시하여 통합사례관리의 효과성 및 종결의 적정성을 판단하는 기초 자료로 활용한다.

④ 사례회의 개최

사례회의는 대상자 선정, 종결 시 필수로 개최하되(사례회의 최소 2회), 대상자 구분·선정 및 사례관리 가구에 대한 서비스 제공계획 수립부터 사례관리가 진행된 이후 대상가구의 욕구 변화 및 문제해결 정도, 서비스 제공 점검, 주사례관리자의 개입방법, 사례관리 종결 등을 협의하기 위하여 수시로 실시(욕구조사를 기초로 하되, 필요시 자산조사 결과도 활용)할 수 있다. 사례회의의 필수 참석자는 희망복지지원단 사례관리 담당자, 해당 읍·면·동 사례관리 담당자이며, 필요시 해당 가구의 사례관리 담당자(드림스타트, 아동보호전담요원, 자활사례관리, 노인맞춤돌봄서비스, 의료급여사례관리, 방문건강관리, 중독사례관리, 정신건강사례관리, 건강가정지원센터, 서민금융통합지원센터 등), 관련 분야 전문가(복지, 법률, 정신건강 등), 좋은 이웃들(지역주민들로 구성된 봉사단)가 참석할 수 있다. 한편 사례회의와 더불어 솔루션회의가 있는데, 솔루션회의란 읍·면·동에서 통합사례회의를 최소 1회 이상 진행해 보았으나 더 큰 범위의 자원과 전문가 개입이 필요하여 시·군·구로 요청한 사례에 대해 다루며 다양한 기관담당자 및 전문가로 구성된 사례 해결 중심의 회의이다.

⑤ 대상자 구분 및 신청

읍·면·동에서 요청된 가구에 대해서는 욕구 및 위기도 조사 실시 후 사례회의를 거쳐 대상가구를 사례관리 가구와 서비스 연계 가구로 구분·선정(사업대상에서 제외 결정 포함)한다. 사례관리 가구란 1개월 이상의 중장기적 개입이 필요한 가구로서 다양한 서비스가 집중적으로 제공될 수 있도록 사례회의 등 일반적인 절차를 적용하는 가구이며, 서비스 연계 가구란 욕구가 단편적이어서 1개월 미만의 단기적 개입 또는 단순서비스 연계를 통해 문제 해결이 가능한 가구로서 사례회의의 일반적인 절차를 축소하는 가구이다. 단, 개입기간과 관계없이 서비스 제공의 성격이 복합적인 경우 '사례관리 가구'로, 단순서비스 연계의 성격인 경우 '서비스 연계 가구'(예: 1개월 이상의 도시락배달 서비스)로 분류 가능하다. 또한, 대상가구의 주 대상자가 12세 이하 아동(초등학생 이하)으로 취약계층(수급자 및 차상위계층 가정, 보호대상 한부모가정 등) 아동 중 건강, 언어, 기초학습, 심리정서 등 복합적인 문제 및 욕구로 인해 지속적인 사례관리가 필요한 경우 아동통합사례관리(드림스타트사업) 대상으로 의뢰 가능하다. 그리고 욕구조사 결과 자력 상환이 어려운 부채 등 금융문제를 겪고 있는 자는 행복e음에서 서민금융진흥원으로 제공서비스 의뢰를 신청할 수 있다.

⑥ 서비스 제공계획 수립

사례회의 결과를 토대로 선정된 사례관리 가구에 대해서는 사례관리 가구 결정 후 15일 내외의 기간 동안 개입목표(장·단기)를 설정하고, 구체적인 서비스 제공계획을 수립하게 된다. 사례관리 개입 목표는 단기와 장기로 구분하여 수립하며, 목표달성 가능성 및 구체성, 측정가능성, 대상가구 상황 등을 종합 고려하여 수립한다. 여기서 단기목표는 서비스 제공 후 3~6개월 이내에 달성 가능한 목표를 의미하며, 장기목표를 달성하기 위해 단계별로 제공해야 하는 서비스와 연관되게 설정하고, 개입시기를 고려하여 구체적으로 수립해야 한다. 한편, 장기목표는 6개월 이상의 개입을 통해 대상가구의 긍정적인 변화를 도모할 수 있는 목표이다.

⑦ 서비스 제공 및 점검

서비스 제공 및 점검은 사례관리 가구에게 서비스 제공계획에 따른 서비스를 제공하고, 이행 상황 및 대상가구의 환경·욕구 변화 등을 주기적으로 점검·파악하는 과정을 뜻한다. 점검방법은 다양하다. 먼저 전화·방문상담이 가능하다. 즉, 설문지 등을 통해 대상가구의 서비스 평가, 생활실태 등 파악을 할 수 있다. 또한 서비스 이용 시 동행하여 서비스 이용모습 및 서비스 내용을 파악이 가능하며, 서비스 제공자와의 연락을 통해 사례관리 대상자의 욕구와 상황의 변화를 파악할 수 있다. 끝으로 기록지 검토도 가능하다. 사례관리 기록에 대한 체계적 검토를 통해 변화의 시점 등을 발견한다.

⑧ 종결

통합사례관리에서 종결이란 사례관리의 개입목표가 달성되었거나 거부 등의 사유로 사례관리 개입이 불가능할 경우 사례회의를 통해 거치는 단계이다. 종결유형은 다양할 수 있다. 우선 대상가구의 긍정적 변화에 의한 종결이 있다. 장기목표 달성, 단기 목표 달성, 위기도 조사를 실시한 결과 사례관리 전후 위기도 점수가 낮아지고 대상자의 취업 또는 환경 변화로 인하여 상황이 호전되어 더 이상 사례관리 서비스가 불필요한 경우가 해당된다. 다음으로 대상가구의 상황 변화에 의한 종결도 있다. 타 시·군·구로의 전출, 대상자 사망(1인 가구인 경우에만 해당), 거절(서비스 제공계획 해지 요구 등), 포기, 3개월 이상 연락 두절, 기관의 자원·능력의 한계로 인한 자체 종결이 있다.

⑨ 사후관리

사후관리는 통합사례관리의 마지막 과정으로서 통합사례관리 가구(사례관리 가구 및 서비스 연계 가구)에 대한 개입 종결 후 일정기간을 설정하여 대상가구가 변화를 지속적으로 유지하는지 등을 모니터링는 단계이다. 만일 사후관리 결과 새로운 문제나 욕구가 발생할 경우에는 재개입 필요성 등을 판단하여 위기상황의 재발 예방 등의 노력을 기울여야 한다. 사후관리는 종결 후 9개월 내 2회(서비스 연계가구는 종결 후 3개월 이내 1회 실시) 실시한다. 단, 최초 1회는 3개월 이내 실시하여야 한다.

4. 드림스타트

1) 드림스타트의 개념과 추진배경

드림스타트는 취약계층 아동에게 맞춤형 통합서비스를 제공하여 아동의 건강한 성장과 발달을 도모하고, 공평한 출발기회를 보장하여 건강하고 행복한 사회구성원으로의 성장을 지원하는 사업이다. 사업의 대상은 만 12세 이하(초등학생 이하) 취약계층 아동 및 가족, 임산부이다. 다만 만 13세 이상이더라도 초등학생인 경우, 연령도래 종결시점(만 12세 이후)에서 위기가 예상되거나 사례회의 후 지속 사례관리가 필요한 아동에 대해서는 지방자치단체장의 승인하에 최대 만 15세까지 연장이 가능하다. 보통 드림스타트 1개소에는 팀장 및 전담공무원 2~3인 이상, 아동통합사례관리사 4인 이상이 근무한다. 주된 사업 내용은 취약계층 아동과 가족 중 사업대상 아동 발굴 및 문제·욕구 파악, 지역자원 연계를 통한 건강, 영양, 교육, 문화, 복지 등의 맞춤형 통합서비스 제공이다. 2007년 16개 시·군·구에 설치되었던 드림스타트는 2015년 현재 229개로 증가하였다.

2) 드림스타트의 아동통합사례관리

드림스타트 아동통합사례관리의 목적은 양육환경, 아동 발달영역(신체/건강, 인지/언어, 정서/행동) 및 발달단계를 고려한 통합적·전문적 서비스 지원으로, 아동·가족의 긍정적 변화를 통한 전인적 발달 도모하는 것이다. 특히 지역사회 내 다양한 기관 간의 팀 접근을 통해 취약계층 아동과 가족 전체의 문제 해결 및 가족기능 향상, 안정적 양육환경을 위한 탈빈곤을 지원한다.

드림스타트 아동통합사례관리의 특징은 다섯 가지로 요약할 수 있다. 첫째, 예방적 사례관리다. 아동통합사례관리는 취약계층 아동·가족의 위기상황과 문제에 대한 조기발견 및 개입을 통해 예방적 사례관리 체계를 구축한다. 이는 사례관리 개입을 하지 않는다면, 장차 상황이 더 악화되어 더 큰 사회적 비용이 발생할 수 있는 사례에 대한 예방 효과를 갖는다. 둘째, 맞춤형 서비스를 제공한다. 아동통합사례관리는 수요자인 아동 중심의 개별화된 접근을 통해 각 아동의 욕구와 가구 여건에 따른 지속적인 관리 및 맞춤형 서비스를 제공한다. 셋째, 통합 체계 구축이다. 대상 아동과 가족의 복합적인 문제를 해결하기 위해 단편적인 접근에서 벗어나, 신체·건강, 인지·언어, 정서·행동, 부모·가족 서비스를 통합하고, 개별실천, 집단실천, 가족실천, 지역사회실천 등 방법론을 통합하며, 민간과 공공 영역의 전달체계를 통합한다. 넷째, 지역사회 서비스 연계 및 조정이다. 개별기관 중심의 서비스 제공방식이 아닌 관련 공공·민간기관 간의 밀접한 연계와 조정을 통해 서비스를 체계적·통합적으로 제공한다. 다섯째, 능동적 사례관리이다. 취약계층 아동·가족의 위기상황과 문제에 대한 조기발견 및 개입을 통해 예방적 사례관리 체계를 구축하고, 대상 아동 및 가족의 자발적이고 적극적인 참여를 유도한다.

(1) 접수

가정방문을 통해 대상자 관련 정보 및 주변사항 정보를 수집하는 단계로, 대상자 발굴, 초기상담, 인적정보관리로 구성된다.

① 대상자 발굴: 지역사회 내 취약계층 아동 중 사례관리가 필요한 대상자를 발굴하는 과정이다. 직접 발굴, 신청 타 기관 및 타인 의뢰 등의 경로가 있다.

② 초기상담: 대상자의 가정을 방문하여 처음으로 실시하는 상담이다. 대면(가정방문, 지역사회기관방문, 대상자 내방 등) 또는 유선 초기상담 등의 방법이 있다.

③ 인적정보관리: 주거사항, 가구유형, 가족사항, 소득현황, 대상자별 개별 정보 등 대상자 및 가구에 대한 세부 정보를 파악하고 수집하는 과정이다.

(2) 사정

대상자 및 가구 구성원을 통해 표출된 욕구를 총체적, 포괄적으로 파악하는 과정이다. 대상자 및 가구 구성원이 표출한 욕구와 사례관리사의 전문적 판단을 추가하여 정보를 종합적으로 파악한다.

(3) 계획

접수 및 사정을 통해 파악한 대상자 정보 근거로 사례회의를 실시하여 달성하고자 하는 대상자의 사례관리 목표를 설정하고 서비스 계획(전략)을 수립하는 단계이다. 사례회의, 대상자선정, 서비스제공계획으로 구성된다.

① 사례회의: 대상자 선정, 대상자 문제 및 욕구 분석, 장·단기 목표 및 서비스 제공계획 수립, 사례에 대한 점검, 종결 여부 등 대상자의 통합사례관리 전 과정에 대한 협의 및 조정이 이루어지는 과정이다. 맞춤형 통합서비스 제공에 대한 간략한 계획을 수립하고, 실행상황을 점검·평가하며, 대상자의 변화를 모니터링하는 과정이다.

② 대상자 선정: 사정 및 사례회의 논의 결과에 따라 드림스타트 사례관리 대상자를 최종 확정하는 과정이다. 욕구 조사 및 사정 결과에 따라 서비스 연계 대상자를 최종 확정한다.

③ 서비스 제공계획: 대상자의 장·단기 목표 달성을 위한 서비스 제공 전략을 구체적으로 수립하는 과정이다.

(4) 실행

서비스 계획 내용에 근거하여 지역사회 내 다양한 자원과 연계하여 대상자에게 통합서비스를 제공하는 단계이다. 사례회의 내용 및 서비스 제공 계획에 근거하여 서비스 제공하며, 서비스 유형을 기본·필수·맞춤서비스로 구분하고, 기본 및 필수서비스는 사례관리등급과 상관없이 반드시 제공한다.

(5) 점검

사정 주기 내에 제공된 모든 서비스에 대한 종합적인 점검을 실시하는 단계로서, 서비스 점검 및 평가, 아동발달 재사정으로 구성된다.

① 서비스 점검 및 평가: 사정 주기 내에 대상자에게 제공된 서비스의 적절성, 대상자의 변화 등 서비스에 대한 종합적인 점검을 실시하는 과정이다. 제공 서비스에 대한 이행 여부, 변경내용 및 사유, 진행상태, 서비스 제공 상황 등 개별서비스에 대해 점검하고, 서비스 제공량, 서비스 내용, 제공방법, 대상자 실태 및 변화 등 대상자에게 제공된 모든 서비스에 대해 종합적인 평가를 진행한다.

② 모니터링 사례회의(사례점검): 사례회의마다 대상자의 변화 및 서비스 개입 여부, 목표 달성 여부 등 사례관리 과정에 대한 점검을 통해 향후 사례관리의 방향을 설정한다.

③ 아동발달 재사정: 서비스 개입 후 대상자의 변화 상황을 점검하기 위하여 사례등급에 따른 주기에 맞추어 가정방문을 통해 재사정 실시한다. '재사정 주기' 도래 전 종결사유 발생 시 '재사정'을 실시하고, 그 결과를 고려하여 사후관리기관 연계 등 종결계획 수립한다.

(6) 종결

드림스타트 사례관리 전 과정의 마지막 과정으로, 사례관리 종결 여부 및 유형을 결정하는 단계로서, 종결심사와 사후관리로 구성된다.

① 종결심사: 드림스타트 사례관리 과정을 마무리하는 과정으로, 종결이 불가피한 대상자에 대한 드림스타트 사례관리 종결여부를 협의하고 결정한다.

② 사후관리: 종결 이후, 유선이나 방문을 통해 대상자 및 가족이 성취한 변화들을 유지하고 있는지 파악하고, 재개입 여부를 판단한다. 구체적으로 종결 사례회의 시 수립한 사후관리 계획을 바탕으로 변화 상황, 안정화 여부 등에 대한 모니터링을 통해 재개입 필요성을 조기에 판단하는 사후관리를 실시하

게 된다. 사후관리는 문제가 재발했거나 재발할 우려가 있을 시 즉각적으로 개입하여 위험에 노출되는 것을 방지하는 효과 및 긴급 시 사회적 안전망의 의미가 있다.

생각해 보기
1. 시 · 군 · 구 본청과 읍 · 면 · 동 사회복지공무원의 직무 차이를 비교해 보자. 2. 사회복지전담공무원의 수가 지역사회복지 문제를 예방하고 해소하기에 충분한지 논의해 보자. 3. 신문 뉴스 등을 검색하여 희망복지지원단 또는 드림스타트의 도움이 필요했지만 도움을 받지 못한 안타까운 사례를 찾고, 해당 사례와 관련하여 희망복지지원단이나 드림스타트의 실천적 가치를 논의해 보자.

CHAPTER

14

지역사회보장계획

학습논점
1. 지역사회보장계획의 중요성과 기대효과를 이해한다. 2. 지역사회보장계획의 구성내용을 살펴본다. 3. 지역사회보장계획의 수립 절차를 이해한다.

1. 지역사회보장계획의 개념과 의의

지역사회보장계획은 지역주민의 복지욕구 및 자원 등 복지환경을 고려하여 지역사회의 다양한 주체들의 참여를 통해 사회보장사업의 우선순위와 달성 목표를 결정하는 지역단위의 중·장기 사회보장계획이다. 또한, 지역사회보장계획은 사회보장급여법에 근거한 법정계획으로서, 시·도 및 시·군·구 단위로 사회보장 부문을 아울러 수립하는 종합계획이다. 사회보장급여법(사회보장급여의 이용·제공 및 수급권자 발굴에 관한 법률) 제35조에 의거, 지자체장은 4년마다 계획을 수립하고, 매년 지역사회보장계획에 따라 '연차별 시행계획'을 수립하여야 한다.

지역사회보장계획은 다음과 같은 의의를 갖는다(강혜규 외, 2018).

첫째, 계획안을 통해 지자체 단위의 사회보장 수준과 변화 목표를 지역주민을 비롯한 모든 관계자가 확인할 수 있다.

둘째, 지역에서 필요로 하는 복지를 창출하기 위하여 공공, 민간, 지역사회 주민이 함께하는 작업의 토대를 마련할 수 있다.

셋째, 지자체의 특수성을 기초로 하되 국가 정책의 보편적 방향을 반영하는 지역 정책을 설계할 수 있다.

넷째, 계획안의 기본 틀을 공유함으로써 지자체 간 상호 사회보장사업에 대한 이해와 벤치마킹, 상승 작용을 기대할 수 있다.

〈표 14-1〉 지역사회보장계획 수립·시행의 의의와 기대효과

의의	기대효과
계획안을 통해 지자체 단위의 사회보장 수준과 변화 목표를 지역 주민을 비롯한 모든 관계자가 확인	지자체의 복지 주도성 향상
지역에서 필요로 하는 복지를 창출하기 위하여 공공, 민간, 지역사회 주민이 함께하는 작업의 토대 마련	합리적 사회보장사업 운영기반 마련
지자체의 특수성을 기초로 하되 국가 정책의 보편적 방향을 반영하는 지역 정책 설계	국가 사회보장사업 운영의 효율화
계획안의 기본 틀을 공유함으로써 지자체 간 상호 사회보장사업에 대한 이해와 벤치마킹, 상승 작용을 기대	전국의 균형적 사회보장 추진

출처: 강혜규 외(2018: 38).

2. 지역사회보장계획의 역사

2001년 '지역사회복지협의체(현 지역사회보장협의체) 시범사업'을 통해 우리나라 최초의 지역사회복지계획(현 지역사회보장계획)이 등장하였다. 시범사업에서는 협의체의 주요 기능 중 하나로 지역복지계획 수립을 명시, 15개 시범사업 지자체에서 지역복지계획을 수립한 것이 시초가 되었다. 시범사업을 통해 지자체의 지역복지계획 수립에 대한 가능성 등을 확인하였는데, 구체적으로 15개 지자체 중 7개 지역이 자체적으로 계획을 수립하였으며, 3개 지역은 협의체와 공동으로 수립하였다.

2003년 7월 「사회복지사업법」 개정을 통해 '지역사회복지계획 수립과 평가'에 대한 법적 추진 근거가 마련되었고, 2005년 8월부터는 의무적으로 지자체별 지역사회복지계획의 수립·시행이 추진되었다(박태영, 2014). 2006년 제1기(2007년~2010년)를 거쳐, 2010년 제2기(2011~2014년), 2014년 제3기(2015년~2018년), 2018년 제4기(2019년~2022년), 2022년 제5기(2023년~2026년) 지역사회보장계획이 수립되었다.

한편, 2014년 12월 「사회보장급여의 이용 제공 및 수급권자 발굴에 관한 법률」

이 제정되고 2015년 7월부터 시행됨에 따라 제4기부터는 해당 계획의 명칭이 지역사회복지계획에서 지역사회보장계획으로 변경되었다. 동시에 지역사회보장계획의 범주가 보건의료·사회복지 위주에서 고용·주거·교육·문화·환경 등으로 확대되었다.

3. 지역사회보장계획의 특성[1]과 기본방향

1) 지역사회보장계획의 특성

① 실천계획과 집행계획

지역사회보장계획의 목적은 해당 지방자치단체가 실시할 사회복지사업의 우선순위와 목표를 설정하는 것이다. 따라서 최일선 행정조직인 지방자치단체에서 실제 집행을 목적으로 하는 계획이라는 정체성을 명확히 가져야 한다. 계획내용은 추상적·장기적·포괄적이기보다는 구체적이어야 하며, 분야별 사업 우선순위 및 목표량 설정, 실천전략, 그리고 이를 지원하기 위한 인력계획 및 재정계획까지를 포함하는 실천계획 성격을 갖는다. 보건복지부는 모든 시·군·구 지역사회보장계획이 이러한 구체성을 담보할 수 있도록 공통의 틀인 지역사회보장수립 수립매뉴얼을 작성하여 시·군·구에 배포한다.

② 중·단기 계획

지방자치 실시 이후 자치단체의 정책목표 및 사업의 우선순위는 민선 자치단체장에 의해 변화하는 것이 현실이다. 지방자치단체 지역사회보장계획의 실행력을 담보하기 위해서는 민선 단체장의 재임기간인 4년을 단위로 하는 것이 현실적일 수 있다. 이러한 취지로 지역사회보장계획은 시·군·구 단체장 선거가 포함된 전국동시지방선거와 같은 해에 추진·수립된다. 그리고 지역사회보장계획이 수립되는 과정에서 시·군·구 단체장 당선자의 선거공약 등도 반영하여 계획을 수립하

1) 지역사회보장계획의 특성은 생각의마을 기획(2021)의 내용을 발췌한 것임.

게 된다.

③ 종합계획

지역사회보장계획은 지역주민 전체를 위한 계획 및 개별 복지대상 집단별 계획을 모두 포함하는 계획이다. 아울러 사회복지의 전 영역은 물론 주민복지와 관련된 보건·의료분야와 체육·문화·교육·노동 등 지역사회복지 및 지역주민의 삶과 밀접하게 관계가 있는 유관분야를 계획의 범위에 포함시키는 종합계획의 성격을 갖도록 한다.

지역사회보장계획은 국가 및 지방자치단체의 종합적인 행정계획의 성격을 갖는다. 따라서 기초자치단체는 구체적인 사업의 실시주체로서 역할을 수행하며, 광역행정단위는 해당 권역 내의 지역복지를 추진하기 위한 종합적인 연락, 조정, 기반의 정비를 담당한다. 그리고 중앙정부는 법 제도상의 종합화나 체계화, 재정적인 지원을 담당한다.

④ 고유사업의 개발과 추진계획

사회복지 욕구에서 지역별 차이와 특성을 고려한 사회복지서비스 공급과 이러한 지역 특성을 반영한 서비스를 공급하는 것이 중요하다. 이를 위해 중앙정부나 광역단위에서 계획·집행되는 사업 이외에 기초자치단체 차원에서 지역주민의 욕구에 부응하는 사업을 주체적으로 계획할 필요가 있다. 그리고 단순히 국고보조사업에 대한 집행 계획 수준이 아니라, 보다 적극적으로 자치단체를 위한 고유사업을 개발하고 이를 실천하기 위한 계획이 되어야 한다.

⑤ 이용자 중심의 계획

지역사회보장계획은 행정당국에 의한 일방적인 계획이 아니라, 지역사회의 모든 주체가 계획과정에 참여하고 의견을 수렴하는 이용자 중심의 계획이 되어야 한다. 이를 위해 계획의 수립, 집행, 사후평가 과정에서 주민을 비롯한 여러 지역사회복지 활동 주체들이 참여하고 중심적인 역할을 하는 것이 필수적이다.

⑥ 사회적 자원의 배분수단으로서 계획

지역사회보장계획은 주민복지 욕구를 질적·양적으로 파악하고 그 욕구를 충족시키기 위한 서비스 공급체계를 확보하고, 그것을 위해 필요한 인력, 재원, 시설, 기관, 조직, 단체 등의 사회자원을 조달하고 배분하기 위한 유용한 수단이다. 이를 위해 지역사회보장계획은 각 지역의 특성, 주민의 복지욕구, 사회자원의 양, 정책 현황 등을 파악해야 한다. 또한, 사회조사 및 분석을 통해 그 지역의 복지문제를 명확히 하고, 주민참여를 기초로 민·관협력을 통하여 장래의 목표를 설정하고, 필요한 사회자원을 조달하고 적정하게 배분하여 구체적인 실시를 지역주민을 대상으로 약속하는 것이다.

⑦ 지방자치의 지표로서의 계획

지역사회보장계획은 지역사회의 조직화 과정임과 동시에 재가복지서비스의 정비·확충, 자원봉사활동의 전개, 재원 및 인력의 조달 등을 통한 지방자치의 사회지표이다.

2) 지역사회보장계획의 기본방향

지역사회보장계획 수립의 기본방향은 통합성, 협력성을 기준으로 하며 추가적으로 지역성과 적절성을 고려한다.

① 통합성

계획안에 반영된 목표–추진전략–중점추진사업–세부사업 등이 상위계획 및 상위계획 및 관련 사회보장계획 등과의 연계성을 갖추어야 한다.

② 협력성

계획안의 사업 추진과정에서 민관협력을 위한 체계가 마련하고, 역할분담이 합리적으로 가능하며, 복지자원의 발굴·관리·연계·활용의 타당한 방안이 마련되어야 한다.

③ 지역성

지역사회의 특성과 고유한 사회문제를 분석하고 이를 충분히 반영하며, 지역주민의 복지 욕구에 대한 분석과 반영이 체계적으로 이루어져야 한다.

④ 적절성

지역주민 복지욕구 조사 및 복지자원 조사가 정확하며, 결과분석이 합리성과 구체성, 목표, 추진전략, 중점추진사업, 세부사업 내용의 타당성, 성과목표 및 성과지표가 실현 가능해야 한다.

4. 지역사회보장계획의 수립과정

지역사회보장계획은 시·군·구청장이 4년마다 지역주민의 복지욕구를 파악하여 계획(본 계획)을 수립한 후 시·도지사에게 제출하여야 하며, 시·도는 시·군·구의 지역사회보장계획을 종합적으로 분석하여 일부 조정을 거쳐서 보건복지부장관에게 제출하게 된다. 이러한 과정을 통해 기초자치단체에서 중앙정부에 이르기까지 연속적이고 통합적인 계획으로 일관성을 유지하게 된다. 더불어, 시·군·구청장과 시·도지사는 매년 연차별 시행계획을 수립하여야 한다. 급변하는 환경에 대응하기 위해 연차별 시행계획을 수립하고 이를 중심으로 지역사회 복지욕구 및 자원 실태 점검할 필요가 있기 때문이다. 또한, 시·군·구는 매년 시행계획의 추진과정을 모티터링하고 결과를 평가하여야 한다. 시행계획 추진 과정에서 발생한 문제점을 진단하고, 연초에 세운 시행계획의 추진과정을 점검하며, 한 해 동안 이행과정을 자체적으로 평가하여 개선사항을 도출할 필요가 있기 때문이다.

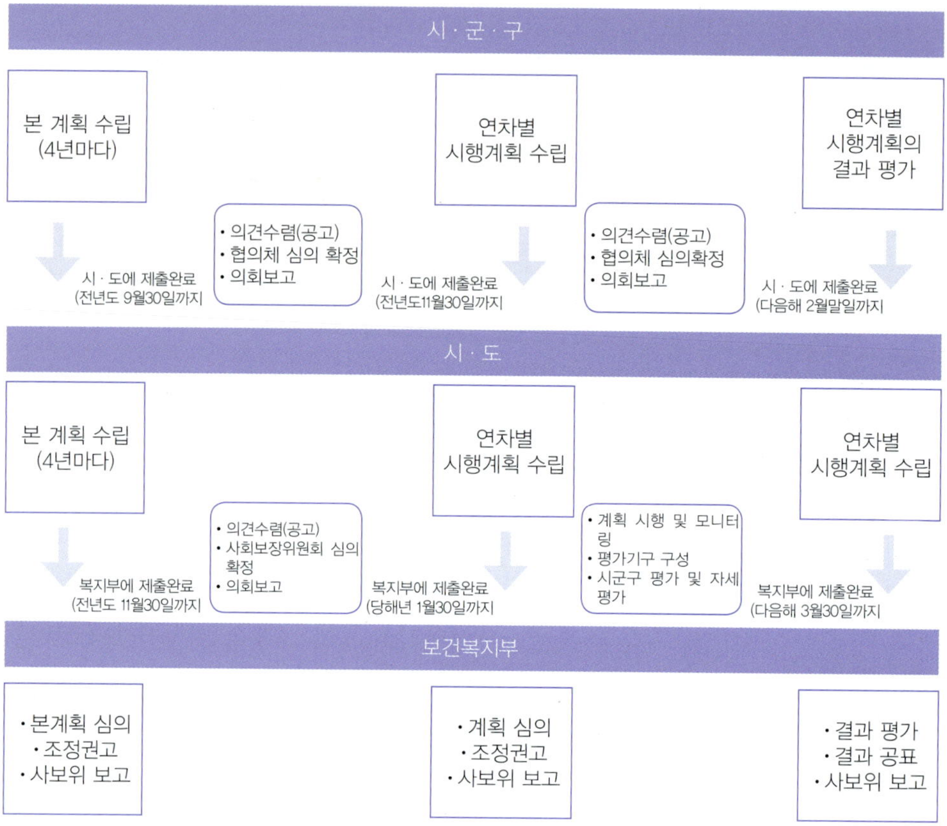

[그림 14-1] 지역사회보장계획 수립 · 시행 · 평가 과정

출처: 강혜규 외(2018).

5. 지역사회보장계획의 내용

「사회보장급여의 이용 · 제공 및 수급권자 발굴에 관한 법률」 제36조에 따르면, 지역사회보장계획의 내용은 다음과 같다.

1) 시 · 군 · 구 지역사회보장계획의 구성내용

시 · 군 · 구 지역사회보장계획의 구성내용은 지역사회주민들의 욕구에 부응하기 위하여 정확한 수요 측정과 구체적인 실행계획을 수립하는 것이며, 구체적인 내용은 다음과 같다.

① 지역사회보장 수요의 측정, 목표 및 추진전략
② 지역사회보장의 목표를 점검할 수 있는 지표(이하 "지역사회보장지표"라 한다)의 설정 및 목표
③ 지역사회보장의 분야별 추진전략, 중점 추진사업 및 연계협력 방안
④ 지역사회보장 전달체계의 조직과 운영
⑤ 사회보장급여의 사각지대 발굴 및 지원 방안
⑥ 지역사회보장에 필요한 재원의 규모와 조달 방안
⑦ 지역사회보장에 관련한 통계 수집 및 관리 방안
⑧ 지역 내 부정수급 발생 현황 및 방지대책
⑨ 그밖에 대통령령으로 정하는 사항

2) 시 · 도 지역사회보장계획의 구성내용

시·도 지역사회보장계획은 시·군·구의 사회보장계획을 효과적으로 추진할 수 있도록 지원하기 위한 계획을 수립하는 것을 원칙으로 구체적인 내용구성은 다음과 같다.

① 시·군·구의 사회보장이 균형적이고 효과적으로 추진될 수 있도록 지원하기 위한 목표 및 전략
② 지역사회보장의 설정 및 목표
③ 시·군·구에서 사회보장급여가 효과적으로 이용 및 제공될 수 있는 기반 구축 방안
④ 시·군·구 사회보장급여 담당 인력의 양성 및 전문성 제고 방안
⑤ 지역사회보장에 관한 통계자료의 수집 및 관리 방안
⑥ 그밖에 지역사회보장 추진에 필요한 사항

6. 지역사회보장계획 수립 절차

1) 1단계: 계획 준비

지역사회보장계획 수립을 위한 기획, 예산 확보 및 활용 계획 등을 총괄한 계획 수립을 기획하는 단계이다. 계획 수립의 전반적 기획은 시·도 사회보장위원회 또는 시·군·구 지역사회보장협의체와 담당 부서가 중심으로 하되, 사회보장 영역의 전문가 및 이해관계자, 지역주민 등 지역사회 내 다양한 주체가 참여할 수 있는 '계획 수립을 위한 TF(Task Force; 특정 업무를 수행하기 위해 구성된 임시조직)'를 구성·운영한다. TF는 참여 주체 간의 역할을 명확하게 하고, 전체적인 추진 일정은 물론 계획 수립 과정에서 이루어져야 하는 지역 분석의 방법과 절차, 지역주민 의견 수렴을 위한 논의 방식과 절차, 지자체의 지원 방향 등의 단계별 과업 내용에 대해서도 구체적으로 논의한다.

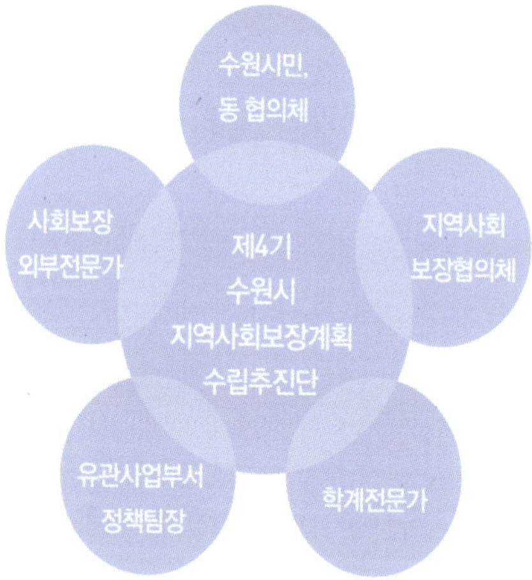

[그림 14-2] TF 수립의 예: 제4기 수원시지역사회보장계획 수립추진단 구성 조직도

출처: 수원시(2018).

2) 2단계: 지역 분석

지역사회가 가지고 있는 지역사회보장 자원의 인프라와 질, 지역주민의 사회보장 욕구 등을 조사·분석하여 지역사회의 전반적 사회보장 수준 및 문제를 진단하는 단계이다. 합리적인 지역사회보장계획 수립을 위해서는 문제의 원인 및 실태를 파악하는 지역분석 단계에 정확하고 객관적으로 접근할 필요가 있으며, 사회보장 영역의 지역 단위 중장기 계획들(예: 지역보건계획 등)을 검토하는 것은 물론 기존 지역사회보장계획의 수립, 시행 절차 및 성과에 대한 철저한 검토와 진단이 필요하다. 지역 분석을 위한 객관적 근거 자료를 얻는 방법으로는 지역 주민이 가지고 있는 욕구와 사회보장서비스 인식 수준을 분석하는 '지역사회보장조사'와 서비스 공급량을 분석하는 '자원조사'가 있다. 이 과정은 보다 전문성이 요구되는 과정이므로 보장기관의 장은 필요시 사회보장에 관한 전문성과 인력, 장비를 갖춘 기관·법인·단체 등 민간 전문가집단에 해당 조사를 의뢰할 수 있다. 이때, 공공(관련 부서)은 지역사회보장조사의 원활한 진행을 위해 공문 발송 등 필요한 사항에 대해 협조, 지원하여야 한다.

〈표 14-2〉 지역분석의 예: 수원시 복지향상을 위해 필요한 서비스의 영역

구분	1순위		2순위		3순위		가중치합*	
	빈도(%)	순위	빈도(%)	순위	빈도(%)	순위	가중치합(%)	순위
보육	235(10.6)	3	80(3.6)	10	80(3.7)	10	945(7.1)	9
교육(학교생활)	113(5.1)	10	170(7.7)	9	103(4.7)	9	782(5.9)	10
고용	302(13.6)	2	213(9.7)	6	221(10.2)	6	1,553(11.7)	2
주거	143(6.4)	8	221(10.0)	5	233(10.7)	5	1104(8.3)	7
문화 여가	223(10.0)	4	187(8.5)	7	183(8.4)	7	1226(9.3)	4
환경	188(8.4)	5	303(13.8)	2	302(13.9)	2	1472(11.1)	3
노인, 장애인 돌봄	573(25.8)	1	362(16.4)	1	245(11.3)	4	2,688(20.3)	1
빈곤	166(7.5)	6	245(11.1)	3	177(8.1)	8	1,165(8.8)	6
건강(신체, 정신)	152(6.8)	7	238(10.8)	4	260(11.9)	3	1,192(9.0)	5
안전(폭력, 범죄)	126(5.7)	9	177(8.0)	8	368(16.9)	1	1,100(8.3)	8
기타	4(0.2)	11	5(0.2)	11	5(0.2)	11	27(0.2)	11
합계	2,332	–	2,201	–	2,177	–	13,254	–

*가중치합: 1순위에 3점, 2순위에 2점, 3순위에 1점으로 가중치를 부여하여 계산 합한 값임.
출처: 수원시(2018).

● 제4기 수원시지역사회보장계획 400인 원탁토론

'수원의 미래를 시민에게 듣다!'

- 일 시 : 2018. 7. 10.(화) 14:00 ~ 17:00
- 장 소 : 노보텔앰배서더 수원, 그랜드볼룸
- 참여인원 : 총 400명 (퍼실리테이터 등 50명, 수원시민 350명)
- 주요내용
  - 기념식 : 비전 및 정책 아이디어공모전 시상 등
  - 원탁토론
    ① 제4기 지역사회보장조사 결과 및 추진전략 설명, 우선순위 투표 및 발표
    ② 11개 추진전략별 세부사업 설명, 우선순위 투표 및 발표
    ③ 시민이 바라는 수원시 지역사회보장 정책 논의 및 발표
  - 지역사회보장정책 토크쇼

원탁토론

[그림 14-3] 주민 욕구조사의 예: 제4기 수원시 지역사회보장계획 400인 원탁토론

출처: 수원시(2018: 438).

3) 3단계: 계획 작성

각 지자체에서 수행할 구체적인 4개년도 지역사회보장계획안을 마련하는 단계이다. 계획수립 TF는 지역 분석을 통해 얻은 자료를 바탕으로 지역사회가 4개년 동안 사회보장 영역에서 가장 집중해야 할 정책적 목표와 추진전략들을 결정해야 한다. 추진전략의 성과를 높이기 위해 우선적으로 추진해야 할 사업들을 선정하며, 사업별로 대상자와 지원 내용, 예산 방안 마련, 사업 모니터링 방안 등 구체적인 세부 사항들을 논의, 결정한다. 사회보장계획의 목표를 달성하고 지역 주민의 사회보장 수준을 높이기 위해 부가적으로 필요한 재정 및 행정 계획, 운영 점검 및 평가계획, 시·군·구 지원계획 방안 등 「사회보장급여법」 제36조에 명시된 지역사회보장계획의 내용을 모두 논의하고 구체적인 방안을 마련한다.

지역사회보장계획은 다음과 같은 위계 체계로 작성한다.

[그림 14-4] 시·군·구 지역사회보장계획 목표 및 추진전략별 세부사업 작성 양식

출처: 보건복지부·한국보건사회연구원(2022).

목표

Ⅱ. 지역사회보장 발전 전략체계

지역발전 전략 1. 사회보장급여 이용 및 제공 기반 구축	지역발전 전략 2. 지역사회 민관협력 제고	지역발전 전략 3. 지역사회 거버넌스 구축	지역발전 전략 4. 사회보장 인프라 확충
대표과업 1. 위기가구 발굴	대표과업 1. ○○○○ (지자체 자율 설정) ※ 지자체 특성을 반영하여 지역발전 전략4 달성을 위한 대표과업 자율 구성	대표과업 1. 시 · 군 · 구 지역사회보장협의체 활성화 및 지원방안	대표과업 1. ○○○○ (지자체 자율 설정) ※ 지자체 특성을 반영하여 지역발전 전략4 달성을 위한 대표과업 자율 구성
(예) 세부과업 Ⅱ-1-1-1 ※ 'Ⅰ. 지자체 사회보장사업 전략체계'에 포함되지 않은 신규 사업이며 신규 사업번호(Ⅱ-0-0-0) 부여	세부과업(사업) Ⅱ-2-1-1	세부과업(사업) Ⅱ-3-1-1	세부과업(사업) Ⅱ-4-1-1
(예) 세부사업 Ⅰ-1-1 ※ 'Ⅰ. 지자체 사회보장사업 전략체계'에 포함된 사업으로 기존 사업번호(Ⅰ-0-0) 부여	세부과업(사업) Ⅱ-2-1-2	세부과업(사업) Ⅱ-3-1-2	세부과업(사업) Ⅱ-4-1-2
대표과업 2. 부적정 수급 방지	대표과업 2. ○○○○ (지자체 자율 설정)	대표과업 2. 읍 · 면 · 동 지역사회보장협의체 활성화 및 지원 방안	대표과업 2. ○○○○ (지자체 자율 설정)
세부과업(사업) Ⅱ-1-2-1	세부과업(사업) Ⅱ-2-2-1	세부과업(사업) Ⅱ-3-2-1	세부과업(사업) Ⅱ-4-2-1
세부과업(사업) Ⅱ-1-2-2	세부과업(사업) Ⅱ-2-2-2	세부과업(사업) Ⅱ-3-2-2	세부과업(사업) Ⅱ-4-2-2
대표과업 3. ○○○○ (필요시 지자체 추가)	대표과업 3. ○○○○ (필요시 지자체 추가)	대표과업 3. ○○○○ (필요시 지자체 추가)	대표과업 3. ○○○○ (필요시 지자체 추가)
세부과업(사업) Ⅱ-1-3-1	세부과업(사업) Ⅱ-2-3-1	세부과업(사업) Ⅱ-3-3-1	세부과업(사업) Ⅱ-4-3-1
세부과업(사업) Ⅱ-1-3-2	세부과업(사업) Ⅱ-2-3-2	세부과업(사업) Ⅱ-3-3-2	세부과업(사업) Ⅱ-4-3-2

[그림 14-5] 시·군·구 지역사회보장계획 목표 및 추진전략별 세부사업 작성 양식

출처: 보건복지부·한국보건사회연구원(2022).

① 목표

지역사회보장계획을 통해 지자체가 추구하는 정책가치를 말한다.

② 전략체계

전략체계는 'Ⅰ. 지자체 사회보장사업 전략체계'와 'Ⅱ. 지역사회보장 발전 전략체계'로 구분되며, 이는 「사회보장급여법」에서 제시한 지역사회보장 구성요소를 대변하는 것이다. 지자체 사회보장사업 전략체계는 6개 이내에서 자유롭게 지자체 발굴 사업 중심으로 수립하고, 지역사회보장 발전 전략체계는 「사회보장급여법」 제36조에 따라 모든 시·군·구가 동일하게 4개의 고정전략으로 구성한다. 한편, 전략은 동일한 정책목표(예: 지역사회 돌봄구축 등)를 달성하기 위한 세부사업(대표과업 및 세부과업)의 묶음으로 이해할 수 있으며, 지역사회보장계획을 수립하는 단계에서 전략적 배분단위이다. 지역사회보장계획을 통해 지자체가 추진하려는 핵심 정책 아젠다로 이해할 수 있다. 전략은 세부사업(또는 세부과업)으로 구성되며, 이는 수직적 위계 관계구조를 지니며, 동일 유형의 사업 그룹이어야 하며, 사업의 산출, 투입비용, 사업목표가 관리되고 성과관리가 이루어지는 기본 단위이다.

③ 중점추진사업

'Ⅱ. 지역사회보장 발전 전략체계'에 적용된 개념으로 기확정된 지역발전 전략을 구성하는 단위사업으로 이해할 수 있다. 중점추진사업은 세부사업 또는 세부과업으로 구성된다.

④ 세부사업

지자체 자체 사업(시·군·구 예산 또는 시·도+시·군·구 매칭 예산)의 세부사업 단위이며, 이는 정책적으로 독립성을 지닌 최소 단위이다.

⑤ 세부과업

'Ⅱ. 지역사회보장 발전 전략체계'에 적용된 개념으로 대표과업을 달성하기 위한 최소 단위이며, 이는 지자체 자체 사업임에도 불구하고 'Ⅰ. 지자체 사회보장사업 전략체계'에 포함되어 있지 않은 자체 사업 또는 비예산 사업을 의미한다.

[그림 14-4]와 [그림 14-5]는 제5기 지역사회보장계획 수립과 관련하여 보건복지부가 제공하는 지역사회보장계획 목표 및 추진전략별 세부사업 작성양식이다. 'Ⅰ. 지자체 사회보장사업 전략체계'과 관련해서는 4~6개의 전략을 자율적으로 정하고, 전략별로 4~7개의 세부사업을 제시하면 된다. 반면, 'Ⅱ. 지역사회보장 지역발전 전략체계'는 보건복지부가 제시한 4개의 고정된 전략(사회보장급여 이용 및 제공 기반 구축, 지역사회 민관협력 제고, 지역사회 거버넌스 구축, 사회보장 인프라 확충)을 달성하기 위한 세부과업을 지자체가 구체화하는 부분으로서, 이 중에서 두 가지 전략에 관한 대표과업 4가지(위기가구 발굴, 부적정 수급 방지, 시·군·구 지역사회보장협의체 활성화 및 지원방안, 읍·면·동 지역사회보장협의체 활성화 및 지원방안)는 보건복지부가 고정 제시하여 모든 지자체가 공통으로 계획을 수립하도록 하고 있다.

한편, [그림 14-6]은 파주시에서 수립한 제5기 지역사회보장계획의 목표와 추진전략, 중점추진사업, 세부사업의 내용이다. 파주시 제5기 지역사회보장계획의 목표는 '소통하고, 공감하며 시민들에게 더 가까워지는 파주'이며, 'Ⅰ. 지자체 사회보장사업 전략체계'는 세부적으로 6개의 전략, 'Ⅱ. 지역사회보장 발전 전략체계'는 세부적으로 4개의 전략을 담고 있다. 그리고 이러한 전략을 달성하기 위해 총 51개의 세부사업 및 과업을 개발하였다. 모든 시·군·구는 해당 자치단체의 특성에 따라 세부 전략과 세부사업/과업의 명칭과 개수는 다를 수 있지만, 이와 같은 형태로 지역사회보장계획을 수립하여 제출하게 된다.

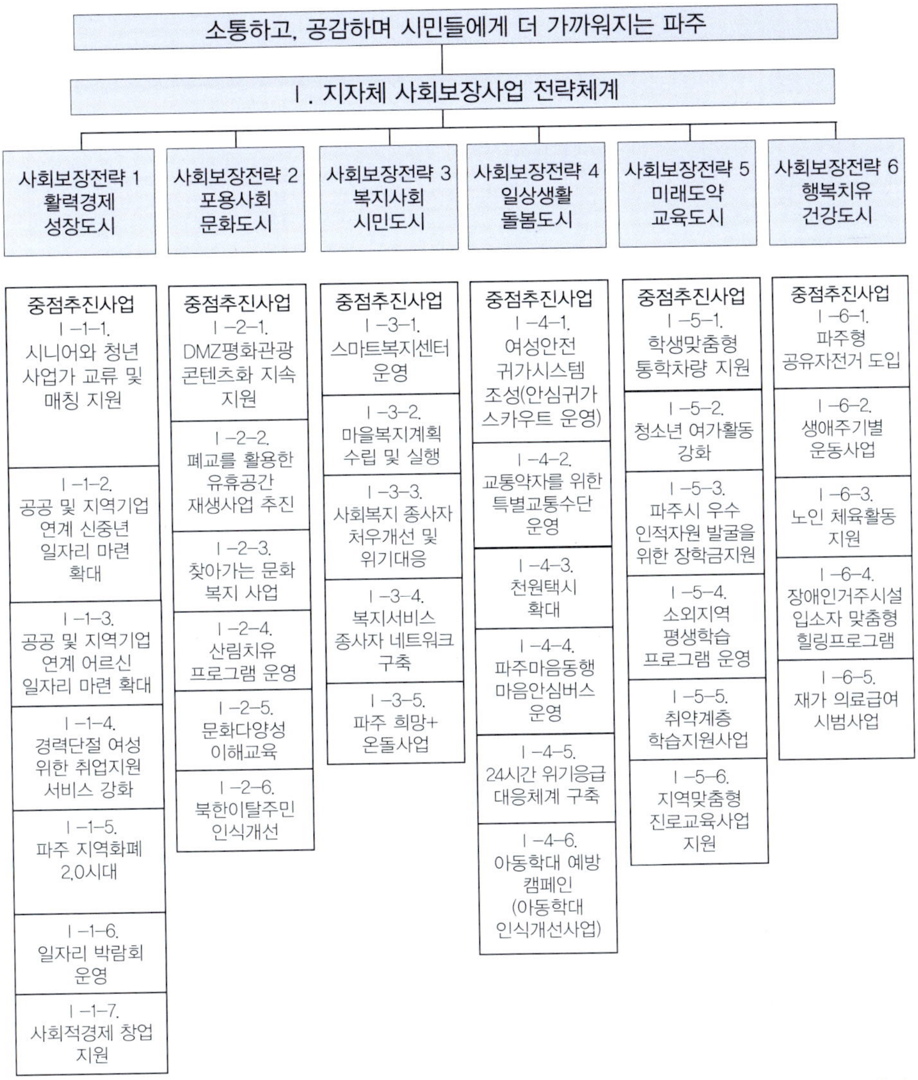

[그림 14-6] 계획 작성의 예 : 제5기 파주시 지역사회보장계획의 추진전략 및 세부사업

출처: 파주시(2022).

소통하고, 공감하며 시민들에게 더 가까워지는 파주

Ⅰ. 지자체 사회보장사업 전략체계

지역발전전략 1 사회보장급여 이용 및 제공 기반 구축	지역발전전략 2 지역사회 민관협력 제고	지역발전전략 3 지역사회 거버넌스 구축	지역발전전략 4 지역사회보장 인프라 확충
대표과업 1. 위기가구 발굴	대표과업 1. 맞춤형 복지서비스 체계 구축	대표과업 1. 시군구 지역사회보장협의체 활성화 및 지원방안	대표과업 1. 통합돌봄체계 구축
Ⅱ-1-1-1. 읍 · 면 · 동 맞춤형 복지지원 업무 홍보	Ⅱ-2-1-1. 스마트 복지센터 운영	Ⅱ-3-1-1. 지역사회보장협의체 실무분과 활성화 지원	Ⅱ-4-1-1. 복지서비스 통합돌봄 체계 구축
Ⅱ-1-1-2. 찾아가는 이동복지 상담센터 운영	Ⅱ-2-1-2. 민 · 관 통합사례관리 협력체계 구축	Ⅱ-3-1-2. 지역사회보장협의체 역량강화	Ⅱ-4-1-2. 문산보건지소 · 노인 복지관 설치운영
대표과업 2. 부정적 수급방지	대표과업 2. 정책자문을 통한 포용 사회 구축	대표과업 2. 읍 · 면 · 동 지역사회보장협의체 활성화 및 지원방안	대표과업 2. 아동의 삶의 질 향상을 위한 인프라 확충
Ⅱ-1-2-1. 사회보장급여 확인조사	Ⅱ-2-2-1. 여성정책 전문 자문그룹 운영	Ⅱ-3-2-1. 마을복지계획 수립 및 실행	Ⅱ-4-2-1. 다함께돌봄센터 확충 및 운영(긴급돌봄 및 시간 연장 사업 등)
Ⅱ-1-2-2. 복지 부정수급 예방 노력	Ⅱ-2-2-2. 청년정책 전문 자문그룹 운영	Ⅱ-3-2-2. 읍 · 면 · 동 지역사회보장협의체 역량강화교육	Ⅱ-4-2-2. 육아종합지원센터 확충

[그림 14-7] 계획 작성의 예: 제5기 파주시 지역사회보장계획의 추진전략 및 세부사업

출처: 파주시(2022).

4) 4단계: 의견수렴

작성된 계획(안)의 지역성과 정당성을 확보하기 위해 지역 주민의견을 수렴하는 단계이다. 의견수렴은 계획(안)을 기획하고 마련하는 단계부터 지역 주민공청회, 전문가 간담회, 공모 등 다양한 방법으로 진행할 수 있다. 최종적으로 작성된 계획안은 법률에서 정하는 대로 지역사회보장계획의 주요 내용을 20일 이상 공고하여

지역 주민 및 이해관계인의 의견을 수렴해야 한다(「사회보장급여법」 제35조2).

시민공청회

● 제4기 수원시지역사회보장계획 공고 및 시민 공청회

- 공　고 : 2018. 8. 28. ~ 9. 16. (20일간)
- 공청회 : 2018. 9. 5.(수) 14:00 ~ 16:00
  - 장　소 : 수원화성박물관
  - 내　용
- 제4기 수원시지역사회보장계획 수립 과정 경과보고 및 비전 발표
- 제4기 수원시지역사회보장계획 세부 내용 보고
- 지정 토론 : 최영옥 (수원시의회 문화복지위원장)
  김희연 (경기복지재단 실장)
  한해영 (광교노인복지관장)
  박종아 (수원지속가능발전협의회 사무국장)
- 참여자 의견청취 및 질의응답

[그림 14-8] 이견 수렴의 예: 제4기 수원시 지역사회보장계획 공고 및 시민공청회

출처: 수원시(2018).

5) 5단계: 계획 심의 및 확정

의견수렴을 거쳐 작성된 계획안을 심의하고 계획안을 확정하는 단계이다. 시·군·구 및 시·도는 계획안을 지역사회보장협의체 및 사회보장위원회에 제출하여 심의 과정을 거쳐야 한다.

6) 6단계: 의회 보고 및 제출

심의가 끝난 계획안을 지방의회에 보고한 후, 시·도지사 및 보건복지부에 제출하는 단계이다. 의회 보고는 향후 지역사회보장계획에 담긴 사업 및 행·재정 지원 계획과 관련하여 예산편성의 연계성을 제고하기 위한 것으로 의회 보고의 방식은 각 지자체에서 협의하여 결정할 수 있다.

7) 7단계: 계획안 최종 확정

시·도지사 및 보건복지부 장관이 제출된 계획안을 최종으로 확정하는 단계이다. 시·군·구 및 시·도에서 제출된 계획안을 검토한 뒤, 시·도지사나 보건복지부 장관은 대통령령에 위배되는 사항이 있을 때 조정을 권고할 수 있으며, 조정 권고 사항이 마무리된 경우 최종 계획안을 확정한다.

생각해 보기
1. 지역사회보장계획이 당초 수립한 목표를 달성하기 위해 가장 중요한 것이 무엇일지 생각해 보자. 2. 인터넷 검색을 통해 지역사회보장계획의 기본방향에 가장 충실한 사례와 그렇지 않은 사례를 찾아 비교해 보자. 3. 인터넷 등을 통해 시·군·구마다 지역사회보장계획의 내용과 수립과정에 어떤 차이가 있는지 찾고 그 이유를 추론해 보자.

CHAPTER

15

지역사회복지운동

학습논점
1. 지역사회복지운동의 개념과 필요성을 살펴본다. 2. 주민참여의 필요와 다양한 수준을 이해한다. 3. 지역사회복지운동의 주체와 유형을 살펴본다. 4. 지역사회복지운동과 사회복지사의 관계를 이해한다.

1. 지역사회복지운동의 개념과 필요성

1) 지역사회복지운동의 개념과 특성

지역사회복지운동은 지역사회복지(community welfare)에 사회운동(social movement)을 조합한 용어이다. 지역사회복지운동은 지역사회 변화를 목표하는 사회운동을 통해 지역주민의 욕구를 충족하고 지역공동체 형성을 도모하는 지역사회복지의 실천방법으로 정의할 수 있다.

우리나라에서 지역사회복지운동은 1990년대 시민사회의 확장과 지방자치제의 정착으로 본격화되었다(예: 자활운동, 실업극복운동). 또한, 1990년대 이후 지역사회복지운동은 기존 노동운동 중심의 전통적 사회운동과 구별되는 신사회운동(new social movement)의 영향을 크게 받았다. 이는 지역사회복지운동이 다음과 같은 신사회운동의 특징을 공유함을 시사한다.

첫째, 지역사회복지운동은 경제적 불평등과 정치적 억압을 벗어나기 위한 구조개혁과 좀 더 근본적인 사회 전체적 민주화를 추구하며 민중의 정치세력화를 시도하는데 활동에 집중한 전통적 사회운동과 달리 시민사회 내적 목표, 즉 부정부패 추방, 의식개혁, 생활공동체 운동을 지향하며, 제도의 점진적 개선을 위한 활동을 선호한다. 둘째, 지역사회복지운동은 신사회주의가 지적하는 전통적 사회운동과 대의민주주의의 한계, 의사결정에 대한 통제를 다른 사람에게 양도함으로써 시민들의 자율성을 침해하는 문제를 극복할 수 있다. 신사회주의와 마찬가지로 지역사회복지운동도 참여민주주의를 강조하며, 참여민주주의를 통해 지역사회의 문제해결과 관련하여 주민들을 책임감 있는 정치적 주체로 만들고, 지역사회 공동체의 결속 의식을 높이며, 사회통합의 효과를 수반하는 데 강점이 있다(참여연대, 2000).

〈표 15-1〉 고전사회운동과 신사회운동

구분	전통적 사회운동	신사회운동
성격	구조적 문제분석에서 출발	생활의 문제에서 출발
기조	경제 · 사회 · 국가 · 군사적 안정	생활의 질, 평등, 개인적 자아실현, 참여, 인간적 권리에 기초
활동내용	경제적 불평등과 정치적 억압을 벗어나기 위한 구조개혁과 좀 더 근본적인 사회 전체적 민주화 추구를 위해 민중의 정치세력화 시도	정치적 목표보다는 시민사회 내적 목표, 즉 부정부패 추방, 의식개혁, 생활공동체 운동을 지향, 점진적 제도 개선
영역	생산영역(생산현장)	소비영역(생활현장)
계급성	계급운동	범(탈) 계급운동
부문	노동운동, 농민운동	환경, 반핵, 인권, 소비자 · 여성운동, 전문직업인 운동, 지역주민, 청년운동
주체	노동자, 농민, 빈민 등 경제적 이해관계와 관련된 직접적 피해 당사자 중심	지식인, 화이트칼라, 자영업자 등의 중간층이나 학생, 주부, 노인 등의 노동시장, 주변층, 청년세대 중심
문제해결 방식	파업, 시위, 농성 (급진적 운동방식)	캠페인, 국민홍보, 강연회 (온건하고 합법적 운동방식)

출처: 김치영·정현태(2009), 김병 외(2022), 재인용.

2) 지역사회복지운동의 필요성

지역사회복지운동이 필요한 이유를 간단히 말하면 현재 지역사회복지가 완벽하거나 충분치 않기 때문이다. 정부나 지자체 등이 지역을 단위로 제공하고 있는 현재의 복지제도와 서비스가 충분하고 이를 이용하는 것만으로도 지역사회의 모든 복지문제를 효과적으로 해결할 수 있다면, 지역사회복지운동은 굳이 필요하지 않을 수도 있다. 하지만, 현실을 보면 그러한 복지정책과 서비스는 지역사회에 충분히 제공되지 않는다. 또 이용했다 하더라도 효과적이지 않은 경우가 많다. 장애인의 이동권과 빈곤층의 주거권이 대표적이다. 예컨대, 지역사회에서 장애인의 이동권을 보장하기 위한 노력은 거의 모든 지자체에서 찾아볼 수 있지만, 그렇다고 해서 장애인의 이동권이 비장애인만큼 보장된 곳은 없다. 또 최근 들어 빈곤층을 위한 주거급여나 지원이 확대되고는 있지만, 심지어 주거급여나 지원을 받고 있음에도 불구하고 최저주거기준에 못 미치는 집에서 생활하는 이들이 부지기수다. 누군가 기존 정책이나 행정의 질서를 흔들지 않으면 행정의 무관심과 제한된 복지예산 등으로 인해 이들의 인권과 복지는 늘 정책의 우선순위에서 밀려나게 된다. 사회복지사가 지역사회복지 운동의 유용성에 주목해야 하는 이유다.

구체적으로 지역사회복지실천으로서 지역사회복지운동이 좋은 선택일 수 있는 이유를 폭넓게 정리하면 다음과 같다.

① 주민잠재력의 개발

지역사회복지운동은 자신의 잠재력을 깨닫지 못한 지역사회주민, 특히 전통적 취약계층으로 하여금 복지와 관련하여 자신의 가능성을 깨닫게 해줄 수 있다. 특히 지역사회복지운동이 효과적인 경우, 참여주민은 엄청난 자기효능감과 활력, 자신감 등을 얻게 된다.

② 지역사회 통합

지역사회복지운동은 지역사회를 통합할 수 있다. 지역사회복지운동은 기본적으로 많은 협력 활동을 요구한다. 따라서 지역사회복지운동은 그 과정과 결과를 통해 지역사회 주민들을 하나로 묶을 수 있고, 그렇게 하나가 된 지역사회는 구성원의 노력과 열정의 감각을 더욱 촉진하고 지역사회를 더욱 튼튼하게 한다.

③ 기득권을 상대로 승리

때로는 지역사회복지운동이 유일한 대안일 수 있다. 지역사회복지운동의 표적대상이 되는 사람들은 대부분 기득권층이며, 변화에 저항하며, 쉽게 설득되지 않는다. 이러한 상황에서는 종종 지역사회운동과 행동이 기득권을 상대로 승리를 쟁취할 수 있는 유일한 대안이 된다.

④ 도덕성

지역사회복지운동은 정의롭다. 지역사회복지운동의 대부분이 지역주민, 특히 취약계층의 문제와 관련하여 근본적 해결을 지향한다. 희생자에게 인내심을 요구하기보다는 가해자에 대한 정의로운 처분을 목표한다.

⑤ 주민참여와 주도성 확대

지역사회복지운동의 성공은 지역사회를 위한 또 다른 건설적 운동을 수반할 수 있다. 사람들이 운동을 통해 자신이 지역사회 문제에 대해 발언권이 있다는 것을 알게 되고 발언을 통한 지역사회 문제해결을 경험하게 되면, 협동조합 설립, 저소득층 주택수리 봉사, 지역사회 환경 개선 등 더 많은 역할을 기꺼이 떠맡으려고 할 수 있다.

⑥ 지역사회 정치인·공무원 등의 인식변화

지역사회복지운동은 취약계층에 대한 지역사회 정치인과 공무원들의 인식을 변화시킨다. 지역사회복지운동을 통해 참여자들이 자신들의 힘을 입증하게 되면, 이들에 대한 지역사회 정치인과 공무원, 더 나아가 취약계층으로부터 부당한 이익을 얻고 있는 집단의 태도를 바꿀 수 있다. 궁극적으로 이들 간의 화해와 협력의 가능성이 높아진다.

2. 주민참여의 개념과 효과 그리고 수준

1) 주민참여의 개념

지역사회복지운동에서 주민참여는 매우 중요한 요소이다. 일반적으로 주민참여는 주민의 정치 및 행정과정에의 참여를 의미한다. 그러나 이것은 개념을 정의하는 사람에 따라 각기 다르게 규정되는 다의적 개념이다. 버바(S. Verba)는 주민참여를 '공권력이 부여되지 않은 일반 시민들이 공권력이 주어진 사람들의 정책결정과정에 영향을 미칠 의도로 참여하는 것'이라고 정의하고 있으며, 아른슈타인(S. Arnstein)은 주민참여를 '정보의 배분, 목표와 정책형성, 자원배분과 사업집행 등에 관한 결정과정에 참여하지 못한 사람들을 위한 전략'이라고 규정하고 있다(김현조, 2009, 김병 외, 2022 재인용).

2) 주민참여의 긍정적 · 부정적 영향

주민참여란 기본적으로 정책결정과정에 영향을 주는 행위이다. 전문가들은 주민참여가 주민의 복지증진에 긍정적·부정적 영향을 미칠 수 있다고 주장한다(김병 외, 2022). 긍정적 영향은 다음과 같다.

첫째, 주민참여는 주민의 의사를 반영함으로써 대다수의 의사에 따라 다수결로 결정된다. 이것은 특정계층의 이익을 위해 국가나 지역 전체의 자원과 예산을 사용하지 않고 형평성 있게 사용되며, 결과적으로 계층간 고른 발전의 가능성을 높일 수 있다.

둘째, 국민 또는 주민이 참여하여 정책이 결정되는 국민의 적극적 참여를 이끌어낼 수 있다. 어떤 정책이든 해당 부, 실의 행정만으로 진행되는 것은 아니다. 국민 또는 주민이 동참함으로써 더 빠른 변화를 기대할 수 있다. 주민이 정책에 참여하게 되면 진행과정에서 좀 더 적극적인 개입과 협조를 하게 된다.

셋째, 주민이 참여하면 정책결정자의 좀 더 신중하고 책임감 있는 선택을 유도하게 된다. 정책결정자는 지역주민이 진행과정을 예의주시하고 지켜보고 있다는 것을 알게 되고, 기대에 부응하는 행동이 이후 선거의 결과에 영향을 줄 것이라는 것을 안다. 따라서 투표를 통해 대표를 선출하고 활동을 지켜보고 이후 선거에 반영하는 과정을 지속적으로 유지함으로써 주민복지의 질적 개선을 이룰 수 있다.

이러한 긍정적인 효과 외에 주민참여가 미칠 부정적인 영향에 대한 우려도 있다.

첫째, 정책과정의 효율성이 떨어질 수 있다. 정책결정에 있어 전문가 또는 행정가가 진행할 경우, 투입되는 비용 대비 효과가 높은 데 비해 지역주민의 의사를 묻고 확인하는 과정은 많은 시간과 비용의 투입을 요구한다.

둘째, 주민참여가 편향된 정책결정을 낳을 수도 있다. 지역주민 역시 정책의 방향에 따라 얻을 수 있는 이익이 각기 달라 이익집단으로 나뉠 수 있다. 극단적일 경우 여론의 보도나 비이성적 판단, 상대적으로 힘이 있는 이익집단에 의해 다수결이란 이름 하에 중립적인 정책결정에 방해될 수도 있다.

3) 주민참여의 수준[1)]

아른슈타인(Arnstein, 1969)은 그의 논문(A Ladder of Citizen Participation: 주민참여의 사다리)에서 주민참여의 수준을 주민에게 아무런 권한이 없는 상태(Nonparticipation), 명목적인 또는 형식적인 단계(Degrees of tokenism), 주민에게 실질적인 권한이 주어지는 단계(Degrees of citizen power)로 구분하고, 이를 8개의 가로대로 구성된 사다리로 표현하였다. 아른슈타인은 이 논문을 통해 주민참여가 어떻게 왜곡되는지, 진정한 주민참여는 무엇인지 밝히고자 하였다. 지역사회복지운동의 성공을 위해서는 진정한 주민참여가 필요하며, 주민참여의 수준을 점검해볼 수 있는 능력이 사회복지사에게 요구된다는 점에서 아른슈타인의 주민참여 사다리를 구체적으로 이해할 필요가 있다.

먼저 주민에게 아무런 권한이 없는 상태는 주민 조종(Manipulation)과 주민 교정(Therapy)로 나뉜다. 각각 '기득권의 목적을 달성하기 위한' 주민 조종과(기득권 입장에서의) 주민 교정(또는 계몽) 정도로 이해될 수 있다. 명목적인 또는 형식적

1) 아른슈타인(Arnstein, 1969)의 주민참여의 단계는 강세진(2020)의 글을 발췌하여 소개하였다. 아른슈타인의 주민참여의 단계는 다른 지역사회복지 교재에서도 종종 소개되는데, 아쉽게도 주민참여의 단계별 명칭을 한글로 직역함으로써 당초 아른슈타인이 전달하고자 했던 비판적 뉘앙스를 잘 살리지 못한 것으로 보인다. 특히 단계별 명칭과 내용에 관한 설명이 쉽게 매칭되지 않아 비판받는다. 강세진(2020)의 아른슈타인(1969)에 관한 번역과 해석은 그런 점에서 탁월하다. 강세진(2020)은 Munipulation을 '주민 조정'(타 교재 '조작'), Theraphy를 '주민 교정'(타 교재 '치료'), Informing을 '일방적 고지'(타 교재 '정보제공'), Consultation을 '요식적 의견수렴'(타 교재 '상담'), Placation을 '명목적 의사결정 참여'(타 교재 '회유'), Partnership을 '계획 및 의사결정 책임 공유'(타 교재 '협동관계'), Delegated power를 '결정권한 주민위임'(타 교재 '권한위임'), Citizen control을 '주민자치'(타 교재 '주민통제')로 의역하였다.

인 단계는 일방적 고지(Informing), 요식적 의견수렴(Consultation), 명목적 의사결정 참여(Placation)로 나뉜다. 주민에게 실질적인 권한이 주어지는 단계는 계획 및 의사결정 책임 공유(Partnership), 결정권한 주민위임(Delegated power), 주민자치(Citizen control)로 나뉜다.

① 주민 조종(Manipulation)

주민 조종은 주민들을 실권이 없는 위원회나 자문단에 배치하고는 행정에서 원하는 대로 움직이도록 교육하거나 공공사업에 주민을 동원하기 위한 목적의 술책이다. 아른슈타인은 빈곤층을 보호해야 할 시민자문위원회가 지역사회의 인사 몇 명에게 위원 명찰을 달아주고는 도시재개발사업이 기득권에 유리한 방식으로 시행되도록 길을 터주는 역할로 왜곡되는 것을 주민 조종의 대표적 사례로 지적한다. 이런 위원회는 정책당국이 정책을 홍보하고 주민들이 정책을 지지하도록 달래거나 으름장을 놓는 합법적인 창구로 이용되었지만, 주민의 의견을 수렴하는 창구는 아니었다.

② 주민 교정(Theraphy)

아른슈타인은 주민참여로 포장되어 있는 주민 교정은 기만적이고 불손한 것이라 단언한다. 왜냐하면, 주민이 가난한 이유는 게으름 때문이라거나, 문제가 발생하는 이유는 주민들이 잘 모르기 때문이라는 식의 인식이 깔려있기 때문이다. 지역사회의 구조적 문제에 대한 이슈 제기 없이, 개인의 역량강화를 강조하는 주민참여 교육 프로그램이 대표적인 예다.

③ 일방적 고지(Informing)

어떤 사안에 대하여 충분히 알리는 것은 주민참여의 기본이다. 하지만 행정당국으로부터 주민에게 일방적으로만 정보가 전달되고 그것에 대한 주민의 의견이 제시되고 논의될 수 없다면 주민참여일 리가 없다. 아른슈타인은 주민간담회 등이 피상적이거나 우회적인 답변만 하고, 주민의 질문은 억제하는 등의 행정당국의 태도에 따라 일방적 고지 수준에 머물 수 있다고 지적한다.

④ 요식적 의견수렴(Consultation)

어떤 사안에 대하여 주민의 의견을 듣고 협의하는 것은 주민참여의 출발점이다. 하지만 주민의 의견이 진지하게 받아들여지고 실현될 수 있다는 보장이 없는 한 요식행위일 뿐 주민참여로 보기 어렵다. 요식적 의견수렴에서 주민들은 추상화된 통계적 객체에 불과하며, 설문응답자 수나 간담회 참여자 수로 주민참여의 성과를 평가하는 일이 벌어진다. 의견수렴이 아니라 설문량을 늘리기 위한 노력이 펼쳐지고 주민들은 수많은 설문에 응답하다가 지쳐간다. 의견이 실제로 반영되지도 않는데, 별 차이도 없는 문항을 들고 자꾸 찾아오면 주민들이 끝내 분노를 느끼기도 한다.

⑤ 명목적 의사결정 참여(Placation)

명목(tokenism)에 불과하더라도 의사결정에 주민대표가 참여하게 된다면 어느 정도 주민들이 영향력을 얻었다고 볼 수도 있다. 하지만 주민대표가 소수에 불과하다면 명분 이상의 무언가를 얻기는 어려우므로 높은 수준의 주민참여를 달성하였다고 보기는 어려울 것이다. 아른슈타인은 이러한 사례로 기득권자가 다수인 지역공동체사업단의 운영위원회, 교육위원회, 경찰위원회, 주거위원회, 도시만들기 자문위원회, 도시계획위원회 등에 소수의 주민대표가 참여하는 것을 거론한다. 이러한 의사결정 참여를 통해 주민들의 의견이 기탄없이 제시될 수는 있지만, 최종적인 결정권은 결국 정책당국 등 기득권자들에게 있을 수밖에 없다. 따라서 아른슈타인은 의사결정 과정에 주민대표를 위한 자리가 마련된 것이 실제로 주민들의 불만을 어느 정도 해소할 수 있을지는 "주민들이 적절한 의사결정을 내릴 수 있도록 돕는 공공지원의 질, 주민들의 요구가 의사결정 과정에 받아들여질 수 있는 정도"에 달려있다고 지적한다.

⑥ 계획 및 의사결정 책임 공유(Partnership)

아른슈타인이 언급한 'partnership'은 정책위원회, 계획위원회 등의 정책사업에 대한 의사결정구조에서 주민이 기득권자와 의사결정 책임을 공유하는 것이다. 이를 보장하기 위해 주민과 기득권자가 동등한 입장에서 협의하여 주민의 권한과 책임에 대한 기본규칙을 정하고 일방적으로 파기될 수 없도록 명문화하는 것이 필요하다.

⑦ 결정권한 주민위임(Delegated power)

계획 및 의사결정 책임 공유(partnership)처럼 주민과 기득권자의 동등한 지위를 보장하는 것에서 더 나아가 도시만들기 정책위원회나 지역공동체사업단의 의석 다수를 주민들에게 배분하여 주민이 정책사업에 대한 의사결정을 주도하는 방향으로 개선하게 되면 현장의 요구와 상황을 반영한 사업계획이 좀 더 효율적으로 입안될 수 있다. 이전 단계에서는 기득권자들이 주민들의 요구를 무시하거나 딴지를 거는 입장이었다면, 결정권한이 주민에게 위임되는 단계에서는 기득권자들이 해당 사업에 반대하려면 충분한 근거를 가지고 협상에 임해야 한다.

⑧ 주민자치(Citizen control)

정책사업에 대한 주민자치는 특정 사업에 대한 포괄적인 권한을 주민들에게 완전히 위임하는 것이다. 즉 주민들이 정책사업에 대한 계획, 집행, 관리에 대해 전적으로 책임지면서 스스로 발전하고 변하도록 기회를 부여하는 것이다. 아른슈타인에 따르면 대체로 정책사업에 대한 주민자치는 정부의 보조금을 자율적으로 집행할 수 있는 마을공동체법인(neighborhood corporation)을 두는 방식이 선호되었다고 한다. 정책사업에 대한 주민자치는 풀뿌리 민주주의의 구현이며, 따라서 관료제에 바탕으로 둔 행정체계의 대척점에 있다고 볼 수 있다. 즉 관료제의 여러 한계가 주민자치의 장점이 되며, 관료제의 여러 장점이 주민자치의 단점이 된다. 예를 들어 비전문가인 주민들이 주도하니 어느 정도 시간과 비용이 많이 드는 면이 있을 것이다. 하지만 Arnstein을 인용하자면, “주민자치를 제외한 그 어떤 시도도 주민이 겪는 실제 문제를 해소하는 것에 실패하였다!” 그러므로 주민자치가 가져올 무궁무진한 가능성을 열린 마음으로 받아들일 필요가 있다.

〈표 15-2〉 아른슈타인(Arnstein)의 주민참여 8단계

<table>
<tr><th colspan="2">단계</th><th colspan="2">내용</th></tr>
<tr><td>8단계</td><td>주민자치
(Citizen control)</td><td>주민 스스로 입안하고, 결정 · 집행 · 평가단계까지 주민이 통제하는 단계</td><td rowspan="3">주민에게 실질적인 권한이 주어지는 단계(Degrees of citizen power)</td></tr>
<tr><td>7단계</td><td>결정 권한 주민위임
(Delegated power)</td><td>주민들이 특정한 계획에 관해서 우월한 결정권을 행사하고 집행단계에 있어서도 강력한 권한을 행사하는 단계</td></tr>
<tr><td>6단계</td><td>계획 및 의사결정
책임 공유
(Partnership)</td><td>행정기관이 최종결정권을 가지고 있지만 주민들이 필요한 경우 그들의 주장을 협상을 통해 진행시킬 수 있는 단계</td></tr>
<tr><td>5단계</td><td>명목적 의사결정
참여
(Placation)</td><td>각종 위원회 등을 통해 주민의 참여범위가 확대되지만 최종적인 판단은 행정기관이 하는 단계</td><td rowspan="3">명목적인 또는 형식적 단계(Degrees of tokenism)</td></tr>
<tr><td>4단계</td><td>요식적 의견수렴
(Consultation)</td><td>공청회나 집회 등의 방법으로 행정에 참여하기를 유도하며, 주민의 권한은 형식적인 단계에 그치는 단계</td></tr>
<tr><td>3단계</td><td>일방적 고지
(Informing)</td><td>행정이 주민에게 일방적으로 정보를 고지하고 환류는 잘 일어나지 않는 단계</td></tr>
<tr><td>2단계</td><td>주민 교정
(Therapy)</td><td>주민의 욕구불만을 일정한 사업에 분출시켜서 교정 또는 치료하는 단계로서 행정의 일반적인 지도에 그치는 단계</td><td rowspan="2">주민에게 아무 권한이 없는 상태(Nonparticipation)</td></tr>
<tr><td>1단계</td><td>주민 조정
(Manipulation)</td><td>행정과 주민이 서로 간의 관계를 확대한다는 것에 의의를 찾을 수 있으나, 공무원이 일방적으로 주민들을 교육 · 설득하고 주민은 단순히 참여하는 단계</td></tr>
</table>

출처: Arnstein(1969), 강세진(2020), 재인용.

3. 지역사회복지운동의 주체와 유형

1) 지역사회복지운동의 주체[2)]

지역사회복지운동의 주체는 지역사회복지운동이 일반 사회운동과 차별화되는 부분 중 하나다. 지역사회복지운동은 운동의 주체가 지역주민을 포함한 지역의 사회복지 전문가, 사회복지사, 지역사회의 클라이언트 모두가 될 수 있다(김병 외, 2022: 291).

(1) 사회복지사

많은 이들이 사회복지사의 정치활동을 부정적으로 인식한다. 사회복지사의 윤리강령이 사회복지사의 정치활동을 금지하고 있다고 믿는다. 하지만 이는 잘못된 생각이다. 사회복지사는 클라이언트의 대변자로서 이들의 이익을 위해 특정 정당을 지지하거나 이들을 지지하는 정치적 활동을 할 수 있다. 장애인의 이동권 또는 빈곤아동 주거 보장, 비리복지시설의 문제해결 등을 촉구하는 시위나 토론회를 참여하는 것은 아무런 문제가 없고, 클라이언트의 인권 보장을 위해 반드시 해야 할 행동이다. 사회복지사의 정치적 중립은 클라이이언트를 성, 종교, 인종에 따라 차별 대우하지 않듯, 정치적 신념에 의해서도 차별하지 않아야 한다는 규정일 뿐이다.

(2) 지역사회활동가

지역사회활동가들은 다양한 사람들로 지역을 생각하는 뜻이 같다면 모여서 연대하고 조직하는 사람들이다. 문화, 언론, 교육, 환경 분야 등 다양한 전공을 가진 사람들이 지역사회활동가의 역할을 하며, 최근에는 사회복지를 대학에서 전공한 사람들이 지역사회 시민단체, 복지연대체 등에 소속되어 지역사회활동가의 역할을 하는 경우도 많다.

2) 지역사회복지운동의 주체는 박서영 외(2015)의 내용을 발췌하여 사용함.

(3) 사회복지연구자

사회복지를 이론적으로 연구하는 사회복지전문가들도 지역복지실천에 관심을 가지고 현장의 소리를 함께 듣고 전문성을 살려 지역사회 문제 분석과 정책 제안, 조례 제정 등에 참여할 수 있다. 실제로 사회복지를 전공하는 많은 교수들이나 독립연구자들이 사회복지연구자들이 시민사회 단체나 지역사회복지 운동 단체에서 이사 등을 맡으며 지역사회활동가를 지원하고, 사회복지와 시민단체 사이에서 가교의 역할을 담당하고 있다.

(4) 지역사회주민

지역주민들은 이해당사자로서 그 지역에 대한 책임성을 가지며 문제 해결의 주체이다. 사회복지관의 주민조직화 사업이나 시민교육, 마을 공동체 사업 등이 모두 지역주민이 자신들의 욕구를 공유하고 공동체 정신을 강화하며 자신들의 권리를 억압하는 지역제도 변화를 요구할 수 있는 기회이다. 따라서 사회복지사들은 지역사회조직 활동을 통해 당사자인 지역사회 주민 자신들의 문제를 충분히 인식하고 스스로 해결할 기회를 제공하는데 많은 노력을 기울일 필요가 있다.

2) 지역복지운동의 유형

지역사회복지운동의 유형은 지역성의 수준에 따라 크게 주민참여형 지역사회복지운동과 이슈중심의 지역사회복지운동으로 분류할 수 있다(오정수·류진석, 2016).

(1) 주민참여형 지역사회복지운동

주민참여형 지역사회복지운동은 지역 내 생활 근거지를 기준으로 주민들이 주체가 되어 주민으로서의 일상생활상의 요구와 이의 궁극적 해결을 위해 전개하는 대중운동이라는 특성을 갖는다. 이러한 주민참여형 지역사회복지운동은 구체적인 특성은 다음과 같다. 첫째, 주민의 지역사회를 기반으로 한 운동이다. 둘째, 운동주체는 주민이다. 셋째, 지역사회문제 해결이 목적이다. 넷째, 사회운동적 성격을 갖는다. 주민참여형 지역사회복지운동의 세부유형을 정리하면 다음과 같다.

① 외부자극을 통한 조직화

외부자극을 통한 조직화는 지역사회주민들의 이익을 현저히 침해하는 정책 등에 대해 주민들이 자신들의 권리를 주장하는 조직운동이다. 주민건강과 쾌적한 지역환경을 위협하는 축사나 태양광 시설 유입, 공장 및 도로 건설 반대 운동이 대표적이다. 이러한 활동은 주민들의 대중적 참여라는 점에서 큰 의미가 있는데, 다만 이러한 지역주민들의 행동이 지역 이기주의가 아닌 공공성을 담보하고 있어야 정당성이 부여될 수 있을 것이다.

② 프로그램 중심의 일상 활동

프로그램 중심의 일상 활동으로서 조직화이다. 이 유형의 활동으로는 저소득 밀집지역 아동을 대상으로 하는 프로그램, 주민도서관, 주부를 대상으로 하는 시민대학, 복지학교 등 다양하다. 이러한 활동은 대체로 주민의 욕구를 중심으로 조직화를 가능케 해주고 활동에 큰 부담을 주지 않아 지속가능성이 높다는 점에서 강점이 있다. 하지만, 조직화된 주민들의 욕구가 반드시 지역의 각종 이슈 해결을 위한 행동으로 연결되지는 않는다는 한계가 있다.

③ 일상적인 주민모임

일상적인 주민모임은 작은 근린지역의 주민들이 모여 상호 간의 친목을 도모하고 이를 통해 복지를 실천한다. 살기 좋은 아파트 만들기, 마을 독서모임, 맘카페 모임 등과 같이 일상적인 주민모임을 통해 지역공동체를 형성해 나가거나 나눔과 보살핌 운동과 같은 지역봉사활동이 대표적인 예다. 이런 주민모임들도 지역사회 전체에 자신들의 모임이 중요하고 긍정적인 영향을 미칠 수 있다는 사실을 알게 되면 자신들의 이해만 추구하는 소집단 활동을 벗어나 실질적으로 의미 있는 지역사회복지운동이 될 수 있다.

④ 제도변화를 위한 노력

주민들이 직접 참여하여 지역사회복지정책이나 제도의 변화를 위한 조직화활동을 하는 운동이다. 이러한 유형은 참여형 대안제시운동이라고 할 수 있으며, 지역사회주민들이 조례제정운동 등과 같은 제도변화과정에 참여함으로써 지역사회의 정치행위에 영향력을 미칠 수 있는 제도적 기반을 만들 수 있다.

(2) 이슈 중심의 지역사회복지운동

문제 또는 이슈중심의 지역사회복지운동은 지역사회를 근거로 하기보다는 특정 사회복지문제나 사회복지와 관련된 이슈를 중심으로 시민운동 차원에서 접근하는 사회복지운동이다. 지역사회와 무관하지 않으나, 주민참여형 지역사회복지운동에 비해 주민참여 및 지역성이 약한 경향이 있다. 이러한 지역사회복지운동은 1990년대 이후 다양한 방향에서 발전했다. 장애인, 노인, 산재노동자 등 부문별 복지대상자들의 주체적인 투쟁이 조직화되고 이러한 부분별 욕구 중심의 운동은 지역사회 시민단체와의 연대활동으로 이어졌다. 이 운동의 또 다른 활동주제는 지역단위의 복지정책 모니터링과 복지예산 분석, 복지조례 재정 운동이었다. 비록 중앙정부에 비해 영향력이 미미한 지역복지정책 및 조례제정 운동이지만, 흥미롭게도 이러한 운동들 중 상당수는 지방자치단체간 정책학습 및 경쟁에 의해 전국화되기도 한다. 무상급식, 무상교육, 중증장애인활동지원, 교통약자를 위한 저상버스 도입 등이 대표적이다.

4. 지역사회복지운동과 사회복지사

1) 지역사회복지운동에서 사회복지사의 목표

① 차별의 감소

지역사회에는 성차별, 경제적 차별, 문화적 차별, 종교적 차별 등 다양한 형태의 사회적 차별이 존재하며, 다양한 형태의 심리사회적 문제(사회적 부적응, 다름, 좌절 등)를 유발한다. 이러한 문제해결이 지역사회복지운동에서 사회복지사의 목표가 될 수 있다.

② 착취·억압으로부터의 클라이언트의 해방

단순한 차별을 뛰어넘어 지역사회에서 어떤 이들은 다른 이들에게 경제적·심리·사회적으로 착취당하고 억압받는다. 외국인 노동자와 해외이주여성, 난민, 가출청소년, 방임 및 학대 피해 아동, 비리사회복지시설의 생활인 등 적극적으로 인권과 생존권을 보장해야할 사람들이다.

③ 대중의 문제인식 형성

지역사회복지운동을 통해 지역사회 문제를 해결하기 위해서는 가장 선행되어야 할 것은 복지에 대한 대중의 자기인식 형성이다. 대중들이 자신들이 가진 다양한 인권 및 복지의 문제 등을 확인하고 문제 인식을 가질 수 있도록 할 수 있다면, 대중은 자신이 직면한 문제의 상당부분을 스스로 해결할 수 있다.

④ 기존 지역복지제도의 개선 및 신규 제도 도입

지역사회복지운동에서 사회복지사의 궁극적 활동 목표는 제 기능을 하지 못하거나 심지어 클라이언트를 억압하는 지역복지정책을 개선하거나 문제 해결을 위한 새로운 지역복지제도를 도입하는 것일 수 있다. 이는 지역사회복지 조례의 개정과 재정을 통해 가능하다.

⑤ 비복지적인 지역의 관습, 규칙 및 제도에 대한 대중의 의견 고취

사회복지사들은 지역주민들의 안녕에 유해한 관습과 문화, 행정과 정책 등에 대해 주민들이 자신들의 의견을 밝힐 수 있도록 기회를 제공하여야 한다. 이를 위해서는 지역의 복지 이슈를 다루는 토론회, 포럼, 인식조사, 여론조사 등에 주민들이 직·간접적으로 참여할 수 있도록 다양한 기회를 제공해야 한다.

⑥ 사회문제의 해결

지역사회복지운동의 목표 중 하나는 활동을 통한 지역사회 문제의 직접적 해결일 수 있다. 빈곤, 약물, 인권, 안전, 고용, 범죄, 폭력, 억압, 착취 등을 예방할 수 있는 다양한 활동을 전개하고, 자원동원을 통해 문제를 해결하는 것 자체가 지역사회복지운동의 중요한 성과가 될 수 있다.

⑦ 사회적·경제적 자본 형성

지역사회복지운동은 과정은 지역사회 내 다양한 인적·물적 자원을 동원하게 되고, 지역사회에 대한 소속감과 공동체성, 강화된 주민 역량, 우수 프로그램과 문제해결 전략, 공동체를 위한 공간과 공유 설비 등 지역사회의 사회적·경제적 자본의 증가와 발전을 수반할 수 있다. 이렇게 형성된 사회적·경제적 자본의 향후 지역사회의 복지 문제의 예방과 해결을 위한 중요한 자원으로 기능하게 된다는 점에서 큰 의의를 지닌다.

2) 지역사회복지운동의 단계별 전술

(1) 지역사회복지운동의 과정

일반적으로 과정이라는 용어는 원하는 특정 목표를 달성하기 위해 수행되는 일련의 체계적인 단계로 이해할 수 있다. 지역사회복지운동에서 과정은 지역사회복지운동의 목표를 달성하기 위해 운동의 과정에서 일반적으로 취해지는 단계들이다. 이 과정은 4단계, 9가지 전술로 구성된다.

〈표 15-3〉 지역사회복지운동의 과정: 4단계

단계	전술
인식구축 단계	조사, 교육
조직화 단계	협력, 조직
전략개발 단계	중재, 협상, 온화한 압력
행동 단계	법률 저항, 연대 행동

① 인식구축 단계

이것은 지역사회복지운동 과정의 첫 번째 단계이다. 이 단계에서는 지역사회에 존재하는 문제의 다양한 차원과 근본 원인을 비판적으로 이해하고 당면한 문제를 야기하는 다양한 사회 경제적, 정치적 요인을 식별하기 위한 의식적인 노력이 필요하다. 개인적 주관과 정확하지 않은 정보에 근거하여 문제를 인식하고 이해하는 것은 부적절하다. 구체적이고 문제의 전체를 알 수 있게 하는 통계나 보고서를 활용할 필요가 있다. 따라서 지역사회에 영향을 미치는 문제에 대한 광범위한 연구를 수행하고 실제적인 관점에서 문제에 대한 건전한 아이디어를 추론하고 발전시키는 것이 필수적이다. 또한 교육과 인식형성의 전술을 통해 사회문제의 원인과 상황을 알리고, 관련 문제로부터 영향을 받은 개인이나 집단에게 문제에 관한 정보와 분석결과를 제공하는 단계이다.

② 조직화 단계

지역사회복지활동의 두 번째 단계는 문제해결에 도움이 될 수 있는 해결책을 탐색하고 여론을 만드는 것이다. 여기에는 지역사회복지실천 모델 중에서 지역사회조직화(community organization)의 기법을 활용하여 주민들을 조직하는 활동을 포함한다. 주민들을 조직하는 과정에서는 주민들의 마음에 협동심과 공동체 정신을 형성하는 것이 중요하며, 이 과업이 달성되면 주민들은 하나의 리더십 아래 함께 행동할 준비를 마치게 된다. 이후 사회복지사는 지역사회 또는 지역 차원에서 주민들을 조직화해야 하는데, 이 조직은 주민들이 인식한 자신들의 지역사회문제의 해결을 위해 사용할 공동의 기반이 된다.

③ 전략개발 단계

지역사회복지운동의 세 번째 단계에서 과업은 운동의 확정된 목표를 달성하기 위해 적절하고 실행 가능한 전략을 계획, 개발 및 채택하는 것이다. 한편으로는 문제와 관련된 상황을, 다른 한편으로는 클라이언트의 욕구를 조사해야 한다. 지역사회복지운동에는 협상(negotiation)과 대결(confrontation)이라는 두 가지 전략이 널리 사용된다. 협상 전략은 일반적으로 지방자치단체를 상대로 로비(lobby)하거나 청원을 제출하는 것, 시위나 캠페인을 할 수 있다. 대결은 주민들이 집단적으로 책임 있는 이해관계자들을 상대적 대결하는 전략이다. 당연한 이야기지만, 때로는 협상이 실패한다. 협상이 실패하면 사회복지사들은 대결 전략에 의존할 수밖에 없다. 이 전략은 때때로 파업, 직장폐쇄, 시위, 연좌농성 등과 같은 갈등 상황을 발생시킨다. 주의할 점은 지역사회복지운동의 한 방법으로 이러한 행동은 본질적으로 비폭력적이어야 하며 윤리와 사회복지의 가치를 따라야 한다는 것이다. 이 전략은 사람들과 당국이 문제의 심각성과 중요성을 깨닫게 하는 데 필요한 약간의 혼란을 초래하는 정도에 그쳐야 한다.

④ 행동 단계

행동 단계는 전략적으로 지역사회복지운동의 마지막 과정이다. 그러나 경우에 따라 더 많은 단계가 필요하거나 지역사회복지운동의 목표를 달성하기 위해 이전의 단계들을 포함하여 전 과정이 반복될 수도 있다.

행동단계에서는 선택한 전략의 실제로 구현된다. 협상이 실패하면 사회복지사들은 앞서 언급했던 대결 전략에 의존할 수밖에 없다. 파업, 직장폐쇄, 시위, 연좌농성 등과 같은 갈등 상황이 그것이다. 여기서 중요한 것은 이러한 행동들이 지속가능한 형태여야 한다는 점이다. 일부 문제는 단기간에 적극적으로 해결될 수 있지만, 어떤 문제는 그렇지 않을 수도 있다. 행동을 통해 합의를 위한 논의가 시작되더라도 실제로 합의에 도달하기까지는 여러 달 또는 수년, 심지어 수십 년이 걸릴 수도 있다.

3) 지역사회복지운동에 필요한 기술

지역사회복지운동을 위해 사회복지사에게 필요한 기술은 무엇일까? 특별한 것들은 아니지만, 사회복지사는 사회복지의 윤리와 원칙을 결합하여 다음의 기술들을 사용할 필요가 있다.

① 대인관계 기술

사회복지사는 개인 및 집단과의 관계를 구축하고 이러한 관계를 유지하는 기술을 가지고 있어야 한다. 특히 클라이언트와 전문적인 관계를 개발하고 유지할 수 있어야 한다. 사회복지사는 클라이언트의 리더십 자질을 식별할 수 있어야 하고 이러한 자질을 지역사회복지운동에 반영하거나 활용할 수 있어야 한다. 이와 함께 지역사회의 다른 리더들과 조화롭게 활동할 수 있어야 한다. 지역사회의 발전과 통합을 위해서는 지역사회 집단 내 또는 집단 간 갈등을 효과적으로 처리할 수 있어야 하며, 클라이언트의 문제 행동을 진단하고 상담을 제공할 수 있는 능력을 보유해야 한다. 더불어 사회복지사는 긴장을 유발하는 상황을 파악하고 문제가 심각해지기 전에 이를 지역사회에 알려야 한다. 같은 지역에 있는 다른 기관 및 NGO, 유사한 목적을 위해 일하는 사람들과 우호적인 관계를 발전시키고 유지하는 것도 필요하다.

② 분석과 연구기술

사회복지사는 지역사회의 사회문화적 · 경제적 특성을 객관적으로 연구할 수 있는 능력을 갖추어야 한다. 클라이언트의 긴급한 문제와 욕구 사항을 찾을 수 있어야 하며, 지역사회 문제와 그 문제의 결정요인, 특히 클라이언트의 삶에 영향을 미치는 사회적, 경제적, 정치적, 이데올로기적, 문화적, 생태학적 측면을 이해하고 그 영향력을 분석할 수 있어야 한다. 이에 더해 사회복지사는 지역사회 주민들이 자신이 원하는 것을 말하고 우선순위를 매길 수 있도록 도울 수 있어야 한다. 그리고 이러한 과정에서 지역사회의 상황과 문제에 대한 자신의 관점과 이해를 지역사회에 강요해서는 안 된다.

③ 개입기술

클라이언트의 욕구를 확인한 후, 사회복지사는 클라이언트가 자신의 문제와 관련하여 실질적인 개입 전략을 기획·선택할 수 있도록 도울 수 있는 능력을 갖춰야 한다. 사회복지사는 클라이언트에게 다양한 옵션을 제공하고 각 옵션의 장단점을 분석하여 적절한 조치를 취할 수 있도록 도와야 한다. 지역사회복지운동은 지방자치단체 등과의 '대결'을 요구할 수 있다. 사회복지사는 연좌농성, 보이콧, 파업 등이 가져올 수 있는 결과들에 대해 지역사회에 알려야 한다. 사회복지사는 장기적 관점에서 필요한 변화를 가져오기 위해, 즉 목표를 달성하기 위해 필요한 주민들의 열정과 용기 또는 불만과 분노를 적정 수준으로 유지할 수 있어야 한다. 또한, 사회복지사는 클라이언트의 정서를 다루는 과정에서 인내심과 침착한 행동을 유지하여 부정적인 영향을 미치지 않도록 주의해야 한다. 더 나아가, 사회복지사는 개인과 집단이 지역사회복지운동에 적극적으로 참여할 수 있는 환경을 조성할 수 있어야 한다. 그리고 그러한 환경은 지역사회의 시급한 욕구, 인적·물적 자원 및 사회문화적 특성을 염두에 두고 개발되어야 한다.

④ 관리기술

사회복지사는 지역사회복지운동의 과정에서 형성된 운동단체나 네트워크를 다루는 지식과 능력을 보유해야 한다. 지역사회에 필요한 개입을 위해 클라이언트의 의견을 통합하고, 다양한 집단 및 지역사회 지도자와 조정하고 협력할 수 있어야 한다. 사회복지사는 운동단체 및 네트워크를 위한 정책과 프로그램을 만들고, 계획하고, 조정하고, 기록하고, 예산 및 기본 회계 및 다양한 기록의 유지 및 관리에 능숙해야 한다. 운동단체와 네트워크를 위해 돈, 인력, 재료, 장비 등의 자원을 내부와 외부에서 동원할 수 있어야 한다. 또한 사회복지사는 지역사회의 복지와 발전을 위해 인적 및 물적 자원을 감독하고 효과적인 활용을 위해 필요한 기술을 보유해야 한다.

⑤ 대화기술

대화기술은 지역사회복지운동에 매우 중요하다. 사회복지사는 지역사회의 여러 조직 및 지도자들을 상대로 좋은 관계를 형성·유지해야 한다. 특히 자신의 활동을 적극적이고 효과적으로 알릴 수 있는 능력이 있어야 한다. 이는 사회복지사들이 말(대중 연설 포함)과 글(문서)로 효과적으로 의사소통할 수 있어야 함을 의미한다. 사회복지사는 강력한 연설 능력을 보유한 사람들을 파악하고 있어야 한다. 또한, 청중과 효과적으로 소통할 수 있는 미디어를 확보하고 있어야 한다. 더불어 지역사회복지운동의 목적 달성을 위해 필요한 것들을 얻어내는데 필요한 교육, 연설 및 상담 기술을 가지고 있어야 한다.

⑥ 양성기술

사회복지사는 주민 동원과 지방자치단체 당국과의 대결을 담당할 지역사회 지도자를 훈련·양성할 수 있어야 한다. 사회복지사는 '대결단계'를 포함하여 개입을 수행하는 방식과 조치를 취해야 하는 사회적 문제에 대한 지식을 전달하기 위해 지역사회 차원에서 필요한 사람들을 훈련할 수 있어야 한다. 이러한 사람들은 이슈화된 사회적 문제에 대해 찬성하거나 반대하는 여론을 형성하고 운동에 참여한 사람들을 발굴하는 훈련을 받아야 한다. 특히 폭력을 사용하지 않고 지역사회복지운동의 전략과 전술(대면, 설득, 협상, 보이콧 등)을 능숙하게 활용할 수 있는 훈련이 필요하다.

5. 지역사회복지운동의 사례와 내용

앞서 언급하였듯이, 지역사회복지운동의 주체는 다양할 수 있다. 사회복지사, 지역사회활동가, 사회복지연구자, 지역사회주민 등이 주체가 될 수 있다. 여기에서는 사회복지사가 중심이 되어 활동하는 우리나라의 대표적인 지역사회복지운동 단체 및 조직을 소개한다.

① 우리복지시민연합

1980년대 사회복지시설에서 자원봉사를 하던 대학생 동아리 학생들이 사회복지시설의 변화를 위해 지역사회에서 할 수 있는 활동을 고민하던 중 1992년 '사회복지시설연구회'를 조직해 활동하다가 1994년 '우리복지연구회'로 명칭을 바꾸고 정식단체로 출범하였다. 첫 활동으로 '노인도 장애인도 탈 수 있는 지하철을 만들자'는 시민단체 연대활동을 시작으로 지역 단위의 사회복지 이슈(보행권, 시설 비리, 국민기초생활보장법, 국민건강권, 지방선거 등)를 조직하고 지역사회 여론화를 통한 복지운동을 전개했다.

② 관악사회복지

1995년 설립되어 관악구의 난곡동과 봉천동 중심으로 활동을 하던 빈민운동 세력과 사회복지현장 개혁세력이 함께 복지운동의 필요성을 논의한 후 조직되었다. 복지정책 모니터 및 제안활동으로 보건복지포험, 구립어린이집 정상화를 위한 공대위, 주민생활 기본선 확보 운동, 공공시설 위탁 조례제정 운동, 「국민기초생활보장법」 관악네트워크 등을 전개하며, 다양한 민간자원 참여를 통한 네트워크 조직활동으로 푸드뱅크 운동, 건강지원네트워크 활동을 진행하고 있다.

③ 복지세상을 열어가는 시민모임

복지세상을 열어가는 시민모임(이하 복지세상)은 1998년 천안에 설립되었다. 대도시에 비해 사회복지관 등 복지인프라가 빈약한 천안에서 복지세상은 대안적 성격을 가진 복지기관·단체 인큐베이팅 역할을 중심으로 활동을 시작하였으며, 이후 참여예산복지네트워크를 조직하여 천안시 사회복지 예산분석, 정책토론회, 지역복지운동단체네트워크 발족, 천안시민단체 연대활동 등을 조직화하여 자치단체 복지정책 및 행정에 대한 감시·견제의 역할을 수행하고 있다. 빈곤과 인권문제에 관심을 가지고 관련 연구와 워크숍을 진행하고 있으며, 특히 2015년에는 천안시 주거복지 지원조례 제정을 위한 간담회 등을 통해 조례재정을 이끌어냈다. 최근에는 아동주거권보장을 위한 조례 제정을 목표로 관련 연구와 토론 활동을 전개하고 있다.

④ 서울복지시민연대

서울복지시민연대는 2007년에 설립되었다. 서울시의 복지발전을 위한 시정 모니터링, 예산 감시활동, 복지현장의 자정 활동, 복지국가 담론 확산, 진보적 복지운동 선전 등 다양한 활동을 펼치고 있다. 구체적인 활동 전략은 서울시의 각 복지분야별 현황 분석 및 발전방안 제시(예: 정신질환자 자립지원을 위한 공공의 역할), 복지계 내부의 개혁 견인(우수 운영사례 공유), 서울을 중심으로 하는 지역복지운동 전개, 지역복지활동가 역량강화 및 재생산 구조 확립, 중앙정부 복지제도의 올바른 발전을 위한 견제와 비판, 사회복지발전을 위해 노력하는 개혁적 단체와의 연대 사업, 복지재정 확대를 위한 제반 사업 전개 등이다.

생각해 보기
1. 본인의 지역사회에 반드시 지역사회복지운동을 통해 해결해야 하는 문제가 있는지, 그리고 그 이유가 무엇인지 생각해 보자. 2. 본인이 살고 있거나 관심이 있는 지역에 어떤 지역사회복지운동단체가 존재하는지 찾아보고, 지역사회복지적 가치를 생각해 보자. 3. 지역사회복지운동의 활성화를 위해 해결해야 할 과제를 생각해 보자.

참고문헌

참고문헌

감정기 · 백종만 · 김찬우(2005). 지역사회복지론. 나남.

________________(2015). 지역사회복지론. 나남.

강만춘(1972), 사회개발과 사회복지관의 역할, 사회개발에 있어서의 사회복지관의 역할, 캐나다 유니태리안봉사회.

강세진(2020), Arnstein의 주민참여 사다리: 진정한 주민참여란 무엇인가? 새로운 사회를 여는 연구원, Issue Brief 2020.7.27.

강철희 · 정무성(2006), 지역사회복지실천론, 나남.

강혜규 · 함영진 · 이정은 · 하태정 · 이주민 · 김보영 · 김이배 · 최지선(2017), 지자체 복지 인력 현황분석 및 수급방안 연구, 한국보건사회연구원.

강황선(2022), 서울시정의 로컬 거버넌스 도입방안에 관한 연구, 서울연구원.

고수현(2020), 지역사회복지론(4판), 양서원.

고양곤 · 모선희 · 원영희 · 이금룡(2017), 노인과 자원봉사활동, 학지사.

고용노동부(2018), 2018년 근로자종합복지관 현황, 2018.

김만두(1981), 지역사회복지 증진을 위한 사회복지관의 역할, 사회복지관 관리자반 교재, 국립사회복지연수원.

김범수(2002), 지역사회복지의 이해, 현학사.

김범수 · 신원우(2019), 지역사회복지론, 공동체.

김병 · 이인순 · 이진향 · 이하예진 · 정명환 · 조승석 · 황은혜(2022), 지역사회복지론, 창지사.

김성이 · 오정수 · 전광현 · 황성철(1997), 한국의 사회복지관 및 재가복지봉사센터 발전방안, 비교지역사회복지, 389-451.

김수현 · 박은철(2000), 서울시와 NGO의 파트너십 구축을 위한 사례연구, 서울시정개발연구원.

김용득(2018), 탈시설과 지역사회중심 복지서비스 구축, 어떻게 할 것인가?: 자립과 상호의존을 융합하는 커뮤니티 케어, 보건사회연구, 38(3), 492-520.

김용학(2004). 사회연결망이론(2판). 박영사.

김용환 · 김극명 · 김세원 · 김준규 · 배은영 · 박해경 · 이은영(2011). 지역사회복지론. 창지사.

김욱진 · 김태연 · 이현민 · 유지애 · 유승희(2021), 지역사회복지론, 공동체.

김형탁 · 심용옥 · 정수지(2013), 협동조합 가이드북, 진보정의연구소.

김희성 · 강혜규 · 함영진 · 하태정 · 김정숙 · 황정윤(2018), 지자체 사회복지공무원 직무분석 및 효율적 운영방안 연구, 보건복지부 · 한국보건사회연구원.

남기철(2007), 자원봉사론, 나남출판.

노대명 · 이소정 · 김수현 · 유태균 · 이선우 · 손기철(2010), 자활정책에 대한 평가 및 발전방향, 연구보고서 2010-15, 한국보건사회연구원.

류기형(1991), 지역공동모금제에 관한 연구, 서울대학교 대학원 박사학위논문.

류기형(2004), 지역사회복지와 상황적 발전전략. 한국지역사회복지학회 편. 한국의 지역사회복지실천, 현학사.
류만희(2022), 새 정부에서 지역사회복지: 과제와 전망, 2022 한국지역사회복지학회 춘계학술대회 발표논문집, 3-16, 한국지역사회복지학회.
박서영·권성철·김용길·이정호·조준배(2015), 지역사회복지론, 정민사.
박유미·박정란(2020), 영국 커뮤니티 케어 정책의 전개:'삶의 질'과 '비용 절감'의 병합, 사회복지역사연구, 3, 70-91.
박정미·박성현·유동철(2012). 지역사회복지의 문제점에 관한 구조화분석: 부산진구를 대상으로". 한국사회복지학, 64(1), 199-223.
박태영(2014), 한일 지역복지계획의 비교 연구, 한국지역사회복지학, 49, 161-185.
박태영·채현탁(2020), 지역사회복지론, 정민사.
배응환(2007), 참여거버넌스와 지역NGO의 역할: 정책참여를 중심으로, NGO연구, 5(1), 113-152, 한국NGO학회.
베응환(2003). 거버넌스의 실험 : 네트워크조직의 이론과 실제 - 대청호살리기운동본부를 중심으로. 한국행정학보, 37(3)
변미리(2011) 사회통합을 위한 지역공동체 역량 강화, 서울연구원 정책리포트, 103, 1-18.
보건복지부(2021), 2020 보건복지백서.
보건복지부(2022a), 2021년 노인복지시설현황.
보건복지부(2022a), 2022년 자활사업안내(Ⅰ): 제Ⅰ권 2022 자활사업 안내.
보건복지부(2022a), 사회보장급여 공통업무 안내.
보건복지부(2022b), 2021년 장애인복지시설 일람표
보건복지부(2022b), 2022 희망복지지원단 업무 안내.
보건복지부(2022b), 2022년 자활사업안내(Ⅱ): 제Ⅱ권 자산형성지원통장사업 안내.
보건복지부(2022c), 2022년 노인복지사업안내.
보건복지부(2022d), 2022년 사회복지관 운영관련 업무처리 안내.
보건복지부(2022e), 2022년 아동분야 사업안내.
보건복지부(2022f), 2022년 장애인복지사업안내.
보건복지부(2022g), 2022년 지역사회보장협의체 운영안내 지침.
보건복지부·아동권리보장원(2022), 2022년도 드림스타트 사업안내.
송정부(1995), 원주시사회복지협의회 창립 강연자료집.
양승돈·오봉욱(2016), 범죄피해에 대한 이타적 두려움: 배우자피해 두려움과 자녀피해 두려움의 비교, 한국테러학회보, 9(3), 52-74.
오봉욱·최종복(2017), 지역사회 통합과 범죄피해 두려움: 사회통합 이론을 중심으로, 교정복지연구, 47, 47-69.
오정수·류진석(2009), 지역사회복지론(3판), 학지사.
__________(2016), 지역사회복지론, 학지사.

__________(2018). 지역사회복지론. 학지사.
__________(2019). 지역사회복지론. 학지사.
__________(2021). 지역사회복지론. 학지사.
우수명·주경희·김희주·이두진(2021). 지역사회복지론. 지식공동체.
윤응식(2013). 한국의 사회복지협의회 발전방안에 관한 연구: 한국, 미국, 일본 사회복지협의회 비교를 중심으로. 서울시립대학교 대학원 석사학위논문.
이경은·정성화·하나영(2022). 지역사회복지론-공동체만들기 지침서. 양성원.
이명석(2017). 거버넌스 신드롬. 성균관대학교출판부.
이영복(2010). 지역사회복지협의회와 지역사회복지협의체의 역할정립을 통한 네트워크 활성화에 관한 연구. 서울시립대학교 대학원 석사학위논문.
이창호(1994). 각국의 공동모금. 이웃돕기운동추진협의회.
이현주·조성숙(2012). 지역사회복지 역할 제고를 위한 사회적기업의 과제. 한국지역사회복지학, 42, 211-229.
전해황·이성윤·송낙길·정주석·염일열·김정호(2021). 지역사회복지론. 양서원.
정무성(1997). 지역사회복지실천모델에 관한 이론적 고찰. 1997년도 한국사회복지학회 추계학술대회 자료집, 21-37.
정무성(2000). 지역사회복지의 전망과 과제. 한국사회복지학회 2000년도 춘계학술대회 자료집, 169-189.
정상양(1995). 영국 커뮤니티 케어의 발전. 사회과학연구, 5, 221-250.
정은하(2020). 지역 상점 대상 고령친화 비즈니스 시범사업의 효과성: 지역사회 이미지와 공동체 의식의 변화를 중심으로. 서울도시연구, 21(1), 37-57.
조미영(2010). 한국 지역사회복지의 변천에 따른 발전방향: 지역사회서비스를 중심으로. 한국행정사학지, 26, 157-183.
조성희·김욱·김정현·박현식(2022). 노인복지론. 양서원.
조추용·김양이·황미경(2018). 지역사회복지론. 양서원.
주성수(2005). 자원봉사: 이론, 제도, 정책. 아르케.
지은구·조성숙(2018). 지역사회복지론. 학지사.
참여연대(2000). 신사회운동이란 무엇인가?. 월간참여사회.
참여연대(2013). 한국 지역사회복지운동의 발전과 과제. 월간복지동향.
초의수(2008). 지역사회복지협의체의 운영 실태와 네트워크 영향 요인에 대한 연구. 지방정부연구, 11(4), 265-290. 한국지방정부학회.
최옥채(2012). 사회복지사를 위한 조직화 기술. 양서원.
최옥채·권혁철·정성원·문철표·김지연·김도묵·이정호·안정선·김현미·최낭숙·이현수·박재호(2003). 좋은 지역사회 만들기. 학현사.
최일섭·이현주(2006). 지역사회복지론. 서울대학교 출판부.
최일섭(1990). 지역공동모금제에 관한 국제비교연구. 사회보장연구, 6(1), 115-138.

한국사회보장학회.
최일섭·류진석(1996), 지역사회복지론, 학지사.
최일섭·류진석(1997), 지역사회복지론, 서울대학교출판부.
최일섭·이현주(2006), 지역사회복지론, 서울대학교출판부.
최희경(2019), 도시 저소득층 노후지역 노인의 지역사회 인식과 변화의 방향성 연구: 포토보이스 결과를 중심으로, 노인복지연구, 74(4), 9-36.
통계청(2021), 사회조사.
표갑수(2003), 지역사회복지론, 나남출판.
한국보건사회연구원(2019), 공공서비스 이용의 최적화를 위한 복지전달체계 연구 (Ⅱ): 지역 기반 거버넌스를 중심으로, 보건복지부.
한국사회복지협의회·보건복지부(2019), 2019 사회복지자원봉사 연간 백서.
함철호(2020). 한국지역사회복지론. 학지사.
행정안전부(2018), 자원봉사활동진흥을 위한 제3차 국가기본계획.
홍현미라·김가율·민소영·이은정·심선경·이민영·윤민화(2017). 지역사회복지론. 학지사.
홍현미라(2013), 지역사회복지 무엇을 할 것인가? : 한국에서의 CO전략의 재조명, 2013 한국사회복지행정학회 학술대회 자료집, 13-31.
황성철·강혜규(1994), 사회복지관 운영평가 및 모형개발, 한국보건사회연구원.
히라노 타카유키, 김영종·박유미 공역(2012), 일본의 지역복지 정책 및 방법, 학지사.

Baker, R. L.(1995). *The social work dictionary*(3rd ed). Washington, DC: NASW Press.
Chamber, D. E., Wedel, K. R, & Rodwell, M. K. (1992). Evaluating social programs, Boston : Allyn and Bacon.
Cox, F. M. & Garvin, C.(1974), "Community Organization Practice: 1865~1973," in Cox, et al., eds., Strategies of Community Organization Itasca, Ill.: R.D. Peacock.
Dunham, A.(1970), *The New Community Oraganization*, New York: Thomas Y. Crowell Co.
Estes, R. J.(1997), Social work, social development and community welfare centers in international perspective, *International Social Work, 40*(1), 43-55.
Gamble, D, N,. & Weil, M. (2008). Community : Practice Intervention, in Encyclopedia of Social Work(20th ed), pp. 357-358.
Gilbert, N. & Specht, H.(1974), Dimensions of Social Welfare Policy, Englewood Cliffs, N.J.: Prentice-Hall.
Hardcastle, D., Powers, P., & Wenocur, S. (2004). *Community practice: Theories and skills for social worker* (2nd ed). New York: Oxford University Press.
Hillery, G.(1955). Definitions of Community: Areas of Agreement. *Rural Sociology, 20*, 111-123.
Hillery, G.(1982). A research odyssey: developing and testing a community theory. Piscataway, New Jersey: Transaction Publishers.

Hohaia, T.(2018). 'Community': A Q study exploring perspectives in community governance settings in Taranaki, New Zealand. DOI:10.26686/wgtn.17072276.v1

Homan, M. S.(1994), Promoting Community Change: Making it Happen in the Real World.

Homan, M. S.(1999). *Promoting community change*(2nd ed). Toronto : Brooks/Cole publishing Company.

Homan, M. S.(2012), Promoting Community Change: Making it Happen in the Real World.

Kramer, R. M. & Specht, H.(1975), *Readings in Community Organization Practice*, Englewood Cliffs, N.J.: Prentice–Hall.

Lee, Judith A. B. (2001). *The empowerment approach to social work practice: Building the beloved community*(2nd ed.). New York: Columbia University Press.

Lindeman, E.(1921). *The community; an introduction to the study of community leadership and organization*. New York: Association Press.

Lubove, R.(1965), *The Professional Altruist: The Emergence of Social Work as a Cause, 1880~1930*, Cambridge, Mass.: Harvard University Press.

McMillan, D. W. & Chavis, D. M.(1986), "Sense of community: A definition and theory", *Journalof Community Psychology, 14*, 623–648..

Michael. S.(1991), *Assets and the Poor: A New American Welfare Policy*, New York: M.E. Sharpe, Inc.

Mickelson, J. S. (1995). Advocacy. *Encylopedia of social work*. Washington, DC: NASW Press.

Moore, L. F.(1985), Motivating Volunteers, The Vancouver B.C.: Vancouver Volunteer Center

Murphy, C. G.(1954), *Community Organization Practice*, Boston: Houghton Mifflin Co.

Netting, F. E., Kettner, P. M., McMurtry, S. L., & Thomas, M. L.(2017), Social *Work Macro Practice*(6th edition), NY: Pearson.

Park, R.(1952). *Human Communities*. Glencoe, Ill : Free Press.

Ross, M. G.(1967). *Community Organization : Theory and Principles, and Practice*(2nd ed.). New York: Harper and Brothers.

Rothman, J. (2001) Approaches of community intervention.

Rothman, J.(1968), Three models of community organization practice. National conference on social Welfare, social work practice, New York: Columbia University Press.

Rothman, J.(1996). The interweaving of community intervention approaches. *Journal of Community Practice, 3*(3/4), 69 – 99.

Seebohm, F.(1968), Report of the Committee on Local Authority and Allied Personal Social Services, London: HMSO.

Spradley, B. W. (1990). *Community health nursing : Concepts and practice*(3rd ed.) Glenview, IL : Scott, Foresman.

Taylor, S. H., & Roberts, R. W. (1985). *Theory and practice of community social work*, New York:

Columbia University Pess.

Wohl, R.(1979). *The generation of 1914*. Cambridge, Mass.: Harvard University Press.

Zimmerman, M. A.(2000). Empowerment theory: Psychological, organizational and community levels of analysis, In J. Rappaport & E, Seidman (Eds,), Handbook of community psychology.

1365자원봉사포털 www.1365.go.kr

국립국어원 표준국어대사전 https://stdict.korean.go.kr/main/main.do

네이버 www.naver.com

보건복지부 www.mohw.go.kr

사회복지공동모금회 chest.or.kr

사회복지공동모금회, 2021 사랑의 열매 지속가능보고서, chest.or.kr.

청소년활동정보서비스 'e청소년' www.youth.go.kr

한국노인종합복지관협회 www.kaswcs.or.kr

한국사회복지관협회 kaswc.or.kr

한국사회적기업진흥원 https://www.socialenterprise.or.kr/

한국장애인복지관협회 www.hinet.or.kr

한국지역자활센터협회 http://www.jahwal.or.kr/

저자소개

조성희

현, 순천향대학교 사회복지학과 교수
서울대학교 사회복지학과 (학사)
서울대학교 대학원 사회복지전공 (석사)
서울대학교 대학원 사회복지전공 (박사)

김제선

현, 강원대학교 사회복지학과 교수
한신대학교 사회복지학과 (학사)
충북대학교 대학원 경제학전공 (석사)
서울시립대학교 대학원 사회복지학전공 (석사, 박사)

이은영

현, 강동대학교 사회복지학과 교수
숭실대학교 사회사업학과 (학사)
이화여자대학교 사회복지대학원 사회복지학 전공 (석사)
숭실대학교 일반대학원 사회복지학 전공 (박사)

장동호

현, 남서울대학교 사회복지학과 교수
전주대학교 사회복지학과 (학사)
전북대학교 대학원 사회복지학전공 (석사)
독일 브레멘대학교 브레멘국제사회과학대학원 사회복지전공 (박사)

증보

지역사회복지론

초 판 1쇄 발행 2023년 2월 10일
증 보 1쇄 발행 2024년 8월 9일

지 은 이 | 조성희 · 김제선 · 이은영 · 장동호

펴 낸 이 | 김기섭
편 집 인 | 오선율
펴 낸 곳 | 창지사 www.changjisa.com
08589 서울시 금천구 가산디지털 1로 83 파트너스타워 1차 9층
전화 (02)719-2211~3
팩스 (02)701-9386
등 록 | 1977년 4월 28일 · 제1-421호

ISBN 978-89-426-1896-5 (93330)

값 25,000원